电子商务理论与实践

李 敏 曹 玲 魏 娟 编

科 学 出 版 社
北 京

内 容 简 介

本书从国内外电子商务发展历程、环境及框架结构入手，介绍不同背景下的电子商务模式及未来发展，详细分析电子商务流程中的不同重要环节，如电子商务支付、电子商务物流、电子商务营销等，并对电子商务的重要问题和发展前景分章节介绍，如电子商务安全、电子商务网站建设、移动电子商务、电子商务法律等。最后利用一个章节介绍典型行业电子商务应用案例。本书以实践导向，通过大量国内外电子商务领域最新案例引导学生在问题思考中学习。

本书可作为高等学校信息管理与信息系统专业、经济管理相关专业的教材，也可供相关从业人员阅读参考。

图书在版编目（CIP）数据

电子商务理论与实践/李敏，曹玲，魏娟编. —北京：科学出版社，2012
ISBN 978-7-03-035005-3

Ⅰ.①电… Ⅱ.①李… ②曹… ③魏… Ⅲ.①电子商务-高等学校-教材
Ⅳ.①F713.36

中国版本图书馆 CIP 数据核字（2012）第 134166 号

责任编辑：伍宏发　于盼盼　曹迎春/责任校对：冯　琳
责任印制：徐晓晨/封面设计：许　瑞

科 学 出 版 社 出版
北京东黄城根北街 16 号
邮政编码：100717
http://www.sciencep.com

北京中石油彩色印刷有限责任公司 印刷
科学出版社发行　各地新华书店经销
*
2012 年 6 月第　一　版　　开本：720×1000　1/16
2018 年 3 月第六次印刷　　印张：22 3/4
字数：440 000

定价：48.00 元

（如有印装质量问题，我社负责调换）

前　言

在互联网的广泛应用、信息处理技术和通信技术的不断完善、全球经济一体化等多因素的共同驱使下，电子商务在全球商业贸易活动中占有越来越多的份额。这表明，在虚拟的互联网上，集成了交易、支付、物流、营销等一系列商务活动的电子商务，充分展现了其交易灵活、地域便捷、应用普遍、交易快捷、成本低、服务个性化等优势，在现代经济社会中越来越体现出所蕴含的巨大价值，发挥着不可替代的作用。

电子商务是管理科学与工程学科的一个重要分支，且其发展势头不容忽视。电子商务学科的发展，促使更多经济管理相关专业开设电子商务这门课程。这已经成为教育界和学术界的共识。鉴于电子商务本身是一个不断探索、实践性强的交叉领域，电子商务教育教学必须内容新颖，结合领域热点展开问题讨论，并根据学生专业灵活设置具体教学内容。

本书试图通过探讨电子商务领域先进理论，结合实践训练，帮助学生深入理解电子商务理论知识和实际流程，引导学生多视角分析该领域的热点问题，研究我国电子商务的发展与建设问题，在寻求现实问题解决方案的基础上，提高学生理论联系实际的能力。本书共分十个章节，从国内外电子商务发展历程、环境及框架结构入手，介绍不同背景下的电子商务模式及未来发展，详细分析电子商务流程中的不同重要环节，如电子商务支付、电子商务物流、网络营销等，并对电子商务的重要问题和发展前景分章节介绍，如电子商务安全、电子商务网站建设、移动电子商务、电子商务法律等。最后一章通过介绍典型行业电子商务应用案例，力求内容新颖，紧密联系实际。每章最后附有相关的复习思考、问题讨论、实践训练等内容，旨在启发学生开拓性思维，提高学生对知识的实际应用能力以及问题辨析能力。

本书在编写过程中，李敏负责本书编写的组织工作以及第 3 章、第 4 章、第 9 章的编写；曹玲负责第 5 章、第 6 章、第 7 章、第 10 章的编写；魏娟负责第 1 章、第 2 章的编写，顾铭斯负责第 8 章的编写；最后由李敏统稿，曹玲、魏娟、顾铭斯校对；还要感谢王慧玲、洪佳、王倩、秦雪、徐晓霞、孙英萃、张委婉、周露、崔玉、李艳芬、曹州亚、景靓等同学（排名不分先后），她们在教材编写前期的资料准备与整理阶段付出了辛苦劳动。

感谢南京信息工程大学教材立项基金的支持，感谢经济管理学院曹杰教授及信息管理系全体教师为本书的编写提供的帮助，感谢科学出版社南京分社伍宏发副社长和于盼盼编辑为本书提出了许多宝贵的建议与意见，对本书的编写出版给予了大力支持。

本书在编写的过程中参阅了一些同行专家的论文、著作和教材，他们的研究成果为本书提供了丰富的素材，给予了我们很大的帮助和支持。本书中的案例、数据大多来自于各大知名研究机构和网站，并加以整理，在此表示衷心的感谢和敬意！

由于时间与篇幅的关系，本书无法对电子商务相关问题全部涉及，有些观点可能阐述得不够全面，需要进一步探讨，并且我们为各章节内容配备的大量案例也不能全部收入书中。对于书中的不足之处，还恳请广大读者提出宝贵意见，给予批评指正！

编　者

2012 年 2 月

目　　录

1 电子商务概述

本章内容要点：电子商务拓展了商务活动的时间和空间，正在悄然地改变人们的生活、消费方式。本章第一节介绍了电子商务产生的背景、发展阶段的划分。第二节介绍了电子商务的含义、电子商务与传统商务的区别、电子商务的优势和劣势。第三节阐述了电子商务宏观环境和微观环境，宏观方面包括经济环境、技术环境、法律环境和政策环境；微观方面包括信用环境、支付环境、物流环境等。第四节介绍了电子商务的体系结构，电子商务中物流、资金流和信息流的关系。第五节介绍了电子商务发展的两种关键技术：电子数据交换技术和Internet技术。

学习引导案例

电子商务加速改变未来生活

网上购物正成为百姓购物的新方式，电子商务的快速发展，让很多消费者改变了消费习惯。

网上购物带来更多方便。随着经济的快速发展，“电子商务＋快递”正在为百姓带来实惠和方便。快递企业通过优化网络、改善服务，承接电子商务的配送需求，为网络购物的消费者提供方便快捷的“门到门”服务。老百姓足不出户就能买到心仪的商品，节省了大量的时间和精力。方便是网上购物最大的吸引力。另外，网络购物只需在线点击操作，也顺应了社会的低碳要求。电子商务交易额同比大幅攀升，商务交易类网络应用逐步增加，电子商务产业链不断完善，新的商务服务模式层出不穷……“电子商务正在改变着人们的生活。”阿里巴巴销售部的陈智铭说。

“电子商务＋快递”前景非常看好。相关资料显示，近年来网络交易迅猛发展。2010年国内的网络市场销售交易金额超过了5000亿元，网络购物用户规模达1.48亿。由于很好地融合了新技术与传统行业，无论是从发展新型产业还是扩大内需的角度讲，“电子商务＋快递”的前景都非常看好。2010年《政府工作报告》明确提出要“加强商贸流通体系等基础设施建设，积极发展电子商务”。而根据此前商务部提出的目标，到“十二五”末，我国电子商务的市场规模将有望占到 GDP 的 5%。

在消费者对“电子商务+快递”热捧的同时，引来众多大企业投资。中粮作为国有传统粮油渠道的代表，搭建了食品类电子商务网络平台“我买网”；中国邮政集团依托自有快递资源，迅速向电子商务扩张，以悠乐网拉长产业链；在香港上市的银泰百货集团也斥巨资把线下产品搬上网；全球排名前三的造纸巨头金光集团整合线下资源，投资了涵盖食品饮料、居家生活、休闲健康等多类产品的大货站网站；IBM 与线下苏宁电器合作占领网上市场。有专家认为，经过了几轮竞争，互联网覆盖率和网购渗透率双高，真正的大众需求正在逐步展现出来。[资料来源：国际商报（http://www.shangbao.net.cn/）]

1.1 电子商务的产生与发展

中国互联网络信息中心（CNNIC）发布的《第 29 次中国互联网络发展状况统计报告》显示，我国互联网发展迅速。截至 2011 年 12 月底，我国网民总数达到 5.13 亿，互联网普及率为 38.3%，家庭电脑宽带上网网民规模达到 3.92 亿人，手机网民达 3.56 亿人。报告显示，我国网民平均每周上网时长为 18.7 个小时，这一数据已经超过了许多互联网发达国家和地区。在网络购物方面，网络购物用户规模达到 1.94 亿。在信息交流方面，即时通信、博客、微博和社交网站等多种方式都得到迅速发展。

电子商务（Electronic Commerce，EC）作为各类组织在机构、运营和管理方面发生根本性变革的催化剂，已经深刻地改变全球商务活动和人们的生活方式。尽管受到诸如物流、支付、安全、法律等因素的制约，但没有人质疑电子商务将是未来最理想的商业模式。

1.1.1 电子商务的产生

电子商务并非新兴之物，早在 1939 年，当电报刚出现的时候，人们就开始了对运用电子手段进行商务活动的讨论。当贸易开始以莫尔斯码点和线的形式在电线中传输时，就开启了运用电子手段进行商务活动的新纪元。电子商务是通过电子方式，在网络基础上实现商品、物资、人员、信息的协调而产生的网上商贸活动。

1）经济全球化迫切需要一种新型的商业模式

在商品经济条件下，经济规律的作用结果必然要求全球资源在全世界范围内的最优配置，因而形成了经济全球化、市场国际化、社会分工国际化及产业结构在全球范围的调整，导致了资本的大量转移和大批跨国公司的涌现，推动了国际贸易的发展。

国际贸易的迅速增长造成传统的以纸为载体的贸易单证和文件数量的激增，制造商、供货商和消费者之间，跨国公司与各分公司之间迫切要求提高商业文件和单证的传递处理速度、空间跨度和准确度，而传统的单证和文件采用人工处理方式，劳动强度大、效率低、出错率高、费用高，以纸为载体的贸易单证和文件成为阻碍国际贸易发展的一个关键因素。追求商业贸易的“无纸化”成为所有贸易伙伴的共同需求。

2）计算机、Internet技术和EDI的应用为电子商务发展提供了技术基础

近年来，计算机的处理速度越来越快，处理能力越来越强，价格越来越低，应用越来越广泛。相当多的工作人员和家庭利用计算机开展各种工作，这是电子商务发展的前提条件。互联网逐渐成为全球通信与交易的媒体，全球上网用户呈级数增长趋势。快捷、安全、低成本的特点使网络不断地普及和成熟，从而为电子商务的发展提供了良好的网络环境。电子数据交换（Electronic Data Interchange，EDI）的出现使得企业间的业务以电子化方式进行成为可能，EDI通过计算机网络系统，以电子方式传递标准化与固定格式的商业交易资料，取代了传统贸易单证和文件的手工处理方式。

3）信用卡、电子货币的应用使网上支付成为可能

以电子支付技术为基础的信用卡和电子货币的广泛应用，为电子商务的网上支付提供了解决办法。信用卡以其方便、快捷、安全等优点而成为人们消费支付的重要手段，并由此形成了完善的全球性信用卡计算机网络支付与结算系统，为电子商务中的网上支付提供了重要的技术手段。

4）SET协议的出台为电子商务提供了安全保障

1997年5月31日，由美国VISA和Mastercard国际组织等联合制定的电子商务安全交易（Secure Electronic Transaction，SET）协议的出台，得到大多数厂商的认可和支持。SET协议使用加密和数字签名等技术，保证支付信息的安全性、完整性，并对客户账号的可靠性以及商户身份进行准确认证，从而，为网上交易及支付提供了一个安全环境。（参见“6.2.5中的SET协议”）

5）政府的支持与推动是电子商务得以健康发展的根本所在

1997年4月欧盟发布了欧洲电子商务协议，1997年7月美国政府发布了“全球电子商务纲要”，受到各国关注，推动了全球电子商务的发展。电子商务受到世界各国政府的重视，各国政府纷纷采取有效措施支持和推动电子商务的发展，如许多国家的政府开始尝试“网上采购”，这为电子商务的发展提供了强有力的支持。

6）政策与法规的制定和完善为电子商务的发展提供了环境支撑

电子商务最基本的要求就是安全性和合法性，商务活动要有法律的保障。世界各国经验表明，要促进电子商务快速、健康发展，就必须要加快电子商务的立

法，进一步创造良好的政策环境，从推动重点行业和骨干企业电子商务建设、引导电子商务推广应用、创建良好的电子商务发展环境、完善电子商务支撑体系、发展第三方电子商务交易和服务、积极开展国际合作和培育新的经济增长点等多个方面来推动电子商务协调发展。

1.1.2 电子商务的发展阶段

1. 国外电子商务发展阶段

经济全球化和信息处理技术、现代通信技术的迅速发展，带动了电子商务的快速发展。电子商务阶段划分有不同的理论，一般认为世界电子商务的发展经历了三个阶段。

1）基于传统 EDI 的电子商务阶段

在“无纸化”贸易需求的推动下，为了克服传统的人工处理单证和文件的困难，贸易商们开始在商务活动中尝试运用计算机来处理商务活动中所涉及的文件和单据。早在 20 世纪 60 年代，人们就开始了用电报发送商务文件；到了 20 世纪 70 年代人们又普遍采用方便、快捷的传真机来替代电报，但是由于传真文件是通过纸面打印来传递和管理信息的，不能将信息直接转入到信息系统中，因此人们开始采用 EDI 作为企业间电子商务的应用技术，这就是电子商务的雏形。(参见“1.5.1EDI 技术”)

2）基于 Internet 的电子商务阶段

EDI 的运用，使得单证和文件处理的劳动强度、出错率和费用都大为降低，效率大为提高，极大地推动了国际贸易的发展，显示出巨大的优势和强大的生命力。但 EDI 通信系统的建立需要较大的投资，使用 VAN 的费用很高，仅大型企业才会使用，因此限制了基于 EDI 的电子商务应用范围的扩大，而且 EDI 对于信息共享的考虑也较少，比较适合具有大量的单证和文件传输的大型跨国公司。随着大型跨国公司对信息共享需求的增加和中小公司对 EDI 的渴望，迫切需要建立一种新的成本低廉的、能够实现信息共享的电子信息交换系统。

20 世纪 90 年代中期后，Internet 迅速普及，逐步地从大学、科研机构走向企业和寻常百姓家庭，其功能也已从信息共享演变为一种大众化的信息传播工具。Internet 作为一个费用更低、覆盖面更广、服务更好的系统，已表现出替代 VAN 而成为 EDI 的硬件载体的趋势，在 Internet 基础上建立的电子信息交换系统，既成本低廉又能实现信息共享，为在所有企业中普及电子商务提供了基础。

3）E 概念电子商务阶段

自 2000 年初以来，人们对于电子商务的认识，逐渐由电子商务扩展到 E 概念的高度，人们认识到电子商务实际上就是电子信息技术同商务应用的结合。而电子信息技术不但可以和商务活动结合，还可以和医疗、教育、卫生、军事、政府等有关的应用领域结合，从而形成有关领域的 E 概念。电子信息技术同教育结合，孵化出电子教务——“远程教育”；电子信息技术和医疗结合，产生出电子医务——“远程医疗”；电子信息技术同政务结合，产生出电子政务；电子信息技术同军务联系，孵化出电子军务——“远程指挥”；电子信息技术和金融结合，产生出在线银行；电子信息技术与企业组织形式结合形成虚拟企业等。对应于不同的 E 概念，产生了不同的电子商务模式。

2. 我国电子商务发展阶段

与国外相比，我国的电子商务起步较晚，开始于 20 世纪 90 年代，按照或从国外引入或本土原创开始起步、遭遇互联网泡沫寒冬、“非典”后的回暖，以及随之而来的快速发展，到金融危机下的调整与转型，大致可分为以下五个发展阶段。

1）起步阶段（1990～1992 年）

自 1990 年开始，国家计委、科委将 EDI 列入“八五”国家科技攻关项目，如外经贸部国家外贸许可证 EDI 系统、中国对外贸易运输总公司的中国外运海运/空运管理 EDI 系统等。1991 年 9 月由国务院电子信息系统推广应用办公室牵头，同国家计委、科委、外经贸部、国内贸易部、交通部、邮电部、电子部等 8 个部委局成立“中国促进 EDI 应用协调小组”。

2）雏形阶段（1993～1997 年）

1993 年成立国民经济信息化联席会议及其办公室，相继组织了金关、金卡、金税“三金工程”，取得了重大进展。1994 年 10 月“亚太地区电子商务研讨会”在京召开，使电子商务概念开始在我国传播。1996 年，金桥网与 Internet 的中国部分（ChinaNet）正式开通。1997 年 4 月在深圳召开全国信息化工作会议，各省（市、地区）相继成立信息化领导小组及其办公室，开始制订本省（市、地区）包含电子商务在内的信息化建设规划。1997 年，广告主开始使用网络广告。1997 年 4 月，中国商品订货系统（CGOS）开始运行。

3）发展阶段（1998～1999 年）

从 1998 年到 1999 年，美商网、中国化工网、8848、阿里巴巴、易趣网、当当网等知名电子商务网站先后涌现。1998 年 3 月，我国第一笔网上交易成功。1998 年 7 月，中国商品交易市场正式宣告成立，被称为“永不闭幕的广交会”。1998 年 10 月，国家经贸委与信息产业部联合宣布启动以电子贸易为主要内容的“金贸工程”。1999 年 3 月，8848 等 B2C 网站正式开通，网上购物进入实际应用阶段。1999 年出现政府上网和企业上网，如网上纳税、网上教育和远程诊断等广义的电子商务开始启动。

4）成熟阶段（2000～2005 年）

电子商务服务商正从虚幻、风险资本市场转向现实市场，与传统企业结合，同时开始出现一些较为成功、开始赢利的电子商务应用。2000 年应该说是电子商务发展的高潮期和务实创新阶段，电子商务网站数量、规模都进入了高度快速增长期。然而，在互联网泡沫破灭的大背景下，电子商务的发展也受到严重影响，包括 8848、美商网、阿里巴巴在内的知名电子商务网站进入残酷的寒冬阶段。“非典”以后，电子商务开始复苏回暖，互联网环境的改善、理念的普及给电子商务带来巨大的发展机遇，各类电子商务平台会员数量迅速增加，大部分 B2B 行业电子商务网站开始实现盈利。在外贸转内销、扩大内需与降低销售成本的指引下，内贸在线 B2B 与垂直细分 B2C 获得了新一轮高速发展。而 C2C 领域，随着搜索引擎巨头——百度的进入，网购用户获得了更多的选择空间，行业竞争更加激烈化。

5）稳定阶段（2006 年至今）

2006 年 9 月，第九届中国国际电子商务大会在北京召开，与会专家指出，随着电子商务发展环境的逐步完善和行业、企业重视程度的不断提高，我国电子商务正迈向全面应用的新时代，各个领域的电子商务应用高潮迭起。中国的电子商务仍处于发展起步期，且发展速度迅猛，短短几年间，已经拥有了初具形态的政策法规体系、规模庞大的信息基础设施以及不断增长的用户热情。

由于经济环境、基础设施等外部环境及电子商务应用方式的进一步完善，现实市场对电子商务的需求正在成熟，电子商务软件和解决方案的“本土化”趋势加快，国内企业开发着眼于国内应用的电子商务软件和解决方案逐渐在市场上占据主导，我国电子商务已经迈进全面应用阶段。

1.2 电子商务与传统商务

1.2.1 电子商务的含义

电子商务是一个发展的概念，迄今为止，还没有一个统一全面的、具有权威性的定义。世人众说纷纭，世界各国政府、企业、各界人士或者学者都是根据自己所处的地位和对电子商务的参与程度来表述的，定义的角度如下：

从业务过程的角度，电子商务是指利用电子网络实施的业务过程，代替实体业务活动中的信息的电子化业务活动。如 IBM 公司提出了电子商务（Electronic Business，EB）的概念。EB 相当于是 WEB 加 IT。强调交易各方包括买方、卖方、厂商和交易伙伴在企业内部网、企业外部网和互联网的商业化应用。

从通信的角度，电子商务是指借助电话、计算机网络或任何电子媒介进行信息、产品或者服务的传递以及支付的过程。例如，全球信息基础设施委员会在电子商务工作委员会报告草案中指出，电子商务是运用电子通信作为手段的经济活动，通过这种方式人们可以对带有经济价值的产品和服务进行宣传、购买和结算。这种交易方式不受地理位置、资金多少或零售渠道的所有权影响。电子商务能使产品在世界范围内交易并向消费者提供多种多样的选择。

从服务的角度，电子商务是政府、企业和消费者表达各自意愿的一种工具，同时也是改善客户服务水平、提高交付速度和消减服务成本的一种手段。

从在线的角度，电子商务提供了通过 Internet 购买和销售产品、信息的能力，并提供了其他在线服务的可能，例如，为学校和其他组织（包括商业组织）提供了在线培训和教育的功能；联合国经济合作和发展组织指出电子商务是发生在开放网络上的包含企业之间、企业和消费者之间的商业交易。

从合作的角度，电子商务为组织内部和组织间进行合作提供了平台。

从社区的角度，电子商务为社区成员提供一个学习、交易和合作的集会场所。最流行的团队类型是社交网络。

总的来讲，电子商务有广义和狭义之分。广义的电子商务（E-business）是指使用一切电子手段来传输信息，进行包括电子交易在内的全部商业活动，如市场分析、客户联系、物资调配等，这些电子手段包括从初级的电报、电话、广播、电视、传真到计算机、计算机网络，到国家信息基础结构（National Information Infrastructure，NII）、全球信息基础结构（Global Information Infrastructure，GII）和 Internet 等现代系统，且商业活动可以发生在企业内部、企业之间、企业与消费者之间。狭义的电子商务（E-commerce）也可称为电子交易，主要是指利用 Internet 在网上进行的交易，即在网上实施展示、查询、订货、促销、销售、转账、清算、服务等。

本书使用广义的电子商务，指应用电子手段从事各种商业活动，不仅仅是企业前台的商务电子化，更重要的是包括后台在内的整个运作体系的全面信息化，以及企业整体经营流程的优化和重组。也就是说，建立在企业全面信息化基础上，通过电子手段对企业的生产、销售、库存、服务以及人才资源等环节实行全方位控制的电子商务才是真正意义上的电子商务。举例来说，如果一个企业通过网络接到生产订单，然后管理人员通过电话等常规方式通知车间组织生产，那么该企业就实现了电子交易；如果该企业通过网络接到生产订单后，企业内部网络的信息管理系统（Management Information System，MIS）、供应链管理系统（Supply Chain Management，SCM）、客户关系管理系统（Customer Relationship Management，CRM）或企业资源计划（Enterprise Resource Planning，ERP）自动将生产订单分解到各个生产车间，那么该企业才算完全实现了电子商务。所以，电子商务是指将一个企业的物流、信息流、资金流及业务过程管理全面用信息技术装备起来并实现网络化。

1.2.2 电子商务与传统商务的区别

1. 传统商务运作流程

商务指涉及商品买卖的事务。传统商务起源于远古时代，当人们对日常生活进行分工时，商业活动就开始了。最初是以物易物式的交易活动，后来货币的出现取代了易物贸易，交易活动变得更加容易。然而，交易的基本原理并没有变化，即社会的某一成员创造有价值的物品，这种物品是其他成员所需要的。所以，商务活动就是至少有两方参与的有价物品或服务的协商交换过程。它包括买卖各方为完成交易所进行的各种活动，可以从买方或卖方的角度来考察交易活动，其商务流程如图 1-1 所示。

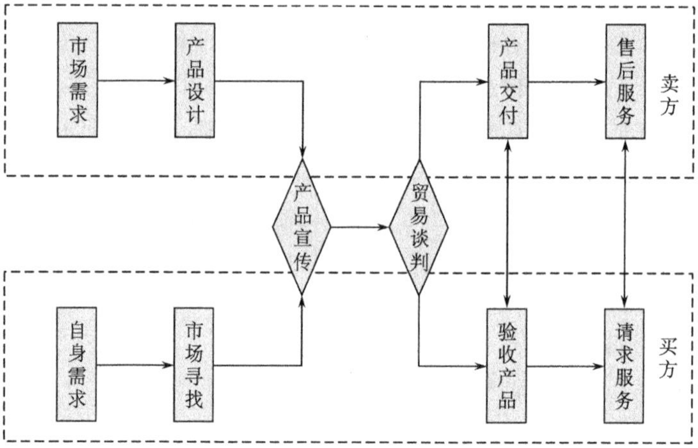

图 1-1　传统商务动作流程示意图

1）买方

传统商务中买方首先就是确定需要。这种需要可能只是一个简单的需求，也可能是非常复杂的需求，是人在一定的条件下所产生的。一旦买方确定了他们的特定需要，就要寻找能够满足这些需要的产品或服务。在传统商务中，买方寻找产品或服务的方法很多，他们可以参考产品目录、请教朋友、阅读广告或查找工商企业名录，也可以向推销员咨询产品的特点和优势。买方选择了满足其某一特定需要的产品或服务之后，就要选择一个可以提供这种产品或服务的卖主。在传统商务中，买主可以通过很多途径与卖主进行接触，包括电话、邮件和贸易展览会。一旦买主选择了一个卖主，双方就开始谈判。谈判内容包括交易的很多内容，如交货日期、运输方法、价格、质量保证及付款条件等，另外还常常包括产品交付或服务提供时可以进行检验等各个细节问题。当买方认为收到的货物满足双方议定的条件时，即可支付货款。买卖完成后，买方可能还要就质量担保、产品更新和日常维护等问题和卖方接触。

2）卖方

卖方一般通过市场调查来确定潜在顾客的需要。企业在确定顾客的需要时，经常使用的方法包括问卷调查、推销员与顾客交谈、主题小组讨论或聘请企业外部的咨询人员等。一旦卖方确定了顾客的需要，他们就要开发出能够满足顾客需要的产品咨询和服务。产品的开发包括新产品的设计、测试和生产等过程。卖方的下一步工作是让潜在顾客知道这种新产品或服务已经存在。卖方要开展多种促销活动，同顾客及潜在顾客沟通关于新产品或服务的信息。一旦顾客对买方的促销活动有了回应，双方就开始对交易的条件进行谈判。有时，交易需要艰苦漫长的谈判，才能对商品的运输、检验、测试和付款达成协议。双方解决了运输问题后，卖方就要向买方交付货物或提供服务，同时还要向买方提供销售发票。在有些业务中，卖方每月还向每个顾客提供一份发票总账，这份总账包括该顾客本月收到的发票和付款情况。在有些情况下，卖方要求买方在交货前或交货时付款，但大部分企业还是靠商业信用做生意，所以卖方先记下销售记录，然后等待顾客付款。一般来说，企业都有先进的顾客付款接收和处理系统，并利用这个系统来跟踪每一个应收货款账户，并保证所收到的每笔货款都对应于正确的顾客和发票。销售活动结束后，卖方常常要为产品和服务提供持续的售后服务。在很多情况下，卖方要根据合同或法令对售出的产品或服务提供质量担保，以确保这些产品或服务能正常地发挥效用。卖方提供的售后服务、日常维护和质量担保可以促使顾客满意并重新购买企业的产品。

2. 电子商务运作流程

在电子商务环境下，商务的运作过程没有变，仍然可以分为交易前的准备、贸易的磋商、合同的签订以及付款结算等环节，但利用先进的计算机、网络和现代通信技术对其中的一些环节加以改进，不仅可降低成本、提高服务水平，而且可实现企业自身与合作伙伴、消费者、供应商等利益相关者的多赢。

1）交易前的准备

交易前的准备过程主要是指买卖双方在交易合同签订之前的准备活动。电子商务模式下，交易的供需信息都是交易双方通过网络获取的。卖方通过 Internet 上的各种贸易网络发布商品广告，积极地在网上推出自己的商品信息，寻找贸易伙伴和交易机会，扩大贸易范围和商品所占市场份额。买方则随时通过 Internet 查询其所需要的商品信息资源。双方信息的沟通具有快速和高效的特点。

2）交易磋商和签订合同

交易磋商是指买卖双方对所有交易细节进行谈判。电子商务的交易磋商过程将纸面单证在网络和系统的支持下变成了电子化的记录、文件和报文在网络上的传递过程，并且由专门的数据交换协议保证了网络信息传递的正确性和安全性，从而大大提高了整个交易过程的效率，减少了交易的漏洞和失误，规范了整个商品交易过程。

3）合同的签订

签订合同则是将双方磋商的结果以书面文件形式确定下来。电子商务支持电子交易合同的签订。为了明确双方在交易中的权利与义务，交易双方可利用现代电子通信手段，经过认真谈判和磋商后，将所购买商品的种类、数量、价格、交货地点、交货期、付款方式和运输方式、违约和索赔等合同条款全部以电子交易合同形式做出全面详尽的规定。合同各方可以利用 EDI 进行签约，也可以通过数字签名等方式签订合同。

4）付款结算

传统的以现金和支票为基础的付款方式在网络环境下也有很大的改变。原来的支票支付方式被电子支票方式所取代，原来现金支付方式被信用卡、电子现金和电子钱包等形式取代。

买卖双方各种手续办理完毕后，卖方进行备货、组货，并将所售商品交付给货运方包装、起运、发货，买卖双方可以通过电子贸易服务系统跟踪发出的货物。银行和金融机构也按照合同进行结算并处理双方的收付款，同时出具相应的银行单据。最后，买方收到所购商品，完成整个交易过程。如果在交易过程中出现违约行为，则需要进行违约处理，由受损方向违约方索赔。

3. 电子商务与传统商务的比较

电子商务是在传统商务的基础上发展而来的，和传统商务的本质相同。任何一笔交易都包含着信息流、资金流和物流，都有交易的场所、区域和主体，都是以货币为媒介按市场要求进行商品资源配置，都是一种法律保护购销双方权益的严肃的社会行为，并且两者的业务流程相同（都经过交易前的准备、交易的磋商、合同的签订、资金的支付、物流配送等）。但电子商务融合了许多信息技术、网络技术，创造了新的工作方式、工作内容和沟通方式。

1）商务流程实现的手段不同

传统商务的交易过程由交易前的准备、贸易磋商、合同签订与执行、支付与清算四个环节组成。交易前的准备是交易双方了解供需信息后进行口头协商的过程；贸易磋商实际上就是交易双方进行口头协商或书面单据的传递过程；合同签订与执行过程，是经过协商后交易双方要以书面形式签订具有法律效力的商贸合同；最后是支付过程，传统商务活动主要有支票和现金两种支付方式。

电子商务的运作过程虽然也有相同的四个环节，但交易的具体运作方法是完全不同的，如表 1-1 所示。在电子商务模式中，交易前的准备、交易的供需信息都是通过网络来获取的，沟通更加快速和高效；电子商务中的交易协商过程即电子单据在网络上的传递；电子商务环境下合同的签订与执行，是在网络协议和电子商务应用系统保证交易双方所有的交易协商文件的正确和可靠的前提下，由第三方授权后才具有法律效力，可以作为在执行过程产生纠纷的仲裁依据；电子商务中交易的资金支付一般采取网上支付的方式。

表 1-1　电子商务与传统商务运作过程的比较

	交易前的准备	贸易磋商过程	合同与执行	支付过程
传统商务	通过广告、产品展销会等方式来完成商品信息的发布、查询和匹配	通过电话、传真、邮寄等工具，口头磋商或纸面单据的传递过程	书面合同，具有法律效力	线下支付，货币包括支票、现金等
电子商务	通过浏览交易双方的电子商务平台完成	数字化记录、文件和报文的网络传递	电子合同，具有同样法律效力	网上支付，电子货币包括信用卡、电子支票、电子现金等

2）商务运作的重心不同

传统商务中制造商是商务中心，而电子商务环境下销售商是商务的主体。在传统商务下，制造商负责组织市场的调研、新产品的开发和研制，并负责组织产品的销售；而电子商务环境下则是由销售商负责全部销售环节，包括产品网站设计、建立、管理，网页内容设计与更新，网上销售的所有业务及售后服务的设计、组织与管理等。

3）商品流转的机制不同

传统商务下的商品流转是间接的流转机制。制造企业的商品通常是经过中间商到达最终用户手中，商品流通过程中增加了无谓环节，也增加了流通、运输、存储费用，造成商品的出厂价与零售价之间有很大的价差，制造商却没获得高额的利润。电子商务的出现，使得商品能够通过最直接的流转渠道，到达最终用户手里，还能从用户那里得到最有价值的市场供求信息，实现了无阻碍的信息交流。

4）市场范围和商品范围不同

传统商务所涉及的市场范围和商品范围是有限的，电子商务可方便得到更多卖方产品和服务的信息，给买方提供了更多的选择。买方每天 24 小时都可以和卖方接触，不受时间的限制。随着互联网的推广与普及，电子商务所涉及的市场范围和时间则是无限的。表 1-2 比较清晰地列出了电子商务与传统商务的区别。

表 1-2 传统商务与电子商务的区别

项目	传统商务	电子商务
信息提供	根据销售商的不同而不同	透明、准确
交易对象	部分地区	世界范围
流通渠道	流通环节复杂，流通成本高	简化了流通环节，降低了流通成本
顾客忠实度	不固定	固定
交易时间	规定的营业时间内	24 小时
销售方式	通过各种关系多种方式买卖	完全自由购买
营销活动	销售商的单方营销	交易双方一对一沟通，是双向的
商品信誉	首选名牌	名牌、商品的质量和价格
顾客方便度	受限于时间、地点、服务	无拘无束
顾客需求	很长时间掌握顾客的实际需求	及时捕捉顾客需求，迅速应对
销售地点	需要销售空间（实体店）	虚拟空间（提供商品列表和图片）

1.2.3 电子商务的优势和劣势

1. 电子商务的优势

电子商务环境下，消费者不受空间和时间的限制就可以选购到自己需要的产品，同时也让企业的市场范围得到无限延伸，扩展到企业并没有真正到达的地方，并为企业提供了一个高度自由、公平的市场竞争环境。与传统的商务活动相比，其优势是显而易见的。

1）降低交易成本

由于信息不对称度降低且信息无处不在，电子商务极大地降低了市场中的交易成本。交易成本包括买方和卖方的搜寻成本，收集产品信息的成本，协调、下单、调整和确保合同履行、交通等围绕交易的附加成本。电子商务使得这些过程大大简化，并且更容易获得相关信息。互联网降低了交易双方的信息不对称程度，使合同协商、调整、保证实施的成本得以下降，企业可以更专注于提高自己的核心竞争力。另外，越来越多的数字化产品可以直接通过网络来传输，其运输成本几乎为零。

2）优化企业的库存

企业为了组织生产和满足市场需求变化，通常需要保持原材料、产成品等在一定的库存水平上。但高库存会增加资金占用成本，而且原材料或产成品都可能因市场跌价而令企业受损；反过来，低库存可能使生产受阻，交货延期。因此，最优库存控制是企业管理的重要目标之一。以信息技术为基础的电子商务可以改变企业决策中信息不确切和不及时的问题，通过网络可以将市场需求信息传递给企业决策生产，同时也把需求信息及时传递给供应商而适时得到供给补充，从而向“零库存管理”迈进。

3）拓展商务活动的时间和空间

电子商务通过网上商店进行销售，它的销售空间随着网络的延伸而延伸，没有时间和空间的限制，它的交易时间是由消费者（即网上用户）自己决定的，可以一周 7 天、一天 24 小时地无间断运作，为企业增加了无限的商机。商务活动还可以在任何地点发生，人们可以利用电子商务或移动商务在办公室、家里，坐在桌前甚至还可以在车上完成购买，形成一个超越传统界限、不受时空限制的市场。例如，桌面工具 Google Earth 可以随时提供基本的地点查询、交通导航等服务，还逐步增加酒店查询、预定、购物导航、自定义 3D 模型等，Google Earth 使得所有人都可以把地球放到自己桌面上。

4）促进双方的信息交流

电子商务提高了买卖双方能获得的信息总量和质量，给双方都带来了高收益。对于买方，其可以获得更多的市场信息，包括大量不同地区、不同商家、不同产品的性能和价格信息。例如，百度团购导航（http://www.tuan.baidu.com）提供不同团购网站的多种团购商品信息，消费者可以在该网站上查找不同地区、不同类别和商家提供的商品报价。对于卖方来说，好处同样存在，在对买方信息了解的基础上，卖家可以更加准确地估算某个消费群体的市场特征，从而开拓不同的营销组合。

5）提供个性化服务

互联网实时互动的沟通方式，更容易让消费者真实地表达出自己对产品及服务的评价。这样，网上的零售商就可以更深入地了解用户的内在需求，提供更准确的产品和服务，甚至可以为用户量身定制，提供个性化服务。如 DELL 网上直销产品的定制化。

扩展阅读 1-1　戴尔公司利用电子商务获得成功

1985 年，由迈克尔·戴尔创建的戴尔计算机公司（即戴尔公司），是第一家通过邮件生成订单来供应个人电脑的公司。戴尔公司设计自己的 PC 机系统，并且“按单生产”一直是戴尔业务模式的奠基石。到 1993 年，戴尔已成为全世界五大计算机制造商之一，直接威胁到率先发动价格战的康柏公司。

20 世纪 90 年代早期互联网的商业化以及 1993 年环球网的引入给戴尔提供了迅速壮大的机会。戴尔积极地实施在线订购，在欧洲和亚洲设立子公司，并开始在网上提供其他的产品信息。这使得戴尔严重打击了康柏公司，到 2000 年，戴尔已成为全球 PC 销售商的老大。当时，戴尔公司网络销售每日销售量为 500 万台，每年的销售量为 180 亿美元。如今，戴尔公司每年在网上销售与计算机相关的产品（包括网络与打印机等）的销售额达到 600 亿美元，雇员超过 6.3 万人。

在线销售是戴尔主要的电子商务活动，戴尔的主要销售对象包括以下四类：①为家庭和家庭办公购买产品的个人消费者；②小企业（员工数目在 200 人以下）；③中型和大型企业（员工数目在 200 人以上）；④政府、教育和卫生保健机构。第一类销售模式称为企业对消费者（B2C），其他三类销售模式称为企业对企业（B2B）。顾客通过在线的电子目录在戴尔网站购物，相关销售活动由电子商务机制完成。

此外，戴尔在电子拍卖网站（dellauction.com）上销售翻新的戴尔电脑和其他产品，在线拍卖是一种非常重要的销售渠道。2006 年，戴尔开设店面，主要是为了对顾客的需求进行反馈。[资料来源：埃弗雷姆·特班等著．2010. 电子商务：管理视角．李在奎等译．北京：机械工业出版社]

2. 电子商务的劣势

1）业务流程的制约

有些业务流程也许不能使用电子商务。相比而言，传统的商务活动可以更好地完成。例如，不管将来技术如何进步，易腐食品和珠宝古董等贵重商品也不可能远程检验，那些顾客愿意亲手触摸、仔细检查的产品就很难通过电子商务来销售。为了在网上成功销售，公司必须能够将销售规划技能移植到网站上。有些商品由于其销售规划技能更适宜网络，这些商品就更容易在网上销售。表 1-3 列出了 13 种业务流程，其中 5 种业务流程适合采用电子商务，这种分类方法的依据是现有的技术水平。

表 1-3　适合各种商务活动的业务流程

适合电子商务的业务流程	适合综合的业务流程	适合传统商务的业务流程
图书和音像产品买卖	汽车交易	冲动购买商品的交易
在线软件下载	在线银行业务	易腐食品的买卖
旅游服务交易	寻找合作伙伴服务	低值商品的买卖
运输货物的在线跟踪	房地产交易	珠宝和古董交易
金融理财		

2）安全问题

交易中安全是相当重要的一个问题。然而中国现在还没有很完善的电子商务法，安全问题十分突出。消费不安全是制约电子商务发展的一个致命的因素。信用卡信息的安全、数据传输的安全、个人隐私等问题对电子商务的发展都有阻碍。在网上购物变得越来越普及的今天，安全问题更亟待解决。

3）观念约束

中国人受传统思想的约束，对网上购物存在顾虑。传统的眼见才为实的观念限制了人们网上购物的积极性。思想的约束包括看不到交易的实体、自己的隐私、信用卡信息、虚拟的交易环境等所带来的担忧。

4）法律制度问题

网上交易作为一种交易手段也要受到法律的约束。但是作为一种新的交易形势，没有健全的法律体制，则使网上交易不规范，影响网上交易的发展。而且中国还没有像重视实体产业一样重视电子商务的发展。网上开店要不要到工商局注册、要不要收税、如果收税如何制定收税标准等都不好与实体产业相一致，衡量的标准和方式也很难确定。

5）物流的制约

电子商务的最终实现是依靠发达而健全的物流配送来实现。中国物流业还存在着很多的问题，如物流体系不健全、物流配送不合理、物流成本高等，都成为限制电子商务发展的因素。

6）成本收益难以定量

对电子商务进行投资时，实施电子商务的成本和收益很难定量计算。以技术为自变量的成本变化幅度很大，即使是电子商务短期项目也会出现这种情况。电子商务的关键技术发展迅速，对那些准备实施电子商务的企业来说，招募和留住那些精通技术和设计、熟悉业务流程的雇员也是一件难事。

此外，还有相应的认证体系、技术不健全等问题，而且电子商务的普及教育培训也需加强。

1.3 电子商务环境

同自然界的其他任何系统一样，电子商务系统的顺畅运行，也有其赖以生存的环境，离开了外部环境的支持，电子商务不可能独立生存与发展。总的来说，电子商务环境可以分为宏观环境和微观环境两大类。宏观环境包括经济环境、技术环境、法律环境和政策环境；微观环境包括支付环境、物流环境、信用环境。

1.3.1 电子商务宏观环境

1. 经济环境

1）经济全球化日益发展

经济全球化是指世界各国在生产、交换、分配、消费等方面发生的一体化趋势。基本特征表现为贸易市场一体化、全球金融一体化、生产经营一体化。经济全球化使资本、商品、技术、信息在全球范围自由流动和配置，整个国际市场呈现出贸易壁垒减少，通信、运输成本不断下降的趋势；参与国际贸易的国家和企业急剧增加；企业跨国兼并浪潮迅猛，跨国公司垄断国际投资市场；国际自由资本追逐高额利润，昼夜不停地实行转移等。这些都给国家提供了诸多利用外资和先进技术发展本国经济的机遇和条件。我国加入 WTO 后，国家经济将更深入地融入到世界经济体系之中，这就给我们带来了充分利用国际市场上更多发展机遇和条件的契机，同时对国家经济结构的调整、市场体系的发育和成熟、产品的升级换代等，都有极大的促进作用。

2）社会信息化趋势加快

20 世纪后期以来，以信息、生物、纳米三大技术为代表的新一轮科技革命浪潮蓬勃兴起，极大地改变着整个人类社会的面貌。其中，以微电子、计算机、通信三大技术为核心的信息技术的突飞猛进，更引起包括人的思维方式在内的社会各个方面深刻的变化，并迅速形成社会的信息化趋势。如今社会和经济的发展对信息资源、信息技术和信息产业的依赖程度越来越大，信息化程度已经成为衡量一个国家现代化水平高低的重要标志，成为世界各国经济发展和竞争的核心和新的战略制高点。新科技日新月异的发展和应用，使高新技术产品和技术成果贸易突飞猛进，发达的电信网络紧密地连接着全球资本市场。

2. 技术环境

电子商务是一种技术含量较高的商务活动，计算机、网络、通信等相关技术为电子商务的发展提供了有力的技术支持和保障，而广义的计算机技术和其技术标准则从更基础和广泛的层面上对电子商务给予了支持和保障。

1）计算机技术

电子商务的开展离不开计算机技术的广泛应用。计算机技术包含计算机硬件技术与软件技术。计算机的硬件主要包括计算机主机和计算机外设，主机包括中央处理器和内存储器。外设主要有外存储器和 I/O 设备，如键盘、鼠标、光笔、扫描仪等为输入设备，而打印机、屏幕等则为输出设备。计算机软件可以分为系统软件和应用软件，系统软件包括操作系统、服务软件、编译解释系统等，应用软件包括信息管理软件、辅助设计软件、文字处理软件、图形处理软件以及用户编制的各种程序等。

2）网络技术

在电子商务的应用中，计算机网络作为基础设施，将分散在各地的计算机系统连接起来，使得计算机之间的通信在商务活动中发挥着重要作用。计算机网络是计算机技术和通信技术相结合的产物。计算机之间的通信是计算机网络能够实现资源共享的基础，而资源共享则是开发建设计算机网络的主要目的。网络中的资源（主机、大容量硬盘、高速打印机及数据等）由网络操作系统统一管理，网络操作系统为用户提供了操作网络、共享资源的统一接口。

3）通信技术

通信技术指在通信设备间进行信息传输的技术。通信的方法和手段多种多样，但都必须依靠数据技术。数据通信就是将数据信号加到数据传输信道上进行传输，并在接收点将原始发送数据正确恢复过来的过程。通信技术包括公用电话交换网络（PSTN）技术、公用分组交换网络（PSDN）技术、数字数据网络（DDN）技术、综合数字业务网络（ISDN）技术、甚小口径卫星地面（VAST）技术、帧中继网络（FRN）技术、数字移动通信网络技术等。

4）技术标准

计算机网络为了能顺利和准确地实现多台计算机和通信设备之间的数据交换，需要制定能使各种设备都可以接受的规则，这组规则和规定就是标准。该标准规定了通信过程中的各种操作，使通信的每个步骤都按照这组操作规则进行。

3. 法律环境

关于协调电子商务交易的法规主要由各国际组织发起并制定，由各成员国共同遵守和执行。其中，最具代表性和普遍性的是联合国贸易法委员会 1996 年 6 月 14 日颁布的《电子商务示范法》及世界贸易组织（WTO）关于电子商务的规定。

电子商务作为一个新生事物，世界各国还处于摸索阶段，立法相对滞后，有关的法律规范框架都还正在构建之中。从发达国家目前的立法动向来看，基本上是从一个战略发展的角度来规范和建立电子商务立法规则的。许多发达国家纷纷制定法律法规、起草电子商务基本框架、签署双边协定、发表白皮书等，其目的是为了争取制定电子商务国际规则的立法权。（详细法规参见“9.1.3 国内外电子商务立法”）

4. 政策环境

政府对某一新兴产业的重视程度及扶持力度高低，往往体现在政府所制定的政策上。而政府所制定的政策确实对一个产业或行业的发展起着重要的推进作用。为了推动我国电子商务的快速、持续发展，我国政府应该制定出一系列适应我国国情的电子商务政策。

1）投融资政策

在社会主义市场经济环境下，投资主体应该由政府转向广大企业，尤其是中小企业。因为它们的灵活性、积极性往往高于大型企业。政府应为企业在国内外资本市场投融资创造条件，健全电子商务投融资体系。

对于电子商务这样的系统化大型工程，国家应做好宣传、知识普及、制定投资政策等工作。例如，在通信网络方面国家投资可占较大的比例；在计算机网络建设方面国家投资就应该较小；对信息资源网则视行业信息情况酌情给予投入；对电子商务增值网则主要是给予法律、法规上的指导，帮助企业解决新问题，原则上不宜进行较大投资，应营造像这样的投资环境。典型的示范工程投资应该是国家投资的主体领域，这种工程耗资不大，但对社会影响大，示范带动作用明显，这是政府站在市场前沿，在投资领域中大有作为的地方。

2）税收政策

税收是国家为实现其职能，凭借政治权利参与社会生产的再分配，强制无偿获取财政收入的一种手段。政府为扶持一产业或行业所制定的税收政策对电子商务的发展起着直接的作用，因而，电子商务税收政策的制定面临一定的困难，其制定方法是电子商务能否快速发展的重要影响因素。（参见“9.5 电子商务和税收”）

3）发展规划

发展规划也对电子商务的高速发展起到一定支持作用。按照规划的主体，可以将电子商务规划分为政府规划、行业组织规划和企业规划。政府规划主要是一个国家的中央政府或地方政府规划电子商务的发展，为电子商务制定一个总体的方案，避免在电子商务建设过程中低效率、违规操作和重复建设等现象的出现。行业组织的电子商务规划是电子商务在某一行业中发展所依据的规范，一般由行业性组织做出，行业成员自觉遵守。企业电子商务规划是企业根据自身状况、所处行业特征及其他外部因素而制定的中长期发展战略规划。企业可依据这些规划，适时检查，调整经营行为，减少经营上的失误，取得最好的经营效果。

4）人才培养政策

要使电子商务能够在我国蓬勃开展起来，电子商务的人才培养是一个需首要解决的问题。因为电子商务的开展是商务管理、商务活动、商务理论与现代电子工具的有机结合，无论是电子商务管理者，还是电子商务活动者都必须是掌握商务理论与实践及电子工具应用的复合型人才。如果没有这样的人才，电子商务的开展就无法实现。而我国目前所缺乏的正是这样的复合型人才。因此，政府应该制定相应的政策，包括制定电子商务人才培养总体规划、在大中专院校设置电子商务专业、对在岗人员电子商务技能培训等，以此推进我国电子商务人才培养工作的开展。

1.3.2　电子商务微观环境

1. 支付环境

电子支付是电子商务活动的关键环节，没有良好的网上支付环境，网上客户只能采用网上订货、网下支付的方式，只能实现较低层次的电子商务应用，这就难以发挥电子商务高效率、低成本的优势，使电子商务的发展和应用受到严重阻碍。因此，提供安全、高效、快捷的网上金融服务成为整个电子商务交易过程中最重要的环节。

中国电子支付市场规模逐步扩大，教育、航空、国际贸易、电子政务、金融、保险、公用事业缴费等领域的电子支付已经比较普遍；作为电子商务核心的支付环节正在加速电子化，网上支付、移动支付、电话支付等多种支付形式不断推出；网上支付比例渐增，成为消费者网上购物的首选付款方式；随着手机用户的增加，移动支付将成为一个全新的经济增长点。

2010年第三方支付企业在网络购物、航空客票、电信缴费、网络游戏等领域竞争激烈，开始采用行业差异化推进的发展策略，向生活缴费、信用卡还款、金融、保险和大额支付等领域不断地尝试和拓展。其中，基金行业布局已初见成果，电子支付的应用不断向行业渗透，产品服务也更具行业针对性。利用第三方电子支付进行信用卡套现引起各方关注，银行及第三方支付企业开始通过交易额限制、改进流程和加强监控等手段来控制违规操作带来的风险。（电子商务支付方式参见“3 网络支付和网络银行”）

2. 物流环境

随着电子商务时代的到来，企业销售范围不断扩大，企业和商业销售方式及最终消费者购买方式的转变，使得送货上门等业务成为一项极为重要的服务业务，极大地促进了物流行业的兴起。

对于少数商品和服务来说，可以直接通过网络传输的方式进行配送，如各种电子出版物、信息咨询服务、有价信息软件等。而对于大多数商品和服务来说物流仍要经由物理方式传输，但由于一系列机械化、自动化工具的应用，准确、及时地对物流过程的监控，将使物流的速度加快、准确率提高，能有效地减少库存，缩短生产周期。在这一发展过程中，物流已成为有形商品网上商务活动能否顺利进行和发展的一个关键因素。因为电子商务优势的发挥需要有一个与电子商务相适应的、高效、合理、畅通的物流系统，否则电子商务就难以得到有效的发展。

物流对电子商务的作用可以概括为：能够提高电子商务的效率与效益，从而支持电子商务的快速发展；能够扩大电子商务的市场范围；集成电子商务中的商流、信息流与资金流，促使电子商务成为21世纪最具竞争力的商务形式；实现基于电子商务的供应链集成。（参见“4.1.3 电子商务与物流的相互作用”）

3. 信用环境

在电子商务条件下，商务活动是通过网络进行的，买卖双方在网上沟通，签订电子合同、使用数字签名和电子支付等，这完全改变了传统商务模式下面对面的交易方式，因此商业信用体系的建立对电子商务来说就显得更加重要。

根据《中国电子商务报告》对影响消费者网上购物的各项因素的调查，80%的受访者认为“网上信息有虚假成分”，79.5%的受访者认为“担心付款安全”，76.1%的受访者认为“担心个人信息被泄露”。“十一五”期间，互联网服务投诉呈持续增长势头。2010年互联网服务投诉量为20405件，同比上升了68.7%，位居投诉增幅第2位。总体上，我国电子商务信用环境现状还不容乐观，主要表现在：社会普遍缺乏现代市场经济条件下的信用意识和信用道德规范；国家信用管理体系不健全，缺乏有效的失信惩罚机制；社会信用中介服务行业发展滞后，还没有建立起一套完整而科学的信用调查和评价体系；信用数据的市场开放度低，缺乏对企业和个人信息的正常获取和检索途径；企业内部普遍缺乏基本的信用管理制度。具体在B2C、C2C、B2B电子商务中，诚信状况还是有差别的。B2B电子商务中，由于企业之间的交易额度较大，诚信问题更为突出，反过来企业不讲诚信的代价往往也很高。以大企业为核心的B2B电子商务平台以及垂直性行业平台，由于各方面的资质背景与行业领导优势，诚信度相对较高；而其他类的中小企业为中心的平台与综合性B2B平台上，大多数通过网上获取信息、谈判、下单、网下再商议、再谈判等传统的方式来实现。B2C交易趋于成熟，但仍然存在商家发布虚假商品、销售信息，欺诈消费者的状况。因此消费者通常会选择自己熟悉的、知名度较高的网站购物。C2C电子商务的难点则在于，在买卖双方缺乏信任的前提下，要完成交易，很难找到一个信任的“支点”。C2C虽然也能为用户提供许多便利信息和交易机会，但C2C信用状况不容乐观，而由此导致的网上信用放大效应也更为明显。对于C2C平台来说，要做好网上信用服务难度更大。

要解决上述问题，首先，需要社会各方面的大力引导，创建一个具有良好信用意识的社会环境，从而形成一个全社会诚信的氛围；其次，是建立和完善电子商务认证中心，这是改善电子商务信用环境最基本的技术手段，是电子商务活动正常进行的必要保障；再次，是制定相关法律和制度，规范电子商务的交易行为，保障电子商务活动的正常进行；最后，是建立社会信用评价制度和体系，为电子商务交易提供资信服务，将社会信用评价制度和体系应用到社会生活的各方面，促使企业和个人努力提高信用，自觉避免有损信用的事件发生，如企业融资信用和个人消费信用等。

扩展阅读 1-2　8848 的简介及失败原因

8848 由王峻涛创立于 1999 年 1 月，从 4 个人、16 万人民币起步，至 2001 年，成为中国工业和商业类网站被用户访问最多的网站（CNNIC 的调查），这期间先后融资约 6000 万美元，是中国电子商务企业的旗舰品牌。在 1999 年至 2000 年的两年多时间里，8848 飞速成长，它当时的“72 小时生存试验”轰动全国，购物袋连续几天出现在 CCTV-2 的黄金时间，从此 8848 作为唯一真正可以通过在线支付买到东西的网站闻名全国。中国网民只知 8848，不知当当和卓越，而阿里巴巴也仅刚刚起步。然而在 2000 年互联网泡沫中，有一批曾风生水起的网站倒闭，8848 也未能幸免。分析 8848 失败的主要原因可以归结为以下两点：

（1）没有始终坚持一种商业模式。王峻涛接受一家媒体采访的时候表示，8848 的失败就是因为老在变，没有始终坚持一种商业模式。2000 年，8848 为了上市，迎合当时华尔街的概念放弃 B2C 而转做 B2B，后来又改做电子商务平台、网上商店、电子交易市场。

（2）当年的电子商务环境不够成熟。8848 失败的本质原因仍然是源于当年的电子商务环境。当年王峻涛就曾经提出国内“电子商务”三座大山的说法，一是当时中国网民只有 400 万人，决定了电子商务商业机会有限；二是物流和配送的难题；三是最大的困难即网上支付难题以及远距离购买的信任危机。8848 当年拿着风投钱，自己组织货源，开发配送渠道，解决支付问题，甚至以一个后来者的身份用比传统商家高 10 倍的成本去销售一罐可乐。如今网民有五亿多，网络逐渐普及，电商发展迎来大爆发。各种物流和配送渠道比十年前要发达很多倍。而支付宝、财付通、各类网银的完善也让网上支付更加方便，网购的接受程度也大大提高。而当年，8848 面临的是电商没市场、网购不被接受、物流和支付渠道不完善的电商环境。[资料来源：HiShop. http://www.hishop.com.cn/Ecschool/kdzx/show_6026.html]

1.4　电子商务框架结构

电子商务框架是描述电子商务的组成元素、影响要素、运作机理的总体性结构体系。

1.4.1 电子商务的基本组成

电子商务的基本组成要素包括网络、用户、物流配送、认证中心、银行和商家等，如图 1-2 所示。

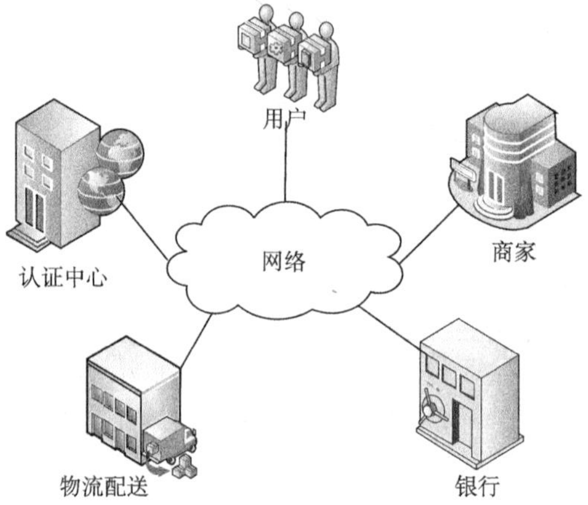

图 1-2 电子商务的基本组成

1）网络

网络包括 Internet、Intranet 和 Extranet，Internet 是电子商务的基础，是商务、业务信息传送的载体；Intranet 是企业内部商务活动的场所；Extranet 是企业与企业以及企业与个人进行商务活动的纽带。

2）用户

电子商务用户分为个人用户和企业用户。个人用户使用浏览器、电话等接入 Internet，企业用户建立企业内联网、外部网和企业管理信息系统，对人力、财力、物力、供应、销售、存储等进行科学管理。企业利用互联网网页站点发布产品信息、接受订单等，如要在网上进行销售等商务活动，还要借助于电子报关、电子报税、电子支付系统与海关、税务局、银行进行相关业务处理。

3）认证中心（Certificate Authority，CA）

认证中心是电子商务的一个核心环节，是在电子交易中承担网上安全电子交易认证服务、签发数字证书和确认用户身份等工作的，具有权威性和公正性的第三方服务机构。作为一个安全电子交易中的重要单位和公正、公开的代理组织，接受持卡人和特约商店的申请，会同发卡及收单银行核对其申请资料是否一致，并负责电子证书发放、管理及取消等事宜。它同时也是在线交易的监督者和担保人。主要承担电子证书管理、电子贸易伙伴关系建立和确认、密钥管理、为支付系统中的各参与方提供身份认证等职能。CA 类似于现实生活中公证人的角色，具有权威性，是一个普遍可信的第三方。

4）物流配送

物流配送指采用网络化的计算机技术和现代化的硬件设备、软件系统及先进的管理手段，根据用户的订货要求，对无法从网上得到的商品进行一系列分类、编码、整理、配货等理货工作，按照约定的时间和地点将确定数量和规格要求的商品传递到用户的活动及过程。

5）网上银行

网上银行即在互联网上实现传统银行的业务，为用户提供 24 小时实时服务；与信用卡公司合作，发放电子钱包，提供网上支付手段，为电子商务交易中的用户和商家服务。

1.4.2　物流、资金流和信息流

在电子商务活动中，信息流是核心，物流是保障，而资金流则是商务活动实现的手段，三者之间的有效互动构成了一个完整的电子商务模型。在由原材料供应商、零部件供应商、生产商、分销商、零售商等一系列企业组成的供应链中，物流从上游的供应商往下游的零售商流动，资金流从下游往上游流动，而信息流的流动则是双向的，如图 1-3 所示。

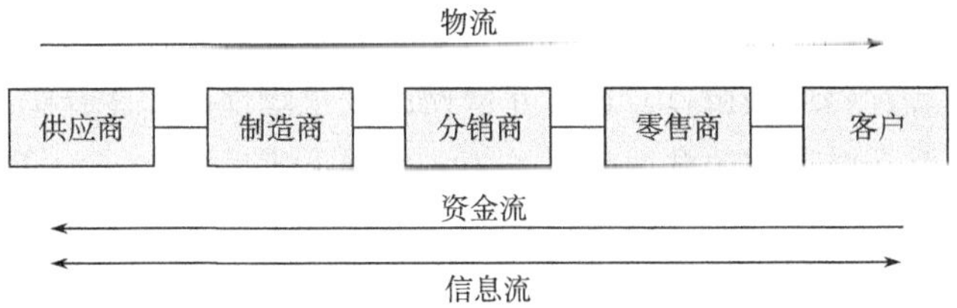

图 1-3　电子商务物流、资金流和信息流的关系

1. 电子商务的信息流

电子商务信息流是指电子商务信息通过计算机网络途径进行传输的运动过程，是对商品运动状态的直接反映，它包括电子商务信息的产生、收集、传播、运用与反馈的过程。概括地说，电子商务信息流是指商品或劳务信息的正反馈和负反馈的矛盾运动过程。

与传统商务信息流所不同的是，由于电子商务时代的基本特征就是信息流在互联网上流动的同时驱动物流和资金流，信息流在电子商务活动过程中占据了主导地位，成为物流和资金流的先导和基础。究其原因是，在电子商务条件下，网

络作为信息的载体使虚拟经济得以存在和发展，导致供给信息的正反馈和需求信息的负反馈都能够发生并双向流动，从而使需求与供给达到均衡，促进了商品（劳务）同货币的换位。

电子商务把信息技术作为商务运作的基本手段，它强调了企业内外部资源融合、信息沟通及企业运营效率，增强了企业的核心竞争力。因此，从企业角度看，电子商务信息流可以从内部信息流和外部信息流两方面来理解。

1）企业的内部信息流

企业的内部信息流主要是指企业利用信息技术支持企业内部的运作过程，反映了企业内部的生产管理状况。

以网络为基础的电子商务给传统的企业组织形式带来了猛烈的冲击。它打破了传统职能部门依赖于分工与协作完成整个任务的过程，而形成了并行工作的思想。企业的业务单元不再是封闭式的金字塔式层次结构，而是各业务单元间相互沟通、相互学习的网状结构。原来各业务单元之间的界限被打破，重新组成了直接为客户服务的工作组。工作组直接与市场接轨，以市场的最终效果衡量自己的生产流程的组织状况，衡量各组织单元之间协作的好坏。这已经发展成为电子商务环境下的一种新的管理模式。

在新的组织模式下，企业内部的信息管理主要通过后台信息管理系统（如管理和控制经营过程中的商品进、销、调、存信息，以及以财务为核心的综合管理和办公自动化等）来实现，经过处理后的信息流通过企业内部网流动到所需部门或系统，并通过外部信息系统（如客户关系管理系统、收款系统、电子订货系统等）与外部交易过程形成接口，通过互联网跨接主管部门、生产商、批发商、银行、数据中心及下属单位的商业信息系统，以便形成呈报数据，订购商品、账目往来、提供信息、数据交换等外部信息流。

2）企业的外部信息流

企业的外部信息流主要是指企业利用信息技术来支持企业与市场间的相互作用。企业外部的信息流将商务活动涉及的零售商、顾客、服务提供者、银行和物流中心联系在一起，为客户提供市场信息、商品交易、仓储配送、货款结算等全方位的服务。根据外部信息流程中是否存在信息中介来划分，将企业的外部信息流分为直销过程的信息流和包含第三方信息中介的信息流。

（1）直销过程的信息流。一个完整的电子商务直销过程是指买主从供货商那里直接购买商品的解决方案。以 B2C 电子商务为例，B2C 电子商务面向最终消费者，利用互联网的互动性、全球性、个性化的特点，为企业的最终顾客提供更直接、更具个性化、更有竞争力的网络服务。整个信息流程在 B2C 交易中的 8 个主要步骤中产生：①消费者在企业网站上浏览信息，确定自己要购买的物品，发出订单，将购买信息（包括订货信息和付款信息）传达给企业网站；②企业网站前端处理顾客购买信息后，通过 Intranet 将订货信息传到企业后台信息系统；③企业网站付款窗口与银行链接，向银行发送消费者的付款信息；④银行向消费者发出付款确认询问信息；⑤收到货款后，银行向企业发出收款确认信息；⑥收到银行的收款确认信息后，企业通过前台网站向消费者发出即将发货的信息；⑦企业通知物流中心发货；⑧物流中心向消费者发送物流订单信息。最后，消费者在收到商品时，可以通过①的路径向企业反馈信息。

（2）包含第三方信息中介的信息流。电子商务交易除了企业到消费者的直销模式，还有通过网络商品交易中心即虚拟网络市场进行商品交易的模式。目前，网络中介交易市场主要有 3 种类型，即专门为企业间提供交易场所的 B2B 中心、为企业与消费者提供交易场所的行业网站和消费者与消费者之间进行交易的拍卖（C2C）网站。在这些交易过程中，信息流通过中介服务网站——网络商品交易中心传递，消费者同供货方并没有直接联系。在包含第三方信息中介的交易过程中，消费者、企业、物流中心和银行均通过第三方信息中介发生信息交互，信息流程大大简化，第三方信息中介在电子商务中发挥了越来越重要的作用。

2. 电子商务的物流

物流主要是指商品和服务的配送、传输渠道。电子商务下的物流，有其特殊的方面。对于少数商品和服务来说，如各种电子出版物、信息咨询服务、有价信息软件等，可以直接通过网络传输的方式进行配送。而对于大多数商品和服务来说，物流仍要经由物理方式传输，但由于一系列机械化、自动化工具的应用，准确及时地对物流过程的监控，将使物流的流动速度加快、准确率提高，能有效地减少库存，缩短生产周期。

电子商务的发展越来越需要一个高效的物流配送体系，做到及时准确的物流服务、简洁快速的配送流程、尽可能低的成本费用和良好的顾客服务水平。在这样的需求下，物流必须向信息及时化、网络电子化、规模经济化、智能自动化、组织柔性化、多功能化、全球化的方向发展，才能与电子商务发展的要求相协调。否则，物流将无法适应电子商务发展的要求。在这方面，国外出现了很多成功的电子商务物流配送方案，如美国的物流中央化和日本的高效配送中心、第三方物流等。目前，电子商务环境下物流模式主要有自营物流、物流联盟、第三方物流、第四方物流和物流一体化。

电子商务下企业成本优势的建立和保持必须以可靠和高效的物流运作为保证，这也是现代企业在竞争中取胜的关键。电子商务信息流只是在理论上完成了交易，而目标的真正实现还得依靠电子商务物流。消费者在网上下订单之后，只是完成了商品所有权的交割，电子商务活动并没有完成，只有通过物流配送，将商品真正送到消费者手中，电子商务活动才告以结束。可以说，没有现代化的物流作为电子商务的支撑，电子商务将是空中楼阁。

3. 电子商务的资金流

在电子商务活动过程中，企业财产物资的货币表现就是资金，而这些资金总是处于不断的运动之中，资金的流入和流出统称为资金流。融资是企业资金运动的第一步，它可分为内源融资和外源融资。前者是指企业以内部积累的方式实现融资，包括利润提成和折旧；后者则是指企业通过出让股权或从银行贷款实现融资。经过融资后，货币资金就有两种运作方式：其一是转化为金融资本形态，即进入资本市场进行金融投资，这类处于金融资本形态的资金可随时在资本市场上转化为货币资金；其二是转化为储备资金形态，准备投入生产。在生产过程中，随着生产费用的支出，资金就从储备资金形态转化为生产资金形态。产品制成以后，资金又从生产资金形态转化为成品资金形态。在销售过程中，企业出售产品并取得销售收入，这时企业资金又从成品资金形态转化为货币资金形态。

不论资金如何流动，其追求增值的目的始终不会变。所以，与传统企业的资金流动相比，企业电子商务的资金流动不会有本质的变化，只是在流动的形式上有所改变，即支付形式的变化。无论是对于传统商务，还是对于电子商务，资金的支付都是完成交易的重要环节，不同的是电子商务更强调速度，强调支付过程及支付手段的电子化和网络化。若电子商务时代的资金支付过程仍然采取传统的运转方式，势必会严重影响企业电子商务的效率。由此，以信息流网络为基础，将支付网关、收单银行、发卡银行等金融专用网络连接起来，形成局部金融网络，在此基础上通过互联网将CA认证中心、消费者、生产商、供应商、网络券商以及各种风险投资商连接起来，构建完善的资金流网完成网上资金流通，成为电子商务时代资金支付必然的运转方式。

根据以上分析，电子商务资金流的一个最为显著的特点就是支付形式的网络化，其外在表现形式就是信息流。所以，电子商务资金流就具备电子商务信息流的一般特点，如数字化、全球化、标准化、直接化和透明化等。当然，电子商务资金流除具有信息流的一般特点之外，还具有以下的特点：

（1）资金周转速度快。在电子商务支付平台的支撑下，企业、银行、税务和消费者等在网上有自己的平台，信息传递速度和办理交易与结算手续速度的加快，使资金周转速度加快。

（2）资金流通范围广。在电子商务环境下，电子贸易的发展必将促进资金在世界范围内的流动，并且加快统一的世界货币的形成。世界货币的产生又会反过来促进资金在全球范围内的流动，从而推动世界经济朝全球化方向发展。

(3) 资金支付轻便、成本低、安全性高。与电子环境下的电子货币相比，传统的货币（如纸质货币和硬币）则愈发显示出其不足。在美国，每年搬运有形货币的费用高达60亿美元，英国则需要2亿英镑。由于中国的电子支付比例更低，所以货币结算和搬运费用就更多。有了电子商务支付平台的支撑，资金支付的成本很低，很多公司都从中受益。而且，电子商务的支付协议充分借用了尖端加密和认证技术，设计细致、安全可靠，交易双方资金安全得到了一定的保障。

4. 电子商务运作是信息流、物流和资金流的高度整合

电子商务信息流、物流、资金流作为电子商务这个整体的组成要素，它们之间的有机互动构成了电子商务系统的运行。同时，信息流、物流、资金流的运行分别由信息流平台、物流平台、资金流平台支撑，三个平台共同构成了电子商务的运行环境。

信息流平台是物流平台、资金流平台的基础。没有信息流平台做技术支撑，物流平台、资金流平台都不可能有效地运转，而成为静态网。物料、资金无法快速、有序地流动，以致电子商务失去运作的物流和资金流的基础。

电子商务物流平台可分为两部分：物流实体网络和物流信息网络。前者指由物流企业、物流设施、交通工具、交通枢纽等在地理集团上的合理布局而形成的网络；后者指物流企业、制造企业、商业企业通过现代信息技术把上述物流实体连接而成的共享信息网，通过信息网可实现运输工具调配的合理安排，以及在途货物的实时查询等功能。

物流平台、资金流平台使信息流平台本身具有实际运用价值。信息流平台除本身就具有价值外，它更大的价值在于使物流平台、资金流平台得以运转。三个平台中，信息流平台更具有基础性的平台作用，而物流平台、资金流平台则更具应用性的操作平台作用。

举例来说，A企业与B企业经过商谈达成一笔供货协议，确定了商品价格、数量、供货时间与地点等相关条款。B企业接下来通过物流平台向A企业发送货物，这其中包括包装、装卸、搬运、仓储和运输等环节与活动。再接下来就由A企业通过资金流平台向B企业支付货款，这其中包括两家企业代理银行之间的转账结算过程。A企业、B企业、A企业的银行和B企业的银行自始至终都在信息流中彼此互动，直到两家企业的交易完成，即A企业拿到购买的货物，B企业收到销售货款。很显然，物流和资金流在运作的同时，信息流也在积极发挥着作用，否则物流与资金流也无从谈起。

1.4.3 电子商务的框架结构

电子商务的框架结构是指电子商务活动环境中所涉及的各个领域以及实现电子商务应具备的保证。以下从管理、应用和综合三个角度分别给出其体系框架。

1. 管理视角的电子商务框架

电子商务的应用丰富多样，为实现这些应用，公司必须有合适的信息、基础设施和支持系统。学者 Turbain 等人从管理的视角设计了一个基本的电子商务框架，如图 1-4 所示。该框架表明电子商务的应用以基础设施作为支持，成功的电子商务实现又依赖于五个独立的领域：人、公共政策、市场营销和广告、支持服务以及业务伙伴。

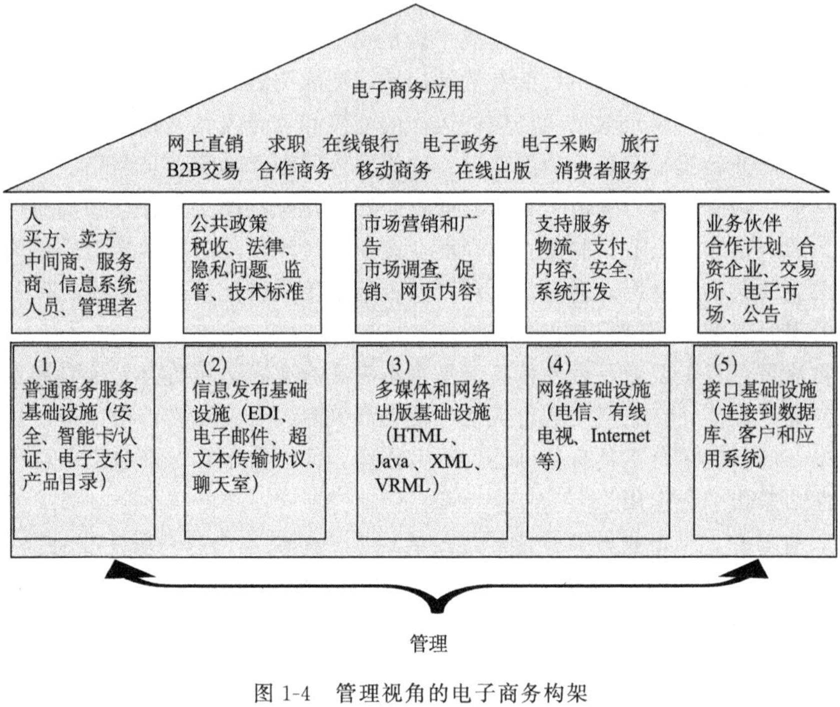

图 1-4 管理视角的电子商务构架

（1）人。包括卖方、买方、中介、IT 雇员，以及任何其他参与者。

（2）公共政策。包括法律和其他政策问题，如由政府决定的隐私保护政策，也包括技术标准和协议。

（3）市场营销和广告。互联网规模巨大，所以必须同时采用传统和新型的营销手段以及广告策略来吸引顾客访问自己的网站。

(4) 支持服务。电子商务需要大量的支持服务。其中最重要的包括市场研究、内容创建、支付、物流、IT 支持以及安全等服务。

(5) 业务伙伴。电子商务通常在业务伙伴之间的供应链上出现，所以这些基础设施和支持服务都需要良好的管理来协调。这就需要公司计划、组织、激励、制定战略以及在必要时重建业务流程。

2. 应用视角的电子商务框架

电子商务的优点在于能够全面渗透到各个行业，在各个领域得到充分、全面的应用。互联网的应用涉及很多传统产业，迫使人们转变思想观念，重组业务流程，实施行业电子商务。银行开展网上银行服务业务，证券业积极利用网络进行证券交易，传统商家纷纷建立自己的网站，通过网上商场销售货物。与此同时，传统经济没有的新行业也应运而生，如内容服务商（Internet Content Provider，ICP)、网络服务商（Internet Service Provider，ISP)、数据中心（Internet Data Center，IDC)、认证中心等。所以，从应用角度来看电子商务整体框架，可以用图 1-5 来表示。

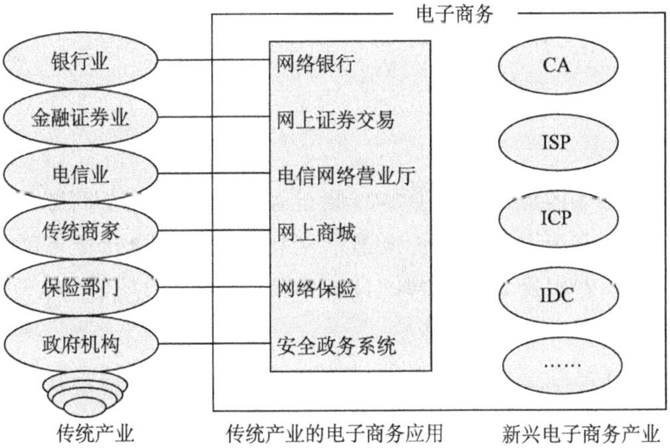

图 1-5 应用视角的电子商务框架

3. 电子商务的一般框架

著名学者 Ravi Kalakota 和 Andrew B. Whinston 在合著的《电子商务前沿》一书中，提出了一个电子商务的一般框架结构，如图 1-6 所示。该框架指出，完整的电子商务体系体现全面的电子商务应用，而这需要有相应层面的基础设施和众多支撑条件构成的环境。电子商务运行环境与电子商务应用就构成了电子商务框架。该框架结构由四个层次和两大支柱构成，其中，四个层次分别是网络基础层、多媒体内容与网络出版层、信息发布与传输层、电子商务服务和应用层；两大支柱是指社会人文性的公共政策和法律规范以及自然科技性的技术标准和网络协议。

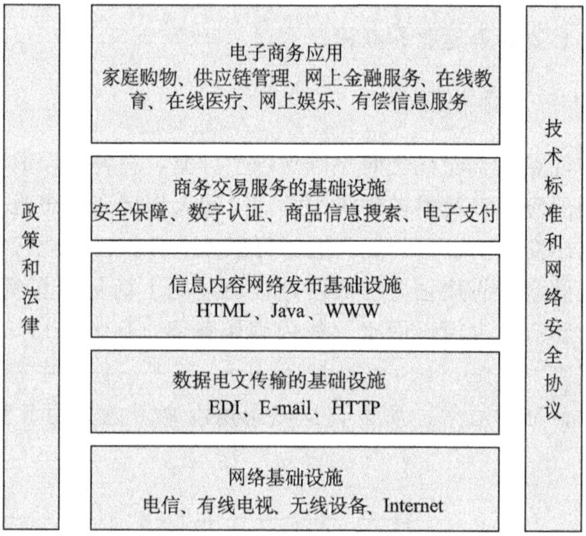

图 1-6　电子商务的一般框架

1）网络基础层

该层提供了商务信息传输的基本线路设施，是实现电子商务的基本保证。它包括远程通信网、有线电视网、无线通信网和互联网。电子商务的主要业务是基于互联网的，所以互联网是网络基础设施中最重要的部分。

2）多媒体内容与网络出版层

有了网络基础设施，信息就具备了传输的通路，可是信息存在的形式多种多样，有文字、声音，还有图像，而机器只能识别简单的代码语言，怎样使这些信息表现出来呢？这就需要进行各项信息内容的“出版”，最常用的工具包括超文本标记语言（Hyper Text Markup Language，HTML）、Java 语言和全球信息网（World Wide Web，WWW，又称万维网）等。HTML 可以将文本、图形、图像、声音、动画等多媒体项目集中于一体予以发表；Java 语言是一种功能强大的网络编程语言；万维网则是信息内容的展示台，是制作产品并将其出版的一个配发中心。

3）信息发布与传输层

网络基础层决定了电子商务信息传输使用的线路，而信息发布与传输层则解决如何在网络上传输信息和传输何种信息的问题。目前互联网上最常用的信息发布方式是在WWW上用HTML语言的形式发布网页，并将Web服务器中发布传输的文本、数据、声音、图像和视频等多媒体信息发送到接收者手中。从技术角度而言，电子商务系统的整个过程就是围绕信息的发布和传输进行的。

4）电子商务服务和应用层

电子商务服务层实现了标准的网上商务活动服务，如网上广告、网上零售、商品目录服务、电子支付、客户服务、电子认证（CA认证）、商业信息安全传送等。其真正的核心是CA认证。电子商务是在网上进行的商务活动，参与交易的商务活动各方互不见面，所以身份的确认与安全通信变得非常重要。CA认证中心，担当着网上“公安局”和“工商局”的角色，而它给参与交易者签发的数字证书，就类似于“网上的身份证”，用来确认电子商务活动中各自的身份，并通过加密和解密的方法实现网上安全的信息交换与安全交易。

在基础通信设施、多媒体信息发布、信息传输以及各种相关服务的基础上，人们就可以进行各种实际应用，如供应链管理、企业资源计划、客户关系管理等，以及在此基础上开展企业的知识管理、竞争情报活动。而企业的供应商、经销商、合作伙伴、消费者以及政府部门等参与电子互动的主体也是在这个层面上和企业产生各种互动。

5）公共政策和法律规范

法律维系着商务活动的正常运作，对市场的稳定发展起到了很好的制约和规范作用。进行商务活动，必须遵守国家的法律、法规和相应的政策，同时还要有道德和伦理规范的自我约束和管理，二者相互融合，才能使商务活动有序进行。

由电子商务的产生引发的问题和纠纷不断增加，原有的法律法规已经不能适应新的发展环境，制定新的法律法规并形成一个成熟、统一的法律体系，成为世界各国发展电子商务的必然趋势。

6）技术标准和网络协议

技术标准定义了用户接口、传输协议、信息发布标准等技术细节。它是信息发布、传递的基础，是网络信息一致性的保证。就整个网络环境来说，标准对于保证兼容性和通用性是十分重要的，网络协议是计算机网络通信的技术标准。对于处在计算机网络中的两个不同地理位置上的企业来说，要进行通信，必须按照通信双方预先共同约定好的规程进行，这些共同的约定和规程就是网络协议。EDI标准、TCP/IP协议、HTP协议、SSL协议、SET协议等不断出现并逐步发展完善，为电子商务得到全面应用并走向成熟奠定了坚实的基础。

上面所介绍的四大基础设施环境和两大外部支撑条件，构成了电子商务的运行环境平台。在此基础上，就可以开展电子商务的各类应用活动，如在线营销广告、在线购物、电子采购、远程金融服务、供应链管理、有偿信息服务以及其他应用等。

1.5 电子商务关键技术

1.5.1 EDI 技术

1. EDI 的概念

国际标准化组织（ISO）将 EDI 描述成：将商业或行政事务处理，按照一个公认的标准，形成结构化的事务处理或报文数据格式，从计算机到计算机的数据传输方法。

国际电信联合会（ITU）将 EDI 定义为：从计算机到计算机之间的结构化的事务数据交换。

联合国标准化委员会认为：EDI 是用户计算机系统之间的对结构化的、标准化的商业信息进行自动传送和自动处理的过程。

EDI 至今没有一个统一的定义。一般地，EDI 可理解为：按照统一规定的一套通用标准格式，将标准的经济信息，通过通信网络传输，在贸易伙伴的电子计算机系统之间进行数据交换和自动处理。

由 EDI 的定义可以看出，EDI 主要由三个要素构成：EDI 标准、EDI 软件和硬件、通信网络。

（1）EDI 标准。EDI 广泛应用于金融、保险、商检、外贸、通关、报关、税务、制造业、运输业、仓储业等多个领域，其根本特征在于标准的国际化，数据标准化是实现 EDI 的关键环节。EDI 标准使各组织之间不同格式的业务数据，通过共同的标准实现彼此之间数据交换的目的。EDI 标准主要分为基础标准、代码标准、报文标准、单证标准、管理标准、应用标准、通信标准、安全保密标准等。

（2）EDI 硬件及软件。EDI 所需的硬件设备有计算机、调制解调器、电话线及其他物理网络设施。如果对传输时效及资料传输量上有较高要求，可以考虑租用专线。EDI 软件将用户数据库系统中的信息译成 EDI 的标准格式以供传输交换。

（3）通信网络。通信网络是实现数据传递的物理通道。EDI 通信网络可以是点对点通信、增值网络（VAN）和互联网络。

2. EDI 系统的工作原理

用户在现有的计算机应用系统上，进行详细的编辑处理；通过 EDI 转换软件（Mapper）将原始单据格式转换为中间文件（Flat File），中间文件是用户原始资料格式与 EDI 标准格式之间的对照性文件，它符合翻译软件的输入格式，再通过翻译软件（Translator）变成 EDI 标准格式文件；在文件外层加上通信交换信封，通过通信软件发送到增值服务网络或直接传给对方用户，对方用户则进行相反的处理过程；最后形成用户应用系统能够接受的文件格式进行收阅处理。具体工作原理如图 1-7 所示。

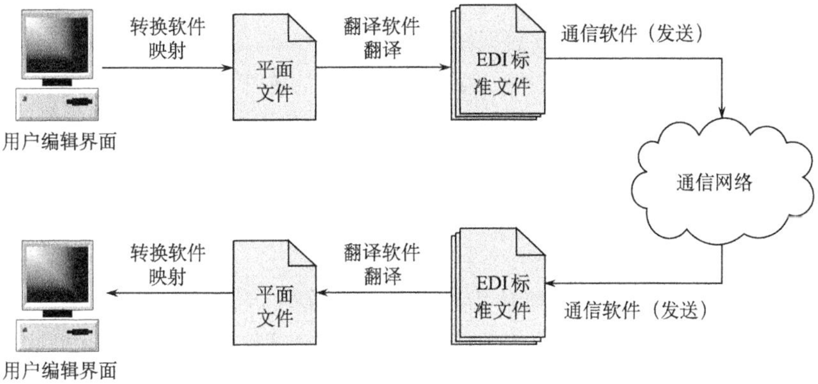

图 1-7　EDI 的工作原理

3. EDI 系统的结构

EDI 系统能将用户数据库系统中的信息，翻译成 EDI 的标准格式以供传输转换。其系统结构包括联系模块（用户接口模块、内部接口模块）、报文生成及处理模块、格式转换模块和通信模块，如图 1-8 所示。

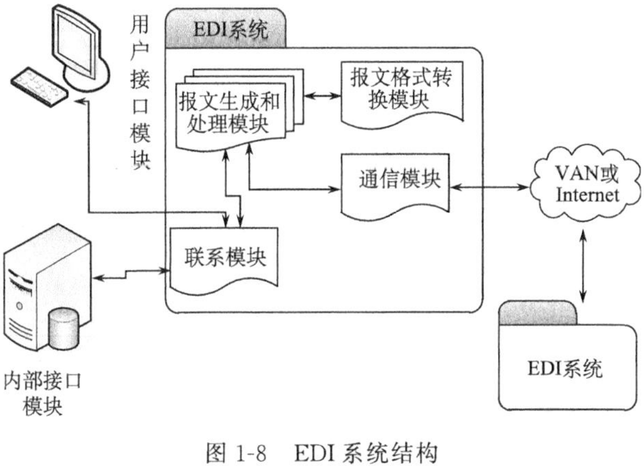

图 1-8　EDI 系统结构

1）报文生成和处理模块

（1）生成报文。发方主动发报时，接收来自用户接口模块和内部接口模块的指令和数据，按照 EDI 标准生成订单、发票、合同以及其他各种单证的 EDI 报文，经格式转换模块处理之后，提交给通信模块，经 EDI 通信网转发给其他 EDI 系统的用户。

（2）报文自动处理。收方接收报文时，通信模块接收来自发方 EDI 系统的报文，交该模块进行自动分析、应答处理，如询价、订单的自动应答处理。在处理过程中要与企业信息系统或数据库相联系，先将有关信息送给内部管理信息系统或数据库，经其深处理后获得必要信息，生成应答报文响应发方系统。在报文处理过程中可能产生一些意外情况，例如，因各种原因不能满足用户在交货时间和方式等方面的要求而需要管理人员决策时，应该提交用户接口模块作为紧急例外而由人工干预。

2）报文格式转换模块

所有的 EDI 单证都必须转换成标准的交换格式，转换过程包括语法上的压缩、嵌套、代码的替换以及语法检查，对于语法出错的 EDI 报文应拒收并通知对方重复。由于 EDI 要在不同国家、地区及不同行业内使用，不同行业的 EDI，其标准也有所不同，格式转换模式必须能适应和识别不同的 EDI 标准，并能将一种标准的 EDI 报文转换成另一种标准格式，使其具有相容性。

3）报文通信模块

通信模块是 EDI 系统与 EDI 通信网络的接口，它负责在接收到 EDI 用户报文后进行审查和确认。因 EDI 通信网络的结构不同，该模块功能也有所不同。但基本的通信功能如执行呼叫、自动重发、合法性和完整性检查、出错报警、自动应答、通信记录、报文拼装和拆卸等都是必备的。

4）联系模块

（1）内部接口模块。它是指 EDI 系统和企业内部管理信息系统与数据库的接口，可将来自外部的 EDI 报文，经过系统其他模块处理之后，相关内容由内部接口模块送往管理信息系统进行处理或接受来自内部信息系统的指令、信息，给对方发送 EDI 报文。

（2）用户接口模块。EDI 能自动处理各种报文，但与用户交互的人机接口仍必不可少。用户接口模块是 EDI 系统和 EDI 用户的联系接口，为用户提供友好的使用界面。用户界面是 EDI 系统的外包装，它的设计是否美观、使用是否方便，直接关系到 EDI 系统产品的外在形象。查询统计帮助管理人员了解本单位的情况、打印各种统计报表，了解市场变化情况，及时调整经营策略。一般来说，通信模块、格式转换模块、报文生成和处理模块对于所有的 EDI 系统可以是相同的，而联系模块则因企业单位的不同而不同。

4. EDI 和电子商务的关系

EDI 方式的电子商务，其特征是数据交换通过 EDI 来实现，即电子商务中各种标准格式的贸易单证、文件等的传送都是由 EDI 通过增值网或互联网来完成的。增值网与互联网地域分布的广泛性和 EDI 数据格式的规范性，将大大促进电子商务的发展。

EDI 虽然与电子商务存在着相辅相成的关系，但也还存在一定的区别，这主要体现在以下几个方面：

从涉及的范围看，EDI 与电子商务是两个不同范畴的概念。EDI 是一种技术、方法和手段，是将商业或行政事务处理按照一个公认的标准，形成具有一定格式的事务处理与消息报文，并采用计算机的数据传输方法；而电子商务是以计算机网络为基础，包括从销售、市场到信息管理的全过程，任何能利用计算机网络加快商务处理过程、减少商业成本、创造商业价值、开拓商业机会的商务活动都可以纳入电子商务的范畴。

从技术的角度看，EDI 主要建立在企业与企业之间的专用网上，只是目前正在向互联网上转移；而电子商务主要是基于 Intranet/Extranet/Internet 技术的一种贸易方式。

从功能的角度看，EDI 注重数据结构的标准化，以实现业务处理的自动化和信息从计算机到计算机的传输；而电子商务注重全局性的经济活动，重视经济活动的电子化和网络化，是信息化社会的商务模式和未来形态。

从应用的范围看，EDI 的应用范围一般是在企业与企业之间，特别是在具有贸易合作伙伴关系的企业之间；而电子商务的应用范围则要广泛得多，它具有企业对企业、企业对个人、企业对政府等多种应用模式。

扩展阅读 1-3 上海联华超市集团的 EDI 应用

上海联华超市集团成立于 1992 年，目前已有门店 230 多家。该集团有三种经营方式，其中直营店有 82 家；加盟店分布在外省市如浙江、江苏等；合营店主要以控股方式经营，主要分布在远郊区、县。直营、加盟、合营三种方式的门店都由总部统一进货。公司现有两个配送中心，1999 年底建成一个大的配送中心。随着经营规模的扩大，管理工作越来越复杂。公司领导意识到必须加强高科技的投入，搞好计算机网络应用。从 1997 年开始，成立了总部计算机中心，完成经营信息的汇总、处理。配送中心也完全实现了订货、配送、发货的计算机管理，各门店的计算机应用由总部统一配置、统一开发、统一管理。配送中心与门店之间的货源信息传递通过上海商业高新技术公司的商业增值网以文件方式（E-mail）完成（图 1-9）。

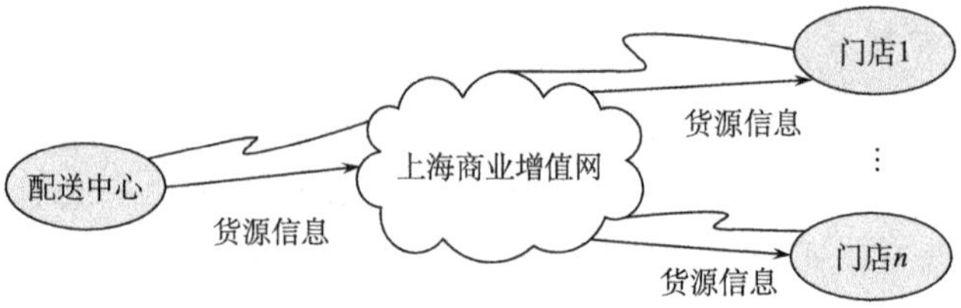

图 1-9　上海联华超市计算机系统结构应用图

每天中午 12 点钟，配送中心将商品的库存信息以文件形式发送到增值网上，各门店计算机系统从自己的增值网信箱中取出库存信息，然后根据库存信息和自己门店的销售信息制作“要货单”。但由于要货单信息没有通过网上传输，而是从计算机中打印出来，通过传真形式传送到配送中心，配送中心的计算机工作人员再将要货信息输入计算机系统。这样做的结果不仅导致了数据二次录入错误的产生和人力资源的浪费，也体现不出网络应用的价值和效益。

上海联华超市集团公司作为国家科委“九五”科技攻关项目“商业 EDI 系统开发与示范”的示范单位之一，从 1998 年 3 月开始，与北京商学院、杭州商学院、上海商业高新技术开发公司合作开发自己的 EDI 应用系统。这个 EDI 应用系统包括配送中心和供货厂家之间、总部与配送中心之间、配送中心与门店之间的标准格式的信息传递，信息通过上海商业增值网 EDI 服务中心完成（图 1-10）。

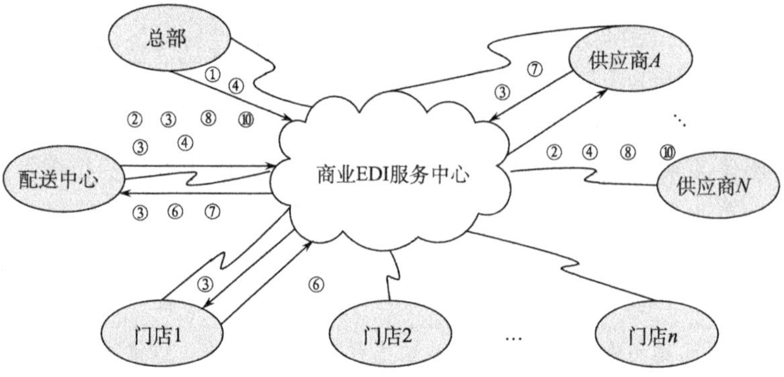

①预报单　②订货单　③库存信息　④询价单　⑤发货通知单

⑥要货信息　⑦对账单　⑧退货单　⑨报价单　⑩收货通知单

图 1-10　上海联华超市 EDI 应用结构图

采用 EDI 之后，配送中心直接根据各门店的销售情况和要货情况产生订货信息发送给供货厂家。供货厂家供货后，配送中心根据供货厂家的发货通知单直接去维护库存，向门店发布存货信息，这使得信息流在供应商、配送中心、门店之间流动，所有数据只有一个入口，保证了数据传递的及时、准确，降低了订货成本和库存费用，如图 1-11 所示。

[资料来源：联商资讯中心（http://www.linkshop.com.cn)]

图 1-11 上海联华超市 EDI 应用信息流程图

1.5.2 Internet 技术

1. Internet 概述

Internet 译为国际互联网，也称因特网，它是当今全球最大的、开放的由众多网络和计算机通过电话线、电缆、光纤、卫星及其他远程通信系统互联而成的超大型计算机网络。Internet 将全世界的计算机连在一起，通过互联网，人们可以用电子邮件与世界各地的人进行交流，可以阅读网络版的报纸、杂志、学术期刊和图书，可以加入任何主题的讨论组，可以参加各种网上游戏和模拟社区活动，可以免费获得计算机软件。

与许多其他技术类似，Internet 也经历了由军事到民用、商用的发展过程。总体上说，它的发展可分为三个阶段。

1）Internet 的起源——20 世纪 60～70 年代的 ARPAnet

Internet 起源于 ARPAnet（Advanced Research Projects Agency net），最初是为满足军事通信要求而研发的。20 世纪 60 年代，以美苏两个超级大国为首的两大阵营处于冷战对抗之中，核战争阴影笼罩。当时，美国国防部认识到，如果仅有一个集中的军事指挥中枢，一旦此中枢被苏联的核武器摧毁，全国的军事指挥将陷入瘫痪状态，后果将不堪设想。因此，有必要建设一个分散的指挥系统，它由一个个分散的指挥点组成，指挥点之间能通过某种形式的通信网取得联系。若部分指挥点被摧毁，其他点仍能正常工作。20 世纪 60 年代后期，在美国国防部资助下，高级研究计划署（Advanced Research Projects Agency）开始着手建立一个名为 ARPAnet 的实验性网络。1969 年 9 月该网络建成，起初只包括四个结点，即加州大学洛杉矶分校、加州大学圣巴巴拉分校、犹他大学和斯坦福研究所。1971 年，ARPAnet 发展到 15 个结点、23 台主机，新接入的机构包括哈佛大学、麻省理工学院、美国航天局等。1973 年，英国、挪威等国接入 ARPAnet，使之成为国际性的互联网络。

2）Internet 的第一次快速发展——20 世纪 80 年代的 NSFnet

1981 年，美国国家科学基金会（National Science Foundation）提出发展

NSFnet的计划，旨在将全国大学、学术机构以及国家超级计算中心的计算机或内部网络互联，实现硬件、软件、信息资源的共享。起初，NSFnet试图利用ARPAnet作为互联的通信骨干网，但由于ARPAnet的军用性质，以其为基础建立开放互联网的设想遭遇到许多困难。1986年，美国国家科学基金会自行出资建成了命名为NSFnet的广域网，成功连接分布在全国的6个超级计算机中心。

此后，在美国国家科学基金会的鼓励和资助下，许多大学、国家研究机构甚至私营的研究机构也纷纷把自己的局域网接入NSFnet。至1990年，NSFnet已互联3000多个计算机子网、20万台计算机，几乎每年均以百分之百的速度增长，NSFnet终于取代ARPAnet，成为互联的主干网络。ARPAnet后来分解为MILnet和ARPAnet两个网络，前者军用，后者民用。分离出来的ARPAnet接入NSFnet，Internet正式提出，ARPAnet宣告解体。

Internet在20世纪80年代的发展不只是量上的扩张，同时也有了许多质的改变。用户加入Internet不仅能共享NSF的巨型计算机，还能进行相互间的通信。而且，这种通信功能对用户更具吸引力，逐步地，人们把Internet主要视为一种交流与通信的工具。

3）Internet的第二次飞跃——20世纪90年代的Internet

Internet历史上的第二次飞跃源于Internet的商业化。在20世纪90年代以前，Internet的应用一直限于研究与学术领域。事实上，出资建设Internet的美国国家科学基金会等政府机构对商业应用不感兴趣，商业机构进入Internet一直受到法规或传统的排斥。20世纪90年代初，民间资本开始进入Internet的建设与运营，政府逐渐失去对Internet的完全控制权，这为Internet向商业应用开放创造了条件。1991年，General Atomics、Performance Systems International和UUnet Technologies三家公司发起成立“商用Internet协会”，宣布用户可以把它们自营的Internet子网用于任何商业用途。其他Internet子网公司看到Internet用于商业用途的巨大潜力，纷纷跟进做出类似的承诺。

2. Internet协议

Internet协议（Internet Protocol）是一个协议簇的总称，其本身并不是任何协议。计算机网络通信是把数据从一个节点传送到另一个节点，在这些节点之间要不断地进行数据的交换。要做到有序交换数据，每个节点就必须遵循一些事先约好的规则，这些规则明确规定了所交换的数据的格式以及有关的同步问题。因此，Internet协议是对发信源和收信源间进行数据通信所做的约定，或者说是为进行网络中的数据交换而建立的规则、标准。常见的Internet协议有TCP/IP协议、FTP协议、HTTP协议和电子邮件协议等。

1) TCP/IP 协议

TCP/IP 协议（Transmission Control Protocol/Internet Protocol）即传输控制协议/网际协议，又名网络通信协议，是 Internet 最基本的协议，由网络层的 IP 协议和传输层的 TCP 协议组成。TCP/IP 定义了电子设备如何连入 Internet，以及数据如何在它们之间传输的标准。协议采用了 4 层的层级结构，每一层都呼叫它的下一层所提供的网络来完成自己的需求。通俗而言，TCP 负责发现传输的问题，一有问题就发出信号，要求重新传输，直到所有数据安全正确地传输到目的地。而 IP 是给 Internet 的每一台电脑规定一个地址。

IP 地址是一个 32 位的二进制数。由于人们阅读和使用二进制十分不方便，因而 Internet 定义了一种 IP 地址的标准写法。该写法规定按 8 位为一组，把 IP 地址的 32 位分成四组，组与组之间用圆点分隔，每组的值用 10 进制数表示。例如 IP 地址 11001010 01110100 10100000 00100001 写成 202.116.11.33。IP 地址包含两部分：一部分是处于高位部分的网络号，用以区分在 Internet 上互联的各个网络；另一部分是处于低位部分的主机号，用以区分在同一网络上的不同计算机（以下称为“主机”）。网络号与主机号的分界点再由子网掩码（Subnet Mask）来确定。

子网掩码是一个 32 位的二进制代码，表示形式与 IP 地址相同，其作用是用来标识 IP 地址中子网号与主机号的分界点，因此，IP 地址和子网掩码是成对出现的。子网掩码中的二进制位为“1”所对应的 IP 地址部分为子网号，为“0”部分为主机号。例如，当 IP 地址为 132.56.175.63，而相应的子网掩码是 255.255.0.0 时，则网络标识为 132.56，主机标识为 175.63。

IP 地址由数字组成，较难记忆和理解。因此，通常采用另外一种表示系统——域名系统（Domain Name System，DNS）。域名系统是为方便人们记忆而采用的一套字符和数字符号系统。域名由若干子域构成，一般为 3～5 个，子域之间用“.”分隔，最右边的子域是最高层域，从右向左层次逐级降低，最左边的子域是主机的名字。例如，www.nuist.edu.cn 就是一个域名。其中 cn 表示中国；edu 表示教育机构；nuist 表示南京信息工程大学；www 表示该主机是一台 Web 服务器。显然，该域名比该主机的 IP 地址便于记忆。

2) HTTP 协议

超文本传输协议 HTTP 是一组在 Web 上传输文件的规则，例如文本、图形图像、声音、视频和其他多媒体文件。网页浏览器和网页服务器通常使用这一协议。当网页浏览器用户以输入网址或点击超级链接的方式请求一个文件的时候，浏览器便建立一个 HTTP 请求并把它发送到服务器，目标机器上的网页服务器收到请求后进行必要的处理，再将被请求的文件和相关的媒体文件发送出去，进行应答。

3）FTP 协议

文件传输协议（File Transfer Protocol，FTP）是一套允许文件在不同的 Internet 计算机之间进行交换的规则。它与 HTTP 不同，后者供网页浏览器请求网页和相关文件以显示某一页面，FTP 只是用来将文件从一台计算机传送到另一台计算机。网站开发人员通常使用 FTP 将网页从他们自己的计算机传送到服务器，FTP 也常常用来将程序和文件从其他服务器下载到个人计算机。

4）电子邮件协议

通过互联网传输的电子邮件也必须遵循一套标准和规则，否则使用某种电子邮件客户机程序的人所写的电子邮件就无法由使用另一种电子邮件客户机程序的人阅读，这些标准和规则称为电子邮件协议。

简单邮件传输协议 SMTP 和邮局协议 POP 是两个用于负责用客户机/服务器模式发送和检索电子邮件的常用协议。SMTP（Simple Mail Transfer Protocol）规定了邮件信息的具体格式、电子邮件服务器上邮件的管理方式以及互联网电子邮件的传输方式。POP（Post Office Protocol）负责从邮件服务器中检索电子邮件。它要求邮件服务器完成以下几种任务之一：从邮件服务器中检索邮件并从服务器中删除这个邮件；从邮件服务器中检索邮件但不删除它；不检索邮件，只是询问是否有新邮件到达。

交互式邮件访问协议（IMAP）是一种优于 POP 的新的电子邮件协议。和 POP 一样，IMAP 也能下载邮件、从服务器中删除邮件或询问是否有新邮件，但 IMAP 克服了 POP 的一些缺点。例如，它可以决定客户机请求邮件服务器提交所收到邮件的方式，请求邮件服务器只下载所选中的邮件而不是全部邮件。客户机可先阅读邮件信息的标题和发送者的名字再决定是否下载这个邮件。通过用户的客户机电子邮件程序，IMAP 可让用户在服务器上创建并管理邮件文件夹或邮箱、删除邮件、查询某封信的一部分或全部内容，完成所有这些工作时不需要把邮件从服务器下载到用户的个人计算机上。

3. Internet 的信息服务

Internet 的主要功能包括全球范围的通信和资源共享（尤其是信息资源共享）。Internet 为广大用户提供了丰富多样的通信交流工具，如电子邮件、BBS、即时通信系统、网络语音视频等。通过 Internet，信息提供者可将信息方便地对外发布，信息需求者也可方便地通过检索、浏览从网络上获取信息，从而实现信息资源的共享。Internet 的功能通过它所提供的网络信息服务来体现，常用的信息服务有以下几种：

1）电子邮件

电子邮件（Electronic Mail），也称 E-mail，它提供给人们一种离线（接收方无需在线）、高速、便捷、免费的电子化联系方式。电子邮件可向单个用户或包含多个用户的群传递信息，同时适用于个人和商业用途的通信，已成为当前电子商务中重要的联系方式，如邮件广告等。

2）BBS 论坛

论坛系统是从早期的电子布告栏系统（Bulletin Board System，BBS）发展而来，因此，BBS 现在成为论坛系统的代名词。论坛允许每个人阅读其中的新闻及其他网友发布的意见、论点等信息，也可非常方便地发表自己的消息与见解。讨论区是 BBS 的最主要功能模块之一，各大 BBS 站通常都包括了各类学术专题讨论区、疑难问题解答区和闲聊区等各种讨论模块，用户可以选择合适自己的主题并参与讨论。

3）即时通信

电子邮件、论坛一般不能以实时方式在用户间进行通信，聊天系统可满足实时交流的需要，如聊天室、即时通信系统。即时通信（Instant Messaging，IM）是网上一种十分方便、快捷的点对点沟通软件。最有代表性的有 ICQ、QQ、MSN Messenger 等。此类即时通信工具在电子商务的交易伙伴间的洽谈、咨询中也得到广泛运用。

4）文件传输

FTP 协议，是一种实时的联机服务，其功能是将文件从一台计算机传送到另一台计算机，它不受这两台计算机所处位置、连接方式以及所用操作系统的约束，是 Internet 用于实现计算机之间传递、共享文件而设计的一种协议。文件传输是一个典型的客户—服务器方式的应用。服务申请方运行的文件传输程序，通常称为客户端程序；而运行在远程服务提供方计算机上的文件传输程序称为服务器程序。

5）万维网

WWW 是当前 Internet 所提供的最友好和最受欢迎的信息组织、检索方式，也是占比最大的信息资源子集。它使用超文本标记语言把各种类型的信息（文本、声音、静止图像和影像）以网页为单位进行有机集成。网页存放在服务器中（即 Web 服务器或站点），使用超链接（Hyperlink）、统一资源定位符（Uniform Resource Locator，URL）机制可将遍布全世界不同 WEB 主机上的相关网页文件巧妙连接在一起。而信息用户只需在自己的机器上安装一界面友好的浏览器软件，就可简便地对 WWW 上任一网页文件进行查阅。用户仅需提出查询要求，而不必关心到什么地方去查询及如何查询，这些均由 WWW 自动完成。

6）远程登录

远程登录（Remote Login）是 Internet 提供的基本信息服务之一，也是最早开展的服务活动之一。远程登录是在网络通信协议 Telnet 的支持下，使本地计算机暂时成为远程计算机仿真终端的过程。Telnet 是一个强有力的远程登录工具，在远程计算机上登录，必须事先成为该计算机系统的合法用户，拥有相应的账号和口令。登录成功后，用户便可实时使用该系统对外开放的功能和资源，如同操作自己本地的计算机一样。

4. 标记语言

页面包括许多元素，如图形、照片、声音剪辑或者可以在浏览器上运行的小程序等，都以文件形式在 WWW 服务器上单独存储。页面上最重要的部分是页面的结构和构成页面主体的文本。页面结构与文字存储在采用页面标记语言标记的文本文件中。页面标记语言（Text Markup Language）规定插入文本中的标记。标记（Markup Tags）是 WWW 客户机软件可以理解的格式指令。将文本和其他文件中的页面元素显示成客户机屏幕上出现的页面时，WWW 客户机软件就要使用这些指令。

WWW 上常用的标记语言就是 HTML，它是更早也更复杂的文本标记语言——标准通用标记语言（Standard Generalized Markup Language，SGML）的子集。SGML 派生的另一种标记语言就是扩展标记语言（Extensible Markup Language，XML），现在常用于标记网上企业共享的信息。XML 也是一种元语言，用户可用它来创建自己的标记，从而扩展 XML 的用途。

1）超文本标记语言（HTML）

HTML 文件实际上是由 HTML 标记组成的一种纯文本文件，可以用普通的记事本进行编辑。HTML 文件也称为超文本文件，因为该文件中嵌入了一些特定的标记，用以描述如何显示图像、字体、颜色及段落等，特别是如何利用锚点链接其他文件以及如何在页面上显示图像、声音、动画等。

HTML 文档包含文档文本和元素。HTML 文档中的标记被浏览器解释后以自己的格式显示这些标记中的文字。在 HTML 中定义了相当多的标记，标记放在尖括号（＜ ＞）中。大部分 HTML 标记都有开始标记（Opening Tag）和结束标记（Closing Tag），两者之间是要确定格式的文字。结束标记在尖括号前加一个斜杠（/）。HTML 元素通常的形式是：

＜标记名 属性＞标记要显示的信息＜/标记名＞

例如，粗体字符格式标记和斜体字符格式标记就是 HTML 标记，若浏览器读入下面这行文本：

＜B＞A Review of the Book＜I＞HTML Is Fun! ＜/I＞＜/B＞

就将＜B＞和＜/B＞标记看作以粗体显示整行文字的指令，将＜I＞和＜/I＞标记看作以斜体显示标记内文字的指令，浏览器将显示：

A Review of the Book *HTML Is Fun*!

真正使 Web 具有意义的是 HTML 超链接，超链接将当前文档链接到同一文档的另一位置、同一主机的其他文档或 Internet 上其他地方的文档里，它使 Web 不再局限为是存储很多单独文档的电子存储设施。HTML 提供的链接机制也是 Web 的本质特性之一。超链接是用 HTML 定位标记创建的，不管是与同一文档的不同文本，还是与远程计算机的文档建立链接，定位标记的基本格式都是一样的。

Web 网站上存储有大量的网页信息，超链接是主要的信息组织方式，通过网页之间的链接，实现网页之间的信息共享。两种常用的超链接组织结构是线性结构和分层结构。

线性结构类似于传统的纸面文档，读者从第一页开始，点击“下一页”按钮，进入下一页。这种结构适用于顾客填写订单或其他协议的表格。在这种情况下，顾客只能从第一页开始阅读和响应，然后才能到下一页，该过程持续到整个表格全部完成。用户可以选择的 WWW 页面漫游方式只有“后退”和“前进”两种。

分层结构中，从用户打开主页或起始页开始。主页通常包括一个或多个连入其他页面的链接，这些页面依次链接更多的页面。这种分层结构类似于一棵自上而下的树，树根在上，树枝在下。分层结构特别适用于引导顾客从产品或主题的概要开始，逐步访问到具体的产品。企业的主页还可能包括的链接有帮助内容、公司历史、公司员工、订单处理、常见问题和产品目录等。当然，同时包含两种结构的页面也是可能的。

2）扩展标记语言

在 HTML 标记语言中，用户不能随意扩展已经定义的那些标记，而在 XML 语言中，用户可以按照需要自己定义标记（当然也要遵循一定的规则），灵活性很高。正是由于 XML 标记可以根据需要自定义，因此必须将自定义的标记通知浏览器，说明其具体的含义，以便它能正确显示。这一工作是通过文件类型定义 DTD（Document Type Definition）来描述的。因此，一个 XML 文档中除了本身的 XML 数据文件之外，DTD 文件也是必不可少的。当然除此之外，可能还含有样式表。HTML 提供了查看数据的通用方法，而 XML 则提供了直接在数据上操作的通用方法。XML 将用户界面和结果化数据分离，有利于数据交换和传递，适合于服务器之间事务信息交换。

HTML 编写的网页是一种静态网页。而所谓动态网页，其基本要求是网页能够及时响应客户的动作，并与本地的数据库联系，将数据库的内容再传送给浏览器。设计动态网页的方法很多，目前采用的技术有 CGI（Common Gateway Interface）、ASP（Active Server Pages）、PHP（Personal Home Page）和 JSP（Java Server Pages）。

5. 内联网和外联网

并非所有的 TCP/IP 网络都要接入互联网，许多公司在组织内部建立了互联的网络。企业内部的电子商务应用是基于内联网（Intranet）的，企业与合作伙伴、客户之间的电子商务应用则在外联网（Extranet）或 Internet 上进行。

内联网是在一个组织机构内部采用 Internet 技术进行信息存取、交换、传输和管理的系统，又称为企业内部网。尽管该网络只是建立在企业内部，但网络结构与管理仍遵循了 Internet 的国际标准，因此可以与 Internet 实现无缝连接。内联网主要应用于企业信息发布、协同工作、业务处理和客户服务。它将 Internet 网络技术与管理方式直接运用于企业内部网络系统，加快了内部信息流通，促进企业内部沟通与协调。在建立了完善的 Intranet 并实现了与互联网之间的安全连接后，企业便为建立一个好的电子商务系统打下了坚实的基础。校园网就是一个典型的 Intranet，它一般将校园网建设成两部分，一部分是公共信息子网，另一部分是内部网。公共子网部分主要有 WWW 服务器、DNS 服务器、代理服务器、电子邮件服务器等对外公开的信息服务器，并通过网关与 Internet 连接。内部网部分除用户使用的客户机外，一般还有内部 WWW 服务器、电子邮件服务器、数据库服务器等，并通过防火墙与公共子网连接。

Extranet 是运用 Intranet 技术建立的可支持企事业单位之间进行信息交流的综合网络信息系统，也是遵循 Internet 标准而建立起来的一种广域网。Extranet 可以作为公用 Internet 和专用 Intranet 之间的桥梁，也可以被看作是一个被企业成员访问或与其他企业合作的 Internet 的一部分。Extranet 扩展了 Intranet 的概念，将企业的 Intranet 连入其业务伙伴、客户及供应商的网络，非常适合于具有时效性的信息共享和企业间完成共同利益目的的活动。构造外联网的方式通常有三种：公共网络、专用网络和虚拟专用网络。

Internet、Intranet 和 Extranet 三者本质上讲都使用了相同的 Internet 技术，只是服务的范围和对象有所差异。Internet 是面向全球的网络，各个企业可通过它进行企业形象宣传及获得新的客户和订单；Intranet 的业务范围仅限于企业内部，包括分店、分公司等；Extranet 强调各企业间的连接，业务范围包括交易伙伴、合作对象、相关公司、销售商店以及主要客户。由此看出，Internet 业务范围最大，Extranet 次之，Intranet 最小。

课后题

一、复习思考

1. 什么是电子商务？电子商务仅仅是传统商务与先进信息技术的结合吗？

2. 电子商务的发展经历了哪几个阶段?

3. 阐述传统商务与电子商务的联系和区别。

4. 电子商务有哪些优势和劣势?

5. 影响电子商务系统运行的环境包括哪些?

6. 什么是电子商务中的信息流、物流和资金流?三者之间的关系如何?

7. 在电子商务的基本组成中,每个要素的功能是什么?

8. 列举一些电子商务成功和失败的例子。

9. 试阐述 EDI 系统的工作原理以及 EDI 和电子商务之间的关系。

10. Internet 提供哪些信息服务?

二、问题讨论

1. 结合案例 1 分析:(1) 电子商务是海尔成功的必由之路,海尔电子商务的优势体现在哪些方面?(2) 海尔如何利用电子商务实现产品和服务的定制化?

案例 1:

海尔集团创立于 1984 年,拥有包括白色家电、黑色家电、米色家电在内的 69 大门类 10800 多个规格品种的产品群,在海外建立了 38000 多个营销网点,产品已销往世界上 160 多个国家和地区。2010 年,海尔全球营业额突破 1357 亿元,海尔集团取得今天的业绩,和电子商务的应用是分不开的。海尔集团于 2000 年 3 月 10 日投资成立海尔电子商务有限公司,这是国内大型企业中第一家进入电子商务业务的公司。2000 年 4 月 18 日海尔电子商务平台开始试运行,面向供应商与个人消费者分别搭建了 B2B 与 B2C 两种平台。

1) 海尔 B2C 的应用

面对个人消费者,海尔可以实现全国范围内网上销售业务。消费者可以在海尔的网站上浏览、选购、支付,然后可以在家里静候海尔的快捷配送及安装服务。海尔 B2C 网站采用了 CA 智能化集成的电子商务平台 Jasmine II (Jasmine Intelligent Information Infrastructure),使多媒体技术、对象数据库技术和 Web 技术相结合,构成了一个含有大量文字、图像、录像信息,并可与三维虚拟场景交互的多媒体数据库应用系统,实现了基于 Web 技术的产品定制与导购功能。海尔 B2C 电子商务平台提供的服务包括:

(1) 在线直销。海尔网上商城 (www. ehaier. com) 是完全由海尔集团公司负责建设、维护与经营的。它利用海尔现有的销售、配送与服务体系,为广大用户提供优质的产品销售服务。海尔集团直接对用户订单负责。

(2) 网上制订服务。海尔极富个性化的创造理念,使客户可以在任何地方通过互联网享受海尔的网上制订服务,随意地组合自己需要的组件。

(3) 网上服务中心。海尔的用户数据库及直接对顾客公开的网上服务中心可以有如下应用:①顾客登记。将客户填写的客户登记表内容存放到顾客服务数据库中,客服人员将会跟踪客户的产品使用情况,为客户提供解决方案,帮助客户了解产品的具体情况。②产品知识。客户可以查询到海尔不同类产品的购买、使用、维护等方面的知识。③产品咨询。客户对海尔的产品及其他方面有任何疑问,可以在线填写表单,海尔通过邮件或电话解答。④电子刊物。客户可以订阅海尔新闻、市场活动、产品知识等免费电子刊物。⑤在线报修。客户购买的海尔产品有任何问题，可以在线填写报修表单。

2）海尔 B2B 的应用

海尔的 B2B 电子商务模式应用的对象有两个：一是海尔的供应商，二是购买海尔产品的直销商。面对供应商的 B2B 平台是一个采购平台，用以降低采购成本、优化分供方；面对企业直销对象的 B2B 平台不仅给对方提供商品，还提供服务（包括直销服务和产品解决方案服务），海尔把服务融入到产品的网络销售中，为 B2B 增添了多彩的亮色。[资料来源：覃征等. 2007. 电子商务案例分析. 西安：西安交通大学出版社]

2. 结合中粮食品电子商务分析：(1) 食品电子商务模式的特点有哪些？(2) 食品电子商务现在还处在一个萌芽培育期，虽然一些电子商务平台（如京东商城、当当网、淘宝等）开始进行网上销售食品，但还没有出现领军的食品电子商务网站，试分析食品电子商务面临的困境。

案例 2：

以全产业链为依托、隶属全球 500 强企业的中粮集团旗下的中粮我买网，首家实现“全程冷链”，一举突破生鲜壁垒，成为真正意义上的第一家网络超市，对食品类 B2C 电子商务的发展具有里程碑的意义，重新界定了食品电商标准。

(1)“全程冷链”，是指供应货品入库、入库冷藏、拣货包装、冷藏箱配送直至送达顾客的全环节内，保证食品鲜活、品质安全、最小程度减少食品营养的流失。中粮我买网专业的“全程冷链”，目前已成功上市并全面销售十余种品类、近 200 种国内外生鲜食品，并在不断地丰富之中。

(2) 分门别类的专业仓储。不同的生鲜产品对温度与湿度有不同的要求，中粮我买网的生鲜冷库，特别按照不同需求分为冷冻库与冷藏库。海鲜类食品安置于全年温度保持在 −18℃的冷冻库，而怕热又怕冻的水果则放置于全年温度严格控制在 3～5℃的冷藏库。

(3) 对每个环节的细心照顾。属于鲜嫩易腐性的生鲜产品，极易受伤破损变质腐烂，需要精心呵护，因而对入库存放、出库打包的仓库管理要求很高。小至一个苹果，大到龙虾、大闸蟹，严格保证每一个订单都被细心核对、每一件食品都受到妥善安置，特备的充气防损气囊，给产品多一层安全保护。

中粮我买网备有全程冷链专业配送保温箱。保温箱有效隔离光线，同时内置多块专用保鲜冰板。配送专员全权负责路途中的食品鲜活。目前，中粮我买网在京拥有多个专业配送站，各个配送站均配有保鲜冰柜等专业设备。如果包裹无人接收，会立即送达到最近的配送站冰柜或冷藏柜内妥善存放。经过不断精益求精的探索与完善，“全程冷链”管理更加成熟。[资料来源：中粮我买网（http://www.aionip.com/19.html）]

三、实践训练

1. 通过网站和相关电子数据库，搜索电子商务的研究热点及发展前景。

2. 查阅《中国互联网络发展状况统计报告》、《电子商务行业分析报告》等相关资料，了解国内外电子商务最新的发展现状，包括交易规模、上网人数和行业应用等。

3. 了解域名注册流程，到易名中国（http://www.ename.cn）注册一个域名。

2 电子商务交易模式

本章内容要点：电子商务模式决定企业的运营方式，影响着企业的获利。本章第一节介绍了电子商务模式的相关概念，包括商务模式的内涵和组成要素、电子商务环境对商务模式的影响、电子商务模式的概念等。第二节介绍了电子商务交易的参与主体，包括企业、消费者、政府和中介机构。第三节阐述了B2C电子商务模式的交易流程、特点及分类。第四节介绍了B2B电子商务模式的交易流程、特点及分类等。第五节介绍了C2C电子商务的一种典型运作形式——网上拍卖，包括网上拍卖和传统拍卖的区别、网上拍卖的类型等。第六节介绍了电子商务模式发展存在的问题及发展趋势。

学习引导案例

阿里巴巴及其商务模式

从1998年创业开始，阿里巴巴在短短几年时间里累积300万的企业会员，并且每天以6000多新用户的速度增加。不仅仅是搭上了其创始人马云的传奇神话，它的成功更是得力于其准确的市场定位，以及前瞻性的远见。阿里巴巴从纯粹的商业模式出发，与大量的风险资本和商业合作伙伴相关联构成网上贸易市场，其运营模式取得成功主要有以下几个的原因：

第一，专做信息流，汇聚大量的市场供求信息。阿里巴巴在充分调研企业需求的基础上，将企业登录汇聚的信息整合分类，形成网站独具特色的栏目，使企业用户获得有效的信息和服务。阿里巴巴主要信息服务栏目包括商业机会、产品展示、公司全库、行业资讯、价格行情、以商会友和商业服务等。

第二，阿里巴巴采用本土化的网站建设方式，针对不同国家采用当地的语言，简易可读，这种便利性和亲和力将各国市场有机地融为一体。阿里巴巴已经建立运作英文的国际网站、简体中文的中国网站、全球性的繁体中文网站及韩文的韩国网站四个相互关联的网站。

第三，在起步阶段，网站放低会员准入门槛，以免费会员制吸引企业登录平台注册用户，从而汇聚商流，活跃市场，会员在浏览信息的同时也带来了源源不断的信息流和无限商机。

第四，阿里巴巴通过增值服务为会员提供了优越的市场服务，增值服务一方面加强了这个网上交易市场的服务项目功能，另一方面又使网站能有多种方式实现直接赢利。尽管目前阿里巴巴不向会员收费，但据马云介绍，阿里巴巴网站目前是赢利的。

第五，适度但比较成功的市场运作，如福布斯评选，提升了阿里巴巴的品牌价值和融资能力。通过各类成功的宣传运作，阿里巴巴多次被选为全球最佳 B2B 站点之一。

阿里巴巴的 B2B 并不是照搬美国的商业模式，而主要是针对亚洲特别是中国的情况制定自己的发展战略。它根据中国资金流、物流等暂时无法解决的问题，专注于做好信息流来构筑网上交易市场。在具体的实施上，又抓住了中小企业这块中国巨大并且高速成长的市场，根据它们的实际困难，实行由低到高的准入原则。[资料来源：EC 中国（http://www.eceb.com.cn)]

2.1 电子商务模式的分类

商务模式（Business Model）是为了在市场中获得利润而规划好的一系列活动。1961 年，Blumenthal 首次采用商务模式来解释编制小企业财务报表的方法或模型。20 世纪 90 年代中期 Internet 对电子商务的推动促使商务模式成为业界所偏好的名词而备受关注。在这个发展过程中商务模式的内涵不断演化。

2.1.1 电子商务模式概念

商务模式是企业管理领域的术语。著名咨询公司 Accenture 认为商务模式是一个有机的整体，有一定的组成结构，包括收入模式、价值主张、组织架构和交易流程等多个部分，它们之间有一定的内在联系。比较系统完整地讨论商务模式定义的还有 Allan Afuah 等人，他们从企业绩效的角度来研究商务模式：企业绩效的第一决定因素就是它的商务模式，商务模式是一个企业建立和有效使用资源的方法，通过此方法企业能向顾客提供比竞争对手更大的价值，并以此赢利。

商务模式说明一个企业如何运营以及在以后的较长时间内如何规划，是由多个组件相互联系的复杂系统。商务模式的组成要素如表 2-1 所示。

表 2-1　商务模式的组件

组成要素	说明
价值体现	企业提供给顾客差异化或低成本的产品或服务
经营范围	企业的顾客群、提供的产品或服务
定价策略	根据顾客价值采用差异化的定价策略
盈利模式	具体到每个收益来源的顾客群、时间、赢利、市场的驱动力等
营销战略	向客户推销企业产品或服务的方式
组织发展	企业的组织机构、管理制度和体系、人力资源、企业文化等
核心能力	企业核心竞争力的培育和提高
竞争优势	企业通过核心竞争力保持持续的竞争优势

除了商务模式内部组件之间的关系外，商务模式与其外部环境之间也存在着一定关系，一个合适的商务模式总是能充分利用外部环境的一切机会，而且会减少外部环境带来的威胁。

电子商务环境对企业商务模式的影响及电子商务模式的概念对传统企业的适用性等，都是迫切需要解决的问题。解决这些问题便于指导目前众多企业的电子商务实践。表 2-2 给出了电子商务环境对商务模式组件的影响。

表 2-2　电子商务环境对商务模式的影响

组成要素	相关问题	电子商务带来的改变
价值体现	企业是否向顾客提供差异化或低成本的产品或服务？	Internet 使企业可以为顾客提供什么有特色的价值？ 它能为顾客解决新的问题吗？
经营范围	企业向什么顾客提供价值？ 为体现这个价值，企业向顾客提供哪些产品和服务？	Internet 使企业可以获得什么类型的顾客？ Internet 能改变企业为顾客提供的产品、服务或两者的组合吗？
定价策略	企业如何向顾客提供价值？ 定价如何保持其竞争优势？	Internet 如何使企业的定价与众不同？
盈利模式	收益从哪里来？ 在何时付费？	Internet 带来了哪些新的收益来源？
营销战略	企业在向其顾客提供价值时必须执行哪些活动？ 什么时候执行？活动之间有何联系？	由于 Internet 的应用，有多少新的活动必须被执行？ Internet 能够从多大程度上帮助企业执行原有的活动？
组织发展	企业为执行这些活动需要什么组织机构、管理体系、人力资源和企业内部环境？ 它们之间的适应性如何？	Internet 对组织机构、管理体系、人力资源和公司内部环境有何影响？

续表

组成要素	相关问题	电子商务带来的改变
核心能力	公司的核心能力有哪些？ 这些能力是否能提供比竞争对手更大的价值？	企业需要什么新能力？ Internet 对企业现有的能力有何影响？
竞争优势	什么是竞争对手不可模仿的？ 如何才能使企业长久获利？	Internet 使企业取得竞争优势的持续性是更容易还是更困难？

资料来源：赵卫东，黄丽华著．2011．电子商务模式．上海：复旦大学出版社

电子商务模式是企业确定细分市场和目标顾客之后，通过企业内部特定的组织结构和在价值网中的定位，运用网络信息技术，与价值网上的各合作成员整合相关的流程，最终满足顾客的需要，并给企业带来赢利的方式。其中的关键点是电子商务模式应指出价值的创造过程及各参与者在此过程中扮演的角色和收益来源。

好的电子商务模式可以使企业在竞争中获得两种优势：一种优势来源于电子商务模式对业务中原有重要流程或特性进行改进，以此提高运作效率并降低成本，如在对顾客的管理中引入 Internet 服务的策略；另一种竞争优势则是来源于电子商务模式对企业业务进行了创新性的突破，创造新价值，如开拓新市场、改革行业的标准或规则。第一种优势在一定的内外部环境下可能会转化为另一种优势。

扩展阅读 2-1　Amazon 的电子商务模式组成要素分析

亚马逊（Amazon. com）是世界上销售量最大的书店。它可以提供 310 万种图书目录，比全球任何一家书店的存书要多 15 倍以上。亚马逊书店的 1600 名员工人均销售额 37.5 万美元，比全球最大的拥有 2.7 万名员工的 Bames & Noble 图书公司要高 3 倍以上。这一切的实现，电子商务在其中所起的作用十分关键，Amazon 商务模式的组成要素具体实施如下：

（1）价值体现。Amazon 使图书爱好者在家中或在办公室中，就能舒适地购买在线销售的图书，一天 24 小时的任何时间都可以，而且还能立刻知道要买的书是否有库存。Amazon 的主要价值体现在空前的选择余地和方便性。

（2）经营范围。Amazon 成功的关键在于其总裁 Jeff Bezos 选择了一个恰当的市场空白——书籍。随着业务的扩张，Amazon 逐渐将它的产品拓展到手表、录音机、游戏、软件、鲜花、旅行服务、音乐制品、消费电子、玩具、服装和服饰等各个方面，满足不同客户群的需求。

（3）定价策略。就书市而言，从网上订购的书籍往往比书店购买的便宜，Amazon 就是采用比一般书店更大的折扣吸引顾客，大部分图书都有 5%～40%的折扣。更不用说个性化的定制、用户积分、可靠快捷的服务以及超过几百万的书目（包括冷门和发行量很少的书）。

(4) 盈利模式。收益来源是电子商务模式中的关键。Amazon 远大于传统书店的销售量，低廉的进货价格，便是网络书店的收益来源。部分利润又被用来技术投资、完善服务和推广广告，提高了行业壁垒。

(5) 营销战略。除了简洁美观的网页，Amazon 也有许多网络书评，用户可以添加评论。Amazon 努力创建出一种网络社区的氛围，鼓励读者发表书评，聚集了一定的人气。总裁 Bezos 还邀请作家在网上与读者聊天。著名作家 John Updike 给一篇小说起了头，竟然有 40 多万人寄来了小说的续集。

(6) 组织发展。Amazon 有完善的组织机构，先进的技术支持和大量人才。Amazon 通过专业用户界面设计以及 One Click 技术的运用，使买书的过程变得方便快捷。

(7) 核心能力。Amazon 的优势在于技术优势、库存管理优势、忠诚的客户和品牌效应等。在竞争初期，由于市场的空白，很容易就抢占了市场。但由于竞争对手的跟进，还需要不断创新，才能长久地获得持续竞争优势。[资料来源：赵卫东，黄丽华．2011．电子商务模式．上海：复旦大学出版社]

2.1.2　电子商务模式的分类

从不同的角度，考察不同的领域，电子商务模式是不尽相同的，如表 2-3 所示。

表 2-3　基于不同标准的电子商务模式分类

分类标准	分类
按照参与主体	B2B、B2C、C2C、B2G、C2G、M2B、O2O、P2P 等
按照交易客体	实物商品、数字商品、服务商品
按照交易阶段	交易前、交易中、交易后
按照开展电子交易的范围	本地电子商务、远程电子商务、全球电子商务
按照交易平台	基于 EDI、基于网络（如 Internet、电话网、电视网等）、三网合一

1) 按照交易的参与主体来划分

电子商务活动涉及各种类型的市场主体，不同主体之间开展的电子商务具体内容有所不同。据此，可以从电子商务交易的参与主体出发，归纳出电子商务的交易模式，包括企业对企业（Business to Business，B2B）、企业对消费者（Business to Consumer，B2C）、消费者对消费者（Consumer to Consumer，C2C）、企业对政府（Business to Government，B2G）、消费者对政府（Consumer to Government，C2G）等几种形式。

(1) B2B 电子商务指企业之间进行的电子商务活动，这种模式最早是以企业通过专用网或增值网采用 EDI 方式进行的商务活动。目前，这种模式仍是电子商务的主流。随着中国国内市场竞争的日益激烈，商业环境不断完善，越来越多的企业采用这一模式。

（2）B2C 电子商务指企业与消费者之间进行的电子商务活动。这种模式主要是借助于网上销售模式，近年来发展较快，特别是企业的网页对于广大消费者并不需要统一标准的单据传输，只涉及信用卡、电子货币和电子钱包，且网上搜索浏览功能和多媒体界面使消费者更容易寻找商品。

（3）C2C 电子商务是消费者与消费者之间的交易。个人对个人的商务活动在传统上主要通过分类广告、收藏物品展、旧物出售和跳蚤市场这样的贸易方式或场所进行，或者通过拍卖行、当地分销商这样的中介进行。互联网电子商务的发展为 C2C 打开了方便之门，如网上拍卖网站即属于此类电子商务网站。（参见“2.5 C2C 电子商务交易模式”）

（4）B2G 电子商务指企业与政府机构之间进行的电子商务活动。政府通过将采购清单在网上公布，以网上竞价方式进行招标，企业可以通过网上投标。这种方式有利于政府节省费用，提高政府办公的公开性和透明度。这种商务活动覆盖企业与政府组织之间的各项事务。

（5）C2G 电子商务指政府将电子商务扩展到福利费的发放、自我估税和个人税收的征收等方面。

2）*按照交易的客体来划分*

电子商务的交易客体大致可分为实物商品、数字商品和服务商品三类。

（1）实物商品电子商务。通过电子方式交易的实物商品和传统交易的实物商品是没有什么区别的，电子交易只是将商品的有关信息放在网络上，让用户来选择是否购买，然后通过送货公司再将货物送到用户的手上。当然，货款的支付方式是不同的，有在线支付、款到送货和货到付款等。

（2）数字商品电子商务。它是指通过网络传输数字商品，达成交易的电子商务形式。在数字商品交易过程中，没有实物商品流通过程，因此也就没有商品的储存、包装和运输费用。在传统的商贸中，数字商品一般都有实物载体，如磁带、光盘、纸张等，从而增加了数字商品的储存、包装、运输等成本，大大降低了数字商品的交易效率。事实上，文字、音像、文化商品、计算机软件等数字化商品都可以通过网络进行传输，这也是电子商务变革传统商务过程，是生产和消费过程的重要方面。

（3）服务商品电子商务。服务商品指在计算机网络上提供的各种服务，这类服务包括信息服务和中介服务等，例如，Internet 上的许多网站提供的股市行情，这是典型的金融证券信息服务，用户可以在自己家中通过计算机获得即时的股市行情。中介服务也是网络提供在线服务的最普遍的形式之一，目前常见的有代订飞机票、在线预订旅馆房间、医院预约、房地产中介等。服务商品提供的也是无形商品，但和数字商品电子商务不同的是，有的服务商品电子商务流程中可能有实物部分，也可能有物流过程，如邮政电子商务等。

3）按照交易阶段划分

（1）交易前电子商务。它是指将电子商务信息分类上网和组合查询，如用电子邮件查询商品的信息、双方或多方的交易、沟通等活动。

（2）交易中电子商务。它主要是指支持达成交易的电子商务系统，其功能是对各种业务文件或单证进行网上传递，保证数据交换的准确性和单证记录的不可更改性，如完成网上的谈判、签约等商务活动。

（3）交易后电子商务。它主要是指交易后进行服务的电子商务系统，涉及银行、金融机构、售后维修和物流配送等。

4）按照交易覆盖的范围来划分

（1）本地电子商务。它是利用本城市或地区内的信息资源进行电子商务的活动。本地电子商务地域范围有限，它是利用局域网、Intranet、Internet 等网络系统。

（2）远程国内电子商务。它是指本国范围内进行的网上电子交易系统。其交易范围比较广，对网络软、硬件要求也相应较高，它要求国内的电子商务发展程度要高，要求在全国范围内实现交易、支付、物流等方面的电子化、自动化，并要求电子商务的从业人员具有相应的技术能力和电子商务知识。

（3）全球电子商务。它是指在世界范围内进行的电子商务活动，不同国家的电子商务交易方通过网络进行贸易活动，其涉及各方的信息系统，复杂程度远远超过前两者。全球电子商务是电子商务发展的高级阶段，它要求电子商务系统安全、准确和及时。它是未来国际贸易的主流趋势，具有很大的潜力。

5）按照交易平台来划分

（1）基于专用网的电子商务。它是利用 EDI 网络进行电子交易。EDI 是按照一个公认的标准和协议，将商务活动涉及的文件标准化和格式化，通过计算机网络，在贸易伙伴的计算机网络系统之间进行点对点的贸易、商务数据交换和自动处理。(参见“1.5.1 EDI 技术”)

（2）基于 Internet 的电子商务。它是利用 Internet 进行电子交易，采用 TCP/IP 协议组织起来的松散的、独立与合作的国际互联网络。在 Internet 上可以进行各种形式的电子商务活动，它涉及的领域广泛，发展速度快，所以成为目前电子商务的主要形式。

（3）内联网络电子商务。它是指在一个大型企业的内部或一个行业内开展的电子商务活动，形成一个电子商务活动链，可以大大提高工作效率，降低业务成本。

（4）电话网电子商务。电话网也是早期的电子商务活动类型。电话网可以分为固定电话网络和移动电话网络，利用固定电话网，企业可以通过电话采访、电视的广告节目等达到推销企业和产品的目的；利用移动电话网络，企业不仅能提供互联网上的直接购物，而且能够提供“随时随地”和“个性化”服务。

另外，电子商务活动按照其运行方式分为完全电子商务和不完全电子商务；按照是否在线支付分为在线支付型电子商务和非在线支付型电子商务。

2.2 电子商务交易的参与主体

在电子商务模式分类中，按照交易的参与主体进行分类是最常见的分类标准。参与主体包括企业、消费者、政府和中介机构，如图 2-1 所示。

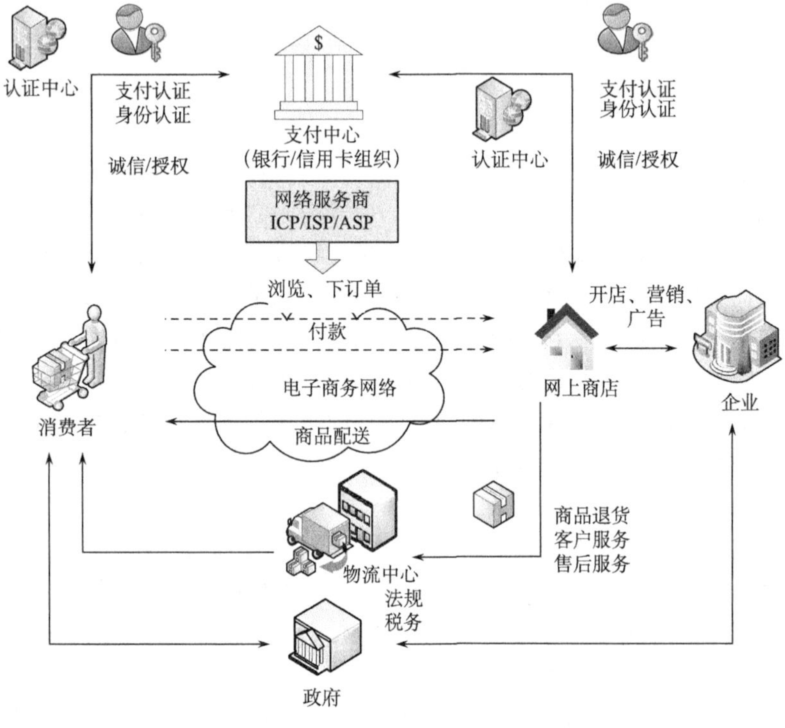

图 2-1 电子商务交易的参与主体

2.2.1 企业

企业是电子商务最主要的推动者和受益者。从电子商务应用的类别来看，所涉及的企业主要分为生产制造型企业、流通贸易型企业和服务型企业。

生产制造型企业在生产过程中要发生大量的商务活动，如采购、生产、销售等一系列的以生产产品为中心的活动。电子商务在这类企业的应用表现在电子化采购、零库存与及时生产、协同设计与生产、网络营销和客户关系管理等方面。

流通贸易是商务活动过程中必不可少的应用环节。各类商场、市场以及贸易公司是开展电子商务应用的首要场所。通过电子商务的应用，生产企业能够及时了解商场与贸易公司的库存与产品需求状况，进而及时调整产量和供货量，以免造成货物积压。对大型商场来说，也能减少库存成本。

服务型企业包括金融服务型、信息服务型、餐饮服务型和旅游服务型等。其中，金融服务型企业充当双重身份，一方面从资金流角度为电子商务的应用提供中介服务，另一方面也作为主体直接从事电子商务应用（如证券机构）。

2.2.2 消费者

消费者在商务活动中是不可或缺的主体。这里的消费应当是公民为生活目的而进行的消费，而不是用于生产的；消费者应当是商品或服务的受用者；消费的客体既包括商品，也包括服务；消费者主要是指个人，也可包括单位或集体，这些都属于消费者范畴。

2.2.3 政府

政府既是电子商务的推动者和政策的制定者，也是主要的参与者。电子商务应用的发展不仅会建立起新型的、更规范的政府与企业的关系，也有利于实现政府调控的目标。各国政府在电子商务的发展过程中起着不同的作用。

1）美国政府

美国政府在推动电子商务的发展过程中发挥了重要的作用。一是电子商务发展早期的积极介入和大力扶持。美国政府制定各种优惠政策，在税收、贷款、融资等方面给予支持，降低了企业风险，促进了电子商务的发展。二是在电子商务发展过程中，为电子商务发展创造了良好的外部环境。如确保公平竞争和合同履行，保护知识产权和私有权利，增强透明度，增进商业贸易，促进争端的解决等。同时，在电子商务交易过程中，尽可能地将政府的参与或干预最小化。

2）瑞士政府

瑞士政府确定了促进电子商务发展的五条原则，并以此作为政府推进数字化经济的行动准绳。一是补充性原则，政府仅在私营部门开展电子商务遇到技术等方面的困难时采取行动。二是非歧视原则，政府保证其制定的任何规章制度对于网上商务和非网上商务一视同仁。三是技术中立性原则，政府的规范措施及其他介入行为必须保证其有效性不以某种特定技术为前提，以避免对市场秩序产生不良影响，同时保证法律框架以足够的技术手段为依托。四是与国际接轨原则，国内政府部门的措施不得妨碍电子商务的自由跨境交易。五是公众的高度参与原则，现代信息技术的快速发展有利于打破旧的壁垒和社会分工，政府在建立数字化经济过程中采取的行动需要与私营部门及社会的紧密合作。

3）新加坡政府

对于政府在电子商务中的作用，新加坡政府认为，没有一定程度上的政府管理，电子商务不可能发展这么快，没有规则的贸易是危险的。新加坡的所有电子商务活动都是由政府控制的，政府设立了一个项目“新加坡一号（Singapore One)”，目的是让所有人都可能使用电子通信方式。

4）中国政府

中国的体制决定了电子商务必须在政府引导和控制下进行，借鉴国外的成熟经验，可以从以下几个方面加强政府在电子商务发展中的作用。一是加强对电子商务的宏观规划和指导。政府必须发挥宏观规划与指导作用，通过宏观规划，组织协调，制定有利于电子商务发展的优惠政策，从宏观上引导企业向市场化和集约化的方向转型，打破地区保护和条块分割。二是加强对电子商务法律法规的制定。制定有关电子商务的法律法规是政府推进电子商务发展的基础性工作，是政府责无旁贷的责任。三是加强营造适合电子商务发展的环境。营造公平的竞争环境和良好的政策环境。鼓励竞争，防止垄断是一项政府始终应当遵循的原则。

2.2.4 中介机构

电子商务环境中的中介机构是指一笔交易中，在买卖双方之间起桥梁作用的各种经济代理实体。其类型（图 2-4）大致可以分为如下几种：

（1）金融服务型。这类中介机构为商品所有权的转移过程提供服务，如银行、信用卡公司、保险公司、投资公司和基金机构等，它们从资金流角度为电子商务的应用提供中介服务保障。

（2）软硬件、通信和信息服务型。包括软硬件设备或系统提供商、集成商和服务商，以及信息发布、信息咨询、信息提供、信息增值等信息服务企业。

（3）物流服务型。在电子商务的实施中，物流配送中心的任务是要对消费者购买的商品实施合理配送。一些电子商务企业建立了自己的配送渠道，这里的物流配送中心作为独立的参与对象，主要指第三方物流，独立于供方和需方之外去完成物流服务的运作方式。

（4）其他中介类型。包括经纪人、代理人、仲裁和认证中心等为买卖双方提供其他服务的机构。

表 2-4 电子商务中介机构的类型

中介类型	例子
结算/交易处理商	First Virtual，DigiCash，VISA，MasterCard 和中国银行
金融中介	Quicken 和 Microsoft Money
设备提供商	服务器（Sun），客户机（康柏），路由器（Cisco）和网卡（COM）
接入服务商	美国在线，CompuServe，NetCom，UUNET 和中国电信
信息访问提供商	网景（Navigator 浏览器和 Commerce Server），Adobe（Acrobat Viewer）和微软（Explorer）
应用服务提供商	8848，Commerce One
信息检索服务提供商	雅虎，搜狐，Alta Vista，Excite，Lycos 和 InfoSeek
信息排名服务服务商	Consumer Reports 和 CNNIC

2.3 B2C 电子商务交易模式

B2C 电子商务是我国最早产生的电子商务模式，以 8848 网上商城正式运营为标志。它是一种电子化零售模式，采用在线销售，以网络手段实现公众消费和提供服务，并保证与其相关的付款方式电子化。它是随着信息技术和网络的发展而发展的，目前在互联网上遍布各种类型的网上商店和虚拟商业中心，提供从鲜花、书籍、饮料、食品、玩具到计算机和汽车等各种消费品或服务。网上有很多这一类型电子商务成功应用的例子，例如，全球最大的虚拟书店 Amazon. com。为了获得消费者的认同，网上销售商在“网络商店”的布置上往往煞费苦心。网上商品不是摆在货架上，而是做成了电子目录，里面有商品的图片、详细说明书、尺寸和价格信息等。

2.3.1 B2C 电子商务的交易流程

以用户在线购物为例，B2C 电子商务具体交易流程如下：

（1）消费者使用自己的计算机，通过互联网搜索想要购买的商品。

（2）消费者在网上浏览，选购所需的商品放入购物车内，填写系统自动生成的订货单，包括商品名称、数量、单价、总价等，并注明将此商品何时送到何地以及交给何人等详细信息。

（3）通过服务器与有关商店联系并取得应答，告之消费者所购货物的单价、应付款数等信息。

(4) 消费者确认上述信息后，用电子钱包付款。在系统中安装并打开电子钱包，输入自己的密码口令，取出其中的电子信用卡进行付款。

(5) 电子信用卡号码被加密发送到相应的银行，网上商店收到订购单，等待银行的付款确认。此过程中商店不知道顾客的信用卡信息，无权也无法处理信用卡中的钱款。

(6) 如果付款不成功，则说明信用卡上的钱款已经超过透支限额，或者是消费者上了黑名单已不能使用该卡。消费者可再次打开电子钱包，取出另一张电子信用卡，重复上述操作。

(7) 如果经银行证明信用卡有效并已授权，网上商店就可发货，同时销售商店留下整个交易过程中发生往来的财务数据，并出示一份电子收据发送给消费者。

(8) 在上述交易成交后，网上商店就按照消费者提供的电子订单，将货物在指定地点交到消费者指明的收货人手中。

在购物过程中，顾客可以用任何一种浏览器进行浏览和查看。购物以后无论什么时候，顾客都可以登录网上商店网站利用浏览器查阅自己的订单状态。由于顾客的信用卡信息已经过加密，只有银行可以见到，因此保密性很好，整个购物过程自始至终都是十分安全可靠的。

2.3.2 B2C 电子商务模式的特点

(1) 交易金额小。目前消费者网上购物大多以日用消费品和娱乐服务为主，所以与 B2B 电子商务相比，B2C 电子商务的交易金额相对较小。

(2) 交易范围广阔。相对于 B2B、C2C 电子商务模式而言，B2C 电子商务不仅具有电子交易地域的广阔性特征，还具有商品种类的广阔性特征。

(3) 个性化服务。在 B2C 电子商务中，卖方往往会按照客户要求的不同将商品进行精细的分类，而且由于数字产品具有可变形性，易于修改、重新组织和编辑，这些产品往往还可随各层次用户的不同要求而定制，因此 B2C 电子商务更多地体现为一种个性化的服务。

2.3.3 B2C 电子商务模式的分类

根据交易的客体将 B2C 电子商务分为有形商品的电子商务模式、无形商品和服务的电子商务模式以及综合模式。

1. 有形商品的电子商务模式

有形商品是指传统的实物商品，采用这种模式，有形商品和服务的查询、订购、付款等活动将在网上进行，这种电子商务模式也叫在线销售。目前，企业实现在线销售主要有两种方式：一种是在网上开设独立的虚拟商店；另一种是参与并成为网上购物中心的一部分。网上实物商品销售的特点主要是，网上在线销售在市场扩大的同时减少了交易中的摩擦，提高了交易效率。与传统的店铺市场销售相比，即使企业的规模很小，网上销售也可以将业务伸展到世界各个角落。

扩展阅读 2-2 钻石小鸟的商务模式

钻石小鸟于 2007 年 6 月获得风险投资，目前已经成为国内知名的网络钻石销售平台，并在北京、上海、广州、杭州四地拥有华丽的钻石体验中心。在众多 B2C 企业难以为继的时候，为什么网络钻石销售能够生存下来？

钻石的标准化——信任和品质。钻石是各种珠宝中唯一能进行“标准化”的产品，其标准化主要由国际认证的品质报告书来保证。证书的作用有三个：一是可以描述钻石的基本情况；二是作为钻石估价的参考；三是具有防伪功能。国际上主要的钻石品质报告书有美国的 GIA 证书、比利时的 HRD 证书等。钻石有国际行情和报价，钻石的重量、色泽、净度、切工等一旦确定下来，其价格自然就确定下来。一旦有了证书，这颗钻石就会在世界范围内流通，在任何国家都认可。

轻资产运营——节约成本，降低价格。网络钻石销售属于“轻资产”运营模式，没有传统零售商的囤货和存货周转压力以及高昂的营业费用。通过互联网这种销售平台，把传统钻石珠宝零售商高额的店面成本、运营成本和管理成本节约下来。同时，网络钻石销售商将钻石的切割商与消费者直接联系起来，越过了各个中间渠道，从而将价格大约压缩到原来的一半。

“鼠标”＋“水泥”——线上线下的互动。除了 GIA 证书的保证外，客户还需要去感受和体验。OFFICE 体验中心完善了整个钻石小鸟的电子商务模式，拉近了与消费者的距离，增强了网络钻石销售的真实感。

品牌和管理是竞争的核心。据估计，国内目前大概有 20 多家网络钻石销售企业（如九钻、威德钻石、6cdiamond、瀛金钻石网、21Gem、e 克拉等），有些企业单纯在网上销售，有些企业与钻石小鸟的模式类似。钻石小鸟非常重视品牌宣传，除了网络广告投入和线下推广外，我们还可以在网络上看到大量不同媒体对钻石小鸟总裁的访谈，既省了广告费，又提高了知名度。

网络钻石销售借助钻石标准化的特性，通过线上和线下的结合，解决了钻石的信息传播、个性化定制和现场体验的问题，提高了信任度，也降低了成本。[资料来源：中国经营网（http://www.cb.com.cn/）]

2. 无形产品和劳务的电子商务模式

网络具有信息传递和信息处理的功能，因此，无形产品和劳务（如信息、计算机软件、视听娱乐产品等）就可以通过网络直接向消费者提供。无形产品和劳务的电子商务模式主要有网上订阅模式、付费浏览模式、广告支持模式和网上赠与模式四种。

1）网上订阅模式

网上订阅模式（Subscription Based Sales）指的是企业通过网页向消费者提供网上直接订阅、直接信息浏览服务的 B2C 电子商务模式。网上订阅模式主要适用于商业机构上销售报刊杂志和电视节目等。网上订阅模式有在线服务（Online Services）、在线出版（Online Publications）和在线娱乐（Online Entertainment）等几种主要方式。

在线服务是指在线经营商通过每月向消费者收取固定的费用而提供各种形式的在线信息服务。例如，美国在线（AOL）和微软网络（Microsoft Network）等在线服务商都使用这种形式，让订阅者每月支付固定的订阅费以享受其所提供的各种信息服务。

在线出版指的是出版商通过 Internet 向消费者提供除传统出版物之外的电子出版物。在线出版商在网上发布电子刊物，消费者可以通过订阅来下载该刊物所包含的信息，订阅网上专业数据库。目前我国各大传媒报刊和杂志也正逐步以优惠的价格推广在线出版业务。

扩展阅读 2-3　中国知网的在线出版模式

中国知网（简称 CNKI）是基于《中国知识资源总库》的全球最大的中文知识门户网站，主要从事知识文化信息资源的互联网出版与相关技术服务，具有知识的整合、集散、出版和传播功能。

战略目标。CNKI 的定位是高端人群，如各类本科院校师生和科研院所专家等。致力于中国知识基础设施工程（简称 CNKI）的建设，以“创造最优知识传播服务、增值服务国际品牌”为战略目标，实现我国知识信息资源在 Internet 条件下的社会化共享和国际化传播。

收入来源。镜像服务模式，就是将 CNKI 资源库镜像到机构用户内部局域网，CNKI 按年收取资源使用费；包库服务模式，用户取得 CNKI 授权，在 CNKI 网站使用资源，CNKI 按年收取服务费；流量计费服务模式，用户购买一定面值的 CNKI 卡，通过 CNKI 网站使用资源。

技术模式。分布异构跨库检索系统，消除分布式异构数据库使用方式差异，实现跨库统一检索；统一导航系统，整合资源，建立中外文期刊统一导航；知网节系统，消除信息孤岛，实现资源深度整合；引文链接系统，实现 CNKI 系列数据库到馆藏外文库的引文链接，激活馆藏外文资源；文献调度系统，整合馆藏电子资源及纸本资源；门户建设系统，集成专业化知识服务，定制个性化资源门户。

经营模式。高起点的发展理念和产品定位；市场化的商业运作；强强联合增加企业竞争力；标准化、网络化数据加工体系；国际化的版权保护策略。（资料来源：司林胜，等. 2004. 电子商务案例分析．重庆：重庆大学出版社）

在线娱乐是另一个无形产品和服务在线销售中令人瞩目的领域。一些网站向消费者提供在线游戏，并收取一定的订阅费。目前这一领域成功的实例有不少，如现在比较流行的传奇游戏、联众、中国游戏在线等。

2）付费浏览模式

付费浏览模式指的是企业通过网页安排向消费者提供计次收费性网上信息浏览和信息下载的电子商务模式。付费浏览模式让消费者根据自己的需要，在网址上有选择地购买一篇文章、一章书的内容或者参考书的一页。在数据库里查询的内容也可付费获取。另外，一次性付费参与游戏娱乐将会是很流行的付费浏览方式之一。如统计报告、电子书、电子杂志、收费下载服务等都是付费浏览的实例。

3）广告支持模式

广告支持模式（Advertising-supported Model）是指在线服务商免费向消费者或用户提供信息在线服务，而营业活动全部用广告收入支持，这是目前最成功的 EC 模式之一。如 Yahoo 和 Lycos 等在线搜索服务网站就是依靠广告收入来维持经营活动。上网人员在信息浩瀚的互联网上找寻相关信息是信息搜索最基础的服务，企业也最愿意在信息搜索网站设置广告，特别是通过付费方式在网上设置旗帜广告（Banners），有兴趣的上网人员通过击点“旗帜”就可直接到达企业的网址。

由于广告支持模式要求上网企业的商务活动靠广告收入来维持，因此，该企业网页能否吸引大量的广告就成为该企业是否能成功的关键，能否吸引网上广告主要靠网站的知名度。而知名度又要看该网站被访问的次数。网景公司之所以取得广告收入第一名，主要是因为其浏览器包括信息搜索功能，可见为访问者提供信息的程度是吸引广告的主要因素。

4）网上赠与模式

网上赠与模式是一种非传统的商业运作模式。它指的是企业借助于互联网全球广泛性的优势，向互联网上的用户赠送软件产品，扩大知名度和市场份额。通过让消费者使用该产品而下载一个新版本的软件或购买另外一个相关的软件。

由于所赠送的是无形的计算机软件产品，用户是通过互联网自行下载，因此企业所投入的成本很低。这样一来，如果软件的确有其实用特点，那么是很容易让消费者接受的。

3. 综合模式

实际上，多数企业网上销售并不是仅仅采用一种电子商务模式，而往往采用综合模式，即将各种模式结合起来实施电子商务。例如，携程网凭借其提供的全面服务和丰富的信息，被网民评为最受欢迎的旅游网站。携程网除了酒店预订、机票预订、度假预订等主营业务外，对于商旅客户，携程还提供差旅费用管理咨询和旅游资讯等服务。另外，携程还承做上海热线、21CN、央视国际等知名门户网站的旅游频道，收取广告费用。

2.4 B2B电子商务交易模式

“十二五”期间，电子商务将作为国家战略新兴产业的重要组成部分和新一代信息技术的分支，有望成为下一阶段的信息化建设重心。未来电子商务在GDP中的贡献率会大幅提高。

据中国电子商务研究中心监测数据显示，截至2011年6月，中国电子商务市场交易额达2.95万亿元，同比增长31%。其中，B2B电子商务交易额达到2.6万亿元，同比增长26.8%。整体保持稳定的发展态势，如图2-2所示。

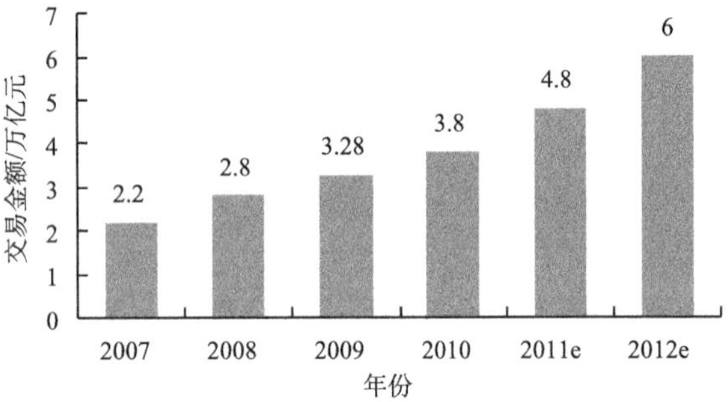

图2-2 2007～2012年中国B2B市场交易规模

注：数据来源于中国电子商务研究中心

2.4.1 B2B电子商务的交易流程

B2B电子商务的交易流程包括以下步骤：

（1）采购方向供应方发出交易意向，提出商品报价请求并询问想购买商品的详细信息。

（2）供应方向采购方回答该商品的报价，并反馈信息。

(3) 采购方向供应方提商品订购单。

(4) 供应方对采购方提的商品订购单做出应答，说明有无此商品及目前存货的规格型号、品种、质量等信息。

(5) 采购方根据供应方的应答决定是否对订购单进行调整，并最终做出购买商品信息的决定。

(6) 采购方向供应方提出商品运输要求，明确使用的运输工具和交货地点等信息。

(7) 供应方向采购方发出发货通知，说明所用运输公司的名称、交货时间、交货地点、所用的运输设备和包装等信息。

(8) 采购方向供应方发回收货通知。

(9) 交易双方收发汇款通知。采购方发出汇款通知，供应方告之收款信息。

(10) 供应方备货并开出电子发票，采购方收到货物，供应方收到货款，整个 B2B 交易流程结束。

如果是外贸企业，中间还将涉及海关、商检、国际运输、外汇结算等业务。

2.4.2 B2B 电子商务模式的特点

与 B2C 电子商务模式相比，B2B 模式主要有以下几个特点：

(1) 交易次数少，交易金额大。B2C 电子商务活动是企业与消费者通过网络进行的商品销售与购买活动，发生较为频繁，交易次数较多；同时 B2C 属于一种个体消费行为，其交易金额一般不会太大。而 B2B 是企业与其供应商、客户之间大宗货物的交易与买卖活动，其规模远大于 B2C，但其交易次数相对较少。

(2) 交易对象广泛。B2B 电子商务活动的交易对象可以是中间产品，也可以是最终产品，涉及石油、化工、水电、运输、仓储、航空、国防、建筑等许多领域。例如，能源一号网站的油料交易量占其交易总量的 60%以上。而 B2C 交易的对象一般是最终产品，企业在网上销售给消费者的产品主要集中在图书、CD、鲜花等标准化产品，交易额不是很大。

(3) 交易操作规范。B2B 电子商务活动是各类电子商务交易中最复杂的，主要涉及企业间原材料和产品的交易、信息查询、交易谈判、合同签订、货款结算、单汇交换、库存管理和物品运输。如果是跨国交易，还要涉及海关、商检、国际运输、外汇结算等业务，企业间信息交互和沟通比较多。因此在交易过程中，对合同及各种单证的格式要求比较严格，操作比较规范，同时比较注重法律的有效性。与之相比，B2C 电子交易操作简单，涉及部门和人员相对较少，操作的随意性较大，相关的法律条文相对较少。

2.4.3 B2B 电子商务模式的分类

随着 IT 技术的成熟和互联网的迅猛发展，基于 Internet 的 B2B 应用得到了广泛的支持和普及。2000 年，电子商务的焦点由 B2C 迅速转为 B2B，这并非偶然。从参与交易的主体看，企业间的交易规模远大于企业与消费者之间的交易，两者相差一个数量级。企业与企业之间的交易主体是中间产品，而企业与消费者之间的交易主体是最终产品，前者的交易额显然要比后者大得多。B2B 的发展给企业带来了许多新的商务关系和活动，通过分类可以清晰地看出企业间商务关系和活动的变化。

1）根据买方和卖方在交易中所处的地位不同划分

（1）以买方为主的模式。这是指一个卖家与多个买家之间的交易模式，其结构如图 2-3 所示。卖方发布欲销售的产品信息（产品名称、规格、数量、交货期、参考价格），吸引买方前来认购。

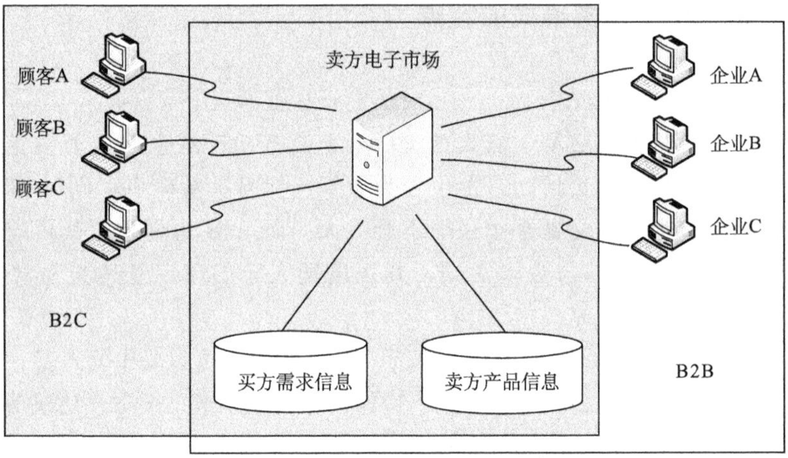

图 2-3 买方为主的模式

买方模式可以加快企业实现产品销售过程，特别是新产品的推广，降低销售成本，扩展卖方渠道（包括数量、区域）等。这种模式的一个显著特征是，它比较偏向于为卖家提供服务，而不会更多兼顾到买家的利益。

从图 2-3 可以看出，以买方为主的 B2B 模式的结构与 B2C 模式非常相似，而且其采购流程也基本相同。但目前也出现将传统的拍卖形式运用到此种模式中的尝试。

买方竞价的动态模式，则属于卖方发布销售信息、买方竞价拍卖的集中销售模式。具体可分为两种。

①拍卖模式。即卖方首先确定一个最低价，在事先规定的期限内，买方参与竞价，价格只能从低到高，到拍卖的截止日期，最后一个出价者即最高出价者，被确定为买主。此模式对卖方而言，买方参与的越多，比价范围越宽、利用互动效应越大、选择交易余地越广，或薄利多销，或视需求情况适当抬高价格，效益效果均能加以控制。此模式原为艺术品等难以确定市场价值的商品的销售模式，一般的商品不宜采用此模式，但有些技术含量极高、小批量生产的高科技产品或者紧缺商品则可使用这种模式，以创造高额利润。此种模式的致命弱点在于卖方处于垄断地位，对买方的吸引力有限，买方甚至处于十分不利的地位。因为卖方不会因为互相无关联的买方购买总量的增加而统一给所有的买方折扣。相反，卖方在需求旺盛时更可能提高价格。这种模式是卖方的“理想”模式，一般只适用于大型企业的集中分销订货中。对中小型企业而言，采用此模式会因为难以建立良好的客户关系而丧失商机。

②集体竞价模式。即首先由卖方设定拍卖数量和最高价，价格阶梯由高到低依次递减，拍卖截止时，所有高于最后价格的受买人都是以最后的价格成交。具体操作流程是：卖主根据销售数量大小确定一个从高到低的价格阶梯，在规定的期限内，买方可集体参与竞价，随着人数和购买数量的增加，价格由高走低，最后由一定的数量决定一定的成交价格。

在这种集体竞拍模式中，卖方事先确定一个期限，期限到期时系统自动结束竞拍。与前一种不同，此方式实行的是阶梯价格，价格由高走低，是数量的反函数。随着购买方的购买数量增加，价格不断下降，具体价格变化表由卖方决定，并予以公告。集体竞价充分体现了集体购买的优势，购买方可以以集体的力量，获得更低的成交价格，因为商品的成交价格取决于集体购买数量，最终购买的数量决定最后的成交价格。此外，购买方（集体）可以选择自己可以接受的价格和数量，当集体购买数量达到代理价格的水平时系统会自动成交；如果集体购买的数量达不到，则不能成交；如果集体购买的数量超过自己的代理价格对应的数量，则系统自动按照最后的成交数量对应的价格成交。选择代理价格充分体现了购买方个性化的要求，买方可以选择自己可以接受的代理价格，并有可能低于这个价格成交。

集体竞拍模式适合于很多商品，而且与传统“薄利多销”的思想相同，对于卖方可以利用此方式来吸引买方，对于买方则可以以更低的价格购买其所需要的产品。这种模式不单单可以运用于 B2B 电子商务模式中，同样也适用于 B2C 电子商务模式中。

(2) 以卖方为主的模式。以卖方为主的模式类似于项目招标，是指一个买方与多个卖方之间的交易模式。买方发布需求信息，如需求的产品名称、规格、数量和交货期等，召集供应商前来报价、洽谈和交易。中国信息技术商务网（如中国纺织商务网、中国石油商务网等）就是采用这种模式通过网上招标来采购商品或服务的。以卖方为主的模式结构如图 2-4 所示。

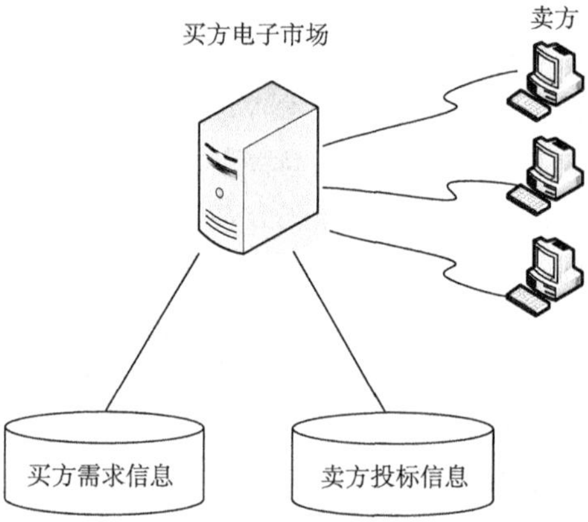

图 2-4　卖方为主的模式

这种方式也可以由几家大买主共同构建以用来联合采购，因为投资者希望通过联合买方的议价力量得到价格上的优惠，如零售业交换市场就是由 27 家零售商联合创办的，通用电气公司通过网上采购也取得了良好的效益。这类电子商务运作模式的显著特征是它比较偏向于为买方提供服务，而不会更多兼顾到供应商的利益。它汇总诸多的卖方企业及其产品的信息，便于买方综合比较，绕过分销商和代理商，加速买方的业务开展，同时买方可以获得透明的价格。由于卖方一般不降低价格，所以在各卖方提供的商品或服务相当的情况下，通常是买方与价格最低的卖方成交，如最低价卖方在数量上不能满足，则依据价格依次递补。

一般企业自建的服务于本企业的电子采购就是这种模式，它适用于大型企业。大型企业负责管理其下属所有企业的统一采购，通过网络来采购能使采购过程公开化、规范化，加快信息流动的速度，扩大询价比价的范围，降低交易费用，强化监督控制体系，提高整个运营环节的工作效率。这种运作方式不仅能产生规模效益，而且能够使企业掌握整个数据流的全过程，对整个交易的监督、管理、考评、分析等工作有无法估量的价值。此外，此模式非常适用于政府采购和大型工程项目的招标。

(3) 中介模式。中介模式是指由买方、卖方之外的第三方投资而自行建立起来的中立的网上交易市场，其提供的买卖多方参与的竞价撮合模式，是一对多卖方集中和多对一买方集中交易模式的综合，其结构如图 2-5 所示。这种模式一般采用动态竞价拍卖形式。

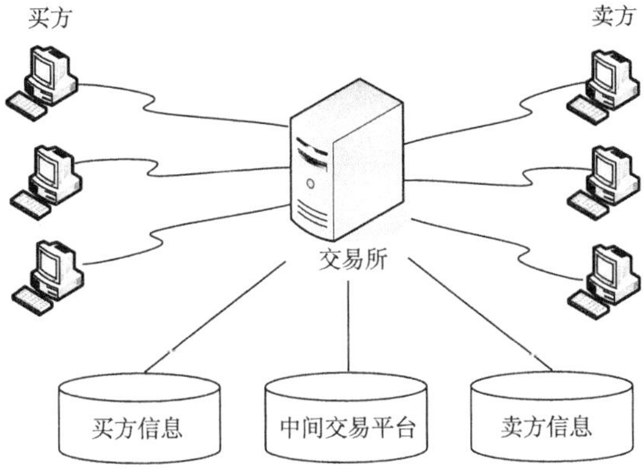

图 2-5 中介模式

与一般概念上的交易市场不同，网上交易市场并不是一堆厂商的简单排列。事实上，进入网上交易市场的企业必须获得一定的资格，这个资格就是企业内部必须有一套合格的电子化管理系统，并且这套系统能与外部实现无缝对接，从而实现企业生产、采购、销售全过程的信息化整合。这是网上交易市场有别于某些以供需信息为主导的 B2B 网站的根本所在，这意味着网上交易市场中的每个成员都拥有自己的交易系统，可实现内部运作与交易的一体化，从而明显提高信息的价值。

扩展阅读 2-4 慧聪网信息中介模式

慧聪网（http://www.hc360.com）成立于 1992 年，是国内领先的 B2B 电子商务服务提供商。慧聪网提供买卖通、商机搜索、商情广告、行业资讯大全、行业研究与媒体监测等服务。采用会员收费制实现全面的盈利，提供收费与免费之间的差异化服务，向收费客户提供全面的服务。商情广告通过多方面的宣传后，相应达到一定的影响力，在区域或行业中产生相应的知名度，网站的广告盈利带来丰厚的收入。行业资讯大全针对企业的公关服务，前期发布新产品动态、相关新闻、公司事件等内容，后期通过网站为他们建立官方的资讯发布平台，然后每年收取一定服务费。

通过在线活动建立和维持客户关系，并提供客户对所需产品和服务的信息。常用的方式有网络广告、搜索引擎营销、许可 E-mail 营销、病毒式营销、事件营销、互动营销、网络会员制营销、网站资源合作，以及信息发布等手段。慧聪网每年为 200 万家企业提供电子商务服务，新服务体系使网络、纸媒、会展都可用来支持 B2B 交易，为商人社区中的会员谋求最佳市场推广途径，提供丰富完善的 B2B 服务。

慧聪网络为企业提供“一站式”互联网服务体系，利用先进的互联网应用技术和高效率的营销体系，使企业及时获取并使用实时可靠的互联电子商城、电子政务、企业协同办公平台、邮箱系统、企业推广等多元化服务项目。[资料来源：覃征，等. 2007. 电子商务案例分析. 西安：西安交通大学出版社]

网上交易市场的另一个显著特色就是强调开放性和标准化，只有满足这两个条件，网上交易才能真正开展起来，企业才能真正参与到网上交易市场中去。当然，网上交易市场的发展初期可能更多地表现为一种买卖企业信息发布和撮合交易的信息平台。随着企业信息化应用的不断深入，将企业内部运作的业务系统通过网上交易市场与合作伙伴联系起来，这将是中小企业信息化应用的未来发展方向。

2）根据交易企业间的商务关系划分

（1）以交易为中心的 B2B 电子商务。以交易为中心的电子商务的主要形式为在线产品交易和在线提供产品信息。在企业间的在线交易中，交易的对象既可以是产品，也可以是原材料、中间产品或其他生产资料；交易的内容一般以一次性的买卖活动为中心。因此，在线产品交易模式所关注的重点是交易本身而不是买卖双方的关系。在线产品交易的进一步发展是提供产品的综合信息。也就是说，除了产品和价格之外，买卖双方在交易平台上提供各自的生产和需求状况，这样便可以更有效地平衡供需之间高峰和低谷的差距。在开展以交易为中心的电子商务的过程中，企业的电子商务转化成以采购和销售渠道为中心，以客户关系管理为重点，以电子化交易为手段，以降低买卖过程的成本为目的。

（2）以供需为中心的 B2B 电子商务。以供需为中心的电子商务的主要形式是由制造商与供应商组成的供应和采购市场，对象是制造商和供应商之间的供需活动。此类电子商务，以制造商和供应商的供需活动为中心，以企业间的合作关系为重点，这种合作关系比单纯的买卖关系要复杂得多。例如，在汽车行业，车型的更新换代周期大约是 4、5 年左右。事实上，从每款新车的设计阶段开始，制造商和供应商之间的合作关系就已经形成，这种关系贯穿设计、生产、销售和售后维护等整个产品生命周期。因此，以供需为中心的电子商务关注的重点是企业内部的生产过程和企业间的供应链，而不仅仅是交易活动本身。通过互联网将合作企业的 SCM、ERP、PDM 和 CRM 等有机地结合起来，从而实现产品生产过程中企业与企业之间供应链的无缝连接。这种供需为中心的电子商务通常以某个大型企业为中心，针对最终市场需求对上下游厂商进行整合。

(3) 以协作为中心的B2B电子商务。这种模式以企业之间的虚拟协作为主，不仅重视生产过程与供应链，而且更关注协作企业虚拟组织中价值链的整体优化。其主要形式是企业协作平台，业务活动涉及围绕协作而形成的虚拟组织内价值链的各个环节。这种模式是在世界范围内产生相关企业间最佳协作的组合，并且通过企业协作平台对整个产品生命周期（产品的规划、设计、生产、销售和服务）中的业务活动提供有效的管理环境。而业务活动则通过虚拟组织的形式在全世界范围内同步实施。这种模式集成了并行设计、敏捷制造、精益生产和大量定制等生产技术，及SCM、ERP、PDM和CRM等管理方法。

3) 按企业间的交易机制划分

(1) 产品目录式（Product Catalogue)。集中了大量产品和服务，为卖方提供低成本的销售渠道，为买方提供一站式的采购站点。产品目录式产生价值的根源在于将高度分散市场中的需求方与供给方聚集到一起，提供“一店买全”服务。通过产品目录式，可为卖方带来更低的销售成本、处理费用，更高的顾客满意度和新的销售渠道、收入来源；可为买方带来更低的采购成本和库存成本，扩展潜在的供应商来源，使买方更容易获得多种产品的比较信息。

(2) 拍卖式（Auction)。提供一个销售和购买特殊商品的场所，如多余的存货、使用过的固定资产、中止生产的产品和可翻新产品等。拍卖式为买卖双方带来的主要好处在于提供更多的选择与机会。通过拍卖式，卖方可以吸引更多的竞价者，获取更高的销售价和存货周转速度；买方可以找到更简便的购买特殊产品和服务的方法，获得更多的选择余地，并在卖方竞标的反向拍卖中获得更低的采购价格。

(3) 交易所式（Transaction)。一般为按产业或行业细分的“大宗商品”（如农产品）提供的交易市场。由于采取相对标准的合约与严格的交易管理方法，安全和交易量问题都比较容易解决。通过交易市场提供的价格信息，卖方可及时削减过量存货；买方也可通过快捷、方便、规范化的交易，满足立即购买的需求。

(4) 社区式（Community)。聚集一群买方和卖方的目标用户，为他们提供行业或产业专门信息以及与业内专业人士相关的社区式服务。通过提供行业新闻、评论、市场信息、工作机会、在线聊天、公告板以及专家服务等方式，吸引特定行业的买卖双方。

2.5 C2C电子商务交易模式

C2C电子商务交易模式是用户对用户的模式，C2C商务平台就是通过为买卖双方提供一个在线交易平台，使卖方可以主动提供商品上网拍卖，而买方可以自行选择商品进行竞价，类似于现实商务世界中的跳蚤市场。其构成要素除了包括买卖双方外，还包括电子交易平台供应商，类似于现实中的跳蚤市场场地提供者和管理员。在 C2C 交易中，电子交易平台供应商的作用举足轻重。这是因为，第一，它把 Internet 上无数买家和卖家聚集在一起，为他们提供了一个平台；第二，它往往还扮演监督和管理的职责，负责对买卖双方的诚信进行监督和管理，负责对交易行为进行监控，最大限度地避免欺诈等行为的发生，保障买卖双方的权益；第三，它还能够为买卖双方提供技术支持服务，包括帮助卖方建立个人店铺、发布产品信息、制定定价策略等，也包括帮助买方比较和选择产品以及进行电子支付等；第四，随着 C2C 模式的不断成熟发展，它还能够更好地为买卖双方提供保险、借贷等金融类等服务。目前国际上最有名的 C2C 网站是 eBay，国内则有淘宝、易趣、雅宝和拍拍网等。

2.5.1　传统拍卖和网上拍卖的区别

拍卖是指以公开竞价的形式，将特定物品或者财产权利转让给最高应价者的买卖方式。拍卖活动中涉及的主体包括竞买人、买受人、委托人和拍卖人。竞买人是指参加竞购拍卖标的的公民、法人或者其他组织。买受人是指以最高价购得拍卖标的的竞买人；委托人是指委托拍卖公司拍卖物品或者财产权利的公民、法人或者其他组织。

网上拍卖（Auction Online）是指网络服务商利用 Internet 通讯传输技术，向商品所有者或某些权益所有人提供有偿或无偿使用的 Internet 技术平台，让商品所有者或某些权益所有人在其平台上独立开展以竞价、议价方式为主的在线交易模式。目前在互联网上出现的网络拍卖交易方式中有一些是从传统拍卖中某些交易方式演变而来，另一些是针对互联网本身的特点和消费者的喜好而出现的新的交易方式。

作为一种新型的网上交易模式，与传统意义上的拍卖相比，网上拍卖有诸多引人瞩目的特点。传统拍卖与网上拍卖的区别如表 2-5 所示。

表 2-5　传统拍卖与网上拍卖的特点对比表

特点	传统拍卖	网上拍卖
拍卖标的物范围	一般为价值昂贵物品	弹性区间非常大，包罗万象
拍卖的参与空间	共处一室，并且实时投标	分布在世界各地，一般都是异步投标
拍卖结束方式	拍卖师三声询问无人答应后即宣布拍卖结束	在预定的截止时间来结束拍卖

续表

特点	传统拍卖	网上拍卖
拍卖成本	成本较高，并且有人为因素干扰	成本低廉，方便快捷并稳定
中介机构的服务	中介机构有义务保证拍卖的公正性和公平性	风险由买卖双方共同承担

（1）拍卖标的物范围不同。传统的拍卖物品（如艺术品、不动产、大型机器设备等）一般价值昂贵。而网上拍卖物品的价格区间却非常有弹性，从几元到上千万元不等，拍卖物品的种类从电脑软件到生活用品、玩具、艺术品、大型机器设备等，种类繁多。

（2）参与拍卖活动的空间不同。传统拍卖一般在一定的场所和环境中进行，一般要求参加拍卖活动的投标者共处一室，并且实时投标。而在网上拍卖中，参加拍卖的投标者分布在世界各地，并且一般都是进行异步投标，更自由灵活。

（3）拍卖活动结束方式不同。传统拍卖中，拍卖师三声询问无人应答后即宣布拍卖结束，出价最高或最低者获胜。而在网上拍卖中，一般是在预定的截止时间来结束拍卖，确定获胜者。

（4）拍卖活动的成本不同。在网上拍卖中，买者和卖者可以方便地通过网络参与拍卖过程，不受时间和空间的限制，降低了他们的参与成本，而且拍卖仲裁人可以有先进的网上拍卖程序来代替，不仅方便快捷、不易出错，而且可以 24 小时仲裁拍卖。

（5）中介机构的服务不同。传统拍卖一般由实业性质的拍卖中介机构（拍卖行或者拍卖公司）来承担，中介机构同时代表买卖双方的利益，必须依照法律和章程的规定来进行拍卖活动，中介机构有义务保证拍卖的公正性和公平性。而网上拍卖的中介机构则是拍卖网站，它一般不对买卖双方的拍卖行为承担法律责任，网上拍卖风险由买卖双方共同承担。

2.5.2 网上拍卖的分类

网上拍卖有不同的分类标准，可以按专业程度、拍卖标的种类和网站的经营者划分。

1）按专业程度划分

（1）专门的拍卖网站。网站从事的主要活动就是专门进行各种物品的网上拍卖，以竞价方式为主要的交易方式，网站的主要收入来源于网上拍卖业务。如美国的 eBay、中国的雅宝、嘉德在线、酷必得等网站都属专门的拍卖网站。

（2）门户网站上的拍卖服务或拍卖频道。互联网上的大部分网站原本向网上用户提供的主要服务并不是网上拍卖。而越来越多的人对网上拍卖感兴趣，积极点击拍卖网站网页，浏览拍品信息，甚至注册成为网站用户。所以，这些网站争先恐后地在自己的网页中加入了拍卖服务或开通拍卖频道，开展网上拍卖业务，想与 eBay 分一杯羹。例如，Amazon. com 自身是大型网上书店，在网上书籍销售中占领大部分的份额，在网上零售业排名中名列前茅。它开设拍卖频道就是为了通过网上拍卖吸引更多的网上注册用户，以此作为营销手段，增加其网上零售的交易额。而 Yahoo 是全球知名的门户网站，本身就拥有众多的注册用户，众多的用户点击率为网上拍卖业务发展提供了客户基础。同时，Yahoo 上的拍卖业务又为它带来了更多的用户点击率，并创造了一项可观的收入。

2）按拍卖标的种类划分

（1）综合消费品拍卖网站。综合消费品拍卖网站上的拍品种类繁多，数量也大。大多数综合消费品拍卖网站都会邀请其他的卖家在其拍卖网站上拍卖物品，也有拍卖网站出售自己传统商店中的各类商品，如荷兰式拍卖网站 klik-klok。eBay 从最初就将自己定位为综合消费品拍卖网站。它网上的拍品包括电脑、玩具、硬币、邮票、古董、杂志、音像制品、陶器珠宝和家具塑像等，五花八门的物品几乎无所不有。丰富的拍品和交易机会，吸引了更多的买主，而众多的买主又会吸引更多的网上拍卖卖方。

（2）特定消费品拍卖网站。同 eBay 在综合消费品网上拍卖不同，为了不与 eBay 这样强大的对手竞争综合消费品拍卖市场，许多拍卖网站主要针对某一特定的目标市场进行特定消费品拍卖。如专门拍卖计算机及其配件、照相器材、消费电子商品等技术产品。1996 年 9 月，多哥萨洛特（Doug Salot）创立了 Haggle Online 拍卖网站，拍卖计算机设备，紧跟其后出现了许多专门拍卖其他某一类物品的拍卖网站，如 Stamp Auction 网站进行邮票拍卖，Coin Universe（钱币世界）拍卖钱币，而 Bid for wine 则是葡萄酒拍卖网站。

3）按网站的经营者划分

（1）无拍卖主体资格的拍卖网站。一般称“竞价网站”，是由网络技术公司经营的，只是一个虚拟的全天候服务的网上拍卖交易载体。不具备拍卖法中所要求的拍卖人资格，网上拍卖交易多以一般消费品和二手货为主，网络技术公司通常不承担拍卖交易中的法律责任，也不对拍卖商品的品质作担保。这类拍卖站点目前广告宣传投入巨大，在社会上拥有较多的访问客户，社会影响较大。这类拍卖网站以 eBay 为主要代表，还有易趣、酷必得等。

（2）有拍卖主体资格的拍卖网站。这些拍卖网站由传统拍卖公司经营，经营者具有拍卖法规定的拍卖主体资格，强调拍卖过程的合法性和对拍品的品质保证。这类拍卖网站目前数量极少，专业型的拍卖网站又可细分为两种：一种是仅将网站当作企业传统拍卖业务的宣传窗口，如佳士得网站仅是对佳士得传统拍卖行的历史、组织机构、拍卖事务的相关内容进行介绍；另一种则是在网上推行实时的拍卖，使网上拍卖与传统拍卖相结合，如苏富比网站、中拍网等都属于此类拍卖网站。

2.5.3 网上拍卖的方式

目前常见的网上拍卖方式有英式、荷兰式、封标拍卖，此外，还有双向拍卖和逆向拍卖等。随着网上拍卖的发展，最近又出现了更加适应于互联网的集体议价方式和多属性拍卖。许多拍卖网站并不是仅仅使用一种拍卖方式，而是多种拍卖方式相结合。网上拍卖类型及特点如表 2-6 所示。

表 2-6 不同网上拍卖类型的特征

类型	规则
英式拍卖（递增价格、公开）	拍卖标的物的竞价由低到高，依次递增，直到以最高价格成交为止
封标拍卖	不公开价格，密封投标。以密封邮件形式提供。其他出价者不知道彼此的价格。第一价格密封式拍卖，赢家付出实际所出的价格；第二价格密封式拍卖，赢家付第二高价
荷兰式拍卖（递减价格、公开）	拍卖标的物的竞价由高到低，依次递减，直到以适当的价格成交的一种拍卖。对一定价格的第一个应价者即成为获胜者
双向拍卖	买卖双方实时在线到达市场，观察价格，然后双方同时提供公开的或者秘密的买卖价格，进行实时交易，拍卖商宣布投标价及出清价格。同时拍卖物品的成交价格成为即时的市场价格
逆向拍卖	由买者列出想要购买的商品，而由卖者对买价进行投标。可以使个人或者组织能够以最低价格获得商品或服务的专门拍卖方式
集体议价	利用互联网将零散的消费者及其购买需求聚合起来，形成类似集团采购的庞大的订单，从而与供应商讨价还价，争取最大最优惠的折扣
多属性拍卖	允许买卖双方就拍卖品的多个属性同时进行谈判
Yankee 拍卖	根据按照投标价格高低顺序，价高者获胜；如果最高价格相同，则根据最大购买量而定；如果最高价格和购买量相同，则根据投标时间的早晚确定

1）英式拍卖（English Auction）

英式拍卖也称为公开拍卖或者增价拍卖，是最流行的网上拍卖方式，它使投标者的参与变得相对容易。一旦买者发现自己感兴趣的物品，就可以浏览当前的最高出价，然后决定自己是否出最高的价格。在提供投标价后，就可以看到拍卖状态的一个自动更新，显示是否成功地成为当前的最高出价者。

2）网上密封拍卖（Sealed Auction）

网上密封拍卖是指竞买人将出价通过加密的 E-mail 发送给拍卖人，再由拍卖人统一开标后，比较各方递价，最后确定中标人。网上密封拍卖多用于房屋建筑工程、大宗货物、土地等不动产交易以及资源开采权出让的交易。目前，这种拍卖方式已越来越多地被各国政府用来在网上销售库存物资以及海关处理的货物。密封拍卖可分为一级密封拍卖和二级密封拍卖。在一级密封拍卖中，出价最高的竞买人中标。如果拍卖的是多件相同物品，出价低于前一个的竞买人购得剩余的拍卖品。二级密封拍卖和一级密封拍卖类似，只是出价最高的竞买人是按照出价第二高的竞买人所出的价格来购买拍卖品。这种拍卖方式能使卖方获得更高的收益，因它鼓励所有的竞买人都按其预估价出价，降低了竞买人串通的可能性。

3）荷兰式拍卖（Duteh Auction）

荷兰式拍卖是英式拍卖的逆行。它是先由拍卖人给出一个潜在的最高价，然后价格不断下降，直到有人接受价格。荷兰式拍卖成交的速度特别快，经常用来拍卖易腐的农副产品，如水果、蔬菜、鲜活产品等。如果拍卖的是同类多件物品，竞买人一般会随着价格的下降而增多，拍卖过程一直进行到拍品的供应量与总需求量相等为止。有的拍卖站点，当价格下降到某个特定值（如保留价）时，价格再从最高价不断下降。荷兰式拍卖的缺点是拍卖速度太快，而且需要所有竞买人在某一时段竞买。

4）双向拍卖（Double Auction）

双向拍卖就是买卖双方实时在线到达市场，观察价格，然后双方同时提供公开的或者秘密的买卖价格，进行实时交易，拍卖商宣布投标价及出清价格。同类拍卖物品的成交价格成为即时的市场价格。

5）逆向拍卖（Reverse Auction）

在传统拍卖中，由卖者公布要出售的商品，潜在的买者进行投标。而在逆向拍卖中，由买者列出想要购买的商品，而由卖者对买价进行投标。这是一种可以使个人或者组织能够以最低价格获得商品或服务的专门拍卖方式。

6）集体议价（Group-buying Auction）

这是一种创新的网上拍卖方式，通过 Internet 集合买家的购买力从而使得集合中的每个成员都可以获得价格折扣。集体议价充分利用了互联网的特性将零散的消费者及其购买需求聚合起来，形成类似集团采购的庞大定单，从而与供应商讨价还价，争取最大最优惠的折扣。

7）多属性拍卖（Multi-attribute Auction）

多属性拍卖允许买卖双方就拍卖品的多个属性同时进行谈判。

8）Yankee 拍卖（Yankee Auction）

这是多物品拍卖的一种形式，确定成功投标者的依据多种多样。首先，根据按照投标价格高低顺序，价高者获胜；其次，如果最高价格相同，则根据最大购买量而定；再次，如果最高价格和购买数量相同，则根据投标时间的早晚确定。

2.6 电子商务模式发展

2.6.1 电子商务模式发展存在的问题

1）传统的电子商务模式不能满足企业需要

电子商务发展初期，引入B2C、B2B和C2C等固定的模式和理念。每一种模式在发展过程中都遭遇一些波折，存在局限性。B2C模式是我国电子商务最先兴起的商业模式。目前，各行各业的厂商纷纷进军电子商务，希望依靠网络平台，为自己在竞争中赢得优势。但是效果并不十分明显。许多企业在做大而全的B2C商城还是精而专的B2C商城之间徘徊，从而错失许多机会。B2B模式目前国内的竞争主要在阿里巴巴、慧聪和买麦网之间展开。阿里巴巴凭借先发优势，在该领域占主导地位，其他两个竞争对手尚无法与其抗衡。但阿里巴巴直销模式的弊端逐渐开始呈现。探索一种新的经营模式也迫在眉睫。B2C模式同时也能促进电子商务的普及，包括C2C模式的成熟。国内主要厂商是淘宝、eBay和一拍等，虽然在网上聚集了不少人气，但是目前C2C盈利模式还不清晰。

2）一些电子商务企业没有找到合适的盈利模式

随着Internet的日益普及，电子商务得到蓬勃发展，许多电子商务网站推出收费项目，如B2B电子商务采用广告、搜索、交易佣金、收取会员费等盈利模式；B2C电子商务采用收取服务费、会员制、降低销售费用等方式获利；C2C电子商务通过交易提成、广告收入和提供增值服务等方式盈利。尽管如此，电子商务仍然拥有较大的交易规模和用户规模，但部分企业却没有找到合适的盈利模式。和传统的企业一样，如果不能实现盈利，产品和服务做得再好的电子商务企业也无法生存和发展下去。因此，找到合适的盈利模式实现盈利，成了我国电子商务发展的当务之急。

3）电子商务与企业资源规划、业务流程融合较难

这几年我国企业电子商务高速发展，不单是大型企业，越来越多的中小型企业也开始了电子商务的尝试。但在现有的应用中，存在电子商务与企业内部生产、管理系统相互孤立的现象，尤其是通过第三方平台实施电子商务的企业不能对市场、需求等信息进行管理，更谈不上对客户价值的深挖掘。

传统企业进军电子商务时面临的挑战更是来自方方面面，供应链、仓储、配送等都是对它们全新的考验。如何做好线下与线上定位、产品价格冲突、各地代

理商的利益保障工作，以及如何平衡好渠道，都是它们需着重考虑的问题。传统企业是整进整出的或整进零出到货架即止，而电子商务是整进零出到各地的客户手里。一个是大批量少批次，一个是小批量多批次。对于这些几十年上百年的传统企业，对已有系统和流程进行改造困难极大。

2.6.2 电子商务模式的发展趋势

随着电子商务的进一步发展，各种电子商务模式还将层出不穷，电子商务模式发展呈现以下趋势：

1）多种电子商务模式并存

电子商务发展到今天，已经出现了各种各样的电子商务模式：从 B2C 到 B2B；从 ISP 到 ASP；从 X2X 到 P2P，以后还会不断出现更多、更新的电子商务模式。商务的复杂性和不断发展变化决定了电子商务没有一个或几个固定模式，各种各样的电子商务模式充分展现了人类的智慧和创意，同时也反映市场价值的空间。

扩展阅读 2-5 电子商务新模式

为了及时响应内外部环境的剧烈变化，企业需要在实践中探索出符合自身的电子商务模式，以达到和外部环境之间的动态平衡。电子商务出现以下几种新的模式：

ISP（Internet Service Provider）即互联网服务提供商，向广大用户综合提供互联网接入业务、信息业务和增值业务的电信运营商。ISP 是经国家主管部门批准的正式运营企业，享受国家法律保护。

ASP（Application Service Provider）即应用服务提供商，ASP 通常是一些第三方的服务公司，他们在远程的主机上部署、治理、维护应用程序，然后通过广域网络向远端的客户提供软件的计算能力。

X2X（Exchange to Exchange）模式即信息的 Exchange，网上电子交易市场（E-marketplace）的不断增加，导致不同的交易市场之间也需要实时动态传递和共享信息，从而产生了 X2X 电子商务。全球贸易社区平台 GTW（Global Trading Web），是一个基于 XML 的大型 B2B 交易社区，由许多协调的门户站点组成，是 Commerce one 建立的 X2X 模式。

P2P（Peer to Peer）电子商务又称对等电子商务，是使用对等网络技术，互联网用户不需要通过中央 WEB 服务器就可以直接共享文件和计算机资源。如 Napster. com 网站帮助 Internet 用户查找和共享网上音乐文件 MP3。

O2O（Online to Offline）模式又称离线商务模式，指线上营销、线上购买带动线下经营和线下消费。O2O 通过打折、提供信息、预订服务等方式，把线下商店的消息推送给互联网用户，将他们转换为自己的线下客户，这就特别适合必须到店消费的商品和服务，如餐饮、健身、美容美发等。

M2C（Manufacturers to Consumer）即生产厂家对消费者提供自己生产的产品或服务的一种商业模式，特点是流通环节减少至一对一，销售成本降低，从而保障了产品品质和售后服务质量。

I2C（Information to Consumer）即信息对消费者，如团购网提供打折信息，消费者购买其发布的商品，当达到一定人数即可成交的信息提供电子商务模式。

C2B（Consumer to Business）即消费者对企业，是指消费者聚集起来进行集体议价，把价格主导权从厂商转移到自身，以便同厂商进行讨价还价。如淘宝、易趣、拍拍等网站上的团购业务都属于C2B这个基本范畴。

R2R（Regional to Regional）即区域对区域，是区域与区域之间通过互联网进行产品、服务及信息的交换。以“太平洋门户”网为例，不但有中加商贸模式，还有“中德贸易网”、“中非贸易网”、“中俄贸易网”等，这就是所谓的R2R新模式。

B2T（Business to Team）即网络团购，是指互不认识的消费者，借助互联网的团聚力来聚集资金，加大与商家的谈判能力，以求得最优的价格。

D2C是英文DIY（Do-it-yourself）to Consumer的缩写，即设计师对客户，其核心概念是普通用户针对所用产品体验心得自主进行推荐分享，主要借助互联网进行互动推荐活动，并且通过推荐获得积分、消费券或者现金的一种新型的电子商务模式。[资料来源：百度百科（http://baike.baidu.com/），MBA智库（http://www.mbalib.com/）]

2）B2C创造的价值空间将优于B2B

事实上，不管是传统的商业模式，还是未来的电子商务模式，其存在和发展都取决于市场的需求，取决于其能够为社会创造一定的经济价值。B2B电子商务的存量价值应该来自于传统商务所创造的价值，其增量价值则来源于传统企业与企业之间供应链的改造，提高了效率，节省了成本。实际上，利用网络技术手段并没有为B2B电子商务新创造大的价值，从这个意义上讲，B2B电子商务并没有为新经济带来大的增量价值，其巨额的交易还只是传统交易的一个改造和翻版。对于B2C电子商务来说，消费者的需求决定产品和服务的价值，随着消费者层次的提高，B2C电子商务创造的价值将不断增加。也就是说，B2C电子商务能够为新经济创造巨大的增量价值。

3）是否盈利是判断电子商务模式优劣的依据

赚钱是电子商务的唯一出路，过去那些炒概念的网络公司，自身缺乏有价值的资源却花大把钱搞宣传，这实际上就是互联网发展过程中的泡沫，它们投的只是一个概念，或是对未来盈利的预期。这些互联网泡沫已经随着纳斯达克（Nasdaq）指数的下调破灭了许多，投资者和从事电子商务的人员都开始寻找真正健康的电子商务。

4）移动电子商务O2O模式的快速发展

能否满足消费者的个性化需求及能否为消费者提供个性化的产品和服务，将是网络经济时代商家能否成功的关键。移动互联网为商家及时获取消费者的个性化需求，并将这一信息及时反馈到生产和销售的各个环节。

O2O模式的核心很简单，就是把线上的消费者带到现实的商店中去，即在线支付购买线下的商品和服务，再到线下去享受服务，有效地解决电子商务的安全和信用问题。目前，我国拥有8亿手机用户，其中3.2亿人用手机上网，巨大的市场容量已经形成。有专家预言，基于O2O商业模式，中国会产生市值100亿美元的移动互联网公司。如今，采用O2O模式经营的网站已经有很多，团购网就是其中一类，如中团网、篱笆网、齐家网等大宗商品团购网站和美团网、58团购、窝窝团、拉手网、大众点评、口碑网等生活信息团购网站。另外还有一种为消费者提供信息和服务的网站，如携程网、赶集网、爱邦客等。

扩展阅读 2-6　“曲亿团”——O2O模式

“曲亿团”是曲美家具2010年7月10日至2010年8月18日和淘宝联手举办的首个网络家具团购“万人团购大淘杀”活动。团购的产品是曲美家具“北欧风光”的客厅系列以及餐厅系列。活动根据网络订单的数量决定家具的优惠折扣，当订单量达到一万套时所有订购者即可享受家具5.5折的最低优惠，可为“团员”节省近6000元。曲美家具最终以1.35万个订单的傲人成绩结束了活动，并被业内冠以“家具电子商务领域的领军企业”称号。

“曲亿团”获奖的原因不单是因为参与人数巨大、销售金额的创纪录，更因为整个活动所体现出来的营销创新和整合艺术，成功解决了电子交易平台和全国800多家门店之间的矛盾，成功演绎了中国第一个完全意义上的O2O模式——把线上的消费者带到现实的商店中去，在线支付线下商品，再到线下去享受服务。这不仅是中国家具行业的第一个代表作，也是中国电子商务领域的史无前例之举，“曲亿团”让遍布中国各地的800多家曲美门店参与并获利，其后台纷繁的组织性工作和庞大的基础性工作量难以想象。一向以设计华美、引导家具潮流而著称的曲美家具，对消费者通过电子商务方式选购家具的决策环节和行为习惯有着深刻理解和精准捕捉，2010年的“曲亿团”引爆，则充分显示出其在电子商务和营销创新方面丝毫不逊色于国际大牌。[资料来源：中国经济网（http://www.ce.cn/）]

5）面向供应链的电子商务模式综合解决方案

第一代电子商务模式主要体现在网站设计上，包括网页内容设计、网页美术设计、网站功能设计以及网站后台管理设计等。其实，真正的电子商务不能仅靠网站设计的美观、内容的丰富以及功能的全面来实现。一个完整的电子商务模式集成融企业内部网（主要面向内部员工）、企业外部网（主要面向供应商、合作伙伴）以及Internet（主要面向客户），由面向上游供应商/合作伙伴的EDI、面向内部员工的ERP/MIS和面向下游客户的CRM，由基于三种网络（Extranet、Intranet和Internet）的系统相互集成，进行一体化、自动化的运作。

课后题

一、复习思考

1. 什么是电子商务模式？它有哪些分类标准？
2. 阐述电子商务交易参与主体的组成。
3. B2C 电子商务交易模式包括哪些类型？
4. B2B 电子商务模式有哪些特点？与 B2C 模式有什么不同？
5. 按照买卖双方在交易中所处的地位，B2B 电子商务模式如何划分？
6. 网上拍卖和传统拍卖的区别在哪里？
7. 网络拍卖的主要方式有哪些？

二、问题讨论

1. 结合案例 1 分析：（1）苏宁易购如何处理线上线下互动？（2）苏宁易购的电子商务模式的优势在哪些？

案例 1：

2009 年 8 月 18 日，苏宁易购开始试运营，当还有人在质疑苏宁如何解决线上线下冲突时，苏宁易购已跻身行业前列。回首过去的两年，苏宁易购业绩骄人：2010 年即突破 20 亿销售大关；2011 年上半年，销售额达 25.69 亿，排名行业前三；销售品类已由家电拓展至百货、快消品、虚拟产品等领域。在苏宁电器未来十年发展规划中，苏宁易购不仅仅是旗下电子商务平台那么简单，未来十年，苏宁易购的目标是打造年销售过千亿的综合类网络生活平台。

苏宁易购的采购优势不局限于大家电、3C 产品，更扩展到小家电、OA 办公、百货、图书等商品。千亿级的采购规模和雄厚的资金流支持，使苏宁易购能够以更低的采购价格得到更多的优质产品，带给消费者更丰富的选择，并使自身在价格竞争激烈的网购领域，仍保持盈利的状态。

服务能力是重磅武器。当前，服务能力的提升远远跟不上电子商务市场大力扩张的速度，产品保障难、配送时效难、售后服务难“三难”现象普遍存在，产品的后续安装和维修问题更是无法顾及，严重制约了网购市场的发展。目前，大部分电子商务平台依靠第三方物流企业，但我国物流配送体系不健全、配套设施不够完善、配送服务质量不过硬等情况，严重影响了消费者的购物体验。物流已经成为电商企业的一块心病。而苏宁易购共享苏宁实体连锁的全国物流系统，1500 家门店也作为苏宁易购的提货点。苏宁易购已经完成大家电 83 城市半日达、220 个城市次日达，小件商品 6 个城市半日达，次日达范围覆盖全国 300 个城市。苏宁易购相关负责人表示，南京第四代自动化仓库也已正式投入使用，年内完成 100 城市半日达不在话下。与大家电配送不同，苏宁易购为小件商品配送成立了单独的快递配送队伍。

苏宁先进的信息系统在业内广为人知，其先后与 IBM、思科、SAP 等国际知名 IT 企业战略合作。目前苏宁易购已经配备近千名 IT 研发人员，针对苏宁易购前端用户体验的常态化监控机制和优化体系、基于BI技术的经营分析和策略支持等IT应用正在加速推进。而内部SAP/ERP系统、POS系统与B2B、B2C系统的无缝对接，使苏宁易购前台和后台的衔接更为流畅，特别是在物流配送上，尤为明显。

苏宁易购自主研发了专业的支付工具——苏宁易付宝。只要是苏宁会员，都可以通过网银或者苏宁门店对易付宝进行充值，并在线上线下方便快捷地消费使用，最大限度地发挥现有优势，提供给顾客更方便、更快捷的支付体验。[资料来源：搜狐财经（http://business.sohu.com/20110819/n316789704.shtml）]

2. 结合案例2分析：（1）试总结eBay的商业模式。（2）讨论网络诈骗行为的表现，如何防止这些问题的出现？

案例2：

eBay为买卖双方提供了一个有效的、有趣的在线拍卖社区，品种涉及古玩、古币、邮票、玩具等。eBay主要为个人服务，但也支持中小企业买卖新旧商品。eBay的业务除美国外已经拓展到包括德国、英国、加拿大、日本、中国等全球29个国家和地区，客户来自全球150多个国家和地区。

为了保障交易能够安全、快捷的完成和执行，eBay提供了一系列的软件工具和服务，其中Turbo Lister、eBay Blackthorne、Prostores、Selling Manager和Selling Manager Pro帮助自动完成销售流程；Picture Service使卖方能够将图片包括在其列表中；Hipping Calculator帮助计算运输费用；Shipping Labels允许卖主打印美国邮费和UPS标签；Shipment Tracking跟踪托运的包裹；其他工具还包括eBay Toolbar、eBay Sales Reports、eBay Market Research、Reviews 、Guides和Paypal等。eBay还通过其商业伙伴提供车辆检查、第三方托管契约、商品签订和评估、用户确认、买主保护和担保、邮资和运输等许多服务，保证了交易安全，加快和方便了交易执行。

eBay目前的市场机制主要有英式拍卖、荷兰式拍卖、电子目录销售、Buy-It-Now。eBay拍卖流程的第一步是卖主注册并建立卖家账户，输入信用卡信息，必要时需与PayPal账户建立连接；接下来就是提交恰当的产品注册信息，张贴待卖产品的说明，并且指出最低报价；剩下的任务就是等待潜在买主竞价。eBay担当中介作用。eBay没有库存，也不提供运输、交割等业务。

公司收入主要来自刊登费、交易费。刊登费取决于卖主希望其商品的曝光度，即由商品在网站上占据的位置或表现形式决定，如优先刊登在首页或分类产品首页，使用特殊字体、特殊画面、特色标示等，曝光度越高，刊登费就越高。另外，还有图片服务费和某些工具使用费用。如今，eBay的业务已包含eBay电子市场、Paypal电子支付和Skype在线通信三大部分，电子市场仍然是其核心业务。

随着网络拍卖的发展，诈骗问题随之而来，网络拍卖交易的安全受到威胁。一位单身母亲通过购物网站eBay以250元出售一部索尼PlayStation游戏机，却被一个声称代表西澳消费者保护机构的尼日利亚人敲诈了8700元。诈骗中使用了假冒来自西澳政府ScamNet网站、eBay网站、PayPal付费系统及尼日利亚警方和海关甚至中央银行的邮件。受害者在eBay上发布广告，以250元出售附带游戏和电影的PlayStation游戏机。一位虚假的买家拍下了游戏机，要求发货到尼日利亚并声称已经通过 PayPal 系统转账，居住在珀斯南部的卖家收到了一封假冒的 PayPal 邮件通知转账成功，然后诈骗者又让卖家先替其支付运费和关税。受害者随后收到了假冒的尼日利亚海关表格和通知买家已转账额外费用的 PayPal 邮件。［资料来源：阿里巴巴（http://info.china.alibaba.com/news/detail/v0-d1002671712.html）］

三、实践训练

1. 搜索国内外知名的 B2B、B2C、C2C 电子商务网站，各选择 2～3 家，比较三种不同模式下的多种网站特点，包括页面布局、提供的功能、网站特色、经营模式、支付方式、安全保障等，掌握三种不同模式的电子商务运作过程。

2. 以阿里巴巴为例，首先注册为新会员，登陆阿里助手，熟悉“供求信息”栏。登陆“卓越网”，注册为会员，掌握卓越网购物流程。分析卓越网提供了哪些功能，有什么特色？卓越网还有哪些不足或者不完善的地方？试着提出自己的建议。

3. 登录淘宝网，了解在淘宝网购物所需的知识。完成注册，体验淘宝网的购物流程，列举出淘宝网在保护买家权益上采取的措施及其原因。比较 C2C 电子商务网站和 B2C 电子商务网站的异同，分析网上购物有哪些风险？如何规避？

4. 在淘宝网上开设自己的店铺。首先登录淘宝网，注册成为会员，了解淘宝网上开设个人网店的条件及步骤，然后点击“免费开店”，搭建淘宝店铺。思考淘宝网为商家提供了哪些服务？有什么特色？

3　网络支付与网络银行

本章内容要点： 资金流是达成电子商务交易的一个重要部分。本章第一节分析了网络支付特点、结构、流程，以及介绍了电子支付系统和电子货币的相关内容。第二节从网络银行的发展入手，分析了网络银行的特点、结构、运营模式、服务业务和存在的问题等。第三节阐述了在线第三方支付的发展状况、特点、支付流程和存在的问题。第四节介绍了如今在网络支付领域最热门的移动支付，分析了移动支付的特点、分类和发展瓶颈以及国内外移动支付的发展状况等。

学习引导案例

中国网络支付发展迅速

包括网络购物、网络支付、网络银行、旅行预订在内的电子商务类应用在2011年继续保持稳步发展态势。根据中国互联网络信息中心2012年1月发布的《中国互联网络发展状况统计报告》，截至2011年12月底，我国网络购物用户规模达到1.94亿人，网购用户增长3344万人，增长率达到20.8%，网络购物使用率提升至37.8%；使用网络支付和网络银行的用户规模达到约1.7亿，网络支付、网络银行使用率分别增长至32.5%和32.4%，网络支付用户和网络银行全年用户也分别增长了21.6%和19.2%，目前用户规模分别为1.67亿和1.66亿。

2011年，中国人民银行分别向三批服务企业发放《支付业务许可证》，覆盖了主要的第三方支付服务企业，第三方支付行业地位得到充分认可。支付牌照解决了长期以来支付企业对其服务资质的后续担忧，也为其赢得了较为广阔的市场发展空间，企业通过多样化的合作形式不断拓宽其服务领域，如在快捷支付领域的大力推进，推动创新支付方式发展等，将支付服务覆盖范围扩大到更多类别的线下交易，带动了更多“边缘人群”向网上支付用户的转化。

支付企业在手机支付的全面布局，也带动了手机在线支付用户的增长。截至2011年12月，手机在线支付用户达到3058万，占手机网民的8.6%。除第三方支付企业外，运营商和银行在网上支付领域的大力推进，以及支付的技术革新和服务模式创新等，都将推动手机支付业务未来实现快速发展。［资料来源：新浪网（http://www.sina.com.cn/）］

3.1 网络支付与电子货币

在信息流、资金流、物流信息等基本可在网上进行方便快捷的传递、处理的情况下，资金流的处理成了电子商务业务流程中的瓶颈。伴随 Internet 应用的普及和电子商务日益发展，作为电子商务关键环节的网络支付愈发显示其重要性。随着计算机技术和网络技术的进步及人们对电子商务的迫切需求，更加安全、可靠、方便、快捷的网络支付手段正不断投入实践，这也是新时代商务支付结算方式的发展趋势。

3.1.1 网络支付概述

Internet 的随时随地、方便易用、即时互动并且结合多媒体传递等特点，为电子商务的信息流、物流信息的交互与共享，全天候跨区域与低成本处理提供了很好的技术支撑。然而，只有在线快速、自动地处理资金流，才能在整体上体现电子商务的低成本、高效率与个性化等特点。因此，在电子商务过程中，资金流可谓是直接影响到商务处理效果的核心环节，决定电子商务能否安全顺利、方便快捷、低成本开展的关键，其流动与处理的效率、成本高低直接关系到电子商务的开展效果。（参见“1.4.2 物流、资金流和信息流”）

1. 网络支付的发展

20 世纪中后期以 Internet 为代表的信息网络技术在各行各业大规模普及应用，促使完成资金流的支付结算系统不断从手工操作走向电子化、网络化与信息化。传统支付主要利用传统的各种纸质媒介进行资金转账，如通过纸质现金或纸质单据等方式。传统的支付结算方式不能充分满足高水平的电子商务发展需求，传统货币的应用范围有限，结算速度较慢，而且不太安全。在讲究效率、成本与个性化的电子商务环境中，如果依赖传统的支付结算方式，付款及清偿的流程将成为网上交易的瓶颈。

自从 20 世纪 70 年代计算机和网络通信技术广泛应用之后，银行业务开始以电子数据的形式通过电子信息网络进行办理，如信用卡、电子汇兑等一些电子支付方式开始投入使用，从而步入电子支付阶段。电子支付（Electronic Payment）是单位、个人直接或授权他人通过电子信息化的手段发出支付指令，实现货币支付、资金转移的行为和过程。传统的电子支付很大程度上不能满足随时随地、低成本、易用自助、个性化与大量即时在线支付等特征。特别是在 B2C 电子商务中，这意味着商务交易环节与支付结算环节脱离，增加了商务的运作成本与不确定性。

随着20世纪90年代全球范围内互联网的普及和应用，电子支付结算方式逐渐采用费用更低、应用更方便的互联网作为运行平台，网络支付应运而生。网络支付（Internet Payment）指以金融电子化网络为基础，以银行所支持的数字金融工具为媒介，采用安全的现代计算机技术和通信技术，通过互联网平台以电子信息传递形式来为交易客户提供货币流通和支付等服务的现代化支付结算手段。网络支付是基于电子支付的基础发展起来的，是电子支付的一个最新发展阶段。

随着电子商务的不断完善和信息安全技术的进步，网络支付类型也越来越多，主要包括信用卡网络支付、智能卡、电子现金、电子支票、电子钱包、电子汇兑、网络银行等方式。这些网络支付工具的共同特点，都是将现金或货币无纸化、电子化和数字化，应用以互联网为主的网络进行资金信息的传输、支付和结算，借助网络银行，实现完全的网络支付。它们既具有纸质现金的价值特征，又能在网络上方便传送支付指令，还满足现代人们高效率快节奏的商务需求。因此，网络支付充分发挥了电子商务的高效率与低成本运作等特点，是电子商务业务流程中最为关键的组成部分，将是一个极有潜力的发展点。

中国人民银行发布的《中国支付体系发展报告2010》中统计：2010年，我国商业银行网上支付客户数达2.46亿户，发生业务84.98亿笔，金额522.39万亿元，业务笔数、金额同比分别增长70.54%和48.80%；电话支付客户数达2.63亿户，发生业务5.20亿笔，金额9.44万亿元，业务笔数、金额同比分别增长0.52%和54.76%；移动支付业务客户数达0.90亿户，发生业务1.18亿笔、0.57万亿元，业务笔数、金额同比分别增长77.08%和102.01%。

2. 网络支付的特点

网络技术的快速升级，使电子商务逐渐成为企业信息化与网络经济的核心，网络支付的发展已经呈现出加速趋势。相比较传统支付，以Internet为主要平台的网络支付在处理效率、方便易用、安全可靠、运作成本等多方面显示出极大优势。网络支付的这些优势为银行与电子商务企业实现良好的客户关系提供了支持，提高了客户的满意度和忠诚度。

（1）结算方式的数字化。传统支付方式是通过纸质现金等物理实体的流转、汇兑来完成款项支付的，需要在较为封闭的金融网络系统中运行，以保证资金流转的安全性，且大多需要面对面处理。而网络支付主要在开放的公共网络系统中以数字流的方式完成相关支付信息传输，即采用的是数字化支付结算。这种支付形式体现出方便、快捷、安全等优势。

（2）支付过程便捷、高效、经济。随着社会的进步和商品经济的发达，人们对随时随地支付结算、个性化信息服务需求日益强烈。网络支付的客户可足不出户，在很短的时间内就可以完成整个支付过程，且支付成本很低。而传统的支付方式，由于票据运输和手工处理的限制，致使交易双方的资金周转速度很慢，且不易为客户提供全天候、跨区域的支付服务。而且不同的传统支付系统所使用的辅助工具、处理流程与应用规则等均不相同，给客户的系统应用带来困难。

（3）高效率、低成本。大多数传统支付牵扯中间环节众多，手工处理造成支付效率低下，复杂的业务处理流程造成运作成本偏高，而且传统货币（如纸质货币和硬币）在搬运过程中费用巨大。而网络支付方式不存在这些问题，支付系统在开发构建和维护管理方面开销很小，人力资源需求重在能力素质而非数量，从而提高了工作效率，降低了运营成本。

（4）较高的安全性。网络支付系统提供的电子票据利用尖端加密与认证技术，保证安全、可靠，维护了买卖双方利益。且网络支付应用的电子货币具有非接触性，不会带来人身安全威胁问题。而大多数传统支付方式存在伪币、空头支票等支付安全问题，使商务风险增加。传统支付必须亲自携带现金、支票等货币，容易造成人身安全风险。

3. 网络支付基本构成与流程

网络支付基本构成主要包括交易双方、开户行、支付网关、金融专用网、认证机构等要素。电子商务系统中的网络支付体系可以说是融购物流程、支付工具、安全技术、认证体系、信用体系等为一体的综合系统。

基于 Internet 公共网络平台的电子商务网络支付的基本构成如图 3-1 所示，其主要构成要素为：①“客户”利用自己拥有的网络支付工具（如信用卡、电子钱包、电子支票等）完成支付，是网络支付运作的原因和起点；②“商家”根据客户发起的支付指令向中介的金融体系请求结算，其利用专门的后台服务器来处理该过程，并协助身份认证及不同网络支付工具的处理；③“客户开户行”是指客户在其中拥有资金账户的银行，客户的网络支付工具由其提供，又被称为发卡行；④“商家开户行”是商家在其中开设资金账户的银行，其账户是整个支付过程中资金流向的目的地，又称为收单行；⑤“支付网关”（Payment Gateway）是公用网和金融专用网之间的安全接口，网络支付的交易信息（如商品类型、商品价格、优惠折扣等）与支付信息（如客户信用卡号、授权密码等）必须经由支付网关处理后，才能由公用网进入银行内部支付系统；⑥“金融专用网络”是银行内部及银行间进行通信的专用网络，安全性很高；⑦“认证中心”负责确认各方（包括客户、商家、银行等）相关信息（如银行账户状况、信用记录等），为参与各方发放身份数字证书、公共密钥及提供数字签名服务的支持等，从而保证电子商务网络支付的合法性和安全性。（参见“6.3.3 中的 PKI 核心产品——数字证书”）

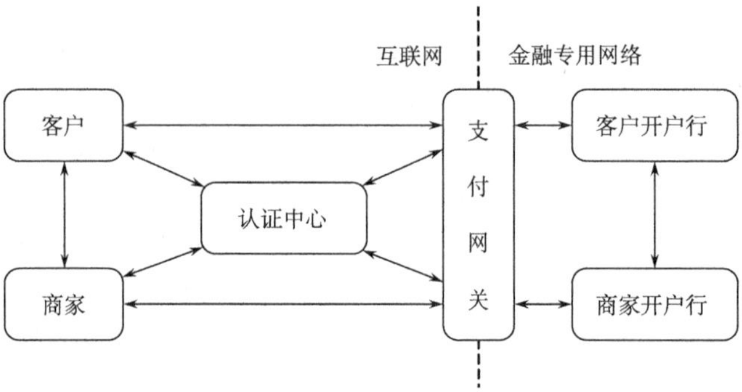

图 3-1　电子商务网络支付体系的基本构成

除以上构成要素，电子商务网络支付构成还包括网络支付工具（如银行卡、电子现金、电子支票等）及遵循的支付通信协议。以互联网为基本平台的网络支付的一般流程如图 3-2 所示。

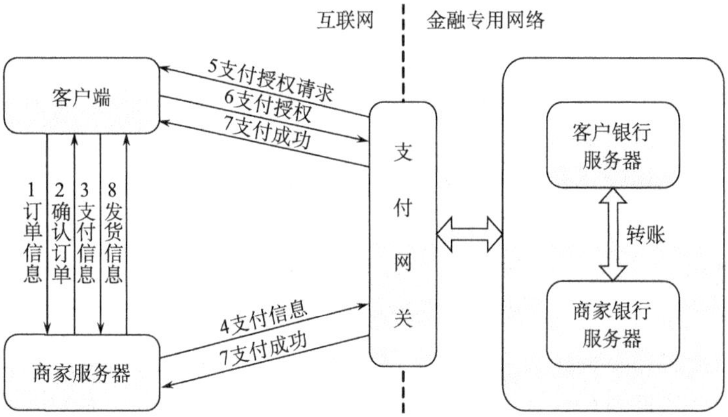

图 3-2　网络支付一般流程图

首先，客户通过互联网络浏览、选择与订购商品，下订单并选择自己使用的网络支付工具；同时对相关订单信息如支付信息进行加密，将订单提交。接下来，商家电子商务服务器对客户的订购信息进行确认，并把加密的客户支付信息转发给支付网关，送到金融专用网络的银行后台服务器进行确认，以期从银行得到支付资金的授权。然后，银行验证确认后，经由支付网关给商家服务器回送确认信息和支付信息，并给客户发送支付授权请求；银行得到客户的授权信息后，把资金从客户开户行账号转拨至电子商务商家开户行账号上，银行间通过金融专网进行后台结算，并分别给商家、客户发送支付成功信息。最后，商家接收到银行的支付成功信息后，给客户发送网络付款成功信息和发货通知。至此，一次网络支付流程结束。在实际应用中，网络支付的应用流程由于技术上、资金数量上、管理机制上的差异而有所区别。

4. 电子支付系统

电子支付系统是使用主计算机、终端机、电子信息网络等电子通讯设备及手段，在不同账户之间高速划拨资金的支付结算系统。该系统用电子形式的支付工具取代纸凭证形式的现金和非现金支付工具。电子支付系统缩短了银行之间支付指令的传递时间，并减少了在途资金的占压。如今随着网络电子商务的繁荣，网络支付系统使得电子支付系统发展到一个新阶段。一般而言，网络环境下的支付系统可以分为大额支付系统、小额支付系统和微支付系统。

1）大额支付系统

大额支付系统能够把各个地方的经济和金融中心联结起来，形成全国统一的市场，同时为重要的跨国市场提供多种货币交易的最终结算服务。大额支付系统主要针对商业贸易领域，金额一般较大，适用于证券交易、外汇交易及企业间贸易等的支付。大额支付系统的特点表现在它处理支付业务的范围上和资金的额度上。银行的金融专用网络与公用计算机网络并不自然连接，而不同银行的金融专用网络之间互联还需要设置特定的网关技术。这使得大额支付系统所赖以运行的网络具备较好的专用性和封闭性，可以安全、可靠、有效、及时地处理金额巨大、时间紧迫的业务。由于大额支付的特点和重要性，一般而言，只有那些在中央银行开设储备金账户的金融机构才能参加大额支付系统。

2011 年 5 月，我国央行公布的《2011 年第一季度支付体系运行总体情况》显示，第一季度支付系统共处理支付业务 35.45 亿笔，金额 461.31 万亿元，同比分别增长 43.2％和 30.0％。其中大额实时支付系统业务量保持较快增长，社会资金往来规模明显扩大，日均处理业务金额突破 5 万亿元。

扩展阅读 3-1　全国首家 B2B 大额支付工具上线

B2B 尤其是原材料等大宗商品的现货交易中，交易方必须开具增值税发票。根据国家税务总局规定，增值税发票的交易双方必须有发票对等的资金往来才能通过审核，否则可能面临稽查。而第三方支付的特点是，资金通过第三方转给卖方账户，资金流动发生的对象同发票上不一致，这样交易双方在发票报税退税时会发生问题。

2011 年，由乐从欧浦钢铁物流股份有限公司与中国建设银行联合开发的网上支付工具“钢付宝”在欧浦钢网上线，这是全国首个针对专业细分市场的 B2B 在线大额支付工具。“钢付宝”实现了资金流与发票的统一，支付与交收的一体，彻底解决了用户的发票报税退税问题。“钢付宝”的推出，为买卖双方在银行建立了一种特殊的账户，资金直接在一个银行系统内流动。“钢付宝”在支付环节上，由第三方（市场方）提交付款命令，市场方通过在货物上架前对货物进行实物的认证审核确保了商品的绝对安全。“钢付宝”通过和中国建设银行的深度合作，采用银行的直接监管、系统内的实时到账、无额度限制等措施，彻底将以上问题做到了行业内的最优化。[资料来源：南方日报网（http://www.nfdaily.cn/)]

2）小额支付系统

小额支付系统对经济活动中的每一个参加者提供支付服务。小额支付系统是满足个人消费者和商业（包括企业）部门在经济交往中一般性支付需要的支付服务系统。跟大额转账系统相比，小额支付系统处理的支付交易金额较小，但支付业务量较大。

根据中国人民银行支付结算司发布的《中国支付体系发展报告》提供的数据，我国 2010 年大额实时支付业务笔数达到 29 121.47 万笔，支付金额达到 11 043 692.7 亿元；小额实时支付业务笔数达到 38 673.7 万笔，支付金额达到 162 124.96 亿元。由此可知，小额支付虽然支付金额只占总金额的 1.45%，但是支付笔数却占总笔数的 57.04%。

小额支付系统直接服务于广大消费者和商业（包括企业）单位，所覆盖的用户范围广、黏性强。这类系统提供的服务质量极大地影响着人们对国家金融体制的信心。小额支付系统的最大优点是使客户摆脱了原来持有哪家银行的存折或银行卡就只能在哪家银行的网点柜台办理存取业务的束缚，如跨行还房贷、交水电气费、领取养老金等。

日本在小额支付方面做得很好，其小额支付系统“全银（Zengi）”的支付业务量是该国大额支付系统日本银行金融网络（BOJNET）的 260 倍，但全银系统处理金额只有 BOJNET 系统的 5%。国际上较好的小额支付系统还有香港的八达通、新加坡的 CashCard 等。

我国央行开发的小额支付系统 2007 年 11 月正式在全国联网，采取 7×24 小时运行，并规定利用小额支付系统办理业务，每笔交易金额不超过 2 万元。2010 年，央行将小额支付系统贷记业务金额上限从 2 万元调整到 5 万元，使办理小额支付业务更加便捷。

扩展阅读 3-2　中国工商银行小额支付服务——“工银 e 支付”

为满足客户对便捷、安全、小额支付的需求，中国工商银行于 2011 年底推出全新便捷支付产品——工银 e 支付，主要面向单笔金额在 500 元以下的小额支付。凡持有工行账户（借记卡、贷记卡、存折均可）且曾经在工行预留过手机号码的个人客户均可在线自助开通“工银 e 支付”服务。客户可在工行门户网站或 B2C 交易过程中自助开通，凭借手机接收到的动态密码进行身份认证，完成小额电子支付交易，无需开通网银或申领 U 盾，无需安装控件驱动程序。注册开通时可预留一个 4 位数字的账户别名，在相关交易时可以替代客户卡号进行使用，避免在支付过程中造成卡号等关键信息的泄漏。开通工银 e 支付后，客户只需输入手机号、别名或部分账号，即可发起支付交易。

工银 e 支付通过别名、手机动态密码、预留验证信息、设置交易限额等手段来保证客户账户的安全性。所有手机动态密码短信均由全国统一的工行短信银行号码 95588 直接发送，方便有效识别。手机动态密码与交易元素进行绑定，一次一密，提升交易安全性。开通时，客户可自助设定预留验证信息，协助识别假支付页面。客户可在银行设定的交易限额范围内自主调低交易限额，最大限度降低风险。单笔最高不能超过人民币 1000 元，月累计支付限额不能超过人民币 5000 元。[资料来源：中国工商银行官方网站（http://www.icbc.com.cn/）]

3）微支付系统

微支付系统是针对国际网络中电子商务的不断发展而提出的。过去，网上的客户总是把信用卡作为支付工具，但随着国际网络中一些中小商家的不断加入，其交易额有时只有几美元或美分，如果采用信用卡支付，其交易收取的手续费可能超过所购商品的费用，因此支付低交易额的、交易手续费较小的微支付系统应运而生。

微支付系统需要在满足一定安全性的前提下，尽量减少信息传输，提高速度和效率。微支付系统适用于 B2C、C2C 最活跃的商品交易，特别是网络娱乐、移动应用中的数字产品，如数据搜索服务、MP3 歌曲、视频片段、应用程序等，需要支付的费用很小，往往只要几分钱、几元钱或几十元钱。

扩展阅读 3-3　Paypal 的微支付系统 PayPal Digital Goods

商业银行从事微支付业务虽然支付安全性好，但是支付成本高、步骤繁琐，进行微支付存在极大的不便。如今微支付产业是主要以第三方支付为主导。国际知名第三方支付平台 PayPal 正力图成为微支付市场中的领先企业。2011 年 2 月，Paypal 宣布旗下名为 PayPal Digital Goods 的微支付系统不再是预览模式，将向所有数字内容卖家开放。PayPal Digital Goods 微支付系统比常规的网络支付更加方便，可以让用户无需离开正在浏览或使用的网站或应用，轻点鼠标两次就能完成付款。该服务的交易费门槛很低，12 美元以下的交易抽取 5%外加 5 美分作为佣金。对于销售商而言，PayPal Digital Goods 微支付系统的优势在于支付过程完全自动化，收入可立即支取。[资料来源：凤凰网（http://www.ifeng.com/）]

3.1.2　电子货币

在网络零售支付机制中，需要一种以金融电子化网络为基础，以电子计算机技术和通信技术为手段，以电子数据形式存储在银行的计算机系统中，并通过计算机网络系统以电子信息传递形式实现价值转移的、具有支付功能的、功能上接近传统货币的货币，即电子货币。电子货币种类较多，并且新的产品还在不断出现。当前的电子货币包括以卡类为基础的电子货币和以软件或计算机网络为基础的电子货币。

1. 电子货币的特点

电子货币具有传统货币的一般属性，如容易分割、便于携带等特性。然而，电子货币还具有许多特点，使现有各种货币政策和传统货币面临着挑战（表 3-1）。

表 3-1　电子货币与传统货币的比较

	电子货币	传统货币
货币发行主体	不唯一，非金融机构亦可发行电子货币	唯一，国家中央银行发行
法律特点	自行设计的个性化货币，无合约可拒收	法币，法律上强制通用，不得拒收
匿名性	既可完全匿名，也可将详细交易信息全部公开	有匿名性，但做不到完全匿名
地域性	无地域限制	存在地域限制
防伪措施	加密技术和认证系统	依赖物理设置
交易成本	较低	较高
支付速度	快	慢
数字商品计价	数字商品零售细分化程度高，小额交易成本降低	数字商品零售不易细分，小额交易成本高
信息性	属信息货币，存有身份、密码、使用范围等信息	不能传递过多的信息

电子货币具有的特点如下：

（1）发行主体不唯一，属于二次性货币。传统货币是由中央银行或特定机构垄断发行的法币，由各个货币当局设计、管理和更换，被强制接受和广泛使用。而电子货币的发行更多的是后者。电子货币的发行主体具有多样化特征，既有中央银行，也有一般金融机构，甚至更多的是非金融机构。电子货币担保主要依赖于各个发行主体自身的信誉和资产，其流通取决于发行主体和货币使用者间的合同协议，存在使用范围受限和使用安全保证等风险问题。

（2）支付成本低，营运效率高。传统货币的支付是商家与客户或商家授权的银行与客户面对面的人工处理，或借助于邮政、电信部门的委托传递进行，支付速度慢、成本高、效率低。电子货币本质上是电子数据，采用先进的数字签名等安全防护技术，商家或客户经由网络快速轻松地完成款项支付或资金调拨，从而提高了资金的流动性及运营效率。电子货币为数字商品零售的细分化和计价单位的小额化创造了条件，能实现数字商品细分化营销。如可以针对一页书、一篇文章、一则消息、一首歌、一张图片进行细分化营销。

（3）匿名性强。传统货币在交易过程中，具有一定匿名性。但是由于交易的面对面特性，交易双方或多或少可以了解到货币使用者的一些个人信息（如性别、相貌等），不可能做到完全匿名。电子货币是信息货币，是由一组含有用户身份、密码、金额、使用范围等内容的数字构成的特殊信息。因此，电子货币既可以是非匿名的，能够详细记录交易过程和交易双方的具体信息，也可做到完全匿名，利用加密技术便无法追踪到货币使用者的所有信息。

（4）无地域限制。传统货币的使用一般都具有严格的地域限定（尤其是国家），只能在本国使用唯一的货币。而电子货币打破了物理地域限制，在虚拟的网络环境中，即便是不同国家的交易者，只要交易双方认可，随时可进行货币支付。

（5）货币防伪技术性强。传统货币的流通、防伪、更新可依赖于物理设置（如水印），而电子货币只能采取技术上的加密算法或通过认证系统的认证来实现。

对国家而言，电子货币可减少发行费用；对银行而言，则可极大地提高运营效率，有效管理监督客户账户，灵活快捷地进行转账划拨与清算；对于客户来说，利用电子货币方便快捷、安全高效。同时，电子货币的快捷、低成本和无限细分的优点，促进了结算方式由传统的结算方式向网上小额结算方式的创新。

扩展阅读 3-4 欧盟电子货币跨境支付计划

欧洲实施启动“欧元电子钱包的跨境使用”计划，即 PACE16 计划。它是一个可互操作的电子货币系统，由负责运营 mini-cash 电子钱包系统的卢森堡电子转账中心（CETREL17）、Geldkarte18 电子钱包系统的德国中央信用委员会（ZKA19）及 Moneo 电子钱包系统的法国银行卡组织和欧洲电子货币协会（SEME20）共同推出。欧洲委员会通过其 IST（信息社会技术）计划为该系统提供资金支持。该项目从 2000 年 7 月到 2001 年 6 月实施。为了能够在卢森堡、德国和法国用欧元进行电子支付，这三个国家本国的电子钱包系统须先行互联，并逐步采用“通用电子钱包技术标准”（CEPS21）。[资料来源：中国人民银行国际司 . 欧元区支付结算系统 . http://www.pbc.gov.cn/publish/goujisi/725/1126/11268/11268_.html]

2. 电子货币的种类

在电子商务交易过程中，经常使用的电子货币无非就是电子支票、电子现金、信用卡等。

1）电子支票

电子支票（Electronic Check）是将纸质支票的全部内容电子化，由客户向收款人签发的、无条件的数字化支付指令，将纸质支票改变为带有数字签名的电子报文，从而把资金从一个账户转移到另一个账户的电子付款形式。它与纸支票一样是用于支付的一种合法方式，数字签名和自动验证技术能确保其合法性，并保证信息真实性、保密性、完整性和不可否认性。

电子支票的支付流程（图 3-3）可简要描述为：电子商务交易双方都在银行拥有账户，而客户应在开户行有一定的存款；在双方开始交易以前，客户先从银行得到授权的电子支票；客户把授权的电子支票交给商家，商家验证电子支票的有效性后，继续交易过程；商家将收到的电子支票转给自己的开户银行，请求资金兑换；银行收到商家的电子支票，验证后进行后台的资金清算，并给交易双方反馈支付成功信息。

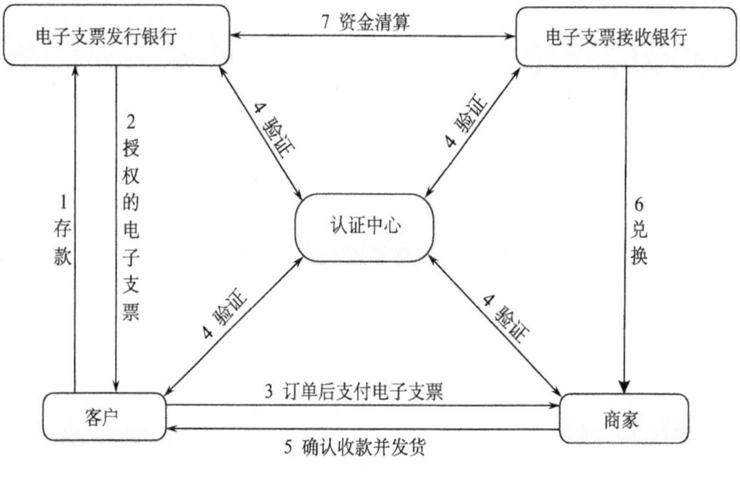

图 3-3 电子支票的支付流程图

电子支票可为新型的在线服务提供便利，可以自动证实交易各方的数字签名，增强每个交易环节上的安全性。电子支票保留了纸制支票的基本特征和灵活性，在支付运作上易于理解与学习。电子支票系统减少了材料、运输等费用，应用快捷方便，可支持各种额度的支付，但每次支付结算都需要银行的支持与中介服务，成本比较高。电子支票不具备匿名性，不易保护交易双方的身份。电子支票支付系统是典型的基于电子支票、电子票证汇兑等方式的网络支付系统，类似传统的纸质支票应用系统。

2）电子现金

电子现金（Electronic Cash）是一种基于互联网的以数据形式流通的货币，可以看作是现实货币的电子或数字模拟。它把现金数值转换成为一系列的加密序列数，通过这些序列数来表示现实中各种金额的币值。用户在开展电子现金业务的银行开设账户，并在账户内存钱后就可以在接受电子现金的实体商店或者网络商店购物。

电子现金是一种数字信息，其在网络上传送速度快捷，能从消费者终端直接送到商店终端，而不必向中间的清算机构支付手续费。电子现金具有可分性，可以进行任意金额的支付，因此电子现金系统基本上都能为在线交易提供快捷、方便、灵活的小额支付。电子现金最大的特点即支付的匿名性，无法将电子现金用户的购买行为联系到一起，进而极大地保护了电子现金用户的隐私信息（如个人信息、购买历史信息等）。然而，完全匿名的电子现金又会为不法分子提供方便，进行违法犯罪活动（如贪污、洗钱、敲诈勒索等）。

电子现金支付流程如图 3-4 所示，可简要描述为：客户先在开户银行中有一定的存款，且拥有电子现金账号，并从银行兑换电子现金；同时，商家也要和银行针对电子现金签订协议、获得授权；双方交易达成，客户利用电子现金支付，商家到银行验证此电子现金的有效性后，确认收款并发货；商家可把收到的电子现金到银行清算，也可以支付给另外的商家。

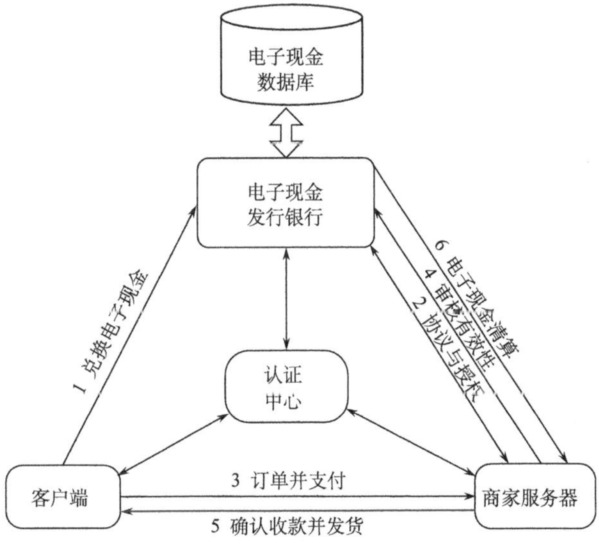

图 3-4　电子现金的支付流程图

银行往往只需要在发行、兑换电子现金时参与整体支付过程。因此，电子现金的支付速度要快于电子支票，运作成本更低，但不宜进行较大数额资金的支付与结算。

知识链接 3-1　电子现金发展
世界上第一种电子现金是由被誉为电子现金之父的 David Chaum 发明并且发行的。他作为数学家、密码学家和电脑专家，于 20 世纪 70 年代末开始研究如何制作电子现金。电

子现金是以电子化数字形式存在的货币，是由 0 和 1 排列组合成的通过电路在网络上传递的信息电子流。电子现金与信用卡和电子支票等电子货币不同，它是层次更高、技术含量更高的电子货币，不需要连接银行网络就可以使用。到 1995 年底，Chaum 发明的这种电子现金使用者越来越多，被一家叫“马克·吐温”的银行所接受，使它可以和用户实现账户内真实存款转换。

随后许多人都在这方面做了大量的研究工作。Chaum 在 1982 年提出盲签名技术来保护用户的隐私权。1995 年，Stadler 等人提出了公平盲签名的概念，可以用于条件匿名的支付系统。到 1996 年，Camenisch 和 Frankel 等人分别首次提出公平的离线电子现金的概念。公平电子现金中用户的匿名性是不完全的，它可以被一个可信赖的第三方撤销，从而可以防止利用电子现金的完全匿名性进行的犯罪活动。[资料来源：百度百科（http://baike.baidu.com/）]

3）信用卡

信用卡（Credit Card）是一种非现金交易付款的方式，是银行或专门的发行公司发给消费者使用的一种信用凭证，可以把支付与信贷两项银行基本功能融为一体。信用卡是由银行或信用卡公司依照用户的信用度与财力发给持卡人，持卡人持信用卡消费时无需支付现金，待结账日时再行还款。信用卡就是银行提供给用户的一种先消费后还款的小额信贷支付工具。

信用卡支付在网络支付过程中风险较大。利用信用卡进行网络支付时，需要输入卡号、信用卡有效期，卡背面签名栏旁的安全码（万事达卡的安全码为 CVC2)、网上交易密码，有时需要输入姓名、网页随机生成的验证码等，而不怀好意的人可能使用网络钓鱼、窃听网络信息、假冒支付网关等手段窃取用户资料。

信用卡的支付有多种模式，主要包括账号直接传输方式、专用账号方式、SET 方式等。目前已经比较成熟的支付协议（如 SET 协议、SSL 协议等）的应用，使得信用卡支付系统能够保证在复杂的公用网中，交易双方快速、有效、安全地实现支付与结算。(参见“6.2.4 安全协议技术”)

知识链接 3-2　电子钱包

电子钱包是电子商务购物活动中一种常用的支付工具，用以让消费者进行电子交易与储存交易记录，适于小额购物。在电子钱包内可存放电子货币，如电子现金、电子零钱、安全零钱、电子信用卡、在线货币、数字货币等。使用电子钱包购物，通常需要在电子钱包服务系统中进行。

电子商务活动中电子钱包的软件通常都是免费提供的。用户先安装相应的应用软件，在该软件系统中设有电子货币和电子钱包的功能管理模块，称为电子钱包管理器。用户可以用它来改变口令或保密方式，以及查看自己银行账号上电子货币收付往来的账目、清单和其他数据。

最近，电子钱包一直是世界各国开展电子商务活动中的热门话题，也是实现全球电子化交易和 Internet 交易的一种重要工具，全球已有很多国家正在建立电子钱包系统以取代现金交易的模式。[资料来源：百度百科（http://baike.baidu.com/）]

3. 电子货币的安全问题

电子货币的使用不可能改变支付服务的本质和参与支付过程各主体的角色，但改变了完成支付的方法和途径，因而会对支付安全性产生一定的影响，同时具有安全保护和安全风险两面性。

在安全保护方面，电子货币采用了极为复杂的加密算法、数字签名、数字证书和身份认证等技术手段，具有高效的防伪功能，能避免假币的产生，保护交易双方不被非法支付和抵赖，也可以避免双方被冒名顶替的欺诈行为发生。另外，电子货币利用先进的信息技术，使支付作业流程化、简单化、自动化，减少了人工操作过程中所固有的人为错误的概率。而且电子货币支付还可以使人们不必携带大量现金，保证了人身和财产安全。

在安全风险方面，表现在以下几个方面：

(1) 电子货币发行主体的安全风险。电子货币的发行主体本身是否健全与可靠在很大程度上影响到网络支付的安全性。一旦电子货币的发行主体出现问题或倒闭，可能对网络支付带来系统性风险。

(2) 电子货币支付系统的安全风险。电子货币的支付与结算是建立在先进计算机、信息网络技术发展的基础上的。由于电子货币具有匿名性、虚拟性，一旦电子货币支付系统在某一环节或某几个环节出现问题，便会导致电子货币丢失、被盗、被非法支付等涉及支付安全的问题，给消费者和银行带来损失。例如，消费者在电子货币支付过程中，因网络中断、操作失误等原因导致参与支付主体的财务损失。而且，当某一电子货币系统失败，也将会威胁到其他电子货币系统的生存。电子货币不具有真实的物理形态，而是依赖于信息技术的、虚拟化的电子数据，电子货币存在低成本发行、鉴别困难等特点，容易造成新的犯罪行为（如伪造货币及支付工具成为洗钱、逃税或赌博的工具等）。

(3) 金融监管缺位的安全风险。由于电子货币的发行主体多样化致使无法对其进行长期有效的金融监管与检查。消费者会面临电子货币发行主体信誉不良的风险。一旦发生问题，利用电子货币的交易活动就会面临无款可付的尴尬局面。（参见“9.2.2 电子商务支付中的法律问题”）

扩展阅读 3-5　黑客攻击三星 Galaxy Nexus 窃谷歌钱包账户

2011 年 12 月 22 日，美国电信运营商 Verizon 与谷歌尚在商讨三星 Galaxy Nexus 的谷歌电子钱包功能时，黑客已经对三星 Galaxy Nexus 发起攻击。黑客一直在寻找三星 Galaxy Nexus 智能机的谷歌钱包系统漏洞，对 Galaxy Nexus 进行监控以盗取电子钱包账户资金。

三星 Galaxy Nexus 智能机是谷歌安卓系统的旗舰机型，支持 NFC 近距离无线通信技术支付，运营商 Verizon 出于对用户安全考虑拒绝使用谷歌钱包。但最近被发现其仍支持谷歌钱包功能，能够被黑客攻击。三星 Galaxy Nexus 的谷歌钱包使用加密技术允许授权银行使用 NFC 技术进行支付。[资料来源：赛迪网（http://www.ccidnet.com/）]

3.2　网络银行

银行的发展经历了多个阶段，从最初的手工操作、局部计算机处理、银行系统内部网络化发展到方便客户的无人银行、自助银行、电话银行、网络银行、手机银行等各种形式。所有这些发展变化，最终都通过网络银行系统集成为一个统一的整体，为客户提供全方位的银行服务，消除了地域和时间差别。随着网络技术、信息技术和电子商务技术的不断革新和发展，特别是 Internet 的不断普及，金融服务逐步向电子化、自动化、网络化的趋势发展，网络银行的产生就是这个趋势的必然结果。

3.2.1　网络银行概述

网络银行，又称网上银行，其依托信息技术和互联网的发展，借助互联网遍布全球、不间断运行、信息传递快捷并多媒体化的优势，实现将银行服务直接送到客户办公室或家中的服务系统，使客户足不出户就能够安全快捷办理业务，享受到综合、安全、全天候、高质量的在线金融服务。

1. 网络银行的产生与发展

资金流作为电子商务以及传统商务流程中的一个关键环节，其高效率、低成本、安全可靠的运作是商务发展的需求。网络的开放性和社会需求的个性化，使得在电子商务发展过程中，社会和客户对支付服务层次和质量的要求越来越高，这对传统银行提出了新的挑战。一方面，需要借助四通八达的互联网将银行支付系统的接口铺设到政府、企业、家庭和个人的电脑终端上；另一方面，由于电子商务具有实时交易和跨地域等特点，银行需要提供高效率、零时差的资金清算服务，并且安全、高效地实现跨国界的资金划拨和清算。另外，银行还必须担当起新的角色和职能，如成为金融平台的创建者，提供金融交易的基础设施服务；建设更有效的资金转移体系；改进公司客户的商业模式；帮助消费者完善自我服务等。

网络银行运行模式早在 20 世纪 50 年代就有类似雏形，只是那时并没有 Internet，而是在专用网络上进行，它的发展是伴随着银行的电子化与信息化的发展而发展的。大致可以分为以下三个发展阶段：

（1）计算机辅助银行管理阶段（20 世纪 50 年代至 80 年代中后期）。20 世纪 50 年代末，计算机逐渐在美国和日本等国家的银行业务中得到应用。早期的金融电子化基本技术是进行简单的计算机银行数据处理和事务处理，以解决手工记账速度慢和人力负担重的问题，主要用于分支机构及各营业网点的记账和结算。20 世纪 60 年代末兴起的电子资金转账技术及应用，可以快速有效地处理支付信息，降低处理成本及票据纸张费用等交易成本，有效地降低支付时间的不确定性。

（2）银行电子化或金融信息化阶段（20 世纪 80 年代中后期至 20 世纪 90 年代中期）。20 世纪 80 年代中后期，在世界各国已有网络化金融服务系统的基础上，形成了全球金融通信网络。各种新型的电子网络服务随之出现，如以自助方式为主的在线银行服务（PC 银行）、ATM、家庭银行系统和企业银行系统等。银行电子化使传统银行提供的金融服务变成了全天候、全方位、开放型的金融服务，电子货币成为电子银行依赖的货币形式。

（3）网络银行阶段（20 世纪 90 年代中期至今）。20 世纪 90 年代中期以来，银行借助 Internet 及其他网络开展各种金融业务，以达到拓展业务触角、降低运营成本、满足顾客个性化需要的目的，出现了基于 Internet 平台的网络银行，使得网上消费真正变为现实。网络银行是电子银行发展的高级阶段，是 Internet 时代的产物。

扩展阅读 3-6　我国电子银行发展迅速

中国银行从 1996 年起就投入网络银行的开发，1997 年在网上建立了自己的网页。中国银行作为原来的外贸专业银行，海外分行网点多、经营规范，具有在国际金融市场中运作的不少经验。1997 年，中国招商银行紧跟其后在国内推出网络银行品牌“一网通”，因而成为国内第一家上网的银行，之后我国很多银行都陆续推出了自己的网络银行。

根据中国金融认证中心发布（CFCA）的《2011 中国电子银行调查报告》，如今中国电子银行业务实现了持续增长，个人和企业网银用户在 2010 年基础上均有所增加，企业网银柜台业务替代率超过 60%，同时新兴的手机银行业务也展现出巨大潜力。

企业网银方面，企业用户对网银的使用率和活跃度得到进一步普及。企业网银柜台业务替代率逐年增加，2011 年，活动用户使用企业网银替代了 60.3%的柜台业务。在全国企业网银用户中，活动用户比例达到了 87.6%；企业网银交易用户比例为 75.9%，同比增长了8.6个百分点。调查显示，企业规模越大，使用证书版、高级版和专业版企业网银的用户比例越高。

个人网银方面，2011年个人网银用户比例为27.6%，个人网银用户发展态势呈连年持续增加状态。随着电子银行功能的不断优化和日趋完善，个人对网银的使用深度不断增加。

手机银行方面，与2010年相比，手机银行活动用户对小额快速转账的潜在需求最大。相比2010年，手机银行网上缴费功能使用比例与个人网银的差异缩小（从18.5%降低为5%）；手机银行投资理财用户对投资理财业务的偏好性日益增长，如买卖黄金、国债和保险等。手机银行的潜在客户巨大，安全性仍旧是用户普遍关注的焦点。[资料来源：中国电子商务研究中心（http://www.100ec.cn/）]

2. 网络银行与传统银行的区别

传统银行的经营理念是以物（资金）为中心，注重地域、资产数量、分行和网点的数量，通过不断追加投入，多设网点获得规模经济效益。传统银行的组织体系呈现垂直式结构，其竞争格局是同业竞争、国内竞争、服务质量和价格竞争。传统银行的优势在于能够进行面对面的客户服务，加深对客户的了解。

网络银行突破了时空限制，改变了银行与客户之间的沟通模式，削弱了传统银行分支机构网点的重要性。其经营理念重心由如何获取信息并最好地利用这些信息为客户提供多角度、全方位的金融服务，逐渐转向以人为中心，主要是通过对技术的重复使用或对技术的不断创新带来高效益。由于网络银行技术的复杂性、信息的多样化和竞争压力加大等原因，系统安全性、传输速度等因素显得非常重要。网络银行的组织体系呈现的是扁平式结构，面对的是一个金融业与非金融业、国内与国外、网络银行与传统银行等多元竞争格局，构架起全新的银行竞争规则。网络银行业务包含的内容要比传统银行丰富得多，由于采用数字化、开放式的服务方式，其工作效率与服务质量也是传统银行无法比拟的，如表3-2所示。

表3-2 网络银行与传统银行的比较

	网络银行	传统银行
组织体系	扁平化、虚拟空间	垂直型、物理实体
地域限制	无	有
设置成本	较低	较高
营销理念	以客户为导向	以产品为导向
销售渠道	计算机网络系统以及基于该系统的代理商制度	分行及其广泛分布的营业网点
业务服务模式	3A服务，业务多样化、个性化、跨境服务等	传统业务结构，服务成本高，面对面服务

续表

	网络银行	传统银行
信息服务	全面、实时、高效、个性化、主动	发布范围有限、受服务人员数量及素质的影响、被动
人力资源培养	侧重人才的综合商业服务理念和全面服务素质培训	单纯的业务技能培训
经济效益的获得	对技术的重复使用和不断创新；利差收入与中间业务收入并存	不断追加投入，多设置网点；以利差收入为主
竞争格局	行业间竞争、全球化竞争、多元化竞争等	同业竞争、国内竞争、服务质量和价格竞争等

3. 网络银行的特点

网络银行是在网络技术和网络经济迅速发展的基础上产生的，与传统银行相比，它有以下一些基本特征：

（1）虚拟的运作模式。网络银行作为虚拟化的金融服务机构，不再依赖在各地区遍设物理分支机构来扩展业务，只需连入互联网的终端即可为世界各地客户提供金融服务。因此，网络银行的分销渠道发生了重大变化，企业组织结构和人力资源构成与传统银行迥然相异。传统银行主要借助物质资本和人力资本向客户提供服务，而网络银行主要借助智能资本，靠少数智力劳动者提供服务。在虚拟空间中，网络银行需要依赖技术手段（如加密、认证、数字签名等）来支持网络银行和客户相互间的身份确认，加强保护交易信息的机密性和完整性，能够借助网络的开放性和全球连通性，轻而易举地挖掘潜在客户。

（2）运营成本低、效率高。网络银行建设的成本较低，能够节省大量营业网点和自动柜员机所需的构建、维护、管理等费用，成本远远低于传统银行分行机构，同时还可节省大量人力资源。网络银行可将资金在途时间压缩为零，一切交易、信息的发布以及各种业务和办公完全实现无纸化、电子化和自动化，能有效实现成本控制，进而提升产品价格竞争力，提高服务质量，以廉价的营销成本、快捷的营销渠道吸引客户。同时，网络银行将一些业务（如对网上审批贷款和信用申请等业务）外包出去，通过与多家金融服务供货商合作，以较低的成本快速扩展业务品种。

（3）客户服务方便快捷，呈现多样化、个性化。网络银行的用户，只需到银行营业网点填一张表并签名，或者在线申请、即时开通，就可获得网络银行提供的功能强大的金融服务。网络银行不受时间、地点和业务类别的限制，能为客户提供任何时间（Anytime）和地点（Anywhere）的、以任何方式（Anyhow）的、每年365天、每天24小时的、“AAA”式全天候金融服务。网络银行能为客户提供多角度、全方位、“以人为本”的金融服务，根据每个客户不同的金融和财务需求“量身定做”相应的金融产品服务，满足市场和客户对多样化、个性化金融产品和金融服务的需求。例如，中国工商银行推出了个人网银个性化界面，客户可以根据自己的业务处理情况选择常用功能放到界面上，方便使用，如图 3-5 所示。

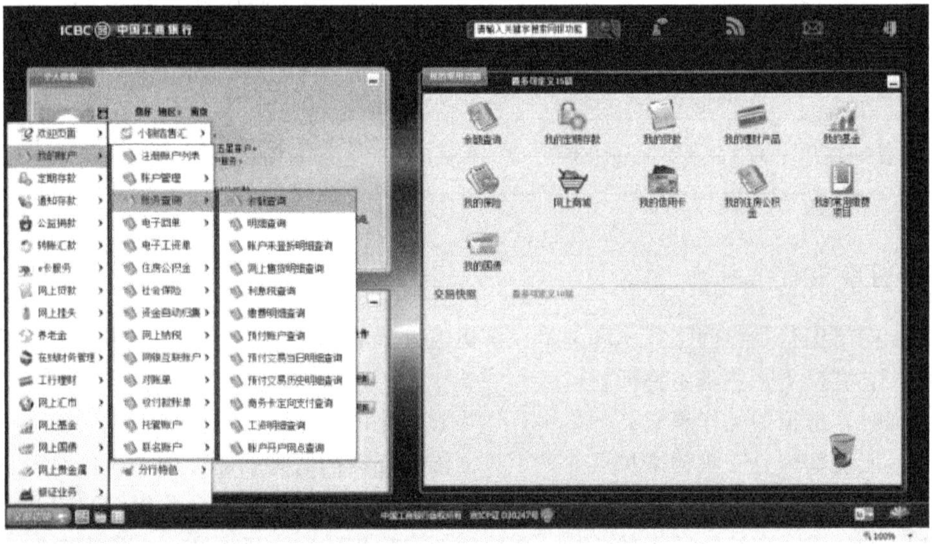

图 3-5　中国工商银行个人网银个性化界面

（4）服务功能丰富，可拓展性强。网络银行是传统业务的延伸和补充，如个人财务查询，支持同一户名下不同存期、不同卡种之间的转账，支持不同户名的资金划拨，实施个人网上支付或代收公共费用。网络银行能够融合银行、证券、保险等行业经营的金融市场，减少各类金融企业针对同样客户的劳动重复，拓宽金融企业的创新空间，向客户提供更多量体裁衣式的金融服务。（参见“3.2.2 网络银行的业务内容”）

扩展阅读 3-7　网络银行产品呈现多元化发展态势

艾瑞通过对 4 家国有商业银行和 6 家股份制商业银行的持续关注，在《2010～2011 年中国网上银行年度监测报告》中，分析了个人网银在产品规划方面的侧重点主要有以下四方面的趋势：改善用户使用体验，包括优化使用流程、增加个性化设置、升级服务品质等；继续优化理财服务，增加理财服务团队，实现个性化理财；渗透日常生活，主要领域为公共事业缴费、手机充值和小额结售汇；推出国内跨行服务。企业银行方面，各家商业银行在产品规划方面的侧重点则主要有以下五方面的趋势：增加服务种类，提高用户体验；企业理财服务；国际贸易相关结算方式的电子化；电子商务服务；满足企业融资需求。

因此，未来网络银行的产品将会更加多元化。现阶段网络银行并不能将线下的业务全部转移到线上。但随着技术条件的进步，网络银行业务必将进入全新的“个人化网上银行”阶段，此阶段网络银行会建立以用户为导向的系统、应用结构、程序和策略，用户可实现自助服务、产品选择和决策支持。[资料来源：艾瑞网（http://www.iresearch.cn）]

(5) 提供完善的信息服务。网络银行能够为客户提供更高效便捷的资讯服务。网络银行也是信息发布中心、商品交易中心和报价中心。同时，网络信息技术的迅猛发展，改变了信息搜寻、传播和处理的方式与成本，网络银行可以让客户随时随地查询交易记录，提供免费的个人理财分析服务，提供利率、汇率、股票指数等金融市场信息，向客户提供金融信息增值服务、信息交互服务等，大大改善了客户的信息结构，增强其信息优势。另外，网络银行获取信息的速度和对信息的优化配置成为银行信用评估标准中的重要指标。

4. 网络银行的构架和运营模式

1) 网络银行的构架

网络银行系统是一个业务信息系统，或者说是一个综合的金融管理信息系统，并具有更强的数据统计分析、多维分析甚至数据挖掘功能。一般而言，网络银行系统架构包括：

(1) 网络银行客户端。外部用户是使用网络银行提供业务的银行客户，包括个人用户和企业用户。他们需要通过银行外层防火墙的检验以及支付网关的认证，才能登录到网络银行系统完成各种业务操作。银行工作人员作为内部用户可以利用银行内部网络，经由内层防火墙的认证来访问网络银行系统。

(2) 内外层防火墙。外层防火墙将 Web 服务器及内部网段同外部网段隔离，以阻止非法访问者和数据进入。内层防火墙用于隔离网络银行的应用服务器与数据库系统。这两层防火墙形成对互联网的双重隔离。（参见“6.3.5 网络防火墙技术”）

(3) 支付网关。支付网关是在公用网（如互联网）和金融专用网之间的接口，是金融专用网面向公用网的安全屏障，一般都支持 SET 协议。支付网关的基本功能主要有交易管理、证书管理、密钥管理、加密服务、翻译功能、应用管理。

(4) Web 服务器。网络银行系统的 Web 服务器位于应用服务器和外部客户端之间，是网络银行系统的内部应用逻辑与外部公众网络之间的接口。

(5) 应用与数据库服务器。应用和数据库服务器与 Web 服务器一起构成了网上结算支付应用系统的运行环境，实现网上交易业务的逻辑控制和流程处理，完成与 Web 服务器之间和与数据库服务器之间的跨平台信息交互。

(6) 网络银行数据库。网络银行数据库存放各种类型的应用数据，包括各种系统参数、客户信息、账户信息、交易信息等。网络银行数据库往往具备分布式数据处理能力，能提供安全可靠和便捷高效的网络通信、数据复制、数据传输监控、审计功能等支持。

网络银行的这种架构能够提供高质量的安全保障。防火墙将公用网和金融专用网络隔离，同时 Web 服务器和支付网关被设置在内外层防火墙之间，形成双重隔离。来自公用网的网络银行查询请求，只有通过外层防火墙的安全检查，才能到达 Web 服务器；而支付请求还要经由内层防火墙的二次验证和检查，才能进入银行内部网络的结算支付处理系统，完成账户借贷等操作，更新数据库后，最后将结果反馈给客户。

2) 网络银行的运营模式

网络银行在运营模式方面呈现出渐进式和多样化的特征。在网络银行发展初级阶段，主要表现为：传统银行在互联网上设立网站，介绍银行自身情况，发布有关金融信息，完成基本的交易类服务，并不具备账务管理、后台数据处理等功能。网络银行的运营模式主要分为纯网络银行、传统银行的虚拟分支、网络金融门户等。

(1) 纯网络银行。纯网络银行是指没有传统的营业网点，仅仅凭借互联网来开展银行业务的独立经济组织，其目标就是将从传统经营管理节省出来的费用(如更高的利息和较低的手续费) 部分返还给客户。美国的安全第一网络银行 (SFNB) 就是一家典型的纯网络银行。独立的纯网络银行可以说是一种未来的颇有发展潜力的经营模式，属于全方位的金融革命。纯网络银行的发展模式可分为全方位发展 (向客户提供各种类型的方便而集中的金融服务，以印第安纳州第一网络银行为代表) 和特色化发展 (更专注于具有核心竞争力的业务，以休斯敦的康普银行为代表)。

扩展阅读 3-8　美国第一安全网络银行的发展

1995 年 10 月，美国三家银行 AreaBank 股份公司、Wachovia 银行公司和 Huntington-Bank 股份公司联合在互联网上成立全球第一家无任何分支机构的纯网络银行，即美国第一安全网络银行 (Security First Network Bank，简称 SFNB)，这是世界上第一家将其所有银行业务都通过互联网交易处理的开放性银行。SFNB 在成立之初就得到了美国政府监管机构的认可，并加入了美国联邦储蓄保险公司 (FDIC)，通过互联网向全球范围提供多种金融服务。截至 1996 年底，该银行的客户达 5000 多人，遍布全美 50 个州，并以每月近 10% 的速度增长。1999 年当年存款额就达 1500 万美元，年存款总额达 5 亿美元。受其影响，欧美其他商业银行纷纷做出积极反应，绝大部分有影响的商业银行都陆续建立了自己的网络银行。[资料来源：百度百科 (http://baike.baidu.com/)]

(2) 传统银行的虚拟分支。这种模式是在传统银行的基础上扩建其网上业务渠道，为客户提供在线的账户查询、资金转账、网上支付等金融服务，以达到稳固客户关系基础、降低经营成本、提高服务效率的目的。在这种经营模式下，传统银行可以在互联网上充分延伸原有的品牌优势，利用网络渠道在速度和交互性上的优势来优化形象、改善客户关系、扩大金融产品的市场占有率，进而达到传统金融业务与网络银行发展的协调。传统银行一般是通过发展自己的网络银行业务来实现，如美国的国民银行（NationsBank）、卫法银行（WellsFargo）、花旗银行（Citibank）以及我国现有的网络银行。有些传统银行通过收购纯网络银行而迅速获得在互联网上的优势。例如，1998 年加拿大皇家银行收购了安全第一网络银行除技术部门以外的所有部分，这使加拿大皇家银行立即站在网络银行发展的最前沿。

(3) 网络金融门户。网络金融门户是指将银行、证券和保险所提供的金融产品和服务整合在网络平台上，实现一揽子网络金融服务。其目的是为了留住客户，获得专业加工的附加价值和市场集中的规模效益。网络金融门户是多家金融机构网上服务的结合，与各金融机构的交易系统存在直接的物理连接，从而提供高效的一站式服务。这不同于只提供特定金融机构链接的中转式服务的金融信息门户。

知识链接 3-3　中国网上支付跨行清算系统

2010 年 8 月 30 日，中国人民银行组织建设的网上支付跨行清算系统成功上线运行。该系统是专门针对网上支付等新型电子支付业务的发展需要，为银行业金融机构提供跨行清算和业务创新的公共平台。网上支付跨行清算系统通过连接各银行业金融机构和非金融机构的业务系统，主要支持网上跨行零售支付业务的处理，业务指令逐笔发送、实时轧差、定时结算。客户可以通过在线方式提交支付业务，实时获取业务处理结果。为防范业务风险，网上支付跨行清算系统处理贷记业务的金额上限暂定为 5 万元。网上支付跨行清算系统的建设受到社会公众的广泛关注。截至 2010 年底，全国已有 64 家银行业金融机构法人接入系统，系统运行平稳，业务量稳步上升。

为完善网上支付跨行清算系统的法律制度，中国人民银行制定发布了《网上支付跨行清算系统业务处理办法（试行）》、《网上支付跨行清算系统业务处理手续（试行）》、《网上支付跨行清算系统数字证书管理办法（试行）》和《网上支付跨行清算系统运行管理办法（试行）》，为系统的正常运行奠定了法律基础。这些制度明晰了系统各参与主体的权利和义务，规范了业务处理流程和手续，明确了系统参与者的准入和退出流程，并针对参与者办理业务的违规情况制定了处罚措施。中国人民银行将依法依规对网上支付跨行清算系统运营者和系统参与者的相关行为进行检查监督，以确保系统安全、稳定、高效运行。[资料来源：中国人民银行支付结算司 .2011. 中国支付体系发展报告（2010）. 北京：中国金融出版社]

3.2.2 网络银行的业务内容

网络银行的业务内容是一致性和差异性共存。网络银行一方面要提供一致性业务来满足银行间结算往来和客户需求，如存贷款业务、汇兑业务、投资业务、支付业务等。另一方面，网络银行必须面对激烈的竞争，开发个性化服务以谋求更大的利润空间。

随着网络技术的不断发展和提升，以及网络银行对业务品种开发技术的日益成熟，网络银行提供的业务品种也越来越丰富、完善。按照网络银行的业务内容分为信息服务类、数据查询类、在线交易类及其他金融业务类等。根据商务的不同性质，网络银行的业务内容主要分为对企业业务和对个人业务。

1）网络银行的对企业业务

企业网络银行的金融业务主要针对企业与政府部门等企事业组织，几乎涵盖并延伸了现有的对公银行业务。企事业组织可以随时掌握自己的财务状况，轻松处理大批量的网络支付、工资发放、大额转账等业务。不同的企业网络银行根据自身的业务倾向和运营特色，在对企业的金融业务的内容上或名称上均有差异。中国工商银行网络银行发挥其资金实力、信息资源、服务网络等方面的优势，为各类公司、企业、金融机构、政府机构、中介机构以及其他非法人性质机构等各行业的客户提供丰富的在线金融服务，如表 3-3 所示。

表 3-3 中国工商银行的对企业业务

业务分类	具体业务
结算服务	单位结算账户；国内结算业务；现金管理；全球现金管理；跨境贸易人民币结算业务；代理业务等
贷款融资	流动资金贷款；国内贸易融资；项目贷款；并购贷款；固定资产支持融资；房地产开发贷款；专业融资等
融资租赁	船舶租赁；航空租赁；设备租赁等
企业理财	贵金属业务；柜台记账式债券交易；法人理财产品等
对公存款	活期存款；定期存款；单位协定存款；单位通知存款；结构性存款；外汇存款；集团账户存款等
财智国际	国际结算；贸易融资；国际融资；外汇担保；加工贸易保证金台账等
票据业务	票据贴现类产品；票据转贴现类产品；电子商业汇票贴现类产品；电子商业汇票转贴现类产品；票据代理类产品等
中小企业	小企业融资；小企业结算；银行卡；网络银行业务；投行顾问业务；企业年金业务等
网络融资	网贷通；易融通；网上商品交易市场融资；电子供应链融资等
金融市场	承销发行；企业风险管理；债券结算代理等
其他	委托贷款；委托代理业务；海外行业务介绍；公务用卡等

资料来源：中国工商银行官方网站（http://www.icbc.com.cn/icbc/）

2）网络银行的对个人业务

随着互联网的快速发展，网上银行对个人客户而言已经成为一项重要的银行业务。网络银行的对个人业务主要针对个人与家庭的日常消费支付与转账，以满足个人客户在网络支付时代的个性化需求。借助个人网络银行，客户可完成实时查询、转账、网络支付和汇款功能，随时掌握自己的财务状况，处理大量的生活费用支付、消费、转账等业务。

艾瑞网推出的网民连续用户行为研究系统 iUserTracker 数据显示，2011 年 8 月，招商银行的网银服务在本行既有客户中渗透情况最佳，渗透率达到 77%。招商银行"一网通"个人网络银行为个人客户提供各种类型的网上自助金融服务（表 3-4），且网络银行业务的手续费用要低于国内四大银行。近年来招商银行在个人客户群体中影响日益加大，越来越多的个人客户成为其"一网通"个人网络银行的注册客户。

表 3-4　招商银行网络银行对个人业务（部分）

账户查询	
账户查询	查询账户余额
交易查询	查询账户当天（历史）交易
密码管理	查询密码的修改；取款密码的修改；部分地区可以进行查询密码与支付密码的重置
一卡通挂失	一卡通在线挂失，账户处于冻结状态，保证资金安全
自助转账	
转出一卡通	个人同名账户的卡折互转、一卡通互转，信用卡还款
定活互转	活期与整存整取子账户的相互转账
通知存款转账	活期与通知存款子账户的相互转账
银证转账	开通第三方存管协议账户的用户，可以在活期账户和证券保证金账户之间互转
理财专户转账	凭取款密码将活期转入理财专户，用于投资基金、受托理财等理财产品
外汇结汇	查询当日行情，结汇委托，撤单，查询当日委托和历史委托
自助缴费	
普通缴费	功能申请、功能取消，在线缴费，包括自动缴纳手机费、社区职能卡等招行特约收费单位的缴费功能
保险缴费	泰康保险、平安寿险和平安财险的保费缴纳
直付通	通过签署协议，将活期储蓄存款转账至腾讯 QQ、盛大网络等特约收费单位，完成网上消费款项自动支付
网上支付	
网上支付交易查询	开通网上支付的用户，凭查询密码，查询网上支付交易历史
网上支付额度管理	开通网上支付的用户，凭查询密码，修改网上支付额度
网上（电话）支付申请	在线开通一卡通网上（电话）支付功能

资料来源：招商银行一网通（http://www.cmbchina.com/）

3.2.3 网络银行存在的问题

网络银行代表着银行业未来发展的主流趋势，然而其发展之快不得不使人们面临许多现实的、有待解决的问题。只有正确面对这些问题，建立相应的法律法规，在实践中加强管理、规范操作，才能促进和推动网络银行的健康和快速发展。

1. 网络银行安全问题

由于网络技术以及内部人员等方面的问题，使得网络银行系统存在故障风险、黑客攻击风险、认证风险、操作风险、欺诈风险等，从而导致网络银行服务中断、数据外泄、数据差错、客户认证和数字签名被破解等威胁客户交易安全和资金安全问题。网络银行系统的安全问题主要包括资金安全问题、交易安全问题、客户隐私保护问题，以及由网络银行业务风险带来的经营安全问题等。

如何确认用户合法身份，如何保证客户资料和交易信息不被窃取和篡改，如何阻止不法分子对银行数据库系统的非法侵入等问题，已经成为网络银行安全保护关注的焦点。这不仅需要互联网通信技术和安全技术的不断发展而完善，如可靠而有效的数字认证技术、网关技术、完善信息加密技术等；同时还需要加强风险环境监管和技术监管，并利用法律法规对金融网络和计算机系统犯罪分子进行严厉打击。

扩展阅读 3-9　网络银行钓鱼案件频发

2010 年 12 月 9 日，浙江绍兴突发 6 起网络银行盗窃案件，累计案值上百万元。受害者在当天收到手机短信提示称其使用的网络银行密码即将到期，请马上更改。用户按照指引登录到短信中的网址进行修改密码操作。几分钟后，这几位用户银行中的资金便不翼而飞。据不完全统计，2010 年 12 月以来，仅浙江省已发同类案件 40 余起，涉案金额上千万元。据国家计算机网络应急中心估算，“网络钓鱼”给电子商务用户带来的损失目前已达 76 亿元，平均每位网购用户被“钓”走的金额为 86 元。

据互联网安全厂商瑞星前不久发布的《2010～2011 中国互联网安全研究报告》显示，2010 年，“钓鱼网站”已经成为最为泛滥的破坏网络安全的方式。2010 年，新增“钓鱼网站”175 万个，比去年增长 1186%。在欺骗人数最多的十个“钓鱼网站”中，超过一半是仿冒购物网站和银行网站，作案目标直接指向网银账号。

目前，对“钓鱼网站”，公安局只能在消费者受害后以诈骗和盗窃案件进行侦破，而对在互联网上制作、传播和投放“钓鱼网站”几乎没有任何监管。中国反“钓鱼网站”联盟，是由国内的一些金融机构、电子商务网站、域名管理机构组成的行业协调组织，能够认定部分“钓鱼网站”并进行查封。但是该组织对于网站投放木马病毒、域名不属于 CN 域名的“钓鱼网站”无能为力。其防止用户损失发生和威吓犯罪者的功能极小。[资料来源：人民网天津视窗（http://www.022net.com/）]

2. 网络银行信用问题

在开展业务的过程中，网络银行作为虚拟银行更重视信用。网络银行虚拟的环境加剧了信息不对称的态势，这容易引发网络银行的信用危机。信息传递安全性、系统的稳定性、对信息处理的准确性等都直接影响着银行的信用。如客户个人资料与隐私信息安全保护不够，使客户利益遭受侵犯，进而担心网络金融服务的安全与质量等。因此，需要尽快出台网络银行信用的评估标准以及信用体系建设的相关法律法规，以实现信用信息共享，保证网络银行在统一的信用标准条件下开展业务，体现网络银行的竞争优势。

3. 网络银行跨境业务风险问题

网络银行能够利用境内的网络银行系统，向境外居民和企业提供的网络银行业务服务，网络银行跨境业务应运而生。然而，跨境业务自然会产生各种问题，从而挑战传统的建立在自然疆界和纸质合约基础上的法律法规。例如，网络跨境金融服务和交易合约的合法性问题；跨境网上交易和金融服务的管辖权问题与法律适用性问题；跨境品牌和知识产权问题；境外交易信息的有效性与法律认定问题；客户使用境外网络银行时对安全和信用的顾虑等。网络银行跨境业务虽然拓展了银行业务覆盖的区域范围，但由于要面对不同国家的法律环境、金融监管环境和商务环境，使得网络银行跨境业务面临新的、复杂的风险。（参见“9.6 电子商务纠纷的管辖权”）

4. 网络银行监管问题

网络银行的跨地区、跨国境经营使客户可以选择接受异地银行提供的金融服务。网络银行的这种跨界运作方式，也跨越了各国的法律和金融法规，从而对网络银行的监管制度提出挑战。例如，对网络银行进行信息跟踪与监测；对网络银行电子货币的监管；对网络银行支付系统的效益性、安全性与稳定性的监管；避免新的支付工具被用来逃税、洗钱等犯罪活动等。因此，各国政府需要进行谈判合作，从网络银行的特点出发，在总体上把握其未来发展方向，达成网络银行的监管共识，共同制定完善的法律法规，保证网络银行良性发展。

3.3 第三方支付

银行在提供网上支付结算服务方面往往出于服务能力和成本的考虑，通常只面向有规模的企业，而很难满足中小企业和个人用户的小规模网络支付需求。第三方支付是由与所在国家以及国外各大银行签约、并具备一定实力和信誉保障的第三方独立机构提供，通过更有针对性的支付平台和产品服务于中小企业和个人用户。第三方机构与银行依据有关协议，可以进行某种形式的数据交换和相关信息确认。相比较网络银行、电子信用卡、电子现金等支付方式，第三方支付方式减少了和多家银行关联的成本，满足了企业和个人在线业务的收付需求，相对降低了网络支付的风险，因此发展势头异常迅猛。可以说，第三方支付平台的迅速成长与扩张，与银行背景的支付企业形成了微妙的竞争互补关系。

扩展阅读 3-10　全球网络支付领导者——PayPal

PayPal 的总部在美国加利福尼亚州圣荷西市，于 1998 年 12 月由 Peter Thiel 和 Max Levchin 建立。2002 年由 eBay 收购，现为 eBay 旗下的一家公司。PayPal 为一些电子商务网站提供第三方支付模式的货款支付。PayPal 可以在全球 190 个国家和地区通用 20 多种货币。PayPal 在欧美是全球在线支付的代名词，拥有超过 9800 万的活跃用户。目前，在跨国交易中超过 90%的卖家和超过 85%的买家认可并正在使用 PayPal 电子支付业务。2010 年 PayPal 的总支付额占全球电子商务的 18%。

PayPal 付款安全、简单、便捷。付款时无需向商家透露任何敏感的财务信息，更好地保护个人隐私；收款时能加速企业的资金周转效率，提高风险控制能力，降低成本，从而获得利润的迅速增长。PayPal 拥有完善的安全保障体系、成熟的风险控制体系，以及全球 2000 多位网络安全专家 24 小时在线监控，拥有丰富的防欺诈经验和专业的信用卡退单处理团队，欺诈损失率在第三方支付业界最低，仅有 0.17%。[资料来源：PayPal 中国官方网站（https://www.paypal-biz.com/）]

3.3.1　我国第三方支付的发展

2005 年之前，国内主要从事第三方电子支付的企业只有北京首信公司、ChinaPay 和上海环讯三家，而排在电子商务行业前列的电子支付平台提供商最多不超过 10 家。截至 2011 年底，共有 101 家非金融机构获得中国人民银行颁发第三方支付牌照。据易观国际的数据，2005 年我国第三方支付市场注册账户为 0.3 亿，第三方支付市场交易规模为 152 亿元；之后第三方支付迅猛发展，到 2010 年我国第三方支付市场注册账户为 8.6 亿，第三方支付市场交易规模为 10858 亿元，分别是 2005 年的 28.7 倍和 71.4 倍。

我国第三方支付市场快速发展的原因在于，互联网经济规模和互联网用户规模的快速增长。另外，第三方支付企业在互联网细分行业得到有效拓展，包括 C2C 网上零售市场在内的电商、网络游戏、航空机票零售和分销、电信充值、公共事业缴费、信用卡还款、网络彩票、基金保险等细分行业里第三方支付业务都取得快速渗透。同时，第三方支付迎来了包括互联网支付企业、移动支付企业、预付卡企业、银行卡收单企业在内的更多运营主体。

第三方支付行业的未来趋势将是逐渐向移动化、全球化、多元化发展。虽然移动化是移动网络技术快速发展的结果，也是第三方支付用户对支付便捷性的需求，但是用户面对支付安全、信用、监管等问题时经常会望而却步。同时，商务部的“十二五”电子商务发展指导意见中明确提出，要支持跨境电子商务平台建设，鼓励中小企业利用跨境电子商务平台拓展海外市场，树立中国品牌形象，开展国际合作。面对竞争激烈的国内外第三方支付市场，我国第三方支付企业势必会把握自身所拥有的政策环境良好、网络支付市场庞大和跨境交易规模飞速扩大等优势，建立跨境支付平台，实现全球化。截至 2011 年 11 月，国内已有包括支付宝、财付通和快钱等多家第三方支付企业以及银联涉足跨境支付业务。另外，随着网络支付政策环境的规范化，第三方支付多元化则表现在支付运营主体与支付业务方面。

总之，我国第三方支付行业必须及时应对国际国内的政策、经济、社会等环境的变化，不断创新，在支付业务保持差异化、多样化、个性化等竞争优势，进而保持良好的企业竞争态势，使自身获得利润最大化。

知识链接 3-4　我国第三方支付发展的四个阶段

第三方支付作为一种新兴金融服务产业，在我国经济发展、金融支付基础设置建设过程中起到重要的作用。我国第三方支付的发展主要经历了以下四个阶段：

支付网关阶段（1998～2002 年）的标志性事件是 1998 年集成电子商务与支付功能的首都电子商城平台启动建设，随后首信易支付在 1999 年成立，成为第一家提供集成网关支付服务的第三方支付企业。这一阶段的产业风险以操作性风险为主，但由于规模很小，并未引起监管部门的注意。

信用中介阶段（2003～2007 年）的标志性事件是 2003 年支付宝的出现，推出了具有担保功能的虚拟账户支付产品，开创了全新的信用中介模式。这一阶段的第三方支付企业开始出现信用风险，针对支付服务的管理法规也陆续出台。

行业支付应用阶段（2008～2009 年）的标志性事件是众多第三方支付企业开始进入航空、保险、B2B 资金归集等应用领域，行业应用成为产业发展重点。这一阶段的第三方支付企业既提供支付清算服务和担保服务，又开始为客户提供融资服务。

规范与发展并重阶段（2010 年至今）的标志性事件是 2010 年央行 2 号令的颁布及其配套细则出台，第三方支付企业被正式纳入到国家支付体系监管。[资料来源：中国电子商务研究中心（http://www.100ec.cn/）]

3.3.2　第三方支付的支付流程和特点

第三方支付的典型流程（图 3-6）是：交易双方均在第三方支付平台上开通

账户，买方通过银行往自己账户中充值后可以任意支付使用，卖方可以把自己账户中收到的电子现金提现到收单银行账户。在通过第三方支付平台的交易中，买家选购商品后，使用第三方平台提供的账户进行货款支付，由第三方通知商家货款到达、进行发货；买家检验物品后，就可以通知付款给商家，第三方再将款项转至商家账户。整个支付过程中，第三方支付起到了连接银行和买卖交易双方的作用，并为交易双方提供公正和仲裁服务。

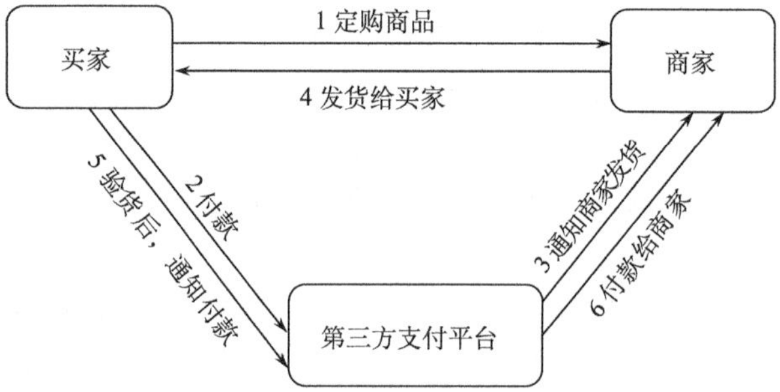

图 3-6　第三方支付流程图

第三方支付具有以下显著的特点：

（1）方便快捷。第三方支付平台提供一系列的应用接口程序，将多家银行的银行卡支付方式整合到一个界面上，客户不必面对复杂的技术操作，使网上购物更加快捷、便利。第三方支付能够简化多方的身份认证程序，提高效率。第三方支付其实构建的是一个虚拟账户，并非在银行专门为每一个用户开设银行账户，而是所有资金都存储在第三方支付开户行的账户中（图 3-7）。如此在转账过程中省去多次和银行打交道的程序，提高了支付效率。

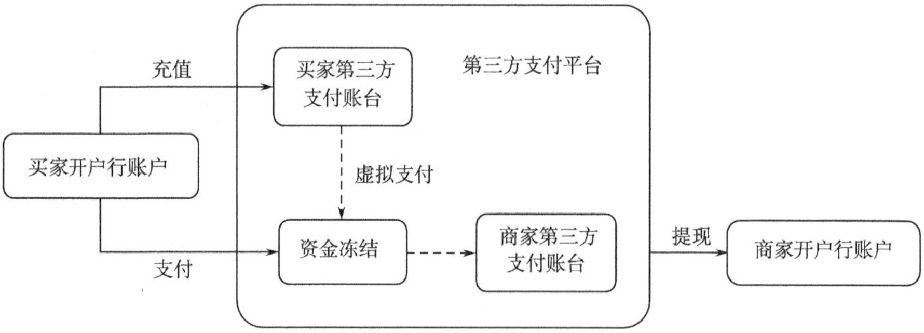

图 3-7　第三方支付平台的结算模式

（2）降低成本。买家和商家不需要在不同的银行开户，这既降低了买家网络购物的成本和银行发展商户及收单成本，也减少了商家与多家银行网关连接的开发费用和系统开销，同时也可避免每次交易都经过银行网络交付手续费的过程。比如，只要信用卡开户行与支付宝达成协议，便可以通过支付宝免费进行跨行的信用卡还款，免去了在传统银行柜台转账或网银转账的手续费用，节省了来回奔波的时间（图 3-8）。很多银行信用卡只要在规定时间内还款，可以即时还款成功。而且，支付宝还可以通过短信或电子邮件进行预先通知，保证用户不会错过还款日期。

图 3-8　支付宝的信用卡还款服务页面

（3）个性化服务。第三方支付机构在市场竞争中不断创新业务，客户可根据自身需要进行支付结算服务的个性化定制。例如，支付宝的个人服务非常丰富，并且根据市场需求还在不断扩展，其中包括付款收款（可细分为银行卡转账、担保收款、担保付款、找人代付、团体收款等）、生活助手（如水电煤缴费、手机宽带充值、信用卡还款、还贷款等）、网购导航（如商家大全、优惠促销、海外购等）、账户管理（如交易记录、支付方式管理、VIP 俱乐部、集分宝等）等服务。

（4）安全保证。在第三方支付流程中，买家只和第三方独立机构联系，不用将自己的银行信息直接透露给商家，避免银行信息多次在网上公开导致信息被窃取。另外，第三方支付的担保功能在很大程度上给交易双方提供了公正仲裁服务，保障了买家的利益，降低了商品交易中的风险，提高了电子商务交易的成功率。支付宝也不断推出安全产品以保证客户的资金安全，如数字证书、宝令、支付盾、第三方证书、手机动态口令、手机宝令等。

3.3.3 第三方支付的风险

第三方支付本身还存在一些不足。例如，第三方支付平台之间的流通壁垒，导致第三方支付平台的电子现金彼此不互通，限制了交易的广泛展开。而且第三方支付还存在安全风险和法律风险，有待进一步利用技术创新和法律法规监管来解决。

1）用户资金的安全风险

第三方支付机构一般都存在资金吸存行为。一方面是支付在途资金，即当买家把钱付给第三方机构，只有当买家确认收货，第三方机构才将资金付给卖家，因此资金往往需要在第三方机构账户中滞留一段时间，此时该类资金沉淀在支付机构里。另一方面，在第三方机构和客户之间签约的虚拟账户资金清算周期内，资金沉淀随着业务量的增加而逐渐增大。资金吸存、资金沉淀这种行为必然存在着资金安全隐患或者支付风险。一旦第三方机构的支付系统出现故障，或者是客户账户信息被窃取，就会出现资金丢失或被盗用的情况，给第三方支付机构的客户带来严重经济损失。一些第三方支付机构在服务协议中声明客户资金不会被另作他用，但是由于监管欠缺，还是会威胁到资金安全的。因此，资金的安全性需要法律的特别保护才能真正实现。

扩展阅读 3-11　第三方支付安全调查

来自国内外的数据均显示，电子商务和网上支付市场的“有利可图”使针对这一领域的钓鱼和木马欺诈大幅增多。目前在网民面临的各类安全问题中，“账户密码被盗”和“遭遇木马钓鱼”造成资金损失的占比分别达到33.9%和24%，成为网民的头号大敌。根据国家互联网应急中心的统计，2011年5月至8月针对大型电子商务、金融机构、第三方在线支付网站的网页仿冒事件的报告数量在381到738件之间。调查中，木马钓鱼和账户被盗也是用户最关注的网络支付安全问题，用户表示担心的比例分别达到55.7%和55.6%，同样排名前两位。

但跟庞大的网上支付群体和交易量相比，目前国内拥有网络支付账户且曾遇到过安全问题的用户比例不到万分之五。支付宝等已经获得牌照的第三方支付企业均有良好的风险防控机制，只要用户注意采取必要的安全措施，网上支付即可以放心使用。[资料来源：中国电子商务研究中心（http://www.100ec.cn/）]

2）第三方支付的法律风险

第三方支付系统可能会成为资金非法转移和信用卡套现的工具，由此也会带来一定的金融风险。根据第三方支付平台的支付流程，买方使用信用卡向卖方支付，交易完成后卖方收到买方货款后从银行提现，这是一个合法的交易过程。但是如果买方和卖方之间没有真实的交易关系，买方只是利用交易达到从信用卡中免费提现的目的，这却很难被发现，而且很容易避开信用卡取现控制制度。另外，由于第三方支付平台很难查证买卖双方是否存在真实交易以及资金划转当事人之间的真实目的，这容易成为犯罪分子洗钱的途径。而且通常第三方支付平台不会因未履行反洗钱义务而承担相应责任，只会根据其与金融机构的合作协议向金融机构承担违约责任。（参见“9.2.2 电子商务支付中的法律问题”）

扩展阅读 3-12 遏制第三方支付平台信用卡套现

第三方支付行业在迅猛发展的同时，也成了洗钱、信用卡套现等灰色行为的多发地带。据了解，有不少消费者为了节省信用卡的透支提现费，先用信用卡给支付宝充值，再通过支付宝转账到借记卡上，最后从借记卡取现，从而实现信用卡免费提现。

央行 2012 年 1 月 5 日发布了《支付机构互联网支付业务管理办法（征求意见稿）》，除了要求互联网支付账号的开立需要实行实名制之外，还明确规定“客户不得利用信用卡透支为支付账户充值”。对于这一规定，支付宝率先做出反应，叫停信用卡充值，并发布公告称，“为了进一步规范和促进互联网支付业务的发展，支付宝公司将从 2012 年 2 月 8 日起关闭信用卡向支付宝账户充值的通道。”

这一举措在很大程度上可以避免信用卡利用网络无手续费进行不正当套现，同时还可以引导用户理性消费。然而，叫停信用卡充值可能会影响消费者的支付体验，短时间内卖家生意或受影响。另外，关闭信用卡充值，也会给消费者大额购物带来不便。[资料来源：李艺玲．支付宝欲叫停信用卡转账 规范市场须理性引导消费．http://www.txxxb.com/newspaper/article.php? id=19131]

3.3.4 第三方支付的监管

第三方支付作为一种由独立非银行社会机构提供资金结算服务的支付模式，已从网络支付延伸至移动支付、电视支付和电话支付等，经营模式、运营方式的创新也方兴未艾，已逐渐成为金融生态系统中越来越重要的一环。然而，第三方支付长期在政策模糊、法律真空与监管缺位的状态中摸索发展，埋伏着巨大的金融风险与经济安全隐患，迫切需要第三方支付监管体系和监管制度的出台。

1. 欧美第三方支付监管状况

欧盟对第三方支付的监管是从电子货币入手的。1998 年欧盟规定，网上第三方支付媒介只能是商业银行货币或电子货币，第三方支付公司必须取得银行业执照或电子货币公司的执照才能开展业务。欧盟制定了《电子签名共同框架指引》、《电子货币指引》和《电子货币机构指引》，要求非金融机构的网络支付平台必须取得与金融部门有关的营业执照，且在中央银行的账户中留存大量资金，才能进行相关业务。

美国对第三方网上支付平台实行的是功能性监管，即将监管的重点放在交易的过程中，而不是从事第三方支付的机构。美国的第三方支付平台被视为“货币服务机构”，需由监管机构发放牌照，明确规定其初始资本金、自有流动资金、投资范围限制、记录和报告制度、反洗钱义务等方面的监督内容。美国将第三方支付平台上滞留的资金视为负债，因此该平台不是银行或其他类型的存款机构，不需要获得银行业务许可证。美国联邦存款保险公司通过提供存款延伸保险实现对滞留资金的监管，第三方支付平台滞留的资金需要存放在其保险的商业银行无息账户中。

2. 我国第三方支付监管

我国网络电子交易呈几何级数增长，第三方支付纳入监管的呼声也日渐高涨。早在2005年，央行支付结算司就出台了《支付清算组织管理办法（征求意见稿）》，向包括银监会、银行、第三方支付等相关机构征求意见。2007年，人民银行再次修改了《支付清算组织管理办法（征求意见稿）》。在该份《支付清算组织管理办法》草稿中，曾指出支付清算业务许可证由央行核发，有效期为五年。2009年4月，中国人民银行宣布对第三方支付企业进行登记备案。同月，央行筹建的“全国支付清算协会”有关事项协调会召开。此举被业内理解为央行发放支付业务牌照的前奏。

2010年6月至9月，随着中国人民银行关于《非金融机构支付服务管理办法》及《非金融机构支付服务管理办法实施细则（征求意见稿）》的出台，要求包括第三方支付在内的非金融机构须在2011年9月1日前申领《支付业务许可证》，逾期未能取得许可证者将被禁止继续从事支付业务。由此，我国的第三方支付行业将结束原始成长期，被正式纳入国家监管体系，并拥有合法的身份。2011年5月至12月，中国人民银行分三次给101家非金融机构颁发第三方支付牌照，从而使我国第三方支付行业将面临行业高度集中与差异化优势并存的格局。

扩展阅读 3-13　中国第三方支付行业进入监管时代

2011年，中国互联网行业取得了高速发展。根据艾瑞咨询公布的各项数据，第三方支付位居互联网细分行业成长性榜首，且未来还将继续保持高速增长。第三方支付规模22038亿，同比增长118.1%。支付宝以49.0%的市场份额居于市场首位；财付通以20.4%的份额位居第二；银联在线、快钱和汇付天下，分别以8.4%、7.5%和7.4%的市场占比位居三至五位。

第三方支付企业的崛起引发了金融监管层的密切关注，多项监管法规相继颁布。第三方支付行业全面进入监管时代。自 2010 年 6 月颁布《非金融机构支付服务管理办法》之后，围绕第三方支付的一系列行业管理办法陆续出台，其中包括《非金融机构支付服务管理办法实施细则》和《支付机构互联网支付业务管理办法（征求意见稿）》。同时，中国支付清算协会也应约成立。截至 2011 年底，已有 101 家支付企业相继获得支付业务许可。[资料来源：证券日报（http://zqrb.ccstock.cn/）]

3.4　移动支付

随着无线网络的迅速发展，出现了各种类型的移动终端设备（如移动电话、移动 PC、手持式电子设备等），给人们的生活带来了极大的便利，同样也使得企业和消费者对移动商务的需求愈发强烈。移动电子商务使人们再一次摆脱了物理空间对人们进行商务交易的束缚。人们可以随时随地通过无线网络展开商务交易，使交易更方便、更灵活、更随心所欲。

3.4.1　移动支付概述

移动支付，又称无线支付、手机支付。移动支付是由移动运营商、移动应用服务提供商和金融机构共同提供，运行在无线网络上，完成支付交易的移动数据增值业务。移动支付将移动终端设备的便携性和电子支付的自主性相结合，而庞大的移动用户和银行客户规模又是移动支付发展的良好基础。但是，移动支付产生时间不久，还处于发展时期，其定义比较多样化。移动支付的内涵主要包括：①是一种依托无线网络，利用移动支付平台的支付方式；②电子商务交易主体使用移动终端设备发出支付指令；③实现在线的货币支付和资金转移等。

扩展阅读 3-14　星巴克手机支付年交易 2600 万笔

从 2011 年 1 月以来，咖啡巨头星巴克已经处理了 2600 万笔手机支付，这表明该公司的手机支付计划已经收到了一定成效。越来越多的消费者选择不带钱包，而是使用星巴克手机应用在每天喝完咖啡后买单。星巴克手机支付是该公司 iPhone 和 Android 应用的突出特色功能，2011 年 1 月在美国推出。消费者可以使用该手机应用给数字“星巴克卡”充值，并在 9000 多家星巴克店的收银台扫描二维条码进行支付。2011 年星巴克卡的充值金额高达 24 亿美元，其中 1.1 亿美元是通过星巴克手机应用充到卡上的。手机充值金额不足全部充值金额的 5%，但这表明消费者已经开始接受这种转变。[资料来源：搜狐 IT（http://it.sohu.com/）]

根据支付交易主体在支付过程中的物理距离，可以把移动支付分为近场支付和远程支付。近场支付是指使用近距离无线通讯技术（Near Field Communication，NFC）或者蓝牙（Bluetooth）技术实现移动终端在近距离交换支付信息，完成支付交易。现在最常见的就是利用手机刷卡的方式乘车、购物等。截至2011年6月底，我国共有34.5万台POS终端支持非接触式支付，覆盖餐饮、超市、百货、便利店、药房、医院和服饰品商店等。为了方便用户使用，银联还推出了便民版的手机支付客户端，用户只需要下载便民版客户端，简单安装后无需插入智能SD卡就可使用。

远程支付可以不受物理距离的约束，利用移动终端以短信、语音、WAP等方式，向银行账户、手机话费或虚拟预存账户等支付账户，发出支付业务请求，实现支付交易。远程支付一般用于异地电子商务交易支付、移动网络信息服务订购、在线缴费等方面。移动近场支付和远程支付之间的比较如表3-5所示。

表3-5 移动近场支付和远程支付比较

	近场支付	远程支付
技术支持	近距离无线通讯技术	信息通信技术和移动互联网技术
支付范围	线下支付	线上交易
支付金额	额度较小，国内目前的相关产品对其账户余额均设有上限，最高1000元	无额度限制，由资金来源账户的余额和规定时间内限额决定
硬件安全级别要求	要求较高，需金融机构进行授权	无特别要求，可使用移动网络本身的SIM授权
资金账户	使用支付运营商提供的专门支付账户多	话费账户、银行账户和支付运营商提供的专门支付账户
支付对象	价格较低，购买行为频繁的产品、服务	电子化程度高，购买过程简单的产品、服务

资料来源：艾瑞网（http://www.iresearch.com）

3.4.2 国内外移动支付的发展

移动支付并不是近几年才提出来的，早在上一个世纪就已经出现移动支付业务。之后的20多年，国内外在移动支付方面都有了长足进步，移动支付业务多样、实用、便捷、灵活等方面的优势，使得全球越来越多的用户逐渐接触并采用移动支付。

1）国外移动支付的发展

移动支付业务于20世纪90年代初期出现在美国。早在2001年，韩国SK

通过与 VISA 等信用卡机构合作推出了名为 MONETA 的移动支付业务品牌。此后，SK 对无线和有线系统进行整合，构建了多媒体互联网共用平台——NATE，将 MONETA 移植到手机上。日本 NTT DoCoMo 公司在 2004 年中，开通了使用内置非接触 IC 卡的手机结算及认证服务，并以“手机钱包”为卖点展开促销。

2005 年 4 月起，诺基亚开始同飞利浦和德国公交网络运营商美因茨交通公司（RMV）测试 NFC 售票解决方案。法国 Orange 公司于 2010 年在法国进行了基于 NFC 手机的移动支付业务试点，可以将银行卡和公交卡应用存放在手机中的 SIM 卡中。Google 公司于 2011 年在美国开展谷歌钱包（Google Wallet）业务，手机用户可以将自己的花旗银行卡绑定到基于 Android 系统的特定 NFC 手机中。日本移动运营商 NTT DoCoMo 和韩国 KTF 已就使用 NFC 技术开发跨境移动服务达成协议。

越来越多国家的运营商通过跨运营商合作，共同组建支付平台来提高整体竞争力。2010 年底，美国的 AT&T、Verizon Wireless 和 T-Mobile USA 建立了一家提供移动支付服务的合资公司 Isis。2011 年 6 月，英国的 Vodafone、O2 和 Everything Everywhere 三家企业表示，将合资组建移动支付公司；丹麦的 TDC、Telia、Telenor 和 3 Denmark 联合组建合资公司，主要负责开发手机钱包支付平台。

2）国内移动支付的发展

2000 年 2 月，中国银行与中国移动通信集团公司签署了联合开发手机银行服务的合作协议，并于 2000 年 5 月先期在全国范围内正式开通北京等 26 个地区手机银行服务。同年，中国工商银行、招商银行等均与移动通信公司联合推出手机银行服务。

随着全球多国纷纷推出“移动支付”业务，且发展势头迅猛，我国各移动通讯运营商也逐渐开发各种移动支付业务：湖南移动公司 2006 年开始推出手机银行卡和电子钱包应用；重庆移动公司在 2007 年年初开始试点手机钱包卡业务，主要针对小额的近场支付，实现超市购物和轻轨应用；2008 年 12 月，中国联通联合重庆渝城交通一卡通公司推出全球首款命名为“渝城通付宝”的多制式刷卡手机；2009 年 4 月，联通在上海推出了 NFC 手机；电信运营商于 2009 年 5 月 26 日，正式推出“移动支付”业务，包括手机订购、手机交费、手机银行和手机刷卡四项子业务等。

第三方支付机构也纷纷布局移动支付领域。2011 年 4 月，支付宝和优视公司合作推出手机应用内支付以及手机条码和二维码支付，利用在线技术进军线下支付市场；快钱推出基于“快+”平台的手机支付战略；汇付天下首期投入 1 亿发布移动支付战略，全面进军移动支付市场。

艾瑞咨询发布的《2011 年中国移动支付行业研究报告》显示，2010 年中国手机购物市场交易规模达到 20.3 亿元，同比增长 283.0%，预计 2011 年中国手机购物市场将达到 102.7 亿元的水平，未来几年将继续保持高速增长的态势。2011 年，中国移动支付用户规模将达到 1.9 亿，比 2010 年增加了 87.5%；中国移动支付交易规模总额将达到 481.4 亿元，同比增长 149.4%，整体呈现爆发式的增长态势。

3.4.3 我国移动支付的发展瓶颈

我国的移动支付起步较晚，支付技术平台有待完善，且还存在安全问题、消费习惯问题、运营合作问题等多种发展瓶颈，有待进一步解决。

1）移动支付的安全问题

虽然现在移动支付通过很多措施来保障支付过程的安全性，但是各种资金安全问题仍然层出不穷。例如，黑客使用病毒盗取用户的手机 PIN 码、网银密码，导致用户账户被盗刷。而且，移动支付还存在硬件技术上的安全问题，以及对用户个人隐私信息的安全保护问题。

很多使用移动支付的用户并没有安全意识，很少安装安全控件或杀毒软件，这使得其移动终端存在很大的安全隐患。艾瑞网报道，2010 年 McAfee 公司与有关机构联合开展的一项调查显示，在英国、美国和日本，至少有 79%的消费者明知自己的手机处在毫无保护的状态下，仍使用手机进行交易，15%的人甚至不清楚自己手机的安全保护程度。不同提供移动支付的企业都拥有不同的安全标准，这给用户带来极大不便，也给不法分子以可乘之机。（参见“6.3.1 移动电子商务安全防范”）

扩展阅读 3-15　对安全性的质疑成为美国居民选择移动支付的最大障碍

艾瑞咨询整理 Compete 的 2011 年数据研究发现，在未选择移动支付的美国居民中，有 64%的受访者认为移动支付不安全，这成为美国居民选择移动支付的最大障碍。另有 61%的受访者表示目前仍希望使用其他支付方式，此外还有 46%的居民只使用移动设备接打电话或收发邮件，不会选择利用移动终端进行货币支付。制约用户选择移动支付的因素主要有两方面：一方面，用户对移动支付安全性的质疑；另一方面，用户对移动终端和移动支付的使用习惯尚未完全形成。因此，移动支付企业需不断提高移动支付的相关技术标准，建立良好的用户权益保障体系，以打消用户对安全性的疑虑。同时，加大移动支付的市场推广力度，转变智能手机用户的使用观念，提升用户体验满意度，使移动支付逐渐融入用户的日常生活，这也是推动移动支付快速发展的重要方式。[资料来源：艾瑞网（http://www.iresearch.cn/）]

2）用户的移动支付消费习惯问题

由于对移动支付安全和信息安全的担忧，且商业信用体系还不是很健全，我国用户规模仍然有限。如今消费者对消费的灵活性、自主性和经济性要求越来越高。尤其是在小额支付和微支付领域，还有数字化产品的消费方面，移动支付更能显示出其优越性。这就需要移动支付的业务要多样化发展，移动支付技术（尤其是安全技术）要不断突破与逐渐成熟，才能更好地增强用户对移动支付的信心，培养消费习惯。

3）移动支付运营的合作问题

移动支付是一个开放的市场，其价值链包括移动运营商、商业银行、第三方支付服务提供商、芯片制造商、移动设备终端制造商与提供商、商户和消费者等多个环节。这势必要求各方在移动支付中必须充分合作，才能获得切实利益。国外在运营合作方面起步早，在技术开发、吸引客户和增加营运规模等方面都卓有成效。这种多方跨界合作，总是存在利益分配问题，必然会影响到未来移动支付的发展。当然，要保证各方良好的合作，实现资源共享和优势互补，需要相关政府部门监管和政策出台。

扩展阅读 3-16　卫士通推全新手机支付模式

卫士通在 2011 年 12 月 30 日就移动支付业务推出两项应用，打造属于自己的“支付宝”和“线下淘宝”，具体事宜则由控股子公司成都摩宝网络科技有限公司负责实施。其中最引人注目的是有别于现行主流支付方式的全新模式：通过声音来完成支付。这种支付方式被命名为“蝙蝠”，最大的特色就是不需要用户更换手机、SD 卡或者 SIM 卡，其近场支付是通过超声波来完成的。除了“蝙蝠”这个实现手机支付的方式外，摩宝网络也为用户使用“蝙蝠”进行手机支付搭建了应用环境。2011 年 12 月 30 日，摩宝网络的名为“Mo 立方”的 O2O 移动电子商务平台与“蝙蝠”同步上线。通过“Mo 立方”商务平台，用户可以在线上获得商家的活动、优惠及折扣等信息，凭借相应的消费券到商家用“蝙蝠”完成支付，进行线下体验消费。“蝙蝠”系统就好比实现近场支付的支付宝，“Mo 立方”的定位则类似于线下的淘宝，两者相辅相成。［资料来源：每日经济新闻（http://epaper.nbd.com.cn/)］

课后题

一、复习思考

1. 网络支付的一般流程是怎样的？
2. 大额支付系统和小额支付系统有什么不同之处？
3. 电子货币和传统货币的区别在哪里？
4. 电子货币的发行主体不唯一会给消费者带来怎样的困扰？
5. 网络银行的特点都有哪些？网络银行如何才能更好地体现出服务个性化？

6. 目前的网络银行存在哪些问题有待解决？
7. 第三方支付的风险有哪些？如何才能规避这些风险？
8. 移动支付的安全问题有哪些方面？通过怎样的措施加以解决？
9. 网络支付的未来发展趋势是怎样的？

二、讨论分析

1. 利用互联网搜集我国央行“超级网银”相关资料，并结合下列案例，从我国网络银行发展环境与发展现状出发，讨论下列问题：(1) 你认为央行的“超级银行”存在哪些优势和不足？(2) 结合下列案例 1-2，讨论“超级银行”是否会影响到第三方支付平台的发展？面对“超级银行”的上线，第三方支付企业未来该何去何从？提出你自己的观点。(3) 利用网络搜索引擎查询央行“超级银行”和第三方支付行业的最新发展动态，以印证你的观点。

案例 1：

一直以来，第三方支付往往与多家银行对接，客户可以通过第三方支付的账号向多家银行转账，且费用很低甚至免费。因此，无法实时跨行转账的传统网银，又因为支付手续费较贵，一直处于劣势。具备第三方支付缺乏的可靠性和安全性的“超级网银”的上线扭转了这一劣势。有人认为，“超级网银”的上线必定会对第三方支付行业造成冲击，尤其是转账业务频繁且数目较大的部分客户将会流向“超级网银”。

但支付宝、财付通等第三方支付企业却看好“超级网银”。他们认为，网上银行与第三方支付其实是上下游的关系，网银其实提供的是接口与结算的功能，而第三方支付则是银行网上支付的渠道。因此，未来“超级网银”与第三方支付的对接，也只是上下游的对接，而不是竞争对手的碰面。

另外，第三方支付企业还拥有两个银行网络支付无法替代的功能。首先，第三方支付具有担保功能，降低网购转账的欺诈风险。其次，第三方支付的核心竞争力并不在网上转账，而在于日益人性化的专业领域电子支付解决方案。例如，支付宝、淘宝等网上转账业务只占据它业务量的一半，而另一半来自航空、旅游等专业领域的电子支付解决方案。如果“超级网银”对接第三方支付，借助“超级网银”的高效率和第三方支付的个性化服务，电子支付将向传统产业延伸。银行转账服务按照标准化操作，无论企业大小，转账清算的周期是一样的，但对于小企业来说，外贸业务需要更畅通的现金周转，银行服务若能结合第三方企业更灵活的转账、清算和分账方式，将大大方便客户的个性化需求。

“超级网银”推出之际，央行已宣布将第三方支付作为非银行类金融机构纳入其中。而且，2011 年非金融机构的监管制度出台并完善，说明了第三方支付必然会对接“超级网银”，发挥它在金融增值服务、行业支付解决方案上的优势。[资料来源：易观智库（http://www.enfodesk.com/）]

案例 2：

为维护支付清算服务市场的竞争秩序和会员的合法权益，中国支付清算协会在京成立。国务院办公厅转发人民银行监察部等部门发布的《关于规范商业预付卡管理意见的通知》，首次明确预付卡行业监管体系框架。央行首次发放非金融支付业务许可证，标志着中国第三方支付行业正式进入监管时代。人民银行发布《支付机构预付卡业务管理办法（征求意见稿）》，对多用途预付卡业务提出管理规范。央行起草《支付机构客户备付金存管暂行办法（征求意见稿）》，针对非金融支付机构客户备付金的监管要求。在管理措施不断细化、监管主体不断多元化的趋势下，整个支付行业的体系将日趋完善。支付企业将在政策框架内充分发挥其创新优势，快速推陈出新，迅速把握市场需求，开拓出更加广阔的市场空间。同时，为了保障消费者的合法权益，促进金融支付市场正常有序的运行，合规经营将迅速被提上日程。

第三方支付经济及政策地位已日益明确，更多的行业和企业正在向第三方支付企业开放。2011年，汇付天下与新浪乐居达成战略合作，布局房产电商领域；支付宝与航空公司全面合作，机票进入网络直销时代。支付企业提供的服务逐步渗透整个产业链，由单纯的提供支付结算服务向提供行业解决方案发展，涉及行业包括钢铁、物流、基金和保险等诸多传统领域。未来，各支付企业将在不同的细分市场逐步形成稳定的市场竞争优势，多元化格局将逐步显现。另外，随着国内市场的逐渐成熟以及消费者对跨国支付需求的日益增长，支付行业全球化趋势日益明显：支付宝将向全球开放，国外用户可购物淘宝；腾讯战略伸向美国；万事达联盟境外无卡支付；PayPal与敦煌网达成战略合作，敦煌网移动商务平台已正式上线等。[资料来源：艾瑞网（http://www.iresearch.com.cn/）]

2. 如今，数字化产品的网络销售日益增加，而且内容形式丰富多样。例如，出版商可以通过网络分章节售书，唱片公司根据消费者个性化需求将不同歌手的单曲重新组合打包销售等。请分析面对数字化产品的电子商务交易，商家该在支付方式选择方面考虑哪些因素，应采取怎样的支付组合方式。

3. 通过网络完成支付，在很多人心中对支付安全、隐私保护等方面仍或多或少存在顾虑。请深入分析造成这种现状的原因，并探讨是否可以提出一种更为理想的网络支付方式，尽可能消除人们的担忧。

三、实践训练

1. 申请注册一家网络银行，通过业务操作，熟悉其个人网银业务状况，根据你对国内外其他网络银行的了解（可通过各种渠道获取相关资料），分析该家网银提供的个人业务的优点和不足，并给出相应的建议。

2. 通过一家网络商城进行在线购物，分别利用2～3家第三方支付平台完成支付工作，比较它们的支付流程和安全性保障方面有何不同，分析优点与不足。

3. 假设你所在的企业是一家电器制造商。你认为该公司办公用品采购应选择怎样的电子支付方式？针对原材料供应商和客户又该选择怎样的电子支付方式？请提出你的支付方案。

4. 选择多家针对不同性别、年龄或层次消费者的B2C电子商务网站，分析比较这些网站支持的支付方式类型的不同之处。针对各网站的消费者及商品特点，为其推荐其他电子支付方式，并阐述原因。

4 电子商务物流

本章内容要点： 物流通常是电子商务发展过程中重要的制约因素。电子商务企业加强物流环节的管理，能降低企业运营成本，提高核心竞争力。本章第一节介绍了物流的基本内容，包括物流的内涵、分类、要素、价值、特点，以及物流配送，分析了电子商务和物流之间的相互影响和作用。第二节介绍了第三方物流的价值、特点，以及第三方物流与电子商务发展的关系。第三节阐述了现今应用广泛的现代物流技术及其在电子商务物流中的应用，如条形码技术、无线射频技术、全球定位系统、地理信息系统等。第四节介绍了物流信息的内容和特点，以及电子商务信息系统的功能与构成。

学习引导案例

电子商务下中国物流业面临的问题

中国物流业的突飞猛进得益于电子商务的爆发式增长，但其即便“爆仓”也跟不上网站的发货需求，成为电子商务的发展瓶颈。

物流成本占 GDP 的比例，是国际公认的衡量一国物流业发展水平与运作效率的标准。中国物流与采购联合会数据显示，2011 年上半年中国社会物流总费用与 GDP 的比率为 18%，而人力成本高昂的西方发达国家也只在 8%～10%左右。且中国物流管理体制不完善，缺乏能够全面管理、协调、控制、运行的物流业管理部门，这是问题的关键所在。另外，中国物流发展严重滞后的原因在于物流平台资源短缺，主要是交通设施的问题。网易科技（http://tech.163.com）于 2012 年 2 月 6 日报道，瑞士信贷发布研究报告中称中国电子商务公司受物流问题困扰，提高 B2C 平台产品价格。据一淘网发布的价格数据显示，2011 年 B2C 产品价格指数走高，其中京东商城领涨 15%。

很多电子商务企业认为只有大力构建自己的物流体系，才能满足客户的购买需求，推动公司更快发展。目前京东的自营配送已覆盖 110 个城市，一、二级城市基本上大部分覆盖，72%订单实现自主配送。而电子商务企业自建物流，同样需要依靠国家的基础资源，基础设施不够，矛盾依然无法解决。［资料来源：艾瑞网（http://www.iresearch.cn/）］

4.1 电子商务与物流

多数商品和服务仍要经由物理方式传输。电子商务的快速发展为人们提供了便捷的交易渠道，但除了电子出版物、信息咨询等少数商品和服务可以直接通过网络传输进行外，电子商务的快捷、高效、低成本等特性的实现还需要强大的线下实体商品物流系统来支撑。物流作为电子商务流程中一个重要环节，在电子商务的实践过程中，不发达的物流系统将大大制约电子商务的开展。因此，发展先进的电子商务物流配送是打破物流约束瓶颈、促进电子商务高效发展的重要支撑手段。

4.1.1 物流概述

电子商务三大流中，信息流、资金流的处理可以通过计算机和网络通信设备实现。然而，电子商务最终的交易达成和资源配置，还需要通过商品实体的转移来实现。因此，物流对未来的经济发展会起到非常大的决定和制约作用。

物流（Physical Distribution，PD）就是物的流动。物流这个词最早出现在美国，源于第二次世界大战美国军队建立的“后勤”（Logistics）理论。对于物流的概念，目前没有公认的权威定义。然而物流包含的要素以及其所表现出来的价值是达成共识的：物流要素包括运输、存货、流通加工、配送、仓储、包装、物料搬运及其他相关活动；物流带来了时空和形态方面的增值，进而满足客户的需求和企业的盈利目标。

1. 现代物流存在的问题

现代物流客观上要求现有的信息技术可以提供更加智能、互联、精准的支持和服务。而现有的电子物流平台面临的问题主要表现在以下几个方面：

1）信息采集不全面

现代物流技术手段由于存在许多现如今无法逾越的发展障碍，无法满足现代物流在不间断地监控和管理物流的各个环节和过程，实时掌握物品的状态和信息，对各种突发事件做出及时和准确反映等方面的要求，尤其是在物流信息采集方面手段单一。例如，条码只能在某些环节对物品进行识别，而不能反映其现实状态（如是否破损、温度湿度是否符合物品要求等），一旦入库就无法实现对物体的定位和跟踪。

2）有待标准化

电子化物流系统中缺乏必要的标准支持。过多的技术标准无法统一和兼容，不但不能起到提高效率的作用，反而影响了物品的流通速度，增加了系统的处理负担；另一方面，标准的发展严重滞后于经济的发展速度，很多编码标准分类不明确。另外，采集到的信息在组织与存储方面也存在标准化问题，使其在电子化物流系统中没有充分的交流和共享，造成很大的资源浪费。

3）智能化不足

物流系统处理的智能化处理水平和应用程度不高，大多数物流软件的智能化功能仅限于成本控制、资源调配和决策支持等方面，无法综合利用各种智能化物流技术与设备以满足用户的个性化定制需求。

2. 物流的分类

根据不同的分类标准，可以对物流进行多种分类，如表 4-1 所示。

表 4-1　物流的分类

按物流活动覆盖的范围分类	国际物流	伴随和支撑国际经济交往、贸易活动和其他国际交流所发生的物流活动
	区域物流	受到相同文化和社会因素的影响，具有基本相同的科技水平和硬件水平，在某一范围内（国家、地区、城市等）进行的物流活动
按物流在供应链中的作用分类	供应物流	为生产企业、流通企业或消费者购入原材料、零部件或商品的物流过程
	生产物流	从工厂的原材料购进入库起，直到工厂产品库的产品发送为止物流过程
	销售物流	指企业为保证自身的经营利益，伴随销售活动将产品所有权转给用户的物流活动
	分销物流	面对专业批发业务的具有批量采购、大量储存和大量运输的能力的物流作业
	回收物流	企业在生产、供应及销售活动中总会产生各种边角余料和废料的物流活动
	废弃物物流	指对企业排放的无用物进行运输、装卸和处理的物流活动
按物流活动的主体分类	企业自营物流	企业有计划地利用自己的车队、仓库、场地、人员进行的自给自足地的物流活动
	企业物流联盟	由两个或两个以上的经济组织为实现特定的物流目标而采取的长期联合与合作
	第三方物流	企业为更好提高物流运作效率及降低物流成本，将物流业务外包给第三方物流公司的做法

电子商务成功的关键要素主要在于信息系统、支付系统和物流系统。现代企业的电子商务在竞争中取胜的关键之一就是以可靠高效的物流配送系统实现成本优势。电子商务环境下，物流模式基本上是根据物流活动的主体进行划分的。企业自营物流在全球电子商务物流发展初期占主要地位。企业物流联盟中，各联盟企业之间在物流方面通过契约的形式优势互补。而第三方物流在电子商务交易流程中是物流环节的主流模式，也是物流专业化的重要形式。第三方物流企业一般

具有专业经验及一定规模的物流设施设备，以签约的形式为客户企业提供物流服务。（参见“4.2 第三方物流”）

扩展阅读 4-1 好乐买的自营物流

好乐买是中国一家正品运动休闲鞋购物网站。好乐买自建物流北京尚橙物流有限公司成立于 2011 年 9 月，独立于好乐买，但其运作模式却是按照电子商务企业服务来设计的。

如今越来越多的 B2C 企业或者品牌企业愿意为物流服务付费。好乐买的物流公司可以先拿自己的配送订单进行练兵，把所有的服务流程打通，形成自己的服务标准和服务系统。未来可开放给其他电商，提供个性化的物流服务，由服务产生价值。好乐买选择自建物流的城市，不仅要有订单量支撑，还要看其区位优势和未来的潜力。从实践看，自建物流提供的快速配送和优质服务会增加该地区订单量。因此，自建物流最重要的是选择有潜力的城市。另外，好乐买加大了仓储物流建设的力度，实现了分仓发货。自建物流和分仓后，好乐买现在一天到门交易的比例提高了 30%，处理同样数量订单运费降低了 30%，退换货率较原来降低了 20%。在送货过程中，好乐买的快递员展现的“标准服务体系”，受到消费者好评。[资料来源：全国物流信息网（http://www.56888.net/）]

3. 物流的要素

物流是一个很复杂的系统，其基本要素如图 4-1 所示，主要包括以下内容：

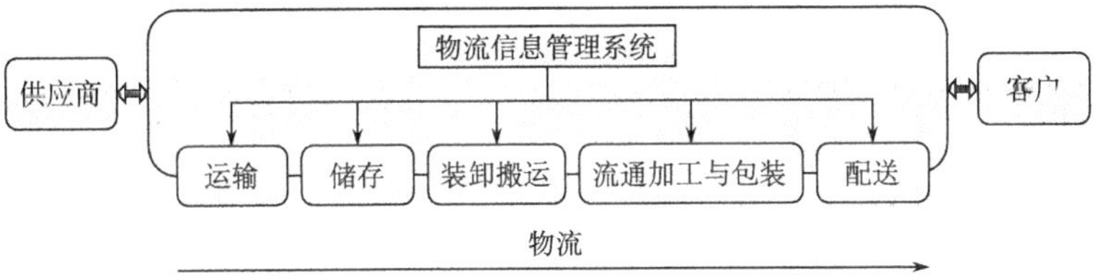

图 4-1 电子商务一般物流流程中的要素

1）包装

包装是在物流中通过对销售包装进行组合、拼配和加固，形成适合于物流和配送的组合包装单元，目的是为了保护商品、促进销售、方便物流与消费、提高物流效率以及降低物流费用。例如，物流企业将食品进行分包装等处理。通过改变包装，一方面适合消费者对商品的个性化需求，另一方面增加了商品吸引力和附加价值。

2）装卸搬运

装卸搬运是随着运输、保管等其他物流活动所进行的运动，包括对输送、保管、包装、流通加工等物流活动进行的衔接，以及在储存等活动中为检验、维护和保养所进行的装卸和搬运活动。在物流活动中，应尽力选择最恰当的装卸搬运方式，尽可能减少装卸搬运次数，合理配置装卸搬运设备，以达到经济、高效、快速的效果。

3）运输

运输是实现货物（或商品）使用价值的一个重要环节，其任务是实现货物的空间移动，解决货物在空间上存在的供需矛盾。在物流过程中，要求选择经济便捷的运输方式和运输路线，以保证安全和速度。

4）储存

在物流系统中，存储包括堆存、保管、保养、维护等活动，是货物（或商品）在运动过程中的暂时停滞。存储应力求提高保管效率、降低损耗、加速物资和资金的周转。不同的商品对存储环境有不同的要求，如电子元器件的储存就需要保证无尘、温度和湿度合适且变化不大、无大型电磁设备干扰等。

5）流通加工

合理的流通加工可以有效降低物流成本，提高物流效率。流通加工目的是弥补生产过程中加工程度的不足，更有效地满足客户需求。例如，蔬菜的物流配送过程中，不仅仅是运输货物，还要对蔬菜进行分拣、清洗、贴标签等加工工作，从而提升货物在形态上的价值。

6）物流信息管理

物流信息管理功能包括与物流其他要素有关的计划和预测，以及对物流活动产生的海量、动态信息的采集、整理、存储和知识挖掘等加工处理。物流信息管理需要建立合理、高效的信息系统，搭建多维的信息渠道，以确保信息的可靠性和及时性，从而为物流管理提供决策支持。（参见“4.4 电子商务物流信息与管理”）

4. 物流的价值

除了传统的分拣、备货、配货、加工、包装、送货等作业以外，电子商务物流的功能还向上游延伸到市场调研与预测、采购及订单处理，向下延伸到物流咨询、物流方案的选择和规划、库存控制决策、物流教育与培训等附加功能，从而为客户提供更多具有增值性的物流服务，从时间、空间、形态改变上体现物流的真正价值。

1）时间价值

物流的时间价值是指货物在流通的过程中，根据需要调整货物的流通时间所创造的价值。物流的时间价值具体表现在：第一，良好的物流运作与管理，可以有效地缩短货物运输的时间，创造时间价值；第二，良好的物流运作与管理，可以缩短或延长供货时间，有效地解决生产与消费在时间上存在的矛盾。例如，通过蔬菜水果的冬储措施，在冰雪冰冻天气或是春节期间蔬果供应不足的时期投入市场，弥补市场不足，并且可以获得更高的利润。

2）空间价值

在物流的运作与管理中，可以通过产品或货物的集中、分散以及从A地到B地的运动创造物流的空间价值。

3）形态价值

物流活动可以改变物品的形态，从而创造形态价值。在物流活动中，形态价值主要是通过流通加工的形式实现的，所以也称为加工价值。这里的加工价值不是创造商品实体，形成商品的主要功能和使用价值，而是带有完善、补充、增加性质的加工活动。例如，食品及日常用品的物流，经常需要在物流过程中根据消费者切实需求对其进行不同分量的再包装，以方便零售商销售和消费者日常使用。

5. 电子商务物流的特点

在电子商务环境下，物流不断呈现出适应电子商务发展的特点。

1）物流网络化、信息化

电子商务条件下，物流企业可以通过网络系统来实时监控物流作业的动态，并依据环境的变化通过虚拟现实的方法和手段，实时地对企业自身物流活动进行调整和协调。这种物流信息利用物流网络系统具备的实时性特点，使物流组织的物流活动更具效率和活力，能更有效地为用户提供优质的服务和实现物流资源的合理配置。

电子商务时代，要提供最佳的服务，物流系统必须要有良好的信息处理和传输功能。物流效率的提高更多地取决于信息管理技术。物流信息化能更好地协调生产、销售、运输、储存等环节的联系，对优化供货程序、缩短物流时间及降低库存都具有十分重要的意义，是保证电子商务企业物流畅通的关键所在。现代信息技术及计算机技术在物流中的应用将会彻底改变物流的面貌。当今世界全球网络资源的可用性及网络技术的普及为物流的网络化提供了良好的外部环境，物流网络化不可阻挡。物流网络化是物流信息化的基础。物流系统的计算机通讯网络，能够保证物流企业与供应商或制造商的交互，以及与下游顾客之间的沟通。然而，网络系统的开放性特点，使物流信息既方便信息查询、信息采集、信息分析等，也容易带来安全性问题，如物流信息的泄露、被篡改等现象严重影响到物流企业和客户的利益。（参见“4.4 电子商务物流信息与管理”）

扩展阅读 4-2　物流网络使国美网上商城购物无盲点

国美电器网上商城经营范围包括冰箱、电视、洗衣机等大家电，这更需要本地化与专业化的快捷配送服务。国美凭借多年经营打造的物流系统，为其电商平台的发展提供了过硬的保障。

当前在全国 300 多个城市中，国美电器门店网络超过 1500 家，物流配送范围和配送能力不断发展，已形成中国最大的电商物流网络配送体系。为了保证易损坏的家电产品不在任何环节出问题，国美组建了配送、运输、安装全方位的专业物流团队。据悉，国美商城近日在物流建设上新开通了 25 个二、三线城市的大家电配送服务，将覆盖绝大多数中小城市，进一步扩大了其大家电物流配送范围。

如今，国美商城重新整合集团资源，完成了各二级分部 SAP 系统的对接，解决了中小城市家电无法配送、大家电配送难的问题，实现全国二、三线城市大家电只要下单就能免费上门配送安装。未来国美将继续加速物流配送体系建设，建立一公里配送物流队伍，缩短二、三线城市的物流运输成本和网购消费者等待时间，大幅度提升网购体验。[资料来源：和讯网（http://www.hexun.com/）]

2）物流服务个性化定制

电子商务为物流组织创造了一种个性化的商务活动，在物流的运作过程中，物流组织可以根据某些用户的特殊需要，为用户提供个性化的物流服务。个性化符合“以顾客为中心”的理念，也是物流柔性化的一个重要方面，即根据消费者需求的变化来灵活调节生产工艺。个性化物流正是适应生产、流通与消费的需求，要求物流企业根据消费需求灵活组织和实施物流作业。

物流个性化定制能够适应电子商务环境下客户需求的多样化发展趋势。个性化的电子商务物流服务可以根据客户的切实需求，通过共同筛选技术为客户量身制订物流方案，更好地了解并满足客户所期望的特殊网络服务。

3）物流社会化

全球化战略趋势，使物流企业和生产企业更紧密地联系在一起，形成了社会大分工。电子商务的不断发展和用户对物流服务水平要求的提高，也要求物流企业不仅要从自身角度，还要从全社会的角度来考虑物流活动，联合不同类型的物流企业进行合作，弥补自身在区域和功能上的不足。在电子商务环境下，物流在职能、资源和信息等方面都体现出社会化特征，表现为生产企业和流通企业中的物流不一定由企业自己承担，而是由社会物流即第三方物流来承担；企业所拥有的物流设施资源服务于社会；电子商务使市场供求信息充分释放，成为全社会可共享的资源。（参见“4.2 第三方物流”）

4）物流智能化

物流自动化可以省时省力、扩大物流作业能力、提高劳动生产率、减少物流作业的差错等。但是，在物流过程中，作业过程中存在大量运筹和决策问题，如库存水平的确定、运输（搬运）路径的选择、自动导向车的运行轨迹和作业控制、自动分拣机的运行、配送中心经营管理的决策支持等问题，都需要借助于大量的知识才能解决。未来物流系统需要智能化地实时采集和系统处理信息，为最终用户提供优质的信息和咨询服务，为物流企业提供最佳策略支持。有了智能物流，物流企业可以优化资源配置和业务流程，并为最终用户提供增值性物流服务，拓宽业务范围，最终实现利润最大化。（参见“4.1.3 电子商务与物流的相互作用”）

4.1.2 电子商务物流配送

电子商务物流配送是指物质实体（商品或服务）的流动过程，即在经济合理区域范围内，以现代信息技术为支撑，根据用户要求按时将货物送达指定地点的物流活动。配送是物流中一种特殊的、综合的活动形式，几乎包括了所有的物流功能要素，是物流活动的缩影，是电子商务中商品和服务的最终体现，也是电子商务企业为客户提供安全、准确、优质服务的保证。

物流配送作为直接面向客户提供物流服务的重要环节，其服务的效率高低与质量优劣将影响到客户对物流服务提供方，甚至对电子商务交易中商家的最终评价。与传统的物流配送相比，电子商务物流配送具有虚拟性、实时性、个性化、增值性等特点，符合未来电子商务信息化、现代化、社会化的新发展。

配送中心是指从事配送业务的物流场所或组织。一般来讲，配送的货物是多品种的，这些货物大批量地进入配送中心，经过必要的转运、分类、储存、保管、流通加工和信息处理，按照顾客订货的要求备齐商品，将这些多品种的较小批量货物迅速、准确和廉价地在规定的时间内送交顾客。其特点包括信息网络完备、配送功能健全；为特定的用户服务，覆盖范围小；以配送为主、储存为辅，有效减少流通环节，降低客户库存；多品种、小批量，利于节约物流费用等。

配送中心是专门从事业务配送的物流基地，是通过保管等作业，根据用户的订货要求发送货物的物流场所或组织。电子商务中的零售交易，包括 B2C 电子商务和 C2C 电子商务，其物流需求规模小、费用低、配送分散。这对配送中心提出了较高要求，需要将分散的、小批量的物流需求进行统筹汇总，以可接受的物流成本向电子商务客户提供优质物流服务。

电子商务企业所使用的配送中心按照不同运作方式可分为三种：电子商务企业自建的配送中心、社会化的配送中心和综合性配送中心。自建配送中心的电子商务企业（如美国大型零售连锁经营公司沃尔玛）一般都有一定规模和实力，配送中心与实体店面积存在一个相应的比例关系。社会化的配送中心可以大规模地把多家电子商务企业的配送业务集成起来，提高配送效率，节省配送成本。综合性配送中心（如日本零售商西友公司）一般是大型企业自建的配送中心，除为本企业服务之外，还向其他企业提供配送服务，虽然配送业务不如社会化配送中心广泛，但是费用普遍较低，同样适于电子商务物流配送的需要。

扩展阅读 4-3　电子商务下的物流配送中心效率优化

B2C 电子商务的发展对物流配送提出了更高的要求，配送中心要向所供应区域的各个地点进行小批量、大批次的送货，且数量、频率和方向具有不确定性。因此，物流配送需要从供应链管理的全局来考虑配送流程的优化与客户满意度的同步提升。

协调配送效率和配送费用。合理选择配送时间，尽量避开白天的交通高峰时段，选择车流量少的时段实施配送；将配送与采购相结合，设法使车辆在运行过程中尽可能达到其满负荷装载能力，这需要采购库存与配送库存协调运作；充分利用外部运输车辆，以免造成车辆闲置，避免不必要的浪费。

综合配送的优化策略。采用合并策略，在安排配送车辆时，充分利用车辆的容积和载重量，做到满载满装；采用差异化策略，根据重要程度将顾客分为 A、B、C 三类，分别作重点、次要和一般管理，对 A 类顾客应重点投入人力和物力并作优先处理，而对 C 类顾客则可以按部就班。

作业标准化与合理动作原则。一方面，实现从包装形态、数量、尺寸、单体包装、条码、位置管理、配货作业、检验方法，到流通加工的包装、捆包、标贴价签的方法，以及配送路径等的标准化和规范化，推进了物流信息系统的实施；另一方面，遵循合理动作原则，改善、改良、开发工具和机械设备，向着先进的人体工学方向发展。［资料来源：比特网（http://www.chinabyte.com/）］

4.1.3　电子商务与物流的相互作用

物流环境和电子商务之间是相互制约与促进的。没有一个高效、合理、畅通的物流系统，电子商务所具有的优势就难以有效发挥。物流环节是电子商务中实现商务目的的最终保障，缺少能与电子商务模式下相适应的现代物流技术和体系，电子商务所带来的一切变革都等于零。一个完善的物流体系是电子商务，特别是网上有形商品交易发展的保障。

反过来，电子商务交易中，如若有形商品的交易规模较小，就不需要为电子商务提供专门物流服务，从而不利于物流的专业化和社会化的发展。而促进电子商务发展的现代信息技术同样也会促进物流的发展。

1. 物流环境对电子商务的影响

物流作为电子商务活动的最后一个环节，是制约电子商务发展的重要环节之一。在发展电子商务之初，美国就拥有强大的、完善的现代化物流环境支撑，只需将电子商务与其进行对接即可。而我国作为一个发展中国家，物流业起步晚、水平低，在发展电子商务过程中，有相当一段时间物流环境不尽如人意，一度造成我国消费者对电子商务的怀疑态度，影响了电子商务在我国的发展。因此，物流环境适宜程度、物流技术与物流信息系统的效率高低、物流管理是否高效等是电子商务成功与否的关键。

物流环境对电子商务的影响主要包括以下几方面：

（1）提高电子商务效率。电子商务的销售范围是全球性的，销售时段也没有限制。电子商务客户需要的是便捷的购买体验、价廉物美的商品、安全的支付手段和快捷的物流配送。而完善又高效的现代物流体系使电子商务的效益和效率得到完美实现，保证电子商务过程廉价、快捷和高效完成。

（2）扩大电子商务运营范围。由于电子商务的跨时域性和跨区域性，加快了世界经济的一体化，导致国际物流在整个电子商务交易活动中的地位越来越重要，进而扩大了电子商务的运营范围。另外，很多商品的电子商务交易无法进行或是不被消费者接受，大多是因为在物流过程中出现破损、丢失、腐烂等现象。而现代物流技术的进步，使得这些商品在快速、安全的物流过程中不会受到损害，从而扩大了电子商务交易对象的范围。

（3）保证电子商务迅速发展。物流的发展壮大对电子商务的快速发展起到支撑作用。物流系统采用先进技术，一方面提高了物流企业的服务水平，客户可以随时跟踪自己货物的物流过程，提升了客户对电子商务安全性、可靠性的认可度；另一方面，大大减少物流过程中人力、物力的投入，使物流成本大幅降低，保证交易利润的大幅增加。物流信息系统不断升级，能更好地满足客户在线的商品需求，提高电子商务的效率，进而增加经济效益。

物流环境除了对电子商务的正面影响，还存在很多负面影响。我国物流存在管理体制不健全、物流平台资源短缺、物流管理与运营经验欠缺、物流服务人员素质不高等问题，导致物流成为我国电子商务发展的瓶颈。如何快速发展我国物流行业以适应电子商务发展的节拍，是我国目前必须突破的关节点。

2. 电子商务对物流发展的影响

电子商务作为一种新兴的商务活动，它为物流创造了一个虚拟性的运动空间。在电子商务的背景下，人们在进行物流活动时，物流的各种功能可以通过虚拟化的方式表现出来，从而有助于人们寻求物流的合理化，使物流达到效率最高、费用最省、距离最短、时间最少。对于物流来说，作为一种经济活动，其发展需要新工具、新技术的支持。而电子商务快速发展，从另一个角度刺激了物流技术的进步。

（1）促进物流行业内部改善。电子商务的快速发展，从根本上改善了物流行业的内部状态。首先，改变了物流企业的物流组织结构和管理水平。电子商务环境下，传统物流的分散状态被打破，从全社会的角度来整体实行物流系统的组织结构，并在实现物流的合理化和高效化的基础上，促进电子商务物流的发展。其次，促进了物流基础设施的改善和物流技术的进步。电子商务高效率和全球性的特点，要求电子商务物流必须保证提供良好的物流配送网络、交通运输网络和信息通信网络等基础设施，进而达到双赢的目标。物流技术决定物流的服务质量和服务效率。第三，改变了物流企业的竞争态势。在电子商务环境下，竞争优势不能仅仅靠提供优质服务、降低物流费用等来获取。物流企业必须互相协同，形成一种合争的态势以满足物流系统的高效、高质和系统要求。

(2) 物流需求的多样化转变。在电子商务条件下，物流需求发生新变化。一方面，消费者地理分布分散化、全球化，但是物流网络很难做到地理区域的全覆盖，这就要求物流必须适应这种情况。例如，物流社会化成为发展趋势，要求采取多家物流企业的合作，或者面向不同的销售区域提出针对性的物流服务策略。另一方面，物流需求呈现出多品种、小批量、零库存的特点，因此需要根据客户企业的弹性需要提供多功能、个性化的物流服务。

(3) 颠覆传统物流的运作模式。首先，电子商务可对物流网络实现实时控制。电子商务构建起来的信息平台，在交易中各个环节之间实施信息共享，对物流信息、市场信息的实时掌握，可以有效地实现对整个物流过程的实时控制，及时调整物流运作方案，实现物流运作的合理化、个性化。其次，强调物流运作控制的整体性。电子商务环境下，物流的运作不仅要考虑某企业的物流规划和安排，而且要从整体的视角考虑物流的社会性和全球性，进而利用网络全球化的优势下，对物流过程展开全球范围内的实时监控和整体控制。

(4) 物流增值服务的拓展。电子商务发展需要的不仅仅是传统的物流服务，更重要的是用户所期望的甚至是期望之外的增值性物流服务，尽可能缩短与客户的距离，提高对客户需求的反应速度，进而建立和保持企业竞争优势。其中包括：重新规划物流系统，提供手续简化和操作流程的便利性服务；简化物流流程，提高物流系统时效性，提供快速响应服务；提供物流的社会化、集约化、技术创新等带来的低成本服务；恰当定位物流服务，保证物流延伸服务的完善化和系列化等。

(5) 加速物流的社会化。电子商务的跨时域性与跨区域性，决定了社会化是物流发展的必然趋势。物流社会化的一个最重要标志就是物流信息管理水平达到要求。只有构建物流信息中心，使物流信息管理方式多样化，物流信息交流渠道完善，物流信息交流系统能保证信息输入、整理、存储的便捷，也只有物流信息能直接为管理决策服务，才能在资源优化配置的基础上节约社会成本。(参见“4.1.1 物流概述”)

扩展阅读 4-4 社会化物流“物流宝”

社会化物流是要利用信息化手段，整合闲散社会物流仓储资源，为客户提供一切可能的主体运输方式来完成企业一体化供应链服务。2010 年 6 月“物流宝”平台（http://e-56.taobao.com）上线。“物流宝平台”是指由淘宝网联合优秀的仓储、快递、软件等物流企业组成服务联盟，提供一站式电子商务物流配送外包服务，解决商家货物配备和递送难题的信息平台。该平台共包括了三大块内容，分别是基于物流信息、交易消息和商家 ERP 系统全面打通的淘宝物流宝平台、淘宝物流合作伙伴体系和物流服务标准体系。在物流宝网站上，按地域分为华东、华南、华西、华北四个地区，各区域具有几个物流企业。各地分仓的数据统一管理，统一调配货品，形成统一的服务和收费标准。买家在淘宝多个网店买了商品后，“物流宝”将这些数据整合后形成一个包裹订单，选择就近的一个分仓发给买家，后者也只用付一个包裹的运费。同时，为了满足商家和消费者的多样化需求，淘宝大物流计划中还包括了对多种社会物流服务资源的整合。这种开放式的物流联盟的作用便是在全社会范围内降低物流成本。[资料来源：天极网软件频道（http://soft.yesky.com/）]

（6）促进物流的智能化。电子商务对物流高效、高质、快捷、个性化等高层次的要求，使其希望利用信息生成设备，如无线射频识别设备、传感器或全球定位系统等装置与互联网相结合，形成的一个智能化的物联网络，进而实现智能物流管理。一方面，在未来的智能物流系统中，通过智能设备和智能信息系统的普遍运用，实现物流各环节的精确管理，使物流成本最小化和零浪费。另一方面，通过智能化地实时采集信息，并进行广泛、深度地信息分析处理，为最终用户提供优质的、增值性的物流信息咨询和服务，为物流企业提供最佳的和集成式的规划、管理和决策支持。另外，智能物流能优化物流企业资源配置和业务流程，拓宽其业务范围，为物流企业提供一体化的协同式发展平台，实现供应链企业间物流的紧密衔接，保证电子商务交易过程中真正的资金流、物流、信息流“三流合一”。（参见“4.1.1 物流概述”）

扩展阅读 4-5 智能化的食品物流

目前每头输入香港的活猪都会被植入一个包含 RFID 标签的电子耳标。养猪场将活猪的饲养、免疫、转栏等养殖信息记录录入到计算机系统中，通过电子耳标可以查阅活猪的饲养历史。该系统最重要的作用是快速报关。在出口报关及检验检疫过程中，工作人员通过识读电子耳标调出每只活猪的生长档案并辅助检疫，极大地提高了边境口岸及检疫部门的工作效率。该系统的另一个特点是跨地域，不但在中国大陆活猪的生长及运输过程可以全程监控，在香港口岸、屠房等环节也可以利用电子耳标实现自动查验，明显提高了查验效率及准确性。

然而，食品工业中的各种鲜活食品对某些环境参数具有特殊要求，如农药残留、食品添加剂、污染物、微生物、细菌含量等参数。如今只有光亮、湿度、温度等常规的环境参数可以提供，对复杂的食品物流环境还缺乏有效的监测手段。另外，传感器等智能设备与其他物流设备，如保鲜器具、运输车辆、仓储设备等的结合和协同还有待加强。[资料来源：刘云浩．2010．物联网导论．北京：科学出版社]

4.2 第三方物流

第三方物流作为新的专业化分工领域，是要向工商企业和消费者提供社会化、专业化的物流服务，现已发展成为一个新兴产业部门，是国民经济的一个重要组成部分。

4.2.1 第三方物流及其价值

第三方物流（Third Party Logistics，3PL）在国外常被称为契约物流、物流联盟、物流社会化，源于20世纪80年代中后期的欧美发达国家。“第三方”即外包（Out Sourcing）之意，是指利用企业的外部资源为企业内部的生产和经营服务。因此，第三方物流是指由供方与需求方以外的物流企业提供物流服务的业务模式。第三方物流企业本身不拥有货物，而是以合同的形式在一定期限内为其外部客户的物流作业提供管理、控制和专业化服务。第三方物流提供商所提供的集成服务涵盖了运输、仓储、码头装卸、库存管理、包装以及货运代理在内的诸多业务。

第三方物流的名称来自于第一方物流和第二方物流。第一方物流（First Party Logistics，1PL）是指由商品提供者自己承担商品的物流问题，以实现物资空间位移。特别是在产品输送量较大的情况下，企业比较愿意由自己来承担物流的任务。第二方物流（Second Party Logistics，2PL）是指由商品需求者自己解决所需商品的物流问题，以实现商品的空间位移。第三方物流是指商品买卖双方之外的第三方提供物流服务的形式。第三方物流是随着物流业的发展而发展起来的，第三方物流是物流专业化的必然且重要的形式。

第三方物流之所以成为世界范围的物流发展必然趋势，根本原因在于第三方物流发展具有其独特的价值和作用，主要表现在物流成本的转移、服务水平的提升和社会资源的高效利用等方面。

（1）转移物流成本。企业在竞争中追求的目标是降低成本、提高利润率。企业将物流业务外包给第三方物流公司，可将企业对物流设施和物流信息系统建设的投资成本尽可能减少；可降低存货水平，减少货物存储费用；降低物流空载率，减少单位商品的运输费用等，从而使企业的物流成本得以转移。同时，企业也可以有效地规避物流基础设施建设风险、资金投入产出风险和存货损坏或贬值的风险。

(2) 提升服务水平。企业将物流外包给第三方物流公司，可以提高对客户需求的反应能力，实现货物的快速交付，提高顾客满意度；并对在途货物实施追踪和监控，保证货物及时、安全地到达目的地；能够专注于核心业务，提高客户满意度，增强信誉，保证企业的市场占有率，从而提升自身核心竞争力。第三方物流公司能为企业提供一体化的综合物流服务，并整合、优化各种物流服务资源。

(3) 高效利用社会资源。一方面，第三方物流公司可将社会上的闲置物流资源有效利用和整合起来，达到合理配置。另一方面，其专业化的物流管理经验和完善的物流信息网络，能对所服务的多家企业物流资源进行统一管理、运营，实现资源和信息的共享，极大促进了社会物流资源的合理配置和综合利用，提高物流整体运作效率。

扩展阅读 4-6　UPS 的发展

UPS (United Parcel Service) 已经有 103 年的历史，成立于美国华盛顿。经历过多次危机，UPS 都已成功克服。UPS 在全球 200 多个国家运作，从最初的包裹递送，逐渐拓展产品服务范围，现在已成为全球领先的整体供应链提供商。可用“变中求胜”来描述 UPS 的发展。首先，在 UPS，大家都拥有相同的价值观，拥有一支业务娴熟、多元化的团队。其次，UPS 提供创新的、高附加值的服务，以客户为中心，持续不断地关注客户需求，为客户提供有预见性的、与众不同的解决方案。UPS 不断开拓新客户，坚持发展和运用最先进的 IT 技术，全面建设、优化运营网络。UPS 一直重视在 IT 技术方面的投入。现在 UPS 的查询网络已经覆盖 104 个国家，每个工作日都可以接收到 185 万次在线查询，从而提高了对供应链管理的能力。[资料来源：物流联盟整理 (www.cnwuliulm.com)]

4.2.2　第三方物流的特点

第三方物流的出现和发展对物流资源的合理配置、物流成本的降低及物流效率的提高具有极为重要的意义，在发展过程中第三方物流的特征也越来越明显，具体如下：

(1) 第三方物流服务契约化。第三方物流以契约的形式来规范物流企业与客户企业的关系。企业在选择第三方物流服务时，一般要签订专门的长期合同，规定服务项目和目标，并且包括一定的惩罚措施和激励条款。第三方物流企业根据合同条款规定的要求，提供多功能、全方位的物流服务。合同的达成不是满足临时物流需求，而是一段时期的长期合作需求。

(2) 第三方物流服务个性化。第三方物流企业服务的对象一般不多，甚至有的只有一家服务对象，但服务时间却较长。第三方物流企业的经营理念从供给推动模式向需求拉动模式转变。第三方物流合作双方为了共同的战略目标，在信息共享的条件下，共同制定物流解决方案，其业务深深地触及客户企业整个生产经营过程，并根据不同物流需求者在企业形象、业务流程、产品特征、消费者需求、竞争对手等方面的不同要求，采用“一对一”的方式为客户提供特殊的、个性化的定制服务。（参见“4.1.1 物流概述”）

（3）第三方物流依赖于现代信息技术。信息技术的迅猛发展是第三方物流出现的必要条件，信息技术实现了物流数据的快速、准确传递，提高了物流各环节的自动化水平和信息实时共享水平，促进了物流管理的科学化，使其实现了一体化管理与运作，极大地提高了物流效率和效益，也使电子商务企业愿意把原来在内部完成的物流作业交由第三方物流企业来运作。

4.2.3 电子商务环境下的第三方物流

第三方物流提供专业化物流服务，作为新的专业化分工领域，其已经发展成为一个新兴产业部门和国民经济的一个重要组成部分。在电子商务环境下，第三方物流发展迅速，其也对电子商务的发展产生了很大影响。

1. 电子商务发展对第三方物流的影响

社会信息化的深入发展，促进了互联网上电子商务运作模式的广泛运用。电子商务爆炸式的发展对高效率、高速度的物资流动要求进一步提高。面对激烈的市场竞争，电子商务企业不可能都自办物流，而是把物流业务外包，成规模的物流外包业务促进了第三方物流发展，扩大了第三方物流的市场范围，激励社会上相互协作发展集约化的物流运作模式。这对于第三方物流的发展起到了巨大的推动作用。

另一方面，物流速度是决定第三方物流业成败的关键，其主要取决于物流领域的电子化水平的发展。在电子商务环境下，物流电子化依赖的是电子商务先进的信息技术。电子商务相关技术的发展，为第三方物流的正常运行、安全防范、信息沟通提供了较高的技术保证。第三方物流业务流程中的各个环节（包括业务合同签订、入库、储存保管、出库、运输配送、资金结算等）都需要在充分利用电子商务环境网络特点和技术优势的基础上，才能正常运行，并进一步扩大市场和经营规模，提高营运效率，最终达到提高经济效益的目的。

2. 第三方物流对电子商务发展的影响

一直以来，物流是制约电子商务发展的瓶颈，是电子商务企业和客户之间诚信构建的阻碍。电子商务的物流系统不仅投资大，而且专业化程度要求高。对于大多数电子商务企业，自营物流不利于企业业务的迅速扩展。而第三方物流在信息咨询和业务整合方面的强大能力，使其经营规模化、集约化，在某种程度上能有效降低电子商务的运营成本，转移自身对物流的投资和运行风险，扩大商品销售范围。另一方面，第三方物流自身的物流管理经验和强大的资本实力，能够保证电子商务物流环节的保质、保效完成，实现客户满意度的最大化，并通过其发达的信息沟通机制将客户意见反馈给电子商务企业，提高电子商务企业在客户中的信誉度，全面提升企业的客户服务水平，如图 4-2 所示。

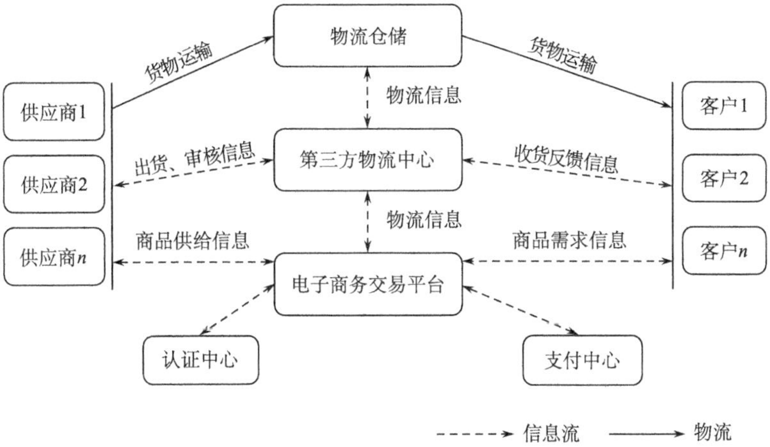

图 4-2　电子商务中的第三方物流

可以说，第三方物流是电子商务运作的前提和保障。它是电子商务现实交易的最佳载体，是最终完成电子商务交易的有力保证。第三方物流融入电子商务企业，便为其提供完善的供应链解决方案，与其共同分担电子商务供应链管理的利益和风险。

如今，人们又在不断探索更为有效的物流运作模式，不断提出一些新思路和新名词。作为对现代供应链管理挑战的突破性解决方案，第四方物流正在兴起，并逐渐演变为物流业中一种新的商业运作模式。

知识链接 4-1　第四方物流

第四方物流（Fourth Party Logistics，4PL）概念由安达信咨询公司在 1996 年最早提出。安达信认为虽然第三方物流在提高核心竞争力、改善客户服务、减少资金需求、降低物流成本等方面发挥着举足轻重的作用，但从整个供应链的角度来说，其成本节约十分有限，并未达到真正的系统最优。企业的高层人员依然需要花费大量时间和成本，来管理使第三方物流发挥作用的关系网和资源。企业会逐渐专注在其核心业务，而把企业在全球供应链上有关物流、资金流、商流、信息流的管理和技术服务，统一外包给一个一站式集成服务提供者。这种多元整合服务不是单独一个第三方物流提供商所能胜任的，必须整合一个或多个第三方物流提供商以及其他相关的咨询、金融、信息技术等服务提供商，而整合这个服务联盟的主导者就是所谓的第四方物流。第四方物流概念提出后，从理论到市场运作都对第三方物流提出了挑战。很多研究人员认为第四方物流相对第三方物流而言具有自身的优越性，指出第四方物流能够提供比第三方物流更多的、更先进的物流外包服务。[资料来源：田歆，汪寿.2009. 第四方物流与物流模式演化研究. 管理评论，21 (9)：55-61]

4.3 现代物流技术

物流技术是指支撑物流配送各环节运作的所有相关的专业技术总称，包括流通加工、物品包装、物品标识、物品实时跟踪，以及物流规划、物流评价等相关技术。电子商务物流的信息化、智能化、自动化等特点，使物流技术不断向前发展。电子商务物流技术是信息技术在电子商务物流领域的应用，从而形成多种业务集成的现代物流体系。随着计算机网络技术的应用普及，物流信息技术中综合了许多现代技术，如条形码技术（Bar Code)、射频识别技术（Radio Frequency Identification，RFID)、全球定位系统（Global Positioning System，GPS）和地理信息系统（Geographic Information System，GIS）等。

4.3.1 条形码自动识别技术

条形码技术是伴随计算机应用产生并发展起来的一种识别技术。人们需要一种可以快速准确地对物体进行识别以配合计算机系统处理的技术。条码技术应运而生，经过几十年的发展，已被广泛应用于各行各业。

1. 条形码技术的优点

条形码，简称条码，是由一组排列规则的、黑白相间的条状符号、字符和数字组成的标记，用以表示一定的信息。如商品条形码可以表示商品的名称、产地、价格、种类等。条形码技术是现代物流系统中非常重要的信息采集技术，有利于大幅提高物流效率。

条形码的信息识别需要使用专门的条形码识别设备（如手持式条码扫描器)。当条形码被扫描时，其中包含的信息就直接转换成计算机能识别的数据，并存放在专门的数据库中。然后，根据需要调动计算机上的应用程序对数据进行操作和处理。

条形码技术是迄今为止最经济实用的一种自动识别技术。条形码技术具有速度快、精度高、成本低、可靠性强等优点，在自动识别技术中占有重要的地位。条形码信息输入迅速，其输入的速度是键盘输入的5倍，并且能实现即时数据输入，而且误码率很低，有较高的可靠性。一个条形码蕴含的信息量很大。例如，一维条形码所包含的全部信息是一串几十位的数字和字符；二维条形码相对复杂，包含的信息量可以达到几千个字符。条形码标签易于制作，对设备和材料无特殊要求，识别设备成本相对较低，信息识别过程简单易学、操作方便。

2. 物流条形码

利用物流条形码可使物流系统发挥更好的功能效用。在商品从生产厂家到客户的整个交易流程中，可以通过物流条形码来实现物流信息迅速采集，使信息的传递和共享更加方便、快捷和准确。商品条形码的普及使商业管理实现了自动化。通过对物流条形码信息的采集、传递和反馈能够使物流系统的经济效益得以提升。物流条形码具有的特点，使其能够区别于商品条形码，并在物流领域发挥重要的作用。

在现代物流中，物流企业往往利用标准化EDI进行物流信息处理，并配合条形码技术，进而提高效率，减少差错率，降低成本。EDI和条形码的配合，使企业做到对物流流程的实时数据采集、显示和控制。(参见“1.5.1 EDI技术”)

物流条形码与商品条形码存在的区别如表4-2所示：①标识对象不同。商品条形码是最终消费单元（一般指零售渠道中的单个商品包装单元）的唯一标识；而物流条形码则是货运单元（由若干消费单元组成的稳定的、标准的产品集合，可以是多个商品集合，也可以是多种商品集合）的唯一标识。②应用领域不同。商品条形码用于零售业的现代化管理，可以实现商品的自动识别、自动寻址和自动结账；物流条形码则是针对物流的现代化管理，应用于包装、运输、储存、分拣和配送等众多环节中，从而实现货物跟踪和信息共享。③信息容量不同。商品条形码的长度固定，信息容量少；物流条形码的长度可变，信息容量多。④维护程度不同。商品条形码已经国际化和标准化，不可经常更新；物流条形码是可变条形码，可根据交易的具体需要而不断补充、丰富信息。

表4-2 物流条形码与商品条形码的区别

	商品条形码	物流条形码
标识对象	最终消费单元的唯一标识	货运单元的唯一标识
应用领域	用于零售业现代化的管理	用于物流现代化的管理
信息容量	条码的长度固定，信息容量少	条码的长度可变，信息容量多
维护程度	已经实现国际化和标准化，不需要经常增减更新	是可变性条码，根据贸易的具体需要而增减信息

3. 条形码种类

条形码有很多种类，一般分为一维条形码和二维条形码。

1）一维条形码

一维条形码是最传统的条形码，由宽度不等的多个黑白条按照一定的编码规则排列，用以表达一组特定信息（图 4-3）。所有条形码都有一些相似的组成部分，如对条形码进行校验以保证译码后的信息正确无误的校验符号。然而，一维条形码存在一些不足，如信息容量较小，只能标识商品，必须借助预先建立的数据库获取商品的详细描述；无法表示汉字或者图像信息；信息保密防伪性较差等。

2）二维条形码

二维条形码是利用某种特定的几何图形按规律在二维方向上黑白相间分布来记录数据符号信息，在水平方向和垂直方向均带有信息的条形码（图 4-4）。二维条形码的工作原理与一维条形码类似。

图 4-3　一维条形码

图 4-4　二维条形码

二维条形码将条形码的信息空间从线性的一维扩展到平面的二维，其具有以下几个特点：①信息存储量大，其字数存储量是一维条形码的几十倍，还可存储各种语言文字、数字、符号、照片、指纹、签字、声音等；②抗损性强，当遭受污染或破损后仍然能够解读出原数据；③安全性高，多种加密技术大幅提高其安全性，且具有强抗磁能力和抗静电能力等；④条形码符号的形状可调。二维条形码的形状可以根据载体面积限制和美工设计需求等进行调整。

4. 条形码技术在物流配送中的应用

电子商务时代，交易速度的大幅提升，致使货物流量越来越大，流速越来越快。随着竞争的日渐加剧，仅靠手工录入商品信息和人工查询容易造成货物运送过程中的失误或延迟，给交易双方带来巨大损失。而采用快速、准确的条形码采集方式，可以节省物流成本，满足客户的需求，提高企业的利润。

准确、快速的商品物流信息流能够有效控制物流的业务流程，一方面跟踪物流和掌握库存状况，另一方面降低物流作业的出错率。物流在订货、收货、入库、理货、在库管理、配货、补货等大部分作业环节中应用条形码技术。由表 4-3 可见，条形码自动识别技术大大提高了物流信息采集和识别的准确性及速度，实现了物流的高效率运作。

表 4-3 条形码在物流配送中的应用

流程环节	条形码的作用	效果
生产环节	记录生产线上每一道工序的物流状况	建立自动控制系统，实现生产管理的高自动化
库存环节	记录商品入库时间、库存数量、存放位置等	减少作业人员的工作量与操作的出错率
分货拣货环节	自动分货拣货	比手工分拣工作的效率高出数倍
销售环节	将商品名称、品牌、产地、规格、销售时间、地区和数量等信息输入数据库，掌握进销存的数据	分析与预测顾客的需求趋势，降低库存水平，提高整个供应链的效率
售后环节	记录产品的流通信息和客户信息	为生产、营销提供市场依据

扩展阅读 4-7 UPS 的世界港中的智能标签

使用条码进行包裹分拣的一个典型例子是 UPS（United Parcel Service）。UPS 的世界港（worldport）位于美国肯塔基州路易斯威尔，是 UPS 全球最大的全自动化包裹处理中心。自 1999 年起，UPS 开始投资 10 亿美元，用来扩建其在路易斯维尔国际机场的分拣中心。如今处理 2000 件包裹只需要 17 秒。站在分拣中心里面，就仿佛置身于一台高速运转的机器内部，总长 150 英里的 3 万多条传送带井井有条地叠加交错在一起。UPS 在世界港里使用智能标签（一维条形码和二维条形码），极大地降低了差错率。在整个传送过程中，传送设备上的高架摄影机不断读取包裹上的含有货物信息的智能标签。根据智能标签上的信息，传送系统会把包裹按不同送达地点分拣到不同区域。在分拣中心的传送带上，包裹按照预先设计好的程序快速地运动。一件包裹的行程最少要走 800 米，而最长的要走 16 千米，平均传送时间为 13 分钟，这期间一般要被扫描 6 次。[资料来源：中国民航网（http://www.caacnews.com.cn）]

4.3.2 射频识别技术

射频识别技术（RFID 技术）是当前自动识别领域的热点技术之一。其基本原理是电磁理论，即利用射频信号实现无接触的信息传递和读写，达到自动识别的目的。RFID 技术的出现彻底改变了条形码依赖一维或二维几何图案来提供信息的方式，而是通过芯片来存储数量巨大的信息。但是 RFID 技术带来的绝不仅仅是信息容量的提升，其所具有的强大优势会极大地提高信息的处理效率和准确度。

知识链接 4-2　RFID 技术的发展

RFID 的历史可以追溯到第二次世界大战。那时各国都在采用一项于 1922 年发明的新技术——雷达，用以预警正在接近的飞行目标。雷达的致命弱点是无法分辨敌我双方的飞机。德国人发现当他们在返回基地的时候如果拉起飞机将会改变雷达反射回的信号形状，从而与敌军进攻的飞机加以区别。这种简单拙劣的方法可被认为是最早的被动式 RFID 系统。与此同时，英国展开了一项秘密项目，开发出能够识别敌我双方飞机的敌我识别器。敌我识别器安装在英国飞机上，当接收到雷达信号以后，敌我识别器会主动广播某个特定信号返回给雷达从而区分敌我双方的飞机。这种方法可以被看作是最早的主动 RFID 系统。随着大规模集成电路、可编程存储器、微处理器以及软件技术和编程语言的发展，RFID 技术才开始逐渐推广和部署在民用领域。[资料来源：刘云浩．2010．物联网导论．北京：科学出版社]

在电子商务物流过程中，条形码虽然价格低廉，但它识别速度慢、数据存储量小、工作距离近、穿透能力弱、环境适应能力差，以及不能进行写操作等不足，使其越来越不能满足人们的物流需求。而 RFID 技术作为条形码的完美替代品，有许多独特优势，如防水、防磁、穿透性强、读取速度快、识别距离远、存储数据能力大、数据可进行加密和读写等，致使该技术在完成识别工作时无需人工干预；工作距离长，识别距离比光学系统远；不怕油渍、灰尘污染，适于恶劣环境，不易损坏；可以识别高速运动目标，甚至同时识别多个射频卡等。因此 RFID 技术能提供更细致、更精确的产品供货信息，在实现货物供给过程自动化方面起到很大的作用。

RFID 技术起初主要被应用在一些无法使用条码跟踪技术的特殊工业场合，被用于目标定位、身份确认及跟踪库存产品等。之后逐步被应用到传输业和访问控制、动物监控、电子收费系统、交通管理系统和商品零售等很多领域中。我国已经将 RFID 技术应用于铁路车号识别、公共交通、手机支付、身份证管理、动物标识、特种设备与危险品管理、生产管理等多个领域。据有关资料显示，沃尔玛一年单是盗窃的损失就差不多有 20 亿美元。通过采用 RFID 技术，沃尔玛每年可以节省 83.5 亿美元，其中大部分是因此而节省的劳动力成本。另外，RFID 技术能够帮助把失窃和存货水平降低 25%。

1. RFID 技术的工作原理和优势

RFID 系统一般包括阅读器、天线和电子标签三大组件，其中阅读器中包含传送器、接收器和微处理器。阅读器通过天线在一定区域内发射能量形成电磁场，电子标签进入该电磁场后，接收阅读器发出的指令，对其内部存储的标识信息进行实时读写操作，并将标识信息发射出去，阅读器通过天线接收并识别电子标签发回的信息，在对信息有效性进行校验后，通过计算机网络将识别结果发送给主机，进行信息处理和传输。RFID 技术的工作原理如图 4-5 所示。由于电子标签与阅读器之间是通过空气介质以无线电波的形式进行信息传递的，其信息传输距离常会受到很多因素的影响。

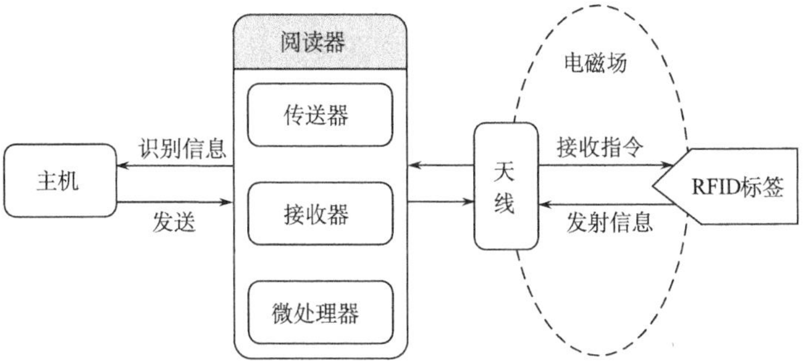

图 4-5 RFID 技术工作原理图

2. RFID 技术在物流中的应用

RFID 技术在物流过程中有广泛的应用，如货物的存货管理、运输管理和分拣管理等方面。射频识别标签被贴在集装箱和设备上，而射频阅读器通常安装在运输路线、仓库、车站、码头和机场等关键地点。射频阅读器收到标签发送的识别信息以后，将接收地点的位置信息一同上传至通信卫星，再由卫星传递给物流管理信息数据库中。

各级物流管理人员和物流的作业人员可以通过 RFID 技术及物流信息系统实时掌握货物订购、仓储、运输等所有信息，能够安全有效地解决货物库存问题，避免货物重复运输，实现物流的作业自动化和决策智能化。（参见“扩展阅读 4-6 智能化的食品物流”）

扩展阅读 4-8 RFID 技术在德国物流行业中的应用

在 DHL 创新中心展厅，包裹从 A 地运送到 B 地的过程十分引人注目。通过从货物预定到交付整个过程的演示，参观者可以目睹未来的物流世界。在整个过程中，RFID 技术至关重要。安装上 RFID 芯片，便能对包裹进行安全管理与无缝追踪。而且，这种技术在客户服务与气候保护方面具有很大潜力。创新中心与来自科学界、企业界的技术专家研究出了具体的设计和实施方案。未来的智能车辆将运用 RFID 技术，结合基于 GPS 的路线导航系统，优化运输路线，提高车辆运载能力。这不仅能够降低运输成本，还能够减少二氧化碳排放。[资料来源：RFID 世界网（http://www.rfidworld.com.cn/）]

4.3.3 全球卫星定位系统

位置信息是最重要的信息之一。位置信息包括所在的地理位置、处在该地理位置的时间、处在该地理位置的对象（人或设备）三大要素。也就是说，位置信息承载了“时间”、“空间”、“主体”三大关键信息。在电子商务物流配送过程中，充分利用位置信息，能够根据所在地提供时效性更佳的、个性化的定制服务。

1. GPS 的优点

美国从 20 世纪 70 年代开始研制全球定位系统（GPS），并于 1994 年全面建成。GPS 具有全球地面连续覆盖、功能多、精度高、实时定位速度快、抗干扰性能好、保密性强、受控制程度小等优势。随着全球定位系统的不断改进及硬件、软件的不断完善，GPS 已成功地应用于运载工具导航、数据通信、大地测量、工程测量、地壳运动监测、资源勘察、地球动力学等多种领域。目前全球定位系统的应用已遍及国民经济各部门，产生了巨大的社会经济效益，并开始逐步深入人们的日常生活。

由于 GPS 在需要确定目标地理空间位置和空间轨迹的军事及民用领域中的应用效果显著，很多国家也陆续展开了卫星导航系统的研究和部署，如我国的北斗全球卫星导航系统、欧盟的伽利略定位系统、俄罗斯的 GLONASS 全球卫星导航系统等。

2. GPS 的工作原理

GPS 由宇宙空间、地面监控、用户设备三大部分组成。宇宙空间部分由 24 颗工作卫星构成。GPS 的卫星布局保证在地表绝大多数位置，任一时刻都至少有 6 颗卫星可以进行定位；地面监控部分由分布在全球的若干个监控系统构成，作用是监测和控制卫星上设备的正常工作以及确保卫星沿预定轨道运行；用户设备部分是一个 GPS 专用接收机，通过接收 GPS 卫星所发出的信号进行导航定位等工作。

GPS 的工作原理（图 4-6）很简单：先测得用户设备与三个 GPS 卫星之间的距离，然后通过三点定位方式确定用户设备的位置；每颗 GPS 卫星都在不断地向外发送信息，每条信息中都包含有信息发出的时刻以及卫星在该时刻的坐标；用户设备通过测量每颗卫星信号到该设备的时间延迟，根据信号传输的速度就可以计算出用户设备到不同卫星的距离；同时收集到至少四颗卫星的数据时，就可以计算出三维坐标、速度和时间。

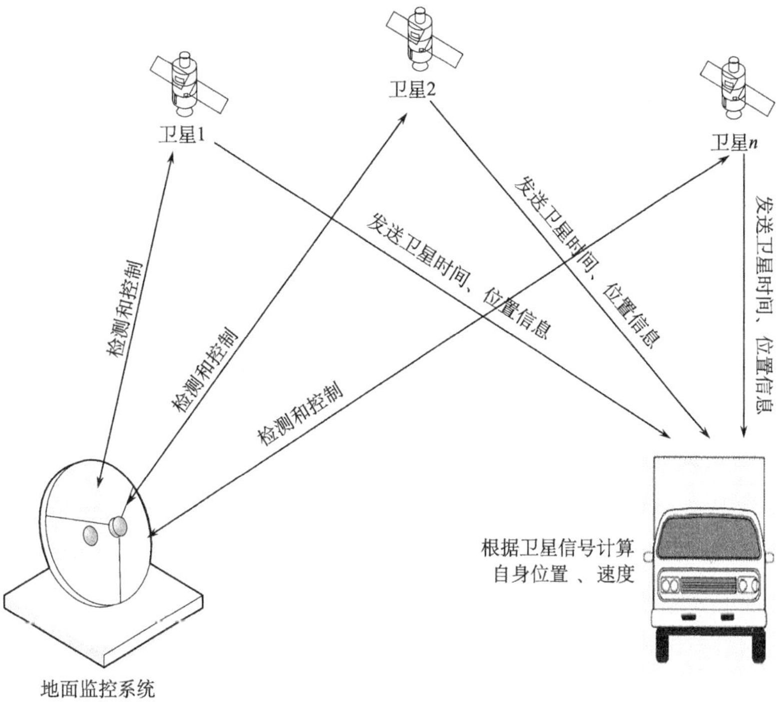

图 4-6 GPS 基本工作原理图

3. GPS 技术在物流管理中的应用

GPS 在物流领域的应用主要是在车辆自动定位、跟踪调度以及铁路运输等方面。在车辆自动定位和跟踪调度方面，物流管理部门可以利用 GPS 的计算机信息管理系统，并通过 GPS 和计算机网络实时收集车辆所运货物的动态信息，从而实现车辆、货物跟踪管理，并及时地进行车辆的调度管理。在铁路运输管理方面，只要知道货车的车种、车型和车号，就可以利用 GPS 技术，从近 10 万公里的铁路网上流动着的几十万辆货车中找到该货车，还能得知该货车在何处运行或者停在何处，以及所有车载货物的发货信息。

未来物流管理中，GPS 技术会更显智能化，从而提高物流各个环节的效率，提供更优质的物流服务，不仅可以根据物流目的地来自动找出最佳路线，还可以通过获取最新的路况资讯，根据物流任务和流程涉及的各种环境，使得路线选择更加优化和个性化。例如，通过对物流中运输车辆的定位监控，了解车辆分布、历史轨迹、当前位置等情况，可了解到某个地域内哪些车辆可供使用及所有在途运输车辆的分布情况。因此在物流中可进行实时调度和配载，从而加快车辆的使用频率，降低车辆空驶率；可对承运货物的车辆进行全程跟踪，确保货物运输时效；也可实时掌握车辆的所在位置、在途情况和运输时间等，以便提前安排货物的接收、停放以及销售等环节，提前完成货物的销售链。

扩展阅读 4-9　远成集团的新干线

2010年，远成集团完成对所有旧车辆排放改装，并陆续开通50条新干线，实现覆盖全国大中城市公路物流直达。在车辆改装中，运用GPS对物流方案进行整体布局、全面设计，避免或减少重复建设和人为浪费等。“新干线”全面实现“准时准点、定时定班”，将“次日达”概念提升到“当日达”。远成新干线采用定时、定点开行，优先发送、分理的货物处理方式；投入的干线车辆可在途运行24小时，并配有GPS全程定位跟踪装置，全面实行集权化管理模式，采取班车式运输。全程运作中由集团统一指挥，由总调度台对资源进行统一的管理。[资料来源：网易财经（http://money.163.com/）]

4.3.4　地理信息系统

地理信息系统（GIS）是综合计算机科学、地理学、测量学、地图学等多门学科的技术，是一种决策支持系统。GIS是以地理空间数据库为基础，适时提供多种空间的动态地理信息，集空间信息储存和处理为一体的高新技术，在很多领域都具有实用价值。

1. GIS技术简介

GIS是采集、贮存、描述、分析和管理整个或部分地球表面（包括大气层在内）地理空间数据的空间信息系统，是整个地球或部分区域的资源、环境在计算机中的缩影。它把地理位置和相关属性有机结合起来，根据实际需要准确真实、图文并茂地输出给用户，借助其独有的空间分析功能和可视化等功能，辅助决策。

地理信息系统具有以下三个方面的特征：①具有采集、管理、分析和输出多种地理信息的能力，具有空间性和动态性；②由计算机系统进行空间地理数据管理，并由计算机程序模拟常规的或专门的地理分析方法，作用于空间数据，产生有用信息，从而完成人类难以完成的任务；③计算机系统的支持是地理信息系统的重要特征，从而使地理信息系统能够快速、精确、综合地对复杂的地理系统进行空间定位和过程动态分析。

GIS可以帮助用户进行地理信息查询和分析。GIS具有将数据集合和地理信息链接起来的能力，使决策者集中精力于实际的问题，辅助企业对资源进行管理。首先，GIS 对地理数据进行数字化处理，将数据转换或处理成某种形式以适应某个特定项目的系统；其次，利用不同的 DBMS 设计进行地理数据的有效存储和管理，并提供简单查询功能和复杂分析工具；最后，所有查询和分析的结果最终都以地图信息的可视化形式输出。

2. GIS 技术在物流管理中的应用

GIS 技术主要应用于物流分析，也就是利用 GIS 强大的地理数据功能来完善物流分析技术。它包括：①物流设施规划，在物流系统中，仓库、配送中心和运输路线等共同组成了物流网络，可以根据供求的实际需要，利用 GIS 进行合理的物流设施规划，节省成本，提高物流经济效益；②物流路线设计，利用 GIS 设计物流线路，并显示所需运载工具数量和物流路径与方法，进而降低物流成本，保证物流服务质量；③车辆追踪与调度，利用 GIS 可以实时显示出车辆或货物的实际位置与状态，以便进行合理调度和管理；④物流信息查询，查询物流设施、运输车辆、客户等详细信息，并以多种信息形式显示，如文字、声音及图片等，且在电子地图上显示其位置，以作为不同层次决策的依据，如最近配送中心的选择。

扩展阅读 4-10 京东商城包裹可视化跟踪系统上线

2011 年 2 月，B2C 电子商务网站京东商城向消费者发布公告，声明包裹可视化跟踪系统正式上线。京东配送员全部配备 PDA 设备，并承诺未来可以准确在地图上标明包裹到货时间等信息，误差不超过 10 分钟。通过这项服务，消费者可以在购物之后追踪到购得物品的准确位置，在地图上实时追踪到自己包裹在道路上移动等投递情况如何时发货、距离多远、何时抵达等（图 4-7）。该功能在订单详情里面，和订单跟踪、付款信息并行，点击“订单轨迹”即可实现。同时，配送员即时服务系统也同步上线，可实现现场价格保护返还，无需和呼叫中心确认；送货过程中，客户无需进行任何页面操作即可实现退换货服务；现场实现订单完成状态，客户即时进行产品评价、晒单等。[资料来源：京东商城（http://www.360buy.com/）]

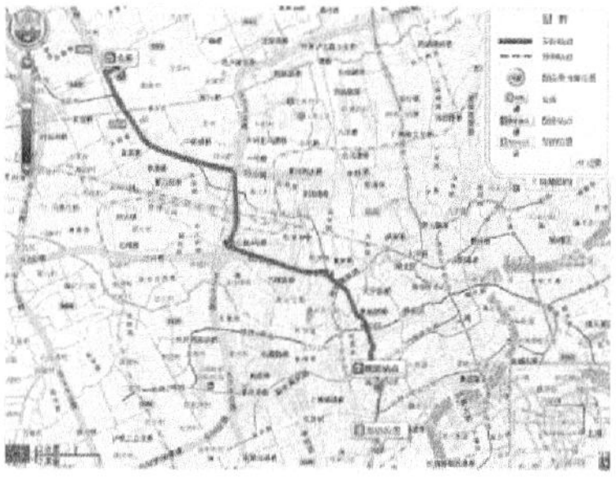

图 4-7 京东商城的订单轨迹示意图

4.4 电子商务物流信息与管理

4.4.1 物流信息的内容

电子商务物流信息指的是电子商务的物流活动所产生及应用的必要信息，是电子商务物流活动内容、形式、流程以及发展变化的信息反映。物流信息流动在物流各环节中，是电子商务物流管理基础和物流决策依据。一般而言，物流信息有物流内部信息、物流外部信息、物流设施信息之分。信息类型多样化，包括数据、文字、图像等。

在电子商务物流管理中要想保证决策的科学性，首要条件是对决策对象及其相关因素的状况和变化有一个全面准确的了解，对执行电子商务物流决策的各部门和各环节深入沟通联系。而电子商务物流信息的收集、传递、流动、应用等是企业决策的重要依据，对整个物流活动及涉及的各部门和各环节起指挥、协调、沟通的作用，使物流活动按照决策指定的目标方向协调运行。物流信息是物流企业实现决策目标的重要保证，也是提高物流企业经济效益的重要条件。通过构建现代物流企业的信息处理中心这一全新的现代物流体系，使商流、物流和信息流在物流信息系统的支持下协同工作，进而提供高质量、高效率的物流服务。

物流信息管理的基本内容指的是物流信息的搜集、传递、整理、分析和应用等，同时还包括先进信息管理系统中的信息生成、加工及处理等。物流信息管理的目的是利用快速、准确的信息流来指挥物流系统的各种活动。网络信息管理还需要对物流信息的经营管理建立有效的信息交流、共享机制，不断积累信息资源，并进行优势转化，在物流发展中挖掘更多信息价值。在电子商务企业经营管理过程中，物流信息的有效管理能有效影响企业决策和物流企业经营方式，改变物流企业组织结构，提高物流企业工作效率，降低物流企业成本及改变人才结构。

4.4.2 物流信息的特点

在电子商务环境下，物流信息的特点主要表现在以下几个方面：

（1）物流信息数量庞大且分布范围广。随着企业之间合作的增加和信息技术的发展，物流流程中各个环节（包括运输、存储、包装、装卸搬运和流通加工等）都会随时随地产生大量的物流信息，尤其如今对电子商务物流多品种、小批量、多层次、个性化的服务要求，导致物流信息总量会越来越大。而且，各种类型的物流信息可以分布在不同的厂商、仓库、货场、配送中心、运输线路、运输商、中间商、客户等处。物流信息的这些特点，使物流信息采集的成本巨大，且通常难以采集完全，给物流企业的经营管理带来一定的影响。物流信息数量庞大致使必须采取快捷、低廉、高效的现代化技术来进行信息采集。同时，由此带来的物流信息存储也是需要解决的问题，这也给物流信息系统提出了高扩展性能的要求。

（2）物流信息动态变化。在电子商务物流活动中，随着市场状况、用户需求的转变，电子商务物流信息会不断产生和变化，如货物装卸的数量、配送订单的接单和处理等。由于这种瞬息变化的特点，如果反映物流过程状态的信息不能及时传递到物流管理部门，便失去了对物流过程的实时控制甚至会造成物流过程的中断，最终影响物流决策，带来经济损失。因此，要求电子商务物流信息系统对物流信息具有较高的采集、分辨和处理能力，以及时满足企业物流高效运行的需要。

（3）信息来源多样化。不仅企业电子商务物流系统内部各个环节会产生不同种类的物流信息，电子商务物流系统与其他系统（如生产系统、销售系统等）之间，物流企业与电子商务相关市场、政府部门之间，在进行系统间沟通与协调时都会产生大量物流信息。对于电子商务物流而言，来源多样化的物流信息要求物流企业建立有效的物流信息收集和处理系统，实现企业内部的信息共享与整合，从而减少物流信息的利用成本。只有在物流企业与物流需求企业之间、供应链企业之间实现物流信息共享达到全面合作，才能努力提高对客户的整体服务水平，增强企业各自的竞争能力，使彼此都获得最大的利益。

扩展阅读 4-11　南京王家湾物流中心的信息化发展

南京王家湾物流中心成立于 2001 年 3 月。作为江苏省和南京市政府重点规划建设的大型现代化综合性物流基地，南京王家湾物流中心对信息化的要求极高，涉及范围非常广泛，包括第三方物流管理信息系统、货运交易市场管理信息系统、采购分销贸易管理系统、运营监控与决策支持管理系统以及具体相关的综合性物流系统项目集成。2007 年，南京王家湾物流中心同南京博科资讯合作，采用其物流供应链套件 MySCM，全面建立仓储、运输配送、计划与调度、报关、合作伙伴以及其他管理方面的信息系统，从而推动物流中心的整体发展，把跨地区、跨行业、跨部门的制造商、批发商、零售商及服务商连接起来，将国内物流、国际物流和电子商务连为一体，为全社会客户提供网上一站式的高效便捷的优质服务。[资料来源：eNet 硅谷动力网站（http://www.enet.com.cn/）]

4.4.3 电子商务物流信息系统

电子商务物流信息系统是利用计算机、网络通信等技术进行电子商务物流相关信息采集、存储、处理的人机系统。该系统可以通过对与物流相关信息的加工处理达到对物流、资金流的有效控制和管理，并为企业提供信息服务和决策支持。

电子商务物流信息系统的基本功能包括数据的收集和录入、信息的存储、信息的传播、信息的处理和输出等几个方面。电子商务物流信息系统的作用主要是辅助物流企业事务处理，为管理决策提供信息支持。电子商务物流是信息网络和传统物流的有机结合，因此电子商务物流信息系统不仅是一个管理系统，更是一个网络化、智能化、社会化的系统。

物流信息系统由于网络化、全球化、智能化的应用，往往具有开放性、灵活性、可扩展性、安全性、协同性、动态性、快速反应、信息的集成性、支持远程处理等特点，以保证物流信息系统在未来发展中能与国际通行标准接轨，能随企业的需求和变革而调整或改变，能提供满足特定顾客需要的个性化服务。

一般而言，电子商务物流信息系统由物流管理子系统、物流信息处理子系统和物流信息传输子系统三部分组成。

（1）物流管理子系统。物流管理子系统由物流企业组织机构、管理人员及相应的物流管理规范和制度等构成。物流管理子系统可以说是物流信息流动的动力来源，能显示出物流信息的最终效用。物流管理子系统是物流信息系统的一个重要组成部分，为物流企业的决策提供支持服务。

（2）物流信息处理子系统。物流信息处理子系统由硬件、软件、数据库、信息处理规则、信息管理和分析人员等组成。它负责物流海量数据或信息的采集、存储、分析、搜索、传递及输出，以满足管理子系统对物流信息的需求，属于物流信息管理与应用的核心部分。

（3）物流信息传输子系统。物流信息传输子系统由系统终端设备、通信线路和通信控制设备组成。它是物流信息传递与反馈的通道，是物流企业员工之间、企业与客户之间沟通的重要渠道，将各种物流相关信息及时、快捷、精确地传输到物流企业的各管理部门。

电子商务物流的不同阶段和不同层次之间均需要通过信息流关联。因此，一个完整的物流信息系统需要围绕信息流的管理与应用，并具有多种功能，包括数据处理功能、信息共享功能、分析预测功能、规划功能、决策和控制功能等。

扩展阅读 4-12　国美物流信息管理系统成功上线

2011 年 7 月 1 日上线的国美物流信息管理系统包含订单管理模块、运输管理模块和计费管理模块三大模块。其中基于供应链网络设计的运输管理模块帮助国美电器解决了总部与分公司的分级管理，有效地整合资源，提供端到端的全程物流服务，实现总部集中管理、统一运营、过程监控和分析决策的职能。此系统大幅度提高了国美的物流管理水平，降低了供应链总成本，使国美在顾客购买商品的时候就可以准确承诺配送时间，实现 ATP (Available To Promise) 承诺，大大提高了客户满意度。新系统的成功上线也体现出国美在经营层面对物流、资金、信息、服务等方面进行的统一规划和整合，对其运营业务进行集中管理、分散经营，库存共用（资金共用、人员共用）、统一配送、规范服务、统一核算，使资源有效优化并降低了成本。[资料来源：e-works 制造业信息化门户网（http://www.e-works.net.cn/）]

课后题

一、复习思考

1. 物流的要素主要包括哪些？各要素之间的关系如何？各要素分别能带来怎样的价值提升？

2. 物流行业和电子商务行业在各自的发展过程中相互影响，这些影响表现在哪些方面？

3. 第三方物流的特点包括什么？这些特点决定了第三方物流具有怎样的优势？

4. 何为第四方物流？你认为第四方物流是一个新的物流运作模式吗？

5. 条形码技术和 RFID 技术在电子商务物流过程如何发挥作用？

6. 全球定位系统和地理信息系统能给消费者带来怎样的电子商务物流配送体验？

7. 根据物流信息的特点，分析物流信息管理存在哪些问题？

8. 如何构建物流企业信息系统，以满足我国电子商务消费者对物流信息查询和共享的需求？

9. 智能物流是全球物流行业的发展趋势，其智能性表现在哪些方面？

二、问题讨论

1. 通过互联网查阅我国第三方物流企业宝供发展的详细资料，结合案例 1，以宝供物流在发展中遇到的问题为切入点，探讨在电子商务交易增速加快、行业内全球化竞争激烈的态势下，我国第三方物流企业该如何发展才能抓住契机，满足电子商务发展的需要，顺应国际化趋势，并展现自身特色。

案例 1:

德国 DHL、美国 FedEx 和 UPS 以及荷兰 TNT 这四家国际物流大鳄早在上世纪 80 年代起就已经相继进入中国。目前，DHL 和 FedEx 两家仍有涉及。中外运敦豪是外运发展与德国邮政（DHL）各出资 50%所成立的合资公司。2009 年，DHL 决定全线开拓在华快递业务，中外运敦豪收购了上海全宜快递有限公司、北京中外运速递有限公司和香港金果快递有限公司三家公司的 100%股权，整合后开展中国国内快递业务。目前，中外运敦豪将旗下三家国内快递公司的全部股权转让给深圳市友和道通实业有限公司。2011 年 7 月，四大国际快递之一

DHL因政策障碍暂时撤出中国国内快递业务。2009年10月1日修订后的《邮政法》规定外商不得投资经营信件的国内快递业务，而中外运敦豪国内信件等文件快递就占其国内整体业务量的35%。另一方面，国内快递市场现在还处于竞争无序的状态，小型快递企业价格优势明显，这应该是DHL退出中国国内快递市场的根本原因。

截至2010年末，中外运敦豪下属开展中国国内业务的三家公司累计亏损人民币约9923万元。截至2011年3月末，全宜快递、速递公司及金果合计负债总额约3.47亿元，累计亏损约3300万元。甚至连一直以来都以“可靠、时效”著称的FedEx（联邦快递）也保证不了服务质量。国家邮政局3月份数据显示，联邦快递的投诉率为万分之0.017，是国际同行DHL的4倍，甚至高出了国内民营快递顺丰速运。[资料来源：新京报电子报（http://epaper.bjnews.com.cn/）]

2. 由于物流资讯缺少、物流基建落后、第三方物流公司资质参差不齐等原因，我国国内很多企业的物流成本居高不下。如何降低物流成本成为每个企业决策者极为关心的问题。分析下面安利公司降低物流成本的案例，讨论安利公司在这方面的经验。同时结合我国企业自营物流、物流联盟和第三方物流的发展现状，探讨我国物流环境下降低电子商务企业物流成本的对策。

案例2：

安利（中国）日用品有限公司的储运成本仅占全部经营成本的4.6%。安利降低物流成本的秘诀在于全方位物流战略的成功运用。

（1）非核心环节外包。安利的“店铺+推销员”的销售方式，对物流储运有非常高的要求。安利采用了适应中国国情的“安利团队+第三方物流供应商”的全方位运作模式。核心业务（如库存控制等）由安利统筹管理，使企业价值链发挥最大效益。而非核心环节，则通过外包形式完成。例如，以广州为中心的珠三角地区主要由安利的车队运输，其他地区货物运输则是由第三方物流公司来承担。安利会派人员定期进行监督和市场调查，以评估服务商是否提供了合理的价格及符合公司的标准。

（2）仓库半租半建。安利在广州的新物流中心占地面积达4万平方米。安利采取的是和另一物业发展商合作的模式，合作方提供土地和库房，安利租用仓库并负责内部的设施投入。只用了1年时间，投入了1500万元，安利就拥有了一个面积充足、设备先进的新物流中心。

（3）核心环节大手笔投入。安利单在信息管理系统上就投资了9000多万元，系统的主要组成部分之一就是用于配送、管理库存的AS400系统。安利利用先进的计算机系统将全球各个分公司的存货数据汇集在一起，使总部能及时了解各地区、各店铺的销售和存货状况，并按各店铺的实际情况及时安排补货。[资料来源：全国物流信息网（http://www.56888.net/）]

三、实践训练

1. 在两家B2C网络商城中各完成一笔交易，并通过对各自包裹的物流配送过程进行在线监控，比较二者的物流服务。

2. 通过互联网查询，了解你所在城市有哪些第三方物流企业，并对其中一家进行实地调研。写一篇关于这家公司的调研报告，内容主要包括运营模式、业务内容、服务状况等。

3. 本市一家招聘单位给你的一个同学打电话，希望他尽快将自己的详细资料送达公司人事部门。你如何帮他选择一家合适的快递公司？

5 网络营销

本章内容要点：在电子商务环境中，商品营销的环境、理念、工具、策略、方法等都发生了很大改变。本章第一节介绍了网络营销的概念和基本理论，以及网络营销产生的基础，并通过网络营销与传统营销比较，深入地揭示了网络营销的内涵。第二节介绍了网络营销的基本途径和手段，以及网络促销的基本方式，重点分析了网络广告的特点、基本呈现形式和效果评价方式。第三节讨论了网络营销的主要方法与策略。第四节介绍了网络营销计划的制订与实施。

学习引导案例

可口可乐的网络营销案例

2009年春节，可口可乐深入地了解到消费者处在不平凡的2008年到2009年的情感交界，抓准了受众微妙的心态，倡导可口可乐积极乐观的品牌理念，推出“新年第一瓶可口可乐，你想与谁分享?”这个新年期间的整合营销概念，鼓励人们跨越过去，冀望未来，以感恩与分享的情愫，营造了2009年新年伊始的温情。

活动充分整合了目前国内年轻人热衷的大部分网络资源：社交型网站、视频网站以及每日都不可离开的手机。通过社交型网站、视频等方式，让数以万计的消费者了解“新年第一瓶可口可乐”的特殊含义，并积极参加分享活动，分享自己的故事和自己想说的话。

除了使用在年节时最广为应用的短信拜年，向iCoke会员发出“新年第一瓶可口可乐”新年祝福短信，同时也在iCoke平台上提供国内首次应用的全新手机交互体验，通过手机增强现实技术（Augmented Reality，AR）的科技，在用户收到电子贺卡时，只要将手机摄像头对准荧幕上的贺卡，就能看见一瓶三维立体的可口可乐被“新年第一瓶可口可乐，我想与你分享”环绕的动态画面，并伴随着活动主题音乐。新技术的大胆运用给年轻消费者与众不同的超前品牌体验。

自活动开始，参与人数随着时间呈几何数增长。超过5百万的用户上传了自己的故事及照片，超过3百万的SNS用户安装了定制的API参与分享活动，近

2百万的用户，向自己心目中想分享的朋友发送了新年分享贺卡。同时，论坛、视频网站和博客上，一时间充满“新年第一瓶可口可乐”的分享故事。除了惊人的数字外，消费者故事的感人程度、照片视频制作的精致程度，均显示了该活动所创造的影响力及口碑，也证明了可口可乐在消费者情感诉求与网络趋势掌握方面的精准度。如今，网络营销事实上已演变成为企业和网络媒体赚钱的新手段。[资料来源：艾瑞网（http://www.iresearchad.com/)]

5.1 网络营销的基本理论

互联网的使用克服了各国在时间和空间上的差异，提供了一个真正的世界市场，使各国经济相互依存、相互依赖，成为一个不可分割的整体。今天的社会，市场竞争日益激烈，市场营销已经成为企业经营活动中一个必不可少的环节。为了开拓市场，吸引客户，几乎每个企业都会在营销环节使出浑身解数。互联网的出现与普及，正在改变着消费者的消费习惯，精明的企业家自然不会忽视这种变化。网络营销也就在这样一种背景下诞生的。

5.1.1 网络营销的定义

网络营销（E-marketing，Cyber Marketing，Online Marketing，Internet Marketing）目前并没有统一的定义，与许多新兴学科一样，由于研究人员研究角度的不同，对网络营销的理解和认识也有一定差异。目前，大家普遍接受的网络营销英文提法是E-Marketing，即在互联网基础之上结合互联网与外联网，利用互联网的应用特性来实现企业一定营销目标的一种新的营销策略与手段，是企业整体市场营销战略的一个组成部分，是电子商务的核心功能之一。

5.1.2 网络营销的产生与发展

网络营销的产生是科学技术的发展、商业竞争和消费者价值观变革等综合因素促成的。

1）网络营销产生的科技基础

互联网的发展和应用是网络营销产生的科技基础。随着互联网的普及，互联网将成为“世界上消费者最多、效率最高和最安全的市场”。它将逐步演变为“虚拟市场”、“虚拟社会”，进而为更多的网上经营者开展网络营销开辟广阔空间。

扩展阅读 5-1　我国互联网及电子商务的发展

我国互联网呈现爆炸式发展态势，中国互联网络信息中心（CNNIC）发布的《第 29 次中国互联网络发展状况统计报告》显示，截至 2011 年 12 月底，中国网民规模达到 5.13 亿，全年新增网民 5580 万；互联网普及率较上年底提升 4 个百分点，达到 38.3%；中国手机网民规模达到 3.56 亿，同比增长 17.5%。与前几年相比，中国的整体网民规模增长进入平台期。

尤其值得关注的是，包括网络购物、网上支付、网上银行、旅行预订在内的电子商务类应用在 2011 年继续保持稳步发展态势，其中网络购物用户规模达到 1.94 亿人，较上年底增长 20.8%，网上支付用户和网上银行全年用户也分别增长了 21.6% 和 19.2%，用户规模达到 1.67 亿和 1.66 亿。[资料来源：中国互联网络信息中心（http://www.cnnic.net.cn）]

2）网络营销产生的现实基础

当前企业间市场竞争已不再依靠表层营销手段的竞争，面对这样的现实环境，网络营销展现了多种竞争优势。

（1）成本费用控制。网络营销通过互联网改造传统的营销管理组织结构与运作模式。开展网络营销，企业可以降低经营过程中的交通、通讯、人工、财务和办公室租金等成本费用，可显著提高经济效益。

（2）发现新的市场机会。互联网上没有时间和空间限制，它的触角可以延伸到世界每一个地方，从而为企业创造更多新的市场机会。

（3）增加客户满意度。在激烈的市场竞争中，通过网络营销可以充分满足个体消费者的需求，最终能够达到高效地为客户提供满意的产品和服务的目的。

（4）价格优势。由于网络营销能为企业节约巨额的促销和流通费用，使产品成本降低，可以实现更低的价格销售。

3）网络营销产生的消费观念基础

满足消费者的需求，是企业经营的核心，而网络营销的产生则适应了消费者新的价值观。随着科技的发展、社会的进步和文明程度的提高，面对纷繁复杂的商品和品牌选择，消费者心理已呈现出一些新的特点和趋势，如个性化消费，消费主动性的增强，对购物方便性的追求，对购物乐趣的追求以及价格因素的影响。消费观念的改变，是消费者接受网络营销的重要基础。

5.1.3　网络营销的基本理论

在传统的市场营销中，将产品（Product）、价格（Price）、销售渠道（Place）和促销（Promotion）等市场因素构成营销 4P，也是整个市场营销学的基本框架，分析、计划、实施和控制构成了营销管理的基本过程。在互联网环境下，国外一些营销学家认为4C是网络营销的理论基础，企业要以研究消费者的需求和欲望（Consumer Wants and Needs）为中心，销售消费者想购买的产品，而不是急于制定产品策略（Product），卖自己所能够或喜欢生产、制造的产品；研究消费者为满足其需求所愿付出的成本（Cost），而不是首先考虑单边的定价策略（Price）；多考虑怎样给消费者提供便利（Convenience），而不是单边制定营销渠道（Place）；加强与消费者的沟通和交流（Communication），了解消费者的个性，然后再去考虑促销策略（Promotion），如图5-1所示。

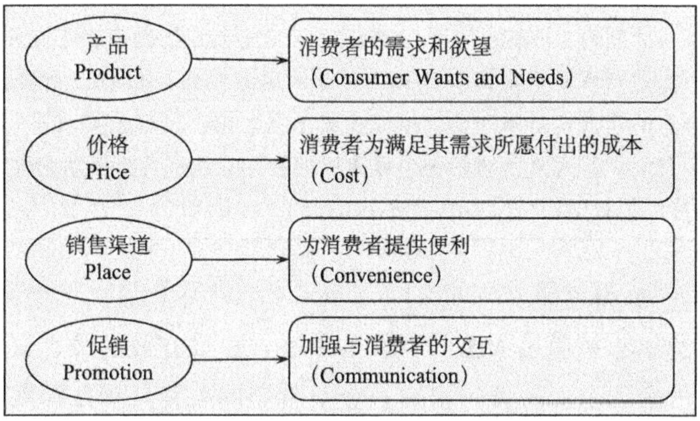

图5-1 网络营销的4C理论

5.1.4 网络营销的新理论

建立在4C基础上的营销管理理论的确反映了网络营销的一些特征，并且在不同的网络营销手段中发挥着作用。网络营销的发展重在实践经验的总结，比较注重操作方法和技巧。随着电子商务实践和网络营销实践的深入，新的网络营销理论也不断出现。

1）网络直复营销

根据美国直复营销协会为直复营销下的定义，直复营销是一种企业为实现在任何地方产生可度量的反应和（或）达成交易，而使用一种或多种广告媒体相互作用的市场营销体系。网络作为一种交互式的、可以双向沟通的渠道和媒体，它可以很方便地在企业与顾客之间架起桥梁，顾客可以直接通过网络订货和付款，企业可以通过网络接收订单、安排生产，直接将产品送给顾客。网络营销作为一种有效的直复营销策略，说明了网络营销的可测试性、可度量性、可评价性和可控制性。因此，利用网络营销这一特性，可以大大改进营销决策的效率和营销执行的效用。

知识链接 5-1　直复营销

直复营销理论是 20 世纪 80 年代的一个引人注目的概念。直复营销的“直”来自英文的“direct”，即直接的意思，是指不通过中间分销渠道而直接通过媒体连接企业和消费者；直复营销中的“复”来自英文中的“response”，即“回复”的意思，是指企业与顾客之间的交互，顾客对这种营销能够有一个明确的回复，企业可以统计到这种明确回复的数据，由此可以对以往的营销效果进行评价。“回复”是直复营销与直接销售的最大区别。

基于互联网的直复营销更加吻合直复营销的理念。这表现在以下四个方面：①借助互联网，企业与顾客之间可以实现一对一的直接信息交流和直接沟通；②互联网的方便、快捷使得顾客可以通过互联网直接向企业提出建议和购买需求，也可以直接获得售后服务；③企业可以从顾客的建议、需求和要求中，找出不足，按照顾客的需求进行经营管理，减少不必要的营销费用；④直复营销的一个最重要的特性，就是营销活动的效果是可测量的。[资料来源：网络营销教学网站（http://www.wm23.com/）]

2）网络关系营销理论

关系营销的核心是通过加强与顾客的联系，提供有效的顾客服务，保持与顾客的长期关系，实现企业的营销目标。企业营销的关键是满足消费者个性化的需求，并与客户建立互相信任、稳定、双向沟通的互动关系。忠诚、持久而稳定的客户群是企业最宝贵的资源。

互联网作为一种有效的双向沟通渠道，企业与顾客之间可以实现低成本的沟通和交流，为企业与顾客建立长期关系提供有效的保障。主要原因在于，首先，利用互联网，顾客可以直接提出自己的个性化需求。企业可以直接接收顾客的订单，从顾客的需求中了解市场、细分市场和锁定市场，最大限度降低营销费用，提高对市场的反应速度。其次，利用互联网企业可以更好地为顾客提供服务并与顾客保持联系。互联网不受时间和空间限制的特性，能最大限度方便顾客与企业进行沟通，顾客可以借助互联网，在最短时间内获得企业的服务。同时，通过互联网交易，企业可以实现对从产品质量、服务质量到交易服务等全程质量的控制。同时，通过互联网企业还可以与相关企业和组织建立关系，实现双赢发展。互联网作为最廉价的沟通渠道，它能以低廉成本帮助企业与企业的供应商、分销商等建立协作伙伴关系。

3）网络软营销理论

软营销理论强调企业进行市场营销活动的同时，必须尊重消费者的感受和体念，让消费者能舒服地主动接收企业的营销活动。在互联网上，信息交流是自由、平等、开放和交互的，强调的是相互尊重和沟通，网络使用者比较注重个人体验和隐私保护。网络软营销从消费者的体验和需求出发，采取拉式策略吸引消费者关注企业来达到营销效果。在互联网上开展网络营销活动，特别是促销活动，要遵循一定的网络虚拟社区形成规则，有的也称为“网络礼仪”。网络软营销就是在遵循网络礼仪规则的基础上巧妙达到了一种微妙的营销效果。

4) 网络整合营销

整合营销是一种对各种营销工具和手段的系统化结合，根据环境进行即时性的动态修正，以使交换双方在交互中实现价值增值的营销理念与方法。整合营销是为建立、维护和传播品牌，以及加强客户关系，而对品牌进行计划、实施和监督的一系列营销工作。整合就是把各个独立的营销综合成一个整体，以产生协同效应。这些独立的营销工作包括广告、直接营销、销售促进、人员推销、包装、事件、赞助和客户服务等。

5.2 网络营销策略

5.2.1 网上产品和组合策略

1. 网上产品概念

市场营销学中认为产品是能够满足人们某种欲望和需要的任何事物，提出了产品的整体概念由核心产品、形式产品和附加产品构成。网络营销将产品的定义扩大，认为，产品是提供到市场上并引起注意、需要和消费的东西，同时还进一步细化了整体产品的构成，用核心产品、一般产品、期望产品、扩大产品和潜在产品五个层次描述了整体产品的构成。

核心产品是指产品能够满足消费者购买需求的基本效用或益处。扩大产品与原来的附加产品相同，但还包括区别于其他竞争产品的附加利益和服务。一般产品和期望产品由原来的形式产品细化而来，一般产品是指同种产品通常具备的具体形式和特征，期望产品是指符合目标顾客一定期望和偏好的某些特征和属性。在网络营销中，顾客处为主导地位，消费呈现出个性化的特征，不同的消费者对产品的要求不一样，因此产品的设计和开发必须满足顾客这种个性化的消费需求。这种顾客在购买产品前对所购产品的质量、使用方便程度、特点等方面的期望值，就是期望产品。为满足这种需求，要求企业在设计、生产和供应等环节能根据顾客的需要实行柔性化的生产和管理。潜在产品是指顾客购买产品后可能享受到的超出顾客原有期望或具有崭新价值的利益或服务，但在购买后的使用过程中，顾客会发现这些利益和服务中总会有一些内容对顾客有较大的吸引力，从而有选择地去享受其中的利益或服务，可见，潜在产品是一种完全意义上的服务创新。

扩展阅读 5-2　我国网络购物市场的产品份额

艾瑞咨询统计显示，2011 年中国网络购物市场中，服装、鞋帽和箱包类占比居首，市场份额为 26.5%，排名其次的是 3C 及家电类，占比为 24.2%。与 2010 年相比，服装、鞋帽、箱包类份额上升 3.7 个百分点，3C 及家电类份额上升 7.5 个百分点，各品类中 3C 及家电类增速显著。服装、鞋帽、箱包类成为市场份额最大的商品，可能有以下原因：一是服装类商品的特点是追求时尚新颖，网络多样化的货源是网购服装的天然优势；二是服装类商品具有不易损坏、不易过期、体积小等特点，在物流上也占据天然的优势，对网络购物影响很大的物流问题，在服装上没有构成发展的瓶颈；三是服装类商品的市场规模巨大。［资料来源：艾瑞网（http://ec.iresearch.cn/）］

2. 网上产品的属性

目前适合网上销售的产品通常具有以下属性：

1）产品性质

理论上通过互联网可以销售任何形式的产品，不同形式产品的网络营销策略不同，对于一些信息化的无形产品或服务，如音乐、软件、网上咨询、远程教育等，可以通过网络直接进行产品或服务的配送。对于一些有形产品，如大型机械设备等，企业可以通过网络营销进行宣传和推广，以促进其销售。

2）产品质量

网络的虚拟性使得消费者突破时空限制，实现了远程购物或订购，但是消费者却缺少了在购买之前对产品的尝试和评估比较，即无法实现亲临现场购物的亲身体验，这导致在网上购物中消费者对产品的质量尤为担忧。因此，适合网络营销的产品一般属于质量差异不大的同质产品或那些具有标准化的产品，如书刊、电脑、通信产品等。

3）产品样式

互联网的全球性使得在网上销售的产品面对的是全球市场。因此，通过网络销售的产品要符合相应国家或地区的风俗习惯、宗教信仰和教育水平。同时，网络营销产品的样式还要满足购买者的个性化需求。

4）产品品牌

在网络浩如烟海的信息和产品中，消费者面对的选择机会更多，因此要想获得消费者的注意，企业必须拥有明确、醒目的品牌。另外，网上销售无法进行购物体验，使得消费者对品牌也尤为看重。所以在网络营销中生产商与销售商的品牌同样重要，企业不仅要注重品牌知名度的提高，还要注重美誉度的形成。

5）产品包装

网络营销是通过网络面对全球市场销售产品，其包装也应根据产品的不同形式采取与之相适应的专业包装。

6）目标市场

网上市场以网络用户为主要目标市场，因此适合网上销售的产品通常是那些市场覆盖范围较大、市场容量也较大的产品。如果产品的目标市场比较狭窄或网络营销可到达性较差，应采用传统的营销策略。

7）产品价格

互联网作为信息传递的工具，在初期通常是采用共享和免费策略发展起来的。这是因为网上用户比较认同网上产品的低廉特性。另外，通过网络销售产品的成本也相对低于其他渠道的产品。所以，在网上销售产品一般采用低价策略。

依照上述属性，网络营销产品往往具备高技术性、品牌知名度高、低价格优势、目标市场广、包装标准化、物流配送便利等特征，如图 5-2 所示。

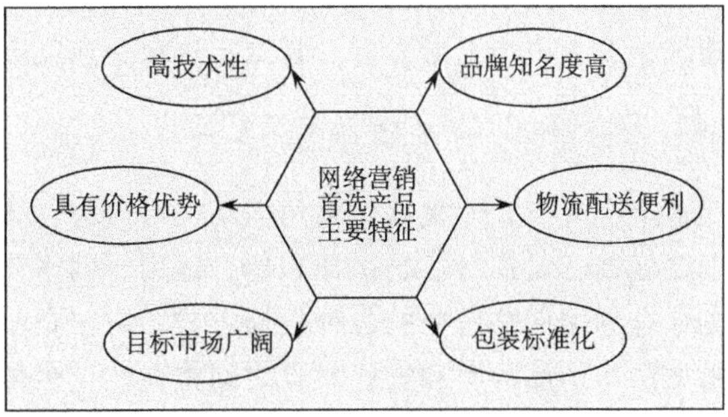

图 5-2 网络营销产品的主要特征

5.2.2 网络促销策略

网络促销是指利用现代化的网络技术和方法向虚拟市场传递有关企业产品和服务的信息，以启发需求，引起消费者购买欲望和购买行为的各种活动。与传统促销相比，网络促销与传统促销的目的相同，都是利用相关的手段向目标市场传递有关的产品和服务信息，达到引导消费者认识产品、激发消费者的购买欲望、影响消费者购买行为的目的。

1. 网络促销的特点

由于网络促销所利用的信息传递工具是互联网，所以，依附于网络技术的强大功能，网络促销也具有了一些有别于传统促销的特点。

（1）网络促销通过网络技术传递信息。网络促销通过网络技术传递产品和服务的存在、性能、功效及特征等信息。它是建立在现代计算机与通信技术基础之上的，并且随着计算机和网络技术的不断改进而发展。因此，网络促销不仅需要营销者熟悉传统的营销技巧，而且要具备相应的计算机和网络技术知识，包括各种软件的操作和某些硬件的使用，成为复合型的现代营销人员。

（2）网络促销是在互联网这个虚拟市场上进行的。互联网是一个媒体，是一个连接世界各国的大网络，它在虚拟的网络社会中聚集了具有不同法律背景、不同信仰的消费者，融合了不同国家的多种文化成分，显现出全新的无地域、时间限制的电子时空观。所以，从事网上促销的人员需要跳出实体市场的局限性，采用虚拟市场的思维方法，才能突破原有的文化局限，主动适应虚拟市场多元文化的要求。

（3）网络促销面向全球。互联网虚拟市场是全球性的。互联网虚拟市场的出现，将所有的企业，无论是大企业还是中小企业，都推向了一个全球统一的市场。传统的区域性市场的小圈子正在被一步步打破，全球性的竞争迫使每个企业都必须学会在全球统一的大市场上做生意，否则，这个企业就会被淘汰。

2. 网络促销形式

传统营销的促销组合是指企业根据促销的需要，对广告、销售促进、宣传推广和人员推销等主要促销方式进行适当选择和综合运用。网络营销中企业也应根据网上促销的需要综合利用网络营销的各种促销方式，由于企业的产品种类和销售对象不同，促销方法与产品种类和销售对象之间将会产生多种网络促销的组合方式。企业应当利用网络广告促销和网络站点促销的特点和优势，根据市场情况和顾客情况，扬长避短，合理组合，以达到最佳的促销效果。网络促销主要有以下形式：

1）有奖促销

开展网上有奖促销时，要注意促销对象应是适合在网上销售和推广的，如一些技术类产品和新产品上市。另外，提供的奖品要能吸引促销目标市场的注意。

2）网上抽奖促销

抽奖促销是网上应用较广泛的促销形式之一。抽奖促销是以一个人或数人获得超出参加活动成本的奖品为手段进行商品或服务的促销，网上抽奖活动主要附加于调查、产品销售、扩大用户群、庆典、推广等活动。

3）拍卖促销

拍卖促销就是将产品不限制价格在网上拍卖。目前越来越多的企业尝试该种促销方式。我国的许多电子商务公司也纷纷提供拍卖服务。

4）网上折价促销

折价亦称打折、折扣，是目前网上最常用的促销方式之一。高额的折扣当然会影响公司的短期效益，但在培育市场阶段，这还是一个十分有效的行为。幅度比较大的折扣可以促使消费者产生网上购物的想法并做出购买决定。

5）网上积分促销

积分促销在网络上的应用比传统营销方式更易操作，网上积分活动很容易通过编程和数据库等来实现，并且结果可信度很高。积分促销可以增加上网者访问网站和参加某项活动的次数，增加上网者对网站的忠诚度，提高活动的知名度。

6）网上赠品促销

一般情况下，在新产品推出试用、产品更新、对抗竞争品牌、开辟新市场情况下利用赠品促销可以达到比较好的效果。赠品促销可以提升品牌和网站的知名度，鼓励人们经常访问网站以获得更多的优惠信息，使企业能根据消费者索取赠品的热情程度总结分析营销效果和产品本身的反应情况。

7）网络文化促销

网络文化促销是将网络文化与产品广告相融合，借助网络文化的特点来吸引消费者。例如，将产品广告融于网络游戏中，使网络使用者在潜移默化中接受促销活动。通过组建用户俱乐部可吸引大批网友来交流意见，也可以实现网络文化传播的作用。

8）免费促销

免费促销是推广网站的常用方法。免费促销即通过为访问者无偿提供其感兴趣的各类资源来吸引消费者。站点通过免费资源吸引访问者访问，提高站点流量，并从中获取收益。

9）网上联合促销

由不同商家联合进行的促销活动称为联合促销，联合促销的产品或服务可以产生一定的优势互补、互相提升自身价值等效应。如果应用得当，联合促销可收到相当好的促销效果，如网络公司可以和传统商家联合，以提供在网络上无法实现的服务等。

10）网络聊天促销

利用网络聊天功能开展消费者联谊活动，通过沟通交流增强感情，或开展在线产品展销活动和推广活动。这是一种调动消费者情感因素、促进情感消费的方式，对消费者吸引力较大。

扩展阅读 5-3　淘宝商城促销策略

从 2011 年 10 月 24 日开始，淘宝商城双 11 前期活动已经拉开序幕——淘宝商城品牌特卖频道推出四天网购狂欢促销，现金红包提前派送，全场买满 300 元可以送 600 元。不仅如此，在品牌质量保证、价格优惠的前提下，推行指定时间送货到门。淘宝商城双 11 活动注重消费者的购买体验。淘宝商城在服务上对参加双 11 的商家有更高要求，例如，参与的商家必须达到一定的店铺评分，商品不允许超卖，指定时间内必须发货，虚高价格再打折将受重处等。同时，为避免“爆仓”情况，淘宝商城已经与几大物流公司达成协议，让所有的双 11 商家能优先发货，且对双 11 的包裹贴上特别标签优先处理，保证消费者在整个购物流程中的更好的消费体验。结果，淘宝商城大获全胜，当天成交额达 33.6 亿元人民币，有媒体称，这相当于香港 6 天的零售总额！[资料来源：搜狐网（http://it.sohu.com/）]

3. 网络促销实施

对于任何企业来说，营销人员都必须深入了解产品信息在网络上传播的特点，分析网络信息的接收对象，设定合理的网络促销目标，通过科学的实施程序，打开网络促销的新局面。根据国内外网络促销的大量实践，网络促销的实施程序可以总结为以下六个环节。

1）确定网络促销对象

网络促销对象是针对可能在网络虚拟市场上产生购买行为的消费者群体提出来的。随着网络的迅速普及，这一群体也在不断膨胀。这一群体主要包括三部分人员：产品的使用者、产品购买的决策者、产品购买的影响者。

产品的使用者是指产品的实际使用者或消费者。这些顾客购买商品主要是为了满足实际需求，所以企业一定要抓住这部分消费者，他们是企业促销对象的重要组成部分。如果企业能利用合理的促销方式抓住这一消费群体，将会为自己创造一个稳定的市场。

产品购买的决策者指实际决策购买产品的人。网络市场上的消费者大多都具有独立的决策能力和经济支付能力，所以，在许多情况下，产品的使用者和购买决策者是一致的，特别是在虚拟市场上更是如此。但随着网络产品的日益丰富和上网人群的不断扩大，有些产品的购买决策者和使用者则是分离的。例如，低龄上网者想要购买产品，最后决定购买的大多是他们的父母。因此，网络促销同样应当把购买决策者放在重要的位置上。产品购买的影响者是指其看法或建议对最终购买决策可以产生一定影响的人。这个群体通过发表对产品的看法、建议或亲身的体会来影响消费者的购买决策。由于网络信息的传播能力巨大，因此，营销人员也应该对这个群体加以关注。

2）设计网络促销内容

网络促销的最终目标是引起购买行为。这个最终目标是通过具体的信息内容设计来实现的。消费者的购买过程是一个复杂的、多阶段的过程，促销内容应当根据购买者目前所处的购买决策过程的不同阶段和产品所处的生命周期的不同阶段来决定。

一般来讲，一种产品从投入市场开始到退出市场为止，大体上要经历四个阶段：投入期、成长期、成熟期和衰退期。企业应根据产品所处生命周期的不同阶段的特点，来设计网络促销的内容。在新产品刚刚投入市场的阶段，消费者对该种产品非常生疏，促销活动的内容应侧重于宣传产品的特点，引起消费者的注意。在成长期，该产品在市场上已有了一定的影响力，消费者已逐步认识和了解该产品，那么促销活动的内容则需要偏重于唤起消费者的购买欲望，同时，还需要创造品牌的知名度。当产品进入成熟阶段后，市场竞争变得十分激烈，促销活动的内容除了针对产品本身的宣传外，还需要对企业形象做大量的宣传工作，树立消费者对企业产品的信心。在产品的衰退阶段，促销活动的重点在于加强与消费者之间的感情沟通，通过各种让利促销，延长产品的生命周期。

3）决定网络促销组合方式

网络促销活动主要通过网络广告促销和网络站点促销两种促销方法展开。但由于企业的产品种类和销售对象不同，促销方法与产品种类和销售对象之间将会产生多种网络促销的组合方式。企业应当利用网络广告促销和网络站点促销两种方法各自的特点和优势，根据自己产品的市场情况和顾客情况，扬长避短，合理组合，以达到最佳的促销效果。网络广告促销主要实施“推”战略，其主要功能是将企业产品推向市场，获得广大消费者认可。网络站点促销主要实施“拉”战略，其主要功能是将顾客牢牢地吸引过来，保持稳定的市场份额。

4）制定网络促销预算方案

在网络促销实施过程中，对于企业来说，最困难的是预算方案制定。在互联网上促销是一个新问题。所有的相关环节都需要在实践中不断学习、比较和体会，不断地总结经验。只有这样，才可能用有限的精力和资金收到尽可能好的效果，做到事半功倍。

5）衡量网络促销效果

这一阶段，必须对已经执行的促销内容进行评价，衡量促销的实际效果是否达到了预期的促销目标。对促销效果的评价主要依赖于两个方面的数据：一方面，可以利用互联网上的专业统计软件，及时对促销活动的好坏做出统计。如主页访问人数、点击次数、千人广告成本等。利用这些统计数据可以了解自己的优势和不足，以便对网络促销方式和方法进行调整。另一方面，评价要建立在对实际效果全面调查分析的基础上，可以通过产品销售量、利润、促销成本的变化，判断促销决策的正确性。同时，还应注意促销对象、促销内容、促销组合等方面与促销目标的因果关系的分析，以便对整个促销工作做出正确的决策。（参见“5.2.3 网络广告”）

6）加强网络促销过程的综合管理

网络促销能否取得成功，科学的管理起着极为重要的作用。在对网络促销效果正确评价的基础上，对偏离预期促销目标的活动进行调整是保证促销取得最佳效果的必不可少的一环。同时，在促销实施过程中，不断地进行信息沟通协调，也是保证企业促销连续性、统一性的需要。

5.2.3 网络广告

网络广告是以互联网为媒体发布、传播的商业广告。更确切地说，是基于计算机操作，通过互联网站点发布和传播的电子广告。它是互联网作为市场推广媒体最先被开发和利用的营销技术。网络广告从制作形式的角度来看，有图形广告、文字广告和视频广告等；从展现形式的角度来看，有 Banner 广告、插播广告、植入广告、RSS 广告、黄页广告、邮件广告、分类广告等。网络广告模式则是网站所有者利用互联网络媒体向广告客户提供产品、服务、品牌、网站等宣传推广，并收取广告费的网络应用模式。

1. 网络广告的产生与发展

广告作为一种有偿的信息传播形式，与媒体的发展紧密相连。从 1994 年的商业化运作开始，互联网就以非常规速度发展，只用四年时间就成为 5000 万用户青睐的“第四类媒体”，互联网的媒体特性促进了网络广告（Internet Advertisement）的，并使其快速发展，而且从一开始就成为广告业的奇葩。

网络广告发起于 1994 年的美国。当年 10 月 14 日，美国著名的 Wired 杂志推出了网络版的 Hotwired，其主页上开始有 AT&T 等 14 个客户的广告 Banner，这是广告史上里程碑式的一个标志。1997 年 3 月 Chinabyte. com 获得第一笔广告收入，IBM 为 AS400 的宣传付了 3000 美元，这是中国互联网历史的一个里程碑。网络广告开始成为互联网企业最直接、最有效的赢利模式，中国网络广告市场也在这一天开始发展，并逐渐形成了每年数十亿的产业规模。2011 年上半年，全球网络广告的市场规模已达到 361.4 亿美元。伴随着电子商务在中国企业的进一步普及，中国的网络广告也出现井喷式增长。艾瑞咨询数据显示，2011 年第三季度中国网络广告市场规模达到 137.4 亿元，较上一季度增长 23.3%，较去年同期增长 54.9%。

尽管市场前景一片大好，但广告投放企业更看重的是，目标受众能否通过广告对自己产品和品牌产生忠诚度。由于互联网访问者仍然是一个特殊群体，且互联网展现商品有其自身的特点，因此网络广告所涉及的商品领域也有一定的行业特征，一些具有显著的网上商务潜力的商品或一些与互联网有着天然联系的商品在网络广告中占据了很大份额。如计算机硬件、媒体以及金融服务类等公司占据网络广告份额合计近 40%，而对品牌敏感的包装消费品网络广告所占份额则很低。

2. 网络广告的主要形式

网络广告的形式根据发布广告的渠道不同，可以分为 Web 广告和非 Web 广告两大类。电子邮件广告、公告板系统广告、新闻组广告等均属于非 Web 广告。Web 广告借助于 Web 页面，可以进行真彩色的画面、声频等大容量信息的按时传送、24 小时在线服务以及在广告主与广告受众之间的双向信息交流，因此目前成为网络广告的主要形式。根据广告在 Web 页面中出现的形式，又可分为以下几种：

（1）旗帜型广告（Banner）。旗帜广告是我们在网页上见得最多的广告形式，因其都是长条形状，像一面旗帜，故称为旗帜广告。一般使用 GIF 格式的图像文件，可以使用静态图形，也可用多帧图像拼接为动画图像。凭借这种方式，广告主可以精心构筑融合感性与理性的宣传区域，有效加强旗帜广告的宣传效果。其通常利用多种多样的艺术形式进行处理，表现新颖，富有创意，如图 5-3 所示。

（2）图标广告。这种广告是从旗帜型广告演变而来，图形尺寸比 Banner 要小。可以灵活地放在网页的任何位置，常以企业徽标、产品名称、商标牌号等作为象形图标。广告图标可以是静态或动态的，也可是移动的，点击它即可链接到广告主的站点上，如图 5-3 所示。

图 5-3 凤凰网的旗帜广告和图标广告

（3）弹出式广告（插页广告）。弹出式广告是在用户打开一个页面或关闭一个页面后弹出的一个活动浏览器窗口。广告制作商也可以在当前浏览的页面和将要访问的页面之间放置一个广告页面（插播式广告），当用户从一个页面切换至另一个页面时显示出来，在保证用户有足够的时间浏览广告信息后再激活用户所要浏览的目标页面。

（4）主页型广告。将企业所要发布的信息内容分门别类制作成主页，置放在网络服务商的站点或企业自己建立的站点上。主页型广告可以详细地介绍企业的相关信息，如发展规划、主要产品与技术、产品订单、售后服务、联系办法等，从而让用户全面地了解企业及企业的产品和服务。

（5）其他 Web 广告。技术的进步也使得网络广告的表现方式越来越丰富。采用 Flash 动画、DHTML、Java 以及音视频技术制作的多媒体广告受到广告客户的喜爱，这类广告强调更高的互动性。网络广告的媒体选择与传统广告媒体选择基本类似。第一，要考虑广告费用和收益，如广告发布后是否增加了访问量，是否增加了销售收入等；第二，要考虑广告的效应，即广告接受者是否是你想接触到的；第三，媒体的形象是否与广告的推广形象吻合；另外，还要考虑媒体能否给出详细的广告效果统计分析数据，这是网络媒体与传统媒体的最大区别所在。

当然，网络广告的“泛滥”也影响了人们对目标信息的浏览，就像我们看电视节目也会受到广告的干扰一样。因此一些广告拦截技术特别是对弹出广告的拦截在互联网上广泛受到欢迎，这当然也是对网络广告发展的一种冲击。

3. 网络广告的计价方式

目前常用的网络广告收费模式有以下几种：

（1）千人印象成本 CPM（Cost Per Mille，Cost Per Thousand，Cost Per Impressions）。千人印象成本 CPM 是指以广告图片被显示 1000 次为基准的网络广告收费模式。CPM 以页面访问次数而不是访问量作为计数标准，缺点是并不能如实反映出实际的广告效果。

（2）每次点击成本 CPC（Cost Per Click，Cost Per Thousand Click-Through）。以点击广告图片并连接到相关站点 1000 次为基准确定广告计费模式。这种方法能更好地反映顾客对广告的反响程度。但一些经营广告的网站觉得这样的计价方式并不合理。因为在打开页面时，虽然浏览者并没有点击广告图片，事实上他却已经看到了广告，但这样的点击流量却未被计算，因此有很多网站不愿意做这样的广告。

（3）每行动成本 CPA（Cost Per Action）。CPA 计价方式是指按广告投放的实际效果，即按回应的有效问卷或订单来计费，而不限广告投放量。CPA 的计价方式对于网站而言有一定的风险，但若广告投放成功，其效果也比 CPM 的计价方式要大得多。由于这种广告更注重广告效果，所以它的费用比一般的广告价格要高得多。

（4）包月方式。很多国内网站是按照每月固定费用的收费模式来收费的，不管效果好坏与访问量多少，一律一个价。这对客户和网站都不公平，无法保障广告客户的利益。

(5) 按时长计费。这种计价方式以广告发布位置和广告形式为基础对广告主按时长征收固定费用，而不是与显示次数和访客行为挂钩。在这一模式下，广告主可以按照自己的需要来选择合适的广告时长，新浪、网易、搜狐等综合门户广告主要采用这种计价方式，通过把网站频道划分成不同等级，然后按照不同等级频道的位置和广告形式计费。

(6) 关键词竞价排名。这是一种按效果付费的网络推广方式，企业在购买该项服务后，通过注册一定数量的关键词，其推广信息就会率先出现在网民相应的搜索结果中。关键词竞价排名完全按照给企业带来的潜在用户访问数量计费，没有客户访问不计费，企业可以灵活控制推广力和资金投入，使投资回报率最高。

另外，还有 CPR (Cost Per Response) 即每回应成本，以浏览者的每一个回应计费。这种广告计费充分体现了网络广告“及时反应、直接互动、准确记录”的特色。CPP (Cost Per Purchase)，即每购买成本，广告主为规避广告费用风险，只在网络用户点击旗帜广告并进行在线交易后，才按成交笔数付给广告站点费用。CPL (Cost Per Leads)，以收集潜在客户名单多少来收费。CPS (Cost Per Sales)，以实际出售产品数量来换算广告刊登金额。

5.3 网络营销方法

网络营销不仅仅是一种技术手段的革命，还是一种更深层的观念革命。网络营销的职能实现需要通过一种或多种网络营销手段，按照一个企业是否拥有自己的网站来划分，企业的网络营销方法（图 5-4）可以分为两类：无站点网络营销和基于企业网站的网络营销。

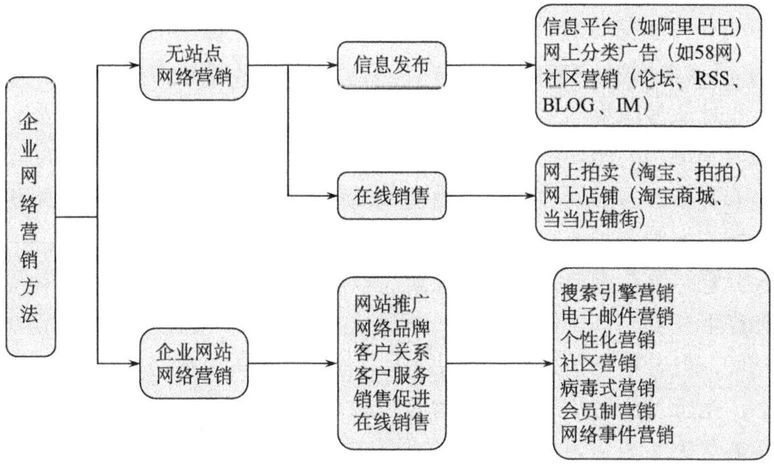

图 5-4 企业网络营销方法

网络营销的具体方法很多，其操作方式、功能和效果也有所区别，常用的网络营销方法，除了搜索引擎注册之外，还有信息发布、邮件列表、许可 E-mail 营销、个性化营销、社区营销、会员制营销、病毒性营销等。下面简要介绍常用的网络营销方法及其效果。

5.3.1 搜索引擎营销

搜索引擎营销就是基于搜索引擎平台的网络营销，利用人们对搜索引擎的依赖和使用习惯，在人们检索信息的时候尽可能将营销信息传递给目标客户。搜索引擎营销追求最高的性价比，以最小的投入，获得最大的来自搜索引擎的访问量，并产生商业价值。搜索引擎营销的最主要工作是扩大搜索引擎在营销业务中的比重，通过对网站进行搜索优化，更多地挖掘企业的潜在客户，帮助企业实现更高的转化率。

搜索引擎营销有竞价排名、购买关键词广告、搜索引擎优化（SEO）与按有效通话收费（PPC）等几种形式。SEO 是指通过对网站结构（内部链接结构、网站物理结构、网站逻辑结构）、网站主题内容、外部链接等进行优化，从而使网站的用户体验与搜索引擎更加友好，以获得在搜索引擎上的优势自然排名；PPC 是指购买搜索结果页上的广告位来实现营销目的。目前，国内外各大搜索引擎都推出自己的广告体系，只是形式不同而已。

1. 搜索引擎注册与排名

搜索引擎注册是最经典、最常用的网络营销方法之一，现在，虽然搜索引擎的效果已经不像几年前那样有效，但根据中国互联网络信息中心（CNNIC）发布的《2011 年中国第 29 次互联网网民调查报告》，2011 年底搜索引擎用户规模达到 4.07 亿，在网民中的渗透率为 79.4%，使用比例基本保持稳定，是 2011 年仅次于即时通信的第二大网络应用。该调查表明，搜索引擎仍然是人们发现新网站的基本方法。因此，在主要的搜索引擎上注册并获得最理想的排名，是网站设计过程中要考虑的问题之一，网站正式发布后尽快提交到主要的搜索引擎，是网络营销的基本任务。

搜索引擎结果注册包括普通型注册、推广型注册和竞价型注册三种形式。普通型注册费用较低，但仅保证收录，不保证排名；推广型注册，保证排在搜索结果的第一页，但若推广型注册用户过多，一般搜索引擎服务商会采用“滚动排名”策略；竞价型注册是一种按照为客户网站带去的实际访问量收费的模式。

在网络营销的初期，搜索引擎作为一种新的营销手段，有着巨大的访问流量，能满足用户多种信息需求，而营销效果很大程度上是通过访问量来衡量，并在提供信息的同时提供有针对性的广告，实现用户、商家和自己的共赢。

随着网络营销的深入发展，传统方式的一些先天不足逐渐显现，由于搜索引擎访问是匿名的，商家无法知道是什么人，在什么时间，为什么访问自己的网站，也无法联系他们，只能被动等待用户来联系，造成了实际联系商家的访客占所有访客的比率很低，甚至很多商家并不清楚自己到底有多少访问量，而商家来衡量效果的标准，就是实际联系的客户数量。而且搜索引擎营销的实际效果，很大程度上受广告技巧等因素限制，实际上商家普遍缺乏优化技巧和专业人员来开展这项工作。除此之外，广告的投入随着竞争的激烈而急剧升高，网络营销费用越来越高，广大中小企业在未有相应效果支撑下，不得不采取削减广告预算，甚至放弃网络营销的方式，最终导致网络营销的花费和实际效果差距越来越大。

2. 搜索引擎的网络营销职能

作为主要网络营销工具之一，搜索引擎和企业网站、博客、论坛一样拥有广泛的受众，因而它同样具有以下营销职能：

(1) 网站推广。客户搜索结果最突出的表现就是企业网站信息的排列，方便用户第一时间发现企业网站，认识了解企业及产品服务。

(2) 扩大企业知名度，塑造企业品牌。企业、产品、服务信息在搜索结果中的广泛出现和突出显示，不但能强化客户印象，扩大企业知名度，同时也有利于企业品牌形象的塑造。

(3) 促进销售。适时地在搜索引擎的突出位置展示企业最新产品或服务促销信息，便于及时吸引客户眼球，使客户及时体验企业产品服务，达到促进销售的目的。

(4) 市场调研。利用搜索引擎查询行业动态信息、竞争对手发展情况和客户消费信息，不仅成本低，而且速度快，有利于企业快速调整经营策略。

3. 搜索引擎营销的特点

与其他网络营销方法相比，搜索引擎营销具有自身的一些特点，充分了解这些特点是有效应用搜索引擎、开展网络营销的基础。归纳起来，搜索引擎营销具有以下特点：

(1) 搜索引擎营销方法与企业网站密不可分。一般说来，搜索引擎营销作为网站推广的常用方法，在没有建立网站的情况下很少被采用（有时也可以用来推广网上商店、企业黄页等）。搜索引擎营销需要以企业网站为基础，企业网站设计的专业性对搜索引擎营销的效果又产生直接影响。

(2) 搜索引擎传递的信息只发挥向导作用。搜索引擎检索出来的是网页信息的索引，一般只是某个网站或网页的简要介绍，或者搜索引擎自动抓取的部分内容，而不是网页的全部内容，因此这些搜索结果只能发挥一个“引子”作用。如何尽可能地将有吸引力的索引内容展示给用户，如何能吸引用户根据这些简单的信息进入相应的网页继续获取信息，以及该网页或网站是否可以给用户提供所期望的信息，这些成为搜索引擎营销所需要研究的主要内容。

（3）搜索引擎营销是用户主导的网络营销方式。没有哪个企业或网站可以强迫或者抽调用户的信息检索行为。使用什么搜索引擎以及通过搜索引擎检索什么信息完全是由用户自己决定，在搜索结果中点击哪些网页也取决于用户的判断。因此搜索引擎营销是由用户自己所主导的，最大限度地减少了营销活动对用户的滋扰，也最符合网络营销的基本思想。

（4）搜索引擎营销可以实现较高程度的定位。网络营销的主要特点之一就是可以对用户行为进行准确分析并实现高程度定位，搜索引擎营销在用户定位方面具有更好的功能，尤其在搜索结果页面的关键字广告上，完全可以实现与用户检索所使用的关键字高度相关，从而提高营销信息被关注的程度，大大增强网络营销效果。

（5）搜索引擎营销的效果表现为网站访问量的增加而不是直接销售。搜索引擎营销的使命就是获得访问量，因此被作为网站推广的主要手段。至于访问量是否可以最终转化为收益，不是搜索引擎所能决定的。

（6）搜索引擎营销需要随环境发展而变化。搜索引擎营销是搜索引擎服务在网络营销中的具体应用，因此在应用方式上依赖于搜索引擎的工作原理和提供的服务内容。当搜索引擎的工作和服务内容有所变化的时候，搜索引擎营销的方法也应该随之改变。

知识链接 5-2　搜索引擎优化 SEO

SEO（Search Engine Optimization）即搜索引擎优化，就是通过采用易于搜索引擎索引的合理手段，使网站对用户和搜索引擎更友好，从而更容易被搜索引擎收录及优先排序。通俗说来，是一种营销的思想手段，即如何把自己的产品推销出去。要实现这样的目的，需要网站拥有者考虑多方面的问题，如了解搜索站点的网站排名规范以及掌握相关的关键字制定技巧等。

（1）网页制作中的 SEO 策略。通常情况下，网站制作者都会从美观度、实用性以及新颖性等方面去考虑一个网站的建设，而少有关注其页面构造是否有利于搜索引擎优化的。首先要注意的是网站的整体风格，包括首页的导航及站点地图等，因为搜索引擎有一项较重要的排名指标，即网站专业性以及易用性。如果页面导航部分醒目清晰，各导航栏目链接分明，首页突出重要内容，并在首页安排站点地图的链接，将大大提升整个网站在搜索引擎中的友好度。特别要注意的是，网站主体结构的层次链接，应尽量采用文字链接而不是图片链接，这样可方便搜索引擎的查找和进一步为网站分类。

（2）关键字 SEO 策略。用户在搜索引擎中搜索资料时，大多都是采用关键字的方式，因此一个网站是否更利于被用户搜索到，网页关键字的合理设定将起到重要作用。首先需要确定自己网站的核心关键字，然后再根据此进行延伸，找到更多利用网站能被搜索到的其他关键字。如使用自己核心产品品牌、网站所处位置、借用同行网站关键字等方法都值得考虑。在确定关键字时还要注意一点，网站的每个页面的关键字数量，最好不要超过 3 个。[资料来源：网易科技（http://tech.163.com/）]

5.3.2 许可营销

许可营销，也叫许可 E-mail 营销，是指在客户允许的情况下，通过电子邮件向客户传递信息的一种营销方法。如果用户在一个企业网站上留下姓名和电子邮件地址，用户相关数据会自动进入该企业的电子邮件列表，然后程序自动发出欢迎信，还可以自动定期发出一系列预制的电子邮件。如果每个月向这个电子邮件列表发有用的文章，这个邮件列表就变成了电子杂志。基于用户许可的 E-mail 营销比传统的推广方式或未经许可的 E-mail 营销具有明显的优势，如可以减少广告对用户的滋扰，增加潜在客户定位的准确度，增强与客户的关系，提高品牌忠诚度等。开展 E-mail 营销的前提是拥有潜在用户的 E-mail 地址，这些地址可以由企业从用户、潜在用户资料中自行收集整理，也可以利用第三方的潜在用户资源。许可式电子邮件的表现形式很多，常见的有新闻邮件、各种电子刊物、新产品通知、优惠促销信息、重要事件提醒服务等。

1）许可 E-mail 的主题设计

作为许可 E-mail 来说，主题设计至关重要，它的主要作用为：让收件人快速了解邮件的大概内容或者最重要的信息，并且在邮件主题中表达基本的营销信息；区别于其他类似的邮件；方便用户日后查询邮件；尽可能引起收件人的兴趣等。如果一个邮件主题可以全部或者基本达到这样的目的，邮件主题的设计才算是成功的。

主题设计要体现出以下要点：第一，要体现出邮件内容的精华。第二，要体现出发件人信息中无法包含的内容。第三，体现出品牌或者产品信息。第四，要含有丰富的关键词。第五，主题不宜过于简单或过于复杂。一般说来，电子邮件主题保持在 8～20 个汉字的范围内是比较合适的。第六，主题避免使用被搜索引擎、邮件垃圾技术处理的关键词。

2）许可 E-mail 的内容设计

许可 E-mail 进行内容设计要选择个性化的、用户关注和喜好的内容。用户喜欢的内容对于吸引用户的注意力有着非常重要的作用。有时候用户的喜好与企业的产品重叠度非常高，发现并利用用户喜好的信息对企业的销售有着直接的影响；但有时候用户的喜好和企业的产品重合度相对比较低，于是通过用户喜好的内容吸引用户注意，随后再辅之以相应的营销措施也是一个不错的选择。总之，个性化的、用户关注和喜欢的内容都是用户友好的内容，在坚持用户友好的前提下传播企业信息是E-mail营销实施中一个重要的原则。只有这样，企业才能与客户建立长久的良性互动关系，建立客户忠诚度，为企业创造长期的、可持续的利润源。

5.3.3 个性化营销

个性化（Personalization）营销主要是为用户提供定制自己感兴趣的信息内容、选择自己喜欢的网页设计形式、根据自己的需要设置信息的接收方式和接受时间等个性化信息服务。个性化服务在改善客户关系、培养客户忠诚以及增加网上销售方面具有明显的效果。开展个性化营销的前提是个人信息可以得到保护。

个性化营销采用信息技术或数字认证技术帮助识别或鉴别客户，用户的信息常常存储在浏览器或智能卡中。识别之后，服务器会查阅数据库中用户的个人信息，确定他的购买特点并推荐对其有吸引力的产品、信息或服务给客户。这类自动服务推进了区别化，要求根据具体情况对待每个消费者。商家的系统以各自独特的方式满足了每位客户的需求。数字技术可容易地在网站上追踪客户，在数据库中存储他们的信息以及确定特价优惠等。

扩展阅读 5-4　耐克的个性化营销

耐克通过传统型网络营销模式改进和补充了现有的营销体系，并取得了显著的成果。NIKEiD. com诞生于1999年，中国消费者在2009年也享受到了这种全新的自助式服务。消费者可以在其网站上挑选自己喜爱的耐克球鞋、服装和运动配件进行个性化设计，通过选择多种颜色配色和材质，并加入个性化的符号，设计出一款专属于自己的耐克产品。一旦完成了产品的创意和设计过程，这件被“定制”的产品即被保存在顾客的资料库里。确认产品预定后，顾客可以在3～4周内在家里收到这双全世界独一无二的个性化耐克产品。当然，耐克的做法只是针对富有创造力的少数个体，这个小众群体也很难为NIKE带来巨大的销售收入。但是，耐克的这个市场动作却对其品牌理念“JUST DO IT”做了最好的诠释——想要什么，自己去做吧！［资料来源：中国电子商务研究中心（http://www. 100ec. cn/)］

5.3.4 联属网络营销

联属网络营销（Affiliate Marketing），又称会员制营销，已经被证实为电子商务网站的有效营销手段，国外许多网上零售型网站都实施了联属计划，几乎已经覆盖了所有行业。联属网络营销就是一个网站的所有人在自己的网站（称为联属网站，Affiliate）上推广另一个商务网站（称为主力网站，Merchant）的服务和商品并依据实现的销售额取得一定比例佣金的网络营销方式。

联属网络营销理论发端于亚马逊书店在 1996 年夏推出的一种联属方案（Associates Program），根据这一方案，任何网站都可以申请成为亚马逊书店的联属网站，在自己的网站上推广亚马逊书店经营的图书，并依据实际售出书籍的种类和已享折扣的高低获得 5%～15%的佣金。该方案一经推出，就在业界引起了轰动。当年加入联属营销计划的网站超过 4000 家，次年夏天突破 10000 家，1998 年夏天达到了 10 万家。正是这些联属网站使得亚马逊书店声名大震，成为网上零售的第一品牌。在亚马逊书店的带动下，网上零售业者竞起效尤。

从目前的应用范围上看，网络会员制营销已经不仅仅局限于网上零售，在域名注册、网上拍卖、内容销售、网络广告等众多领域都被广泛采用。例如，Google Adsense（基于内容定位的关键词广告），是利用网络会员制模式拓展广告空间，将关键词广告投放在内容相关的加盟会员网站上。

联属网络营销有其自身优势，主要表现在，第一，主力网站可以通过发展联属网络以较小的花费在较短的时间内树立自己的网上品牌，实现网上销售额的快速增长；第二，联属网站可以通过加入联属网络营销计划从起点较低的内容网站迅速转变为电子商务网站，实现营业收入；第三，网上消费者也能从联属网络营销中获得实惠。

5.3.5 网络社区营销

同一主题的网络社区（频道）集中了具有共同兴趣的访问者，且有众多用户的参与，因此，网络社区不仅具备交流的功能，实际上也成为一种营销场所。网络社区营销又可细分为论坛营销、播客营销、RSS 营销、SNS 营销、网络口碑营销等。(参见“5.1.4 网络营销新理论”)

1）论坛营销

论坛营销是以论坛为媒介，通过引导与参与论坛讨论，建立自己的知名度和权威度，从而推广企业的产品或服务的营销方法。BBS 论坛已经得到普遍应用，尤其是对于个人站点，大部分人到门户站论坛灌水的同时留下自己网站的链接，每天都能带来几百访问量。当然，对于企业来说，BBS营销更要专且精。

2）播客营销

播客（Podcasting）是用视频、音频、图片、文字等形式来表现的一种网络营销宣传推广工具。播客营销就是利用播客的功能做营销。播客目前是企业、歌手、演员、社会名流、营销人员用来推广宣传作品、产品、个人和企业形象的工具。

对于广告主而言，成本低廉是播客最大的吸引力，只需要一点点费用就可以把产品信息推到特定消费群体中去。同时由于播客的目标群体有很明显的共性，所以播客广告的效率也相当高。

3）RSS营销

RSS（Really Simple Syndication）营销是指利用RSS这一互联网工具传递营销信息的网络营销模式，将具有一定主题的信息按照RSS信息包装和投递协议的要求进行封装，并通过RSS阅读器或种子聚合网站提供给用户，从而建立良好的客户关系，最终达到提高品牌或产品知名度、扩大市场份额的目标。

RSS营销的特点决定了其比其他邮件列表营销具有更多的优势，是对邮件列表营销的替代和补充。RSS营销具有的优点如下：从信息的送达率来看，RSS的送达率几乎100%，完全杜绝了未经许可发送垃圾邮件的情况，而且它也没有图片被邮箱系统阻止显示等问题；从信息的点击率来看，RSS信息的点击率也比电子邮件高；从营销成本来看，购买每千次RSS广告展示的成本比购买每千次E-mail展示的CPM广告成本低。

尽管RSS具有信息送达率高等绝对优势，但其也有自身的缺点：RSS营销的定位性不如E-mail营销强，RSS很难实现个性化营销；RSS营销不容易做到像E-mail那样的跟踪营销效果；RSS和E-mail营销的前提都要求信息接收人主动订阅，不过要命的是，RSS信息成功显示还需要接收者下载RSS阅读器，仅此一项，就会阻挡大批用户订阅RSS信息。

4）SNS营销

SNS（Society Network Service）营销是随着网络社区化而兴起的营销方式，SNS营销就是利用SNS网站的分享和共享功能，在六度分隔理论的基础上实现的一种营销。通过病毒式传播的手段，让产品被更多的人知道。

知识链接5-3　六度分隔理论

由于技术进步，人际网络已远远超出了以往的限制和障碍，现代世界正在缩小。小世界现象（又称小世界效应）假设世界上所有互不相识的人只需要很少中间人就能建立起联系。1967年哈佛大学的心理学教授斯坦利·米尔格拉姆（Stanley Milgram，1933～1984）根据这概念做过一次连锁信实验，尝试证明平均只需六个人就可以联系任何两个互不相识

> 的美国人。比如志愿者 Alice，她是哈佛大学社会学系学生，实验要求她去联系一个从来没有听说过的、远在奥地利的某一家冰淇淋店老板 Bob。Alice 可以采用的方法是从她的朋友中找到一个她认为最有可能联系上 Bob 的人，比如德国的社会学教授 Carl，然后写信给 Carl，让他继续这个过程。于是 Carl 也从他的朋友圈里找一个尽可能和 Bob 有关系的人，写信过去……Milgram 做了多次这样的实验，得到一个假设：你和任何一个陌生人之间所间隔的人不会超过六个，也就是说，最多通过六个人你就能够认识任何一个陌生人。这个假设就被称为六度分隔理论（Six Degrees of Separation）。
>
> 不管理论如何深奥，"六度分隔"和互联网的亲密结合，已经开始显露出商业价值。近几年人们越来越关注社会网络的研究，很多网络软件也开始支持人们建立更加互信和紧密的社会关联，这些软件被统称为"社会性软件（Social Software）"。

5）网络口碑营销

网络口碑营销是指应用互联网的信息传播技术与平台，整合各种网络营销方法，包括新闻、专题、博客、论坛、IM、WIKI、圈群等网络传播形式与手段，合力形成独具成效、全面网络覆盖、信息迅速扩散的网络创新整合传播模式。

> **扩展阅读 5-5　美国购物零售网站 SNS 口碑营销**
>
> 近年来，随着美国经济情况持续低迷，购物者的消费能力也自然地随之下降，众多商家都想出各式各样的创新来吸引网络购物用户。很多零售网站将重点放在了用户互动上，如添加评分评论功能，建设包含更多信息量的站点博客或者问答功能，有些则更积极地在 SNS 上和用户沟通，如 Facebook 和 Twitter。有的网站将站内导航变得更直观，还有些网站靠会员制销售和每日特价等手段来吸引用户。很多商家不只是简单做一个 Facebook 和 Twitter 页面来撑门面，而是花心思让用户积极主动地想到访问这些页面。例如，青少年服装品牌 Forever21 就在自己的 Facebook 页面上吸引了超过 51 万名粉丝，品牌支持者可以在这里看到最新款的服装并进行评分和分享，同时这里还有有趣的比赛、大量的图片和活跃的论坛讨论。[资料来源：亿邦动力网（http://www.ebrun.com/）]

6）博客营销

随着 Web 2.0 技术的不断发展以及应用的不断普及，博客的数量急剧增加，其影响力正迅速扩散。利用博客开展的营销活动，存在着巨大的潜在客户群。博客营销是指建立企业博客，用于企业与用户之间的互动交流及企业文化的宣传，一般以诸如行业评论、工作感想、心情随笔和专业技术等作为企业博客内容，使用户更加信赖企业，深化品牌影响力，以达到宣传推广目的。博客营销作为博客在网络营销中的应用，其优势体现在以下几个方面：

（1）沟通优势。博客营销将传统的集中式传播转变为更大众化的分布式传播，把单向度的传播转变为更为平等的交互式传播，传播源不仅包括企业，也可以是参与的受众，实现了信息的线性传播到网络式多向传播，即企业、内部公众、目标消费者之间的互动性极强的多向传播。

（2）成本优势。博客营销的站点建立、运行与维护费用低。企业只要在博客托管网站上开设账号即可发表文章，展开营销活动。不管采取哪种方式建立开展的博客营销活动，其在后期的运行和维护过程中对相应的人员、技术等方面的要求相对较低，也就形成了较低的运行维护费用。

（3）低推广费用。博客内容能增加对搜索引擎的可见性，在百度、谷歌中企业的相关信息可以被检索到，从而为博客站点带来访问量，为企业带来潜在的用户，最终达到营销推广的目的。而且借助于博客之间的相互链接，也可以起到推广的作用。因此，通过博客开展的营销推广活动，其费用是较低的。

（4）公关优势。博客的个性化很强，可以帮助企业在营销传播活动中树立企业的个性化形象。如“耐克”在一个关于政治和艺术的博客网站——Gawkermedia中发布了10多个关于“速度艺术”的专业文章，以塑造在运动方面的专业形象。另外，可以通过企业博客形成口碑效应，从而在一个圈子里形成一个特有的网络公共关系网。这种靠口碑和信誉建立的关系网络，只要企业能维持好，会一直存续下去。

（5）危机管理价值。博客本质上是一种新型的沟通工具，而危机管理本质上是一种信息沟通方式。当企业遇到危机时，博客可以成为有效的沟通工具，使得企业能够和公众进行及时的一对一互动，消除负面情绪，化解危机。

7）微博营销

由于微博的火热发展，微博营销便诞生了。随着微博的迅速成长，无论是作为公众的交流平台，还是媒体本身，抑或是营销平台，微博都显示出巨大的商业价值，而微博营销成为企业争相试水的对象。每一个人都可以在新浪、腾讯等网站上注册一个微博，然后利用自己的微型博客不断更新。每天更新的内容就可以跟大家交流，这样就可以达到营销的目的，这就是新推出的微博营销。微博营销特点包括以下几点：

（1）高速度。微博最显著特征之一就是传播迅速。一条关注度较高的微博在互联网及与之关联的手机WAP平台上发出后短时间内互动性转发就可以抵达微博世界的每一个角落，达到短时间内最多的目击人数。

（2）便捷性。微博营销优于传统的广告行业，发布信息的主体无需经过繁杂的行政审批，从而节约了大量的时间和成本。

（3）立体化。微博营销可以借助先进的多媒体技术手段，利用文字、图片、视频等展现形式对产品进行描述，从而使潜在消费者更形象直接地接受信息。

（4）广泛性。通过粉丝关注的形式进行病毒式的传播，影响面非常广泛，同时名人效应能够使事件的传播量呈几何级放大。

微博营销已经从追求粉丝数量的初级阶段，向与粉丝建立广泛而深入的信任关系阶段过渡。企业在营销时给予用户知情权、话语权和参与权，在一定程度上满足了用户的附加需求，从而拉近彼此的距离。企业与用户良好互动，才能真正体现出微博营销的价值。

扩展阅读 5-6 CarlSays. com 的社会网络整合营销

CarlSays. com（http://carlsays. com/）所提供的服务可以简单地理解为：当用户在本地某个商家（餐厅、酒吧、咖啡店、娱乐场所等）进行 Check-in，即可通过 CarlSays 平台获取各类优惠券，参与促销活动，这样有利于用户赢取更多积分，享受更多优惠，也让商家赢得更多生意，而 CarlSays 自然也能从中获利。CarlSays 作为中间平台服务商，一方面通过各种手段积累更多的用户资源，除了 Foursquare 等 LBS 用户外，该网站还支持 Facebook、Twitter 等用户直接登录，共享各类信息；另一方面则是不断地开拓商家资源，然后将其各类优惠、促销信息推向 Foursquare 用户以及 Facebook 用户等。用户可以通过网络或手机平台查看其他 CarlSays 留下的足迹及点评意见。CarlSays 希望通过自己的平台，让所有 Check-in 的用户都能享受到优惠，而且 CarlSays 会慎重考虑商家，针对性地为用户推送各类信息，推送平台包括 Twitter、E-mail、SMS 短信等各种方式，帮助用户发现本地商家不一样的地方。[资料来源：好投网（http://www. howvc. com/）]

5.3.6 病毒性营销

所谓“病毒性营销”，并非真的以传播病毒的方式开展营销，而是通过利用公众的积极性和人际网络，使营销信息像病毒一样被快速复制传向数以万计甚至数以百万计的受众。一个有效的病毒性营销战略一般有六项基本要素：①提供有价值的产品或服务；②提供无需努力地向他人传递信息的方式；③信息传递范围很容易从小向大扩散；④利用公众的积极性和行为；⑤利用现有的通信网络；⑥利用别人的资源。

病毒性营销的经典案例是 Hotmail. com。Hotmail 是世界上最大的免费电子邮件服务提供商，在创建之后的 1 年半时间里，就吸引了 1200 万注册用户，而且还在以每天超过 15 万新用户的速度发展，令人不可思议的是，在网站创建的 12 个月内，Hotmail 只花费了很少的营销费用，还不到其直接竞争者的 3%。Hotmail 之所以爆炸式的发展，就是由于利用了“病毒性营销”的巨大效力。其实，原理和操作方法很简单，Hotmail 在每一封免费发出的邮件信息底部附加一个简单提示：“Get your private, free E-mail at http://www. hotmail. com”，接收邮件的人将看到邮件底部的信息，然后继续利用免费 Mail 向朋友或同事发送信息，会有更多的人使用 Hotmail 的免费邮件服务，于是，Hotmail 提供免费邮件的信息不断向更大的范围扩散。现在几乎所有的免费电子邮件提供商都采取类似的推广方法。病毒性营销的成功案例还包括 Amazon、ICQ、E-Groups 等国际著名网络公司。

5.3.7 其他网络营销方法

网络营销方法还有网络事件营销、即时通信营销等。网络事件营销（Internet Event Marketing）是指企业通过策划、组织和利用具有新闻价值、社会影响及名人效应的人物或事件，以网络为传播载体，吸引媒体、社会团体和消费者的兴趣与关注，以求建立、提高企业或产品的知名度和美誉度，树立良好品牌形象，并最终促成产品或服务的销售手段和方式。

扩展阅读 5-7　北大汉服酒礼事件营销

这是为五粮液做的一次很成功的事件营销。整个事件的策划思路非常清晰。当时正值“汉服”热炒，策划者借助当下这一新闻热点与北大服饰文化交流协会合作举行了“汉服秀行酒礼”活动。“北大学子”、“汉服文化”、“酒文化”、“效古省今”等话题点的切入，让整个事件本身具备了极强的传播力。而品牌信息的植入正是这个事件中最重要的道具——五粮液酒。整个事件策划不但体现出五粮液酒的文化内涵，还帮助企业传播了五粮液酒历史悠久的概念。事件在博客上进行首发，并迅速被推到了博客首页以及网站首页。之后，由“网络推手”进一步推动，开展正反方两方面的 PK，拉入一些名博参与，迅速扩大这个话题的影响力。之后在短短的时间内，事件便迅速扩大。事件本身的话题性和短时间内形成的影响力，使得这个事件形成了对传统媒体的“自然催化”，迅速形成媒体共振效应。大量的平面媒体报道了此事，凤凰卫视热点谈话节目就此话题专门做了一期节目《锵锵三人行》，在《秋雨时分》里，余秋雨也就此事发表评论。最终，在整个事件的传播中，五粮液品牌不但获得了高曝光度和高关注度，也形成了“中国白酒文化典范”的口碑。[资料来源：米可心品牌传媒（http://www.3to4.cn/）]

即时通信营销是利用互联网即时通信工具（IM，Instant Messenger），如 QQ、MSN、淘宝旺旺等，进行推广宣传的营销方式。使企业即时通信工具的合理利用，既可以与客户保持密切联系、促进良好关系，又可以迅速带来流量，有效促进销售，实现商务目的。

对于被动展示信息模式的网站营销而言，IM 营销能够弥补其不足，可以同潜在访客进行即时互动，并能够主动发起沟通，有效扩大营销途径，使流量利用最大化。IM（即时通讯）作为互联网的一大应用，其重要性日益突出。有数据表明，IM 工具的使用已经超过了电子邮件的使用，成为仅次于网站浏览器的互联网第二大应用工具。

5.4 网络营销策划

网络营销策划是指利用网络传播手段，对企业的产品或服务进行有效的市场营销推广。网络营销策划应以消费者为核心展开，重点在于如何结合网络环境，抓住消费者行为变化的新特点，展开真正符合网络经济特点的营销策划。

5.4.1 网络消费者分析

企业在网上销售产品之前，需要了解自己会遇到的网上消费者是哪一类群体，他们在网络市场环境下的行为特征是什么，他们是如何完成购买决策的以及应如何管理等一系列问题。

人们购买一种商品的行为并不是突然发生的，与消费者购买行为相关的是一个完整的购买过程。企业了解消费者整个购买决策过程是很重要的，在消费者购买过程中，企业可以制定一些策略来帮助消费者满足自己的需要。与传统的消费者购买行为相似，网络个人消费者的购买行为早在实际购买之前就已经开始，并且延长到实际购买后的一段时间，其购买过程可以粗略地分为五个阶段：唤起需求、收集信息、比较选择、购买决策和购后评价，如图 5-5 所示。

图 5-5　网络消费者的购买过程

1）唤起需求

网络购买过程的起点是诱发需求。消费者的需求是在内外因素的刺激下产生的。当消费者对市场中出现的商品或服务产生兴趣后，才可能产生购买欲望。这是消费者做出消费决定所不可缺少的基本前提。

对网络营销来说，诱发需求的动因只能局限于视觉和听觉。文字的表述、图片的设计、声音的配置是网络营销诱发消费者购买的直接动因。从这方面讲，网络营销对消费者的吸引具有相当的难度。这就要求从事网络营销的企业了解消费者的需求是由哪些刺激因素激发的，进而巧妙地设计促销手段来吸引更多的消费者浏览网页，使消费者知道本企业所提供的产品或服务能够满足他们的需求。

2）收集信息

信息收集是消费者做出正确购买决策的基础。消费者首先在自己的记忆中搜寻可能与所需商品相关的知识经验，如果没有足够的信息用于决策，他便要在外部环境中寻找与此相关的信息。

一般说来，网络购买的信息收集带有较大主动性。在网络购买过程中，商品信息的收集主要是通过互联网进行。一方面，网络消费者可以根据已经了解的信息，通过互联网跟踪查询；另一方面，网络消费者又可不断地在网上浏览，寻找新的购买机会。由于消费层次的不同，网络消费者大都具有敏锐的购买意识，始终领导着消费潮流。

3）比较选择

消费者需求的满足是有条件的，这个条件就是实际支付能力。没有实际支付能力的购买欲望只是空中楼阁，不可能导致实际的购买。为了使消费需求与自己的购买能力相匹配，比较选择是购买过程中必不可少的环节。消费者对各条渠道汇集而来的资料进行比较、分析和研究，了解各种商品的特点和性能，从中选择最为满意的一种。

消费者对网上商品的比较依赖于厂商对商品的描述，包括文字描述和图片描述。网络营销商对自己的产品描述得不充分，就不能吸引众多的顾客。而如果对产品的描述过分夸张，甚至带有虚假的成分，则可能永久地失去顾客。对于这种分寸的把握，是每个从事网络营销的厂商都必须认真考虑的。

对消费者而言，存在一个测定网络广告可信度的问题。近年来传统媒体上所出现的虚假广告现象不可避免地出现在网络广告上，消费者应当从不同角度测定网络广告的可信度。

4）购买决策

网络个人消费者完成对商品的比较选择后，便进入到购买决策阶段。网络购买决策是指网络个人消费者在购买动机的支配下，从两件或两件以上的商品中选择一件满意商品的过程。购买决策是网络个人消费者购买活动中最主要的组成部分，它基本上反映了网络个人消费者的购买行为。

与传统的购买方式相比，网络购买者的购买决策有许多特点。首先，网络购买者理智动机所占比重较大，而感情动机的比重较小。这是因为消费者在网上寻找商品的过程本身就是一个思考的过程。他有足够的时间仔细分析商品的性能、质量、价格和外观，从容地做出自己的选择。其次，网络购买受外界影响较小。购买者常常是独自坐在计算机前上网浏览、选择，与外界接触较少，因而决策范围有一定的局限性，大部分购买决策是自己做出的或是与家人商量后做出的。正是因为这一点，网上购物的决策行为较之传统的购买决策要快得多。

网络个人消费者在决策购买某种商品时，一般必须具备以下三个条件：第一，对厂商有信任感；第二，对支付有安全感；第三，对产品有好感。所以，树立企业形象，改进货款支付办法和商品邮寄办法，全面提高产品质量，是每一个参与网络营销的厂商必须重点抓好的三项工作。只有这样，才能促使消费者毫不犹豫地做出购买决策。

5）购后评价

当完成购买行为后，消费者就会对购买过程特别是交易过程以及所获得的产品或服务进行评价，如交易过程是否方便，售前、售中、售后服务如何，产品是否真正满足了自己的需求以及是否完全消除了所存在的差距。

决定消费者对购买是否满意的关键在于消费者的期望和产品实际性能之间的关系。如果产品未达到消费者期望，消费者就会失望；如果达到期望，消费者就会满意；如果超出了期望，消费者就会惊喜。消费者的期望基于他们从销售商、朋友或其他来源处获得的信息，如果销售者夸大了产品的性能，消费者的期望就不会得到满足，必然导致不满意。期望和性能之间的差距越大，消费者的不满意程度就越高。购后评价为消费者发泄内心的不满提供了一条非常好的渠道，同时也为厂商改进工作收集了大量第一手资料。

为了提高企业的竞争力，最大限度地占领市场，企业必须虚心倾听顾客反馈的意见和建议。互联网为网络营销者收集消费者购后评价提供了得天独厚的优势。方便、快捷、便宜的电子邮件紧紧连接着厂商和消费者。厂商可以在订购单的后边附上一张意见表。消费者购买商品的同时，可以填写自己对厂商、产品及整个销售过程的评价。厂商从网络上收集到这些评价之后，通过计算机的分析、归纳，可以迅速找出工作中的缺陷和不足，了解到消费者的意见和建议，及时改进自己的产品性能和售后服务。

5.4.2 网络营销的基本步骤

在网络时代，一个企业生产、销售的循环过程可概括为：通过网络收集技术和用户需求等各方面的信息，并将这些信息整理分析后反馈给企业；企业根据上述信息开发新技术、新思路、新产品，并通过网络进行宣传，与需求者进行沟通；通过网络收集订单；根据订单完成产品设计、物料调配、人员调动，再到生产制造；通过网络进行产品宣传与发布，与客户进行在线交易；通过网络获得客户的信息反馈，完成客户支持，积累经验，为下一个生产、销售循环做好准备。根据企业在网络时代的生产周期，网络营销的内容应包括网上的信息收集、网上商业宣传、网上市场调研、网上广告投放与发布、网上销售、网上客户支持服务等。一个完整的网络营销过程应包括以下基本步骤：

1）计划阶段

计划阶段的任务是确定开展网络营销的目标，制定网络营销的可行性计划。主要任务有：通过确定合理的目标，明确界定网络营销的任务；根据营销任务，确定营销活动的内容和营销预算；确定网络营销系统建设的进度，设立相应的监督评估机制。

2）设计阶段

此阶段的任务包括建立企业的网站或网页和设计网络营销的具体流程。具体任务有：申请域名，创建全面反映营销活动内容的网站或网页；与互联网连接，树立网上企业形象；设计营销过程的具体流程，建立反馈机制。

3）实施阶段

这是网络营销的具体开展阶段，主要任务有：发掘信息资源，广泛收集网上信息；开展网上市场调研；在网上推销产品与服务，促进在线销售；与客户沟通，通过网络收集订单；将信息反馈给企业决策和生产部门；使网络营销与企业的管理融为一体，形成网络营销集成。依靠网络与原料商、制造商和消费者建立密切联系，并通过网络收集、传递信息，从而根据消费需求，充分利用网络伙伴的生产能力，实现产品设计、制造及销售服务的全过程，这种模式就是网络营销集成。

由于技术上的限制和企业应用能力的不同，目前国内大多数企业的网络营销活动停留在网上的宣传活动，其主要内容并不是“在线交易”。但是，越来越多的企业正从深度和广度两方面来扩展网络营销，提高网络营销的应用能力，抢占网络商业的制高点。

5.4.3 网络营销组合策划

企业实施网络营销需要进行投入，而且也会有一定的风险。因此，企业在开展网络营销实现企业营销目标时，必须考虑各种因素对网络营销策划的影响，从而进行与企业所处地位相适应的网络营销组合策划。

1）网络营销产品策划

随着社会的网络化和信息化发展，产品策略中信息因素所占的比重越来越大。传统的产品策划开始发生倾斜，逐步演变为满足消费者需求的营销策划。在网上进行产品营销，必须结合网络特点重新考虑产品的设计、开发、制造、包装及产品品牌策划。网络营销为企业利用互联网建立品牌形象及为该企业的网下品牌在网上得以延伸和拓展提供了有利的条件，无论是大型企业还是中小企业，都可以用适合自己企业的方式展现品牌形象。

2）网络营销价格策划

传统产品定价策略基本上是成本加利润，企业对价格的制定起主导作用。由于网络具有自由、平等、开放和免费的特点，网络营销的产品价格策略多采取免费和低价策略。所以，制定网络营销价格策略时，必须考虑到互联网本身独特的免费特征和其对企业产品定价的影响。

3）网络营销的渠道策划

互联网对企业营销活动的最大影响是企业营销渠道的改变。网络拉近企业与消费者的距离，减少了渠道的中间环节，从而改变了传统渠道的多层次选择和管理的格局，企业应根据网络营销的特点改变传统的经营管理模式。

4）网络营销促销与沟通策划

互联网具有双向的信息沟通的特点，可以使沟通的双方突破时空限制进行直接交流，操作简单、高效，并且费用低廉。互联网的这一特点使得在网上开展促销活动十分有效，但也必须遵循网上信息交流与沟通的规则，特别是要遵守一些虚拟社区的礼仪。

5.4.4 网络营销实施

网络营销的实施是一个复杂的系统工程，有一套科学的管理过程。

1）可行性分析

实施网络营销的首要步骤是通过环境研究做好可行性分析，以明确企业实施网络营销活动面临的机会与威胁各是什么，从而采取适当的措施，以利用机会避免环境威胁。网络营销作为信息技术的产物，具有很强的竞争优势。但并不是每个公司都能进行网络营销，公司实施网络营销必须考虑到公司的业务需求和技术支持两个方面，业务方面如公司的目标、规模、顾客的数量和购买频率、产品的类型、周期以及竞争地位等；技术方面如公司是否支持技术投资，决策时技术发展状况和应用情况，公司的技术力量能否保障网络营销正确开展等。

2）制定网络营销战略

企业根据自身所处的网络营销环境，整合网络营销资源，制定网络营销战略。网络营销战略的制定包括营销战略目标、战略重点和实施步骤的确定，以及网上市场细分、选择目标市场、产品定位等战略。它要经历三个阶段：

（1）确定目标优势，分析确定网络营销是否可以促使市场增长、增加市场收入，是否能通过改进当前营销策略和措施、降低营销成本。

（2）分析计算网络营销的成本和收益，需注意的是计算收益时要考虑战略性需要和未来收益。

（3）综合评价网络营销战略，主要考虑的有三个方面：成本效益问题，成本应小于预期收益；能增加多大的市场机会；考虑公司的组织、文化和管理能否适应采取网络营销战略后的改变。

3）网络营销战略规划与落实

网络营销战略规划分为以下几个阶段：

（1）目标规划。在确定使用该战略同时，识别与之相联系的营销渠道和组织，提出改进目标和方法。

（2）技术规划。网络营销要有强大的技术投入和支持，资金投入和系统购买安装以及人员培训都应统筹安排。

(3) 组织规划。实行网络库营销后，公司的组织需进行调整以配合该策略实施，如增加技术支持部门和数据采集处理部门，同时调整原有的推销部门等。

(4) 管理规划。组织变化后必然要求管理的变化，公司的管理必须适应网络营销需要，如销售人员在销售产品同时，还应记录顾客购买情况，个人推销应严格控制以减少费用等。

为了落实网络营销战略，还要制定相应的网络营销策略。网络营销策略的制定主要包括网络营销组合策略与网络营销组合内各策略的具体规划。对企业来说，网络营销是一种没有直接收益的投资活动，因此规划预算分配、控制费用开支也是网络营销计划中需要考虑的。

4) 执行网络营销计划

即使是最优秀的营销计划，不执行也不会给企业带来任何利益。所以，制定网络营销计划后，应积极执行，合理控制，努力实现企业的预定目标。

执行网络营销计划，是指将网络营销计划转变为具体营销行动的过程，即把企业的经济资源有效地投入到企业的网络营销活动中，完成计划任务、实现既定目标的过程。企业要有效地执行网络营销计划，必须建立专门的网络营销组织，配备专业的网络营销人员，形成高效运行的网络营销团队，这样才能完成网络营销计划预定的任务与预期的目标。

5.4.5 网络营销控制

所谓网络营销控制，就是指网络营销管理者利用一定的监测手段跟踪整个网络营销活动的运行状况、衡量实际执行结果与预定计划之间的偏差，并采取适当的措施纠正偏差以保证网络营销目标的实现的行为。

1) 网络营销绩效评价

网络营销的直复特性、网络运行的可追踪性以及数据库技术的发展，使得管理者可以定期对网络营销的绩效进行评价，以准确地了解网络营销计划的执行情况，确认网络营销的运行效果，从而为企业改进网络营销策略提供决策依据。网络营销绩效评价需要建立一套体系完整、切合企业实际、为投资者及社会认同的网络营销绩效评价指标体系和评价方法。

2) 网络营销计划控制

根据市场营销原理，网络营销计划控制主要有三种类型：年度计划控制、赢利能力控制和战略控制。

年度控制计划是指由企业高层网络营销管理人员负责的，旨在发现网络营销计划执行中出现的偏差并及时予以纠正，以保证年度计划顺利得以实现的网络营销控制活动。企业的年度计划控制包括销售分析、市场占有率分析、市场营销费用对销售额的比率分析、财务分析和顾客态度追踪等内容。

赢利能力控制旨在测定企业不同产品、不同销售地区、不同顾客群、不同销售渠道以及不同规模订单的赢利情况。没有严格的网络营销成本和生产成本的控制，企业要取得较高的赢利水平和较好的经济效益是难以想象的。因此企业一定要对营销网站运营费用、网络促销费用、物流仓储费用、商品运输配送费用、生产产品的材料费、人员费和制造费用进行有效控制，全面降低支出水平，保证或提高企业的赢利能力。

战略控制是指网络营销管理者通过采取一系列行动在网络营销活动中不断地评估和总结反馈信息，持续地对战略进行修正和改进，使网络营销的实际工作与原战略规划的目标尽可能地保持一致。

3）网络营销安全控制

网络营销安全控制是指在网络营销活动中，通过采取管理、技术等方面的措施，尽量减少不确定性风险给企业与顾客带来的损失的过程。形成网络营销风险的原因有很多，如网络环境技术体系不完善、网络营销系统不完善以及营销活动本身可能产生的负面作用等。

网络技术体系不完善将可能给企业网络营销活动带来安全隐患。对于这类安全问题主要通过一些信息安全技术如防入侵、加密、认证等加以解决。

网络营销系统不完善可能造成交易不安全，这就要求企业必须建立起一套完整的、适应于网络环境的安全管理制度，如人员管理制度、信息保密制度、跟踪审计制度、数据备份制度以及病毒清理制度等。

营销活动本身可能产生的负面作用将会给企业造成营销危机，网络营销有其特定的一些问题，如不恰当的网络广告、电子邮件等，都可能产生负面影响。(参见“6 电子商务安全”)

课后题

一、复习思考

1. 网络营销产生的基础有哪些？相比传统营销，网络营销的优势体现在哪些方面？
2. 网络营销中4C理论的含义是什么？如何理解网络直复营销和整合营销？
3. 网上产品的属性包括哪些特征？试分析哪些产品适合网络销售。
4. 网络促销的主要形式有哪些？试说明如何实施网络促销计划。
5. 网络广告的主要形式有哪些？网络广告如何计价？
6. 网络营销主要方法有哪些？
7. 网络社区营销的主要形式有哪些？

8. 简述网络消费者行为特征。

9. 试说明网络营销的主要步骤。

10. 试分析网络营销的实施过程中的注意事项。

二、问题讨论

1. 结合案例 1，请分析当当网的有效营销策略分别是什么？

案例 1：当当网的营销策略

当当网经过 10 年的发展，已经成为国内影响力最大的网上商店之一。在经历了 2004 年的亚马逊收购风波之后，当当网已经越发成熟。不管是在商业模式上，还是在管理理念上，当当网都有与众不同之处。总结当当网成功的因素，主要有以下几条：一是其价格优势，通过压低价格，给客户最多的实惠。二是其渠道优势，当当网与相当多的供应商保持良好的合作关系，保证了产品的质量和供给；拥有广大的客户群体，保证了销售额的不断增长；与物流公司也建立了牢固的合作关系，在全国 360 个城市开通货到付款业务。三是其本土化优势，这是针对当当网目前在国内最大的竞争对手——卓越来说的。因为卓越已经被亚马逊控股，经营人员和经营风格的中国特色已经不复存在，这样，当当网的本土优势便越发明显。

1）产品组合

当当网经营 33 类商品，是中国经营商品种类最多的网上零售店。但其主要以 B2C 形式销售图书及音像产品为主。

2）定价

作为全球最大的中文网上图书音像城，当当网为了更好地推动图书音像商品的网上销售，推出了比价活动，即当当网商品的售价都在其他网站价格的 90%以下。当当网打出“价格牌”，也是对自己价格与品种优势信心的一种表现。

当当网参加比价的商品大概占总体的 40%，降低利润能够更好地吸引顾客，对整体销售额的扩大有好处。同时，当当网此举也是为了引导消费，扩大市场，将更多优惠送给顾客。

3）渠道

互联网电子化渠道。当当网业务起步于互联网，没有实实在在的店铺，只在互联网上销售。

4）促销

本土化的促销策略。当当网自 2005 年初开始拓展百货类产品，逐步朝网上综合卖场迈进，目前当当网的百货类商品已经从最初的十几种发展为数十个大类，近百万种商品；年销售额已经超过第二名卓越的 3～4 倍，当当网的竞争优势源自对本土顾客的了解。

5）核心能力

当当网主要是卖音像、图书、碟，并且非常讲究品种。例如，一本菜谱书，你是给读者 5 个选择，50 个选择还是 500 个选择，含金量是不一样的，当当网要给顾客更多的选择，这就是当当网的核心竞争力。

6）竞争优势

当当网的竞争优势是提供物美价廉、品种多样的商品，配合完善的特色服务吸引更多的用户。在当当网成长的这些年里，以常年打折销售树立起的低价形象是最为用户所称道的。当当网上商品的平均售价一直是实体书店的 7.5 折左右，并且首创了“智能比价”系统，来保证其网上销售价格的竞争优势。

近年来当当网在保持传统图书优势的基础上，不断增加经营品类，百货商品更是日益丰富。为了给用户切实的“零风险”网购经历，在服务方面，当当网在全国180个城市送货上门、货到付款，给网购消费者提供了极大的便利；7天无条件退货、巧天换货的宽心服务和上门退换货的方式令用户购物更放心；满99元免运费、VIP折上折等政策都无处不体现着当当网用户至上的理念。与此同时，当当网还不断努力提升用户的购物体验，在2006年10月推出了“个性化商品推荐”，即根据每一位用户的购买习惯针对其本人推荐特色商品。该服务推出短短几周即获得热烈反响。值得一提的是，当当网的站内购物搜索也一贯非常体贴，如搜索“红楼梦”，将同时获得当当网自营商品和店中店联营商品的搜索结果；此外，用户还可以利用高级搜索服务，设定更严格的搜索条件来缩小范围，如“作者”、“出版社”、“折扣”、“当当价”、“出版时间”等条件，一步到位找到相关商品。

2. 结合案例2，请分析选择网络营销的产品有哪些原则？为什么佐卡伊网上销售钻石会取得成功？

案例2：网上卖珠宝 救活一企业

网上购物已是家常便饭，不过，在网上买钻石会不会让人心慌？深圳一家原本濒临破产的珠宝公司，不仅在网上将钻石卖得像普通商品一样红火，而且还通过网上开店使公司摆脱困境，并成为中国内地最成功的网商之一。

1）曾濒临破产很困难

如果没有电子商务，深圳佐卡伊珠宝有限公司也许早在2004年就已破产关门。据佐卡伊的两位董事吴涛和钟勤华介绍，起步之初佐卡伊只是一个小作坊，主要从事钻石委托加工业务，最初利润很可观。可惜好景不长，从2002年开始，深圳的珠宝加工厂如雨后春笋般涌现。2003年，深圳的珠宝加工厂更是超过1000家。原来几百元的加工费急速跌到几十元，竞争日益激烈。2003年，佐卡伊亏损近500万元，濒临倒闭。在这种情况下，对珠宝业依然看好的吴涛和钟勤华合伙买下了佐卡伊，并决定另辟蹊径做生意。

2）被逼“触网”找出路

“当时，我们发现做销售远比加工利润大。”吴涛坦言，为了追求更高的利润使企业早日摆脱亏损状态，公司决定自己销售珠宝。几经周折，佐卡伊入驻了武汉广场，头几个月，销售情况很不错，但后来随着专柜位置的调整，销售额骤跌，他们又被打回到亏损状态。

一筹莫展之际，钟勤华想到了网上开店。虽然股东们并不看好，但在没有出路的情况下，抱着试一试的心态，佐卡伊于2004年7月正式在网上开店。然而，开店两个月几乎无人问津。

3）首单交易一波三折

“为什么很多人不敢网购钻石？因为解决不了信任问题。”吴涛说。为了解决这个问题，他写了很多关于钻石知识的文章，鼓励买家先复检后付款等。功夫不负有心人，开店两个月，他们终于迎来了网上的第一笔订单。

2004年9月，一名湖南娄底的女顾客发现商场标价1.8万多元的结婚钻戒，在佐卡伊的网店上只要5000多元。在网上沟通后，顾客对产品价格和款式都相当满意，但由于当时还没有交易平台，就要求先邮寄到货再付款。为了取得顾客的信任，佐卡伊的客服不厌其烦地打电话给她讲解钻石的基础知识、网购的安全问题等。

正好在那时，支付宝开通，买家终于心动并决定购买。可到了交订金时，却遭到了顾客家人的强烈反对。佐卡伊把公司的营业执照等资料一起发给顾客看，并指导顾客到当地的工商局去查询，到当地的首饰店和检测中心去鉴定。在经历一番波折之后，这笔谈了近两个月的生意终于成交。

4）公司销售过半来自网上

第一单交易成功后，吴涛他们看到了前景，决定成立电子商务部，专门开拓网络销售。

如今，佐卡伊在网上颇具人气。2009 年 7 月，一名山西太原的男子更是一掷 72 万元在网店购买了两颗钻石，成为淘宝“最牛”的一笔交易。据介绍，目前该公司的网络销售以每年 300％的速度增长，网店的销售额已占到了该公司总销售额的 50％以上。（详见佐卡伊官网 http://www.zkydx.cn/）

［资料来源：中国企业电子商务网（http://www.chinacompanynet.cn/）］

3. 结合案例 3，请分析哪些方面体现了 Web 2.0 工具能够帮助企业进行网络推广的优势。

案例 3：Web 2.0 助力企业网络营销

Web 2.0 技术作为一种体现用户参与的互动技术，若网站能合理应用，将为网站用户创造独特的价值，同时能对网站的网络营销效果起到不可低估的作用。新竞争力网络营销管理顾问在策划义乌中国小商品 B2B 电子商务平台（www.onccc.com）的时候，根据网站的特点，策划了一个 Web 2.0 的维基百科式“小商品词典”栏目，类似百度百科，让企业会员通过发布自己产品的小商品词条，逐渐积累汇集成具有海量词条的小商品网上百科全书，在丰富本网相关内容的同时，充分体现网站的小商品行业定位与特色。新竞争力认为，技术为市场和运营服务，要让发布 onccc 小商品词典的用户获得初始动力，就只能将发布词条行为与其商业动机结合起来，使之在贡献词条的同时获利，这样“小商品词典”才具备充分的活力与人气。基于此，义乌中国小商品网将小商品词典的用户参与行为与“营销”动机紧密结合，为小商品词条贡献者增加了一个产品宣传和企业宣传的渠道，对词条浏览者也提供了有价值的补充资料。

当然，由于用户水平的参差不齐，Web 2.0 的鲜活也意味着杂乱与不规范，因此义乌中国小商品网有专人负责审核小商品词典内容，对用户制造的内容进行规范和引导。新竞争力为此专门为小商品词典的内容制定了一套质量规范，以确保词条质量达到营销效果。由此，义乌中国小商品网巧妙地将“小商品词典”这个 Web 2.0 应用与 onccc 的网站运营目标浑然天成地结合起来，堪称 B2B 电子商务平台的 Web 2.0 技术绝佳应用。［资料来源：竞争力网站（http://www.jingzhengli.com/）］

三、实践训练

1. 任选一 B2C 电子商务网站，分析其网上产品的特征，网站的目标市场定位，以及采取的主要网络营销方法。

2. 试为某电子商务网站制定一份网络营销计划书。

6　电子商务安全

本章内容要点：安全是消费者对电子商务信任的保证，是电子商务良性发展的基础。本章第一节介绍了电子商务安全的基本概念、电子商务面临的各类安全威胁、电子商务的安全体系等内容。第二节阐述了各种电子商务安全技术的原理及各自对安全方面的保障，如加密技术、数字摘要、数字签名、数字时间戳、数字证书和认证中心的功能及其层次构成。第三节从制度、法律、管理等角度讨论了电子商务交易的安全防范措施。

学习引导案例

电子商务企业受到黑客攻击

随着电子商务企业被业界公认为最近几年的“吸金王”，在吸引眼球、获得关注的同时，也被一群叫“网络黑客”的“新生组织”盯上，遭到不定期“骚扰”，并被索要“保护费”，每次索要金额从百元到上千元不等。某商城产品运营总监向媒体透露，2012年与2011年相比，电子商务的大环境发生了很大改变，所以2011年底公司减少了硬广投放，加大了搜索引擎的竞价投放，如百度、搜狗等，其金额相当于2011年的硬广投放金额，正是此举招来了黑客。

该商城网站到2011年底，一共被攻击三次，每次攻击时间从一周到十几天不等，最后一次攻击持续了七天，直接导致机房瘫痪三天，网站无法访问，直接经济损失达50万人民币，公司高层不得已决定连夜换机房。而其中值得一提的是，对方（网络黑客）开出的条件仅是索要1000元保护费。谈及此次被攻击，该商城表示，每次攻击，DDOS（Distributed Denial of Service，分布式拒绝服务攻击）流量都很大，公司的带宽完全无法承受，只能租用抗攻击的CDN（Content Delivery Network，内容分发网络）服务，仅这一项花费每月要多支出十几万元。

另据团购行业的中层透露，诸如此类情况，京东、当当、凡客、支付宝以及一些团购企业也都不同程度地遇到过，造成的损失和数据泄漏也都引起了高层的关注，但是出于某种原因，他们并未采取法律手段或者是积极寻求其他解决途径，而是保持沉默或者积极撇清。

出于金融目的，互联网企业被黑客攻击，通常都不会被公布出来，不管是受害者还是攻击者，因为一旦公开，事件会发生裂变反应，一些公司内部用户数据真相会浮出水面。一些电子商务企业因为投资方或者华尔街资本市场的影响，不会轻易让他们真实的用户数据情况被公开，因为真实的用户量和用户购买情况往往与他们此前公布出来数据呈现出一定的差距。[资料来源：中国软件网（http://www.soft6.com/）]

6.1 电子商务安全概述

一个成功的电子商务系统，首要面对的挑战就是安全保障，要消除客户对交易过程中安全问题的担心才能吸引用户通过互联网购买其产品和服务。一般来说，客户主要担心的因素有：①消费者担心在网络上传输的网银信息和个人资料被截取，或者是不幸遇到“钓鱼网站”，网上银行账户被盗；②网店担心收到的是虚假订单，或是交易不认账，还有可能因网络不稳定或是应用软件设计不良导致被黑客侵入所引发的损失。由于消费者、网上商城甚至与金融单位之间的权责关系还未彻底理清，而且每一家网上商城的支付系统所使用的安全控管都不尽相同，使用者感到无所适从，因担忧而犹豫不前。因此，电子商务顺利开展的核心和关键问题是保证交易的安全性，这是网上交易的基础，也是电子商务技术的难点。

6.1.1 电子商务面临的主要安全威胁

由于互联网的全球性、开放性、无缝连通性、共享性和动态性，任何人都可以自由接入。电子商务在这样的环境中，时时处处都受到安全威胁，这些安全威胁的分类如表 6-1 所示。

表 6-1 电子商务常见的安全问题

问题	存在的威胁
电子商务消费者面临的安全威胁	虚假订单；付款后不能收到商品；机密性丧失；拒绝服务；电子货币丢失
电子商务商家面临的安全威胁	恶意竞争者威胁；商业机密安全；假冒威胁；获取他人的机密数据；信用威胁；系统中心安全性被破坏；拒绝服务问题
电子商务信息传输面临的主要攻击	信息截获、篡改、删除、插入
计算机系统安全问题	计算机设备安全；非法入侵；病毒威胁；计算机管理安全

1）电子商务消费者面临的安全威胁

电子商务消费者面临的安全威胁有资金安全、信息安全等方面，包括：①虚假订单。一个假冒者可能会以客户的名字订购商品，收到商品后，而此时真正的客户却被要求付款或返还商品。②付款后不能收到商品。在客户付款后，销售商中的内部人员不将订单和钱转发给执行部门，因而使客户不能收到商品。③机密性丧失。客户有可能因为误操作或落入钓鱼网站陷阱，将个人私密信息（如信用卡账户、密码等）发送给冒充销售商的机构，这些信息也可能会在传递过程中被不法分子窃取。④拒绝服务。攻击者可能向销售商的服务器发送大量的虚假订单来挤占它的资源，从而使合法用户不能得到正常的服务。⑤电子货币丢失。可能是由物理破坏或者被偷窃导致，这通常会给用户带来不可挽回的损失。

2）电子商务商家面临的安全威胁

电子商务商家面临的安全威胁包括：①恶意竞争者威胁。恶意竞争者以他人的名义来订购商品，从而了解有关商品的递送状况和货物的库存情况。②商业机密安全。客户资料被竞争者获悉。③假冒威胁。不法分子建立与销售者服务器名字相同的另一个 WWW 服务器来假冒销售者。④获取他人的机密数据。⑤信用威胁。买方提交订单后不付款。

除普通的安全威胁外，电子商务商家服务器通常还面临一些特殊的安全威胁：①系统中心安全性被破坏。入侵者假冒合法用户来改变用户数据（如商品送达地址）、解除用户订单或生成虚假订单等。②拒绝服务问题。攻击者使合法接入的信息、业务或其他资源受阻，主要表现为散布虚假资讯，扰乱正常的资讯通道，包括虚开网站和商店，给用户发电子邮件，收订货单；伪造大量用户，发电子邮件，穷尽商家资源，使合法用户不能正常访问网络资源，使有严格时间要求的服务不能及时得到响应。

3）电子商务信息传输面临的主要攻击

电子商务信息传输面临的主要攻击表现在攻击者在网络的传输信道上，通过物理或逻辑的手段，进行信息截获、篡改、删除、插入。截获，即攻击者可能通过分析网络物理线路传输时的各种特征，截获机密信息或有用信息，如消费者的账号、密码等；篡改，即改变信息流的次序，更改信息的内容；删除，即删除某个信息或信息的某些部分；插入，即在信息中插入一些信息，让接收方读不懂或接收错误的信息。

4）计算机系统安全问题

计算机系统是进行电子商务的基本设备，如果不注意安全问题，它一样会威胁电子商务的信息安全，因为计算机设备本身存在物理损坏、数据丢失、信息泄露等问题，而且，计算机系统也经常会遭受非法的入侵攻击和计算机病毒的破坏。同时，计算机系统还存在工作人员管理问题，如果职责不清、权限不明同样会影响计算机系统的安全。

扩展阅读 6-1　黑客攻击电子商务平台的八种手段

网络交易和电子商务在最近几年迅速发展，从而导致黑客攻击的频率越来越快，攻击手段越来越多。如今我们所面临的网络安全问题，与早期所面对的威胁已经发生天翻地覆的变化，黑客从攻击目的到攻击手段都在朝获利方向发展。

（1）0day。在计算机领域，0day 通常是指没有公布补丁的漏洞，或者是还没有被漏洞发现者公布出来的漏洞利用工具。

（2）Rootkit。Rootkit 是攻击者用来隐藏自己的踪迹和保留 Root 访问权限的工具。攻击者会在侵入的主机中安装 Rootkit，并经常通过 Rootkit 的后门来检查系统是否有其他的用户登录。

（3）痕迹销毁与反取证。随着计算机取证技术的发展和取证工具的广泛使用，黑客在入侵过程中越来越多地使用痕迹销毁技术和反取证技术，以对抗调查人员的取证分析。

（4）利用虚拟机实施攻击。近些年更多的攻击者倾向于在虚拟机环境中进行攻击，黑客可通过快速卸载或简单删除等方式来逃避一般的搜查追踪。

（5）无线入侵。无线通信给人们带来很大便利的同时，也带来了很多安全隐患：一方面，针对无线通信的窃听和恶意代码能获取用户的通信内容、侵犯用户的隐私权；另一方面，入侵者可以通过这些无线通信技术，进一步接入网络的核心部分。

（6）硬件安全。在 BIOS 芯片中植入病毒木马，让目前的防火墙、防毒软件都失效；针对主机板上的电磁辐射进行信息获取的技术仅仅是使用软件非法侵入的方式，这种技术可能已经落伍，新时期的黑客技术包括破解硬件本身。

（7）逆向工程。软件的逆向工程实现方法有：通过观察信息交换进行分析、使用反汇编器进行反汇编和使用反编译器进行反编译等。黑客则利用反逆向工程的方法保护自己的恶意代码。

（8）社会工程学。社会工程学定位在计算机信息安全工作链的一个最脆弱的环节，即人这个环节。无论是在物理上，还是在虚拟的信息系统上，任何一个可以访问系统某个部分的人都有可能构成潜在的安全风险与威胁，任何细微的信息都可能会被黑客用做补给资料来运用，使其得到其他的信息。[资料来源：信推网（http://www.xjjgjt.cn/）]

6.1.2　电子商务的安全需求

用户对于电子商务的安全需求主要包括以下几个方面，如表 6-2 所示。

表 6-2 电子商务系统的安全需求

安全需求	主要内容
交易者身份的确定性	确保交易双方身份信息的可靠和合法
信息的保密性	确保电子商务的商业机密信息不被泄露
交易的不可否认性	保证交易各方对已做交易无法抵赖
交易内容的完整性	防止数据传输过程中交易信息的丢失和重复
用户访问控制	保护计算机系统的资源不被未经授权人访问
服务的不可拒绝性	为用户提供稳定可靠的服务

1）交易者身份的确定性

网上交易的双方可能素昧平生、相隔万里，所以电子商务首要的安全需求应是保证身份的可认证性。也就是说，在双方进行交易前，首先要确认对方的身份，要求交易双方的身份不能被第三者假冒或伪装。

在电子商务方式下，要保证交易双方身份的正确性，必须判别参与者所声称身份的真伪，防止伪装攻击，这就需要为参与实体提供可靠的标识。身份确定往往需要第三方的介入，可以采用数字签名和身份认证技术来实现。也就是说，电子商务系统应该提供通信双方进行身份认证的机制，确保交易双方身份信息的可靠和合法，实现系统对用户身份的有效确认、对私有密钥与口令的有效保护，及对非法攻击的有效防范，防止假冒身份在网上交易、诈骗。（参见“6.2.2 数字签名技术”）

2）信息的保密性

商务数据的保密性是指信息在网络上传输或存储的过程中不被他人窃取、不被泄漏给未经授权的人或组织，或者经过加密伪装后，使未经授权者无法了解其内容。

电子商务建立在一个开放的网络环境上，当交易双方通过互联网交换信息时，其他人就有可能知道他们的通信内容。同样，存储在网络上的文件信息如果不加密的话，也有可能被黑客窃取。因此，电子商务的一个重要的安全需求就是信息的保密性。保密性可通过信息加密技术实现，使信息截获者不能解读加密信息的内容。另外，保密性还要求保护通信流特性，如通信源与目的、流量、频率等，以防止被分析，从而丧失有价值的商业情报。

3）交易的不可否认性

交易一旦达成，是不能被否认的，否则必然会损害一方的利益。电子商务系统应有效防止商业欺诈行为的发生，保证商业信用和行为的不可否认性，保证交易各方对所做交易无法抵赖。

传统交易中，交易双方通过在交易合同、契约或贸易单据等书面文件上手写签名或印章，确定合同、契约、单据的可靠性并预防抵赖行为的发生，也就是常说的“白纸黑字”。但在无纸化的电子交易中，就不可能再通过传统的手写签名和印章来预防抵赖行为的发生。保证交易过程中的不可否认性是电子商务活动中的一个重要的安全需求，这可以采用数字签名等技术来实现。

4）交易内容的完整性

保证信息的完整性是电子商务活动中一个重要的安全需求。内容的完整性是指保护数据的一致性，防止数据被未授权者修改、建立、删除、重复发送或由于其他原因被更改。电子商务系统应防止对交易信息的篡改，防止数据传输过程中交易信息的丢失和重复，并保证信息传递次序的统一。这就要求交易双方能够验证收到的信息是否完整，如信息是否被篡改或部分被删除等。

5）用户访问控制

不同访问用户在一个交易系统中的身份和职能是不同的，任何合法用户只能访问系统中授权和指定的资源，非法用户将被拒绝访问系统资源。用户访问控制是指在网络上限制和控制通信链路对主机系统和应用的访问，用于保护计算机系统的资源（信息、计算和通信资源）不被未经授权人或未授权方式接入、使用、修改、破坏、发出指令或植入程序等。访问控制可用防火墙等技术及相关制度措施来实现。（参见“6.2.4 网络防火墙技术”）

6）商务服务的不可拒绝性

商务服务的不可拒绝性（可靠性）是指保证授权用户在正常访问信息和资源时不被拒绝，即为用户提供稳定可靠的服务。电子商务作为贸易的一种形式，其信息的有效性将直接关系到个人、企业或国家的经济利益和声誉。因此，要对网络故障、操作错误、应用程序错误、硬件故障、系统软件错误及计算机病毒所产生的潜在威胁加以控制和预防，以保证贸易数据在确定的时刻、确定的地点是有效的、不可拒绝的。否则用户会受到延迟服务或拒绝服务的威胁，这类威胁的结果是破坏计算机的正常处理速度或完全拒绝处理，拒绝服务攻击往往使整个网络暂时不能使用。因此电子商务服务具有不可拒绝性的要求。

6.1.3 电子商务的安全体系

电子商务的核心是通过信息网络技术来传递商业信息和进行网络交易，可见，电子商务系统是一个计算机系统，其安全性是一个系统的概念，不仅与计算机系统结构有关，还与电子商务应用的环境、人员素质和社会因素有关。具体地说，它包括以下几个方面：

1）电子商务系统硬件（物理）安全

硬件安全是指保护计算机系统硬件的安全，包括计算机的电气特性、防电防磁以及计算机网络设备的安全，使其受到物理保护而免于破坏、丢失等，保证自身的可靠性，从而为系统提供基本安全机制。

2）电子商务系统软件安全

软件安全是指保护软件和数据不被篡改、破坏和非法复制。系统软件安全的目标是使计算机系统逻辑上安全，主要是使系统中信息的存取、处理和传输满足系统安全策略的要求。根据计算机软件系统的组成，软件安全可分为操作系统安全、数据库安全、网络软件安全、通信软件安全和应用软件安全。

3）电子商务系统运行安全

运行安全是指保护系统能连续正常地运行。

4）电子商务交易安全

电子商务交易安全是电子商务中同用户直接打交道的方面，它是在网络安全的基础上，围绕商务在网络中的应用而产生的，主要是为了保障电子商务交易的顺利进行，从而实现电子商务交易的私有性、完整性、可鉴别性和不可否认性等。

5）电子商务安全立法

电子商务安全立法是对电子商务犯罪的约束，它利用国家机器，通过安全立法，体现了与犯罪斗争的国家意志。

综上所述，电子商务的安全问题是一个复杂的系统问题。

6.1.4 电子商务的安全体系结构

电子商务的安全体系结构是保证电子商务中数据安全的一个完整的逻辑结构，同时它也为交易过程的安全提供了基本保障。电子商务的安全体系结构如图6-1所示。

电子商务安全系统结构由网络服务层、加密技术层、安全认证层、交易协议层、电子商务应用系统层5个层次组成。从图6-1中可以看出，下层是上层的基础，为上层提供了技术支持；上层是下层的扩展与递进。各层之间相互依赖、相互关联，构成统一整体。电子商务安全问题可归结为网络安全和商务交易安全两个方面。网络服务层提供网络安全；加密技术层、安全认证层、交易协议层、商务系统层提供商务交易安全。网络安全和商务交易安全是密不可分的，两者相辅相成、缺一不可。没有网络安全作为基础，商务交易安全无从谈起；没有商务交易安全，即使网络本身再安全，也无法满足电子商务所特有的安全要求，电子商务安全也无法实现。

1）网络安全

电子商务系统是通过网络实现的，需要利用互联网的基础设施和标准，因此构成电子商务安全系统结构的底层是网络服务层。网络服务层是各种电子商务应

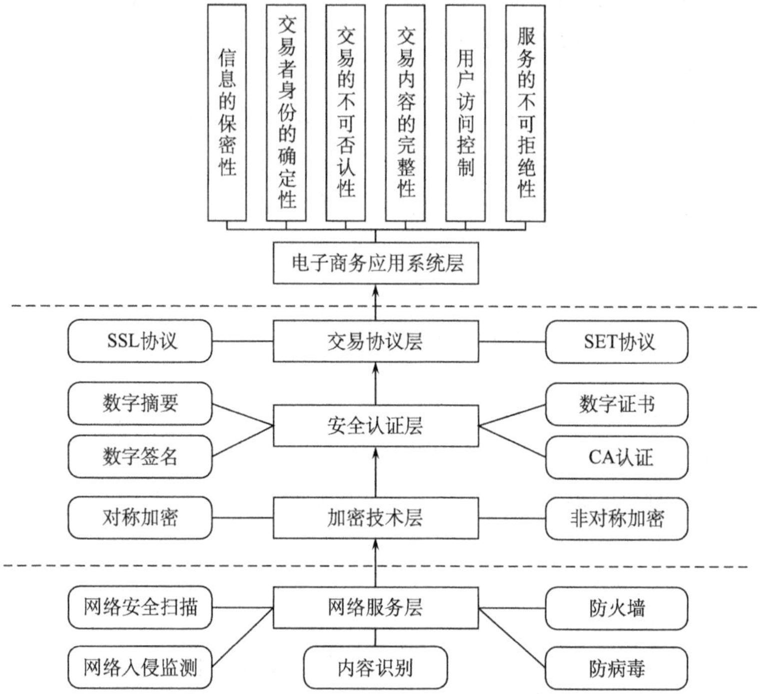

图 6-1　电子商务的安全体系结构

用系统的基础，提供信息传输功能、用户接入方式和安全通信服务，并保证网络运行安全。网络服务层是电子商务应用系统的网络服务平台。

网络服务层也提供计算机网络安全。计算机网络安全主要包括计算机网络的物理安全、系统安全和数据库安全等。网络安全主要是针对计算机网络本身可能存在的安全问题，实施网络安全方案。计算机网络安全采用的主要技术有防火墙技术、加密技术、漏洞扫描技术、入侵行为检测技术、反病毒技术和安全审计技术等，用以保证计算机网络自身的安全。

2）商务交易安全

商务交易安全是针对传统商务在互联网上运用时产生的各种安全问题而设计的一套安全技术，其目的是在计算机网络安全的基础上确保电子商务过程的顺利进行，即实现电子商务的保密性、完整性、可靠性、匿名性和不可否认性等。加密技术层、安全认证层和交易协议层一起构成电子商务交易安全。交易协议层是加密技术层和安全认证层的安全控制技术的综合运用与完善。

6.2 电子商务安全技术

要加强电子商务的安全，需要企业本身采取更为严格的管理措施，还需要国家建立健全法律制度，更需要有科学先进的安全技术。在电子商务交易中，经济信息、资金信息都要通过网络传输，交易双方信息身份也需要认证。因此，电子商务的安全性主要是网络平台的安全和交易信息的安全。交易信息的安全是指保护交易双方的信息不被破坏和交易双方的身份不被泄密，这可以用数据加密、数字签名、数字证书、SSL 协议和 SET 协议等技术来实现。网络平台的安全是指网络操作系统对抗网络攻击和病毒，使网络系统连续稳定地运行。常用的保护措施有防火墙、网络入侵监测、防病毒。本节将介绍几种主要的电子商务安全技术。

6.2.1 加密技术

1）加密技术的原理

所谓加密，就是把数据信息（即明文）转换为不可辨识的形式（即密文）的过程，其目的是使不应了解该数据信息的人无法知道和识别。将密文转换为明文的过程就是解密。加密和解密过程形成加密系统，明文与密文统称为报文。任何加密系统，不论形式如何复杂、实现的算法如何不同，其基本组成部分都是相同的，即通常包括如下四个部分：①需要加密的报文，也称为明文；②加密以后形成的报文，也称为密文；③加密、解密的装置或算法；④用于加密和解密的钥匙，称为密钥。密钥可以是数字、词汇或者语句。

一个加密算法的工作过程是将原始的数字信息（明文）与一串字符串（密钥）结合，变换成与明文完全不同的数字信息（密文）。在计算机上实现的数据加密，其加密或解密变换是由密钥控制实现的。密钥是借助一种数学算法生成的，它通常是一段随机字符串，是控制明文和密文变换的唯一关键参数。

一般来说，在实际加密过程中，加密算法是不变的，存在的加密算法也是屈指可数的，但密钥是变化的，也就是说，加密技术的关键是密钥。密匙的优点是：①由于设计算法很困难，基于密钥的变化解决了这一难题。②简化了信息发送方与多个接收方加密信息的传递，即发送方只需使用一个算法，用不同的密钥向多个接收方发送密文。③如果密文被破译，换一个密钥就能解决问题。

加密技术经过几十年的发展已经趋于成熟，网络信息的加密技术多种多样，但从应用方面来讲大体分为两类：对称加密和非对称加密。

2）对称加密

在对称加密算法中，发送方将明文（原始数据）和加密密钥一起经过特殊加密算法处理后，使其变成复杂的加密密文发送出去。接收方在收到密文后，若想解读原文，则需要使用加密时所用的密钥及相同算法的逆算法对密文进行解密，才能使其恢复成可读明文。在对称加密算法中，加密和解密使用同一个密钥，这要求解密方事先必须知道加密密钥。这种加密技术目前被广泛采用，如 DES（Data Encryption Standard，数据加密标准）就是一种典型的对称加密法，其密钥长度为 56 位。对称加密算法的优点是算法公开、计算量小、加密速度快、加密效率高。不足在于，交易双方都使用同样的密钥，安全性无法得到保证。如在网络上传输加密文件就很难把密钥告诉对方；每对用户每次使用对称加密算法时，都需要使用他人不知道的唯一密钥，这会使得发送方、接收方双方所拥有的密钥数量呈几何级数增长，密钥管理成为一大负担。而且，传输的密钥有可能被截获，因此，对称加密算法已显得不适应分布式开放网络对数据加密安全性的要求。对称加密机制加密流程如图 6-2 所示。

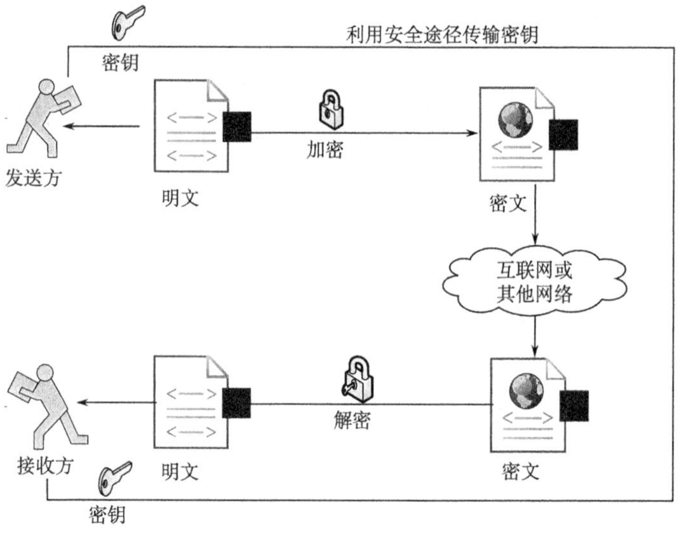

图 6-2　对称加密机制加密流程示意图

3）非对称加密

非对称加密即加密和解密所使用的不是同一个密钥，通常有两个密钥，称为公钥（Public Key）和私钥（Private Key），必须配对使用，否则不能打开被加密的文件。这里，公钥可对外公布，无须保密；而私钥则不能，只能由持有人知道，解密时只要用私钥即可。这种方案能很好地避免密钥的传输安全性问题，是现在网上银行广泛使用的加密方法。非对称加密机制的工作流程如图6-3所示。

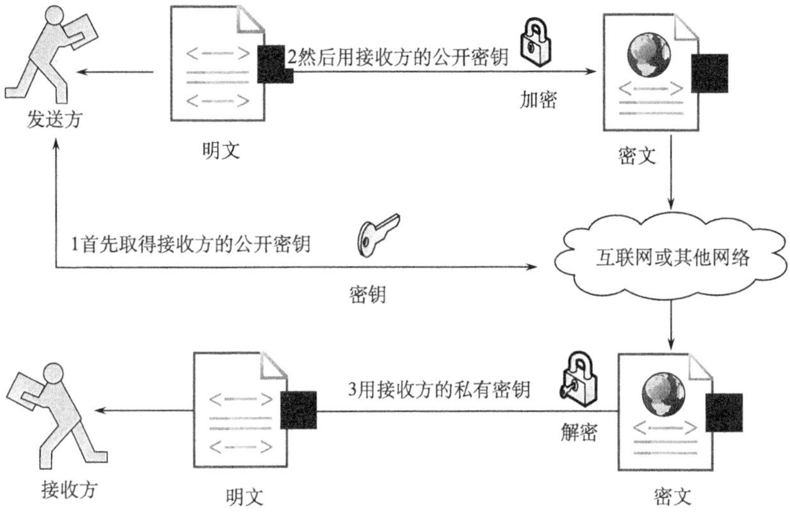

图 6-3　非对称加密机制的工作流程示意图

4）*加密算法*

最早、最著名的对称密钥加密算法是 DES，它由 IBM 公司在 20 世纪 70 年代发展起来，并经美国政府的加密标准筛选，于 1976 年 11 月被美国政府采用。DES 随后被美国国家标准学会（American National Standards, Institute, ANSI）采用。事实上，DES 是国际上普遍使用的加密标准。

DES 使用 56 位密钥对 64 位的数据块进行加密，并对 64 位的数据块进行 16 轮编码。每轮编码时，一个 48 位的“每轮”密钥值由 56 位的完整密钥得来。DES 用软件进行解码需要很长的时间，而用硬件解码则速度很快。幸运的是，当时大多数黑客并没有足够的设备制造出这种硬件设备。在 1977 年，人们估算要耗资两千万美元才能建成一个专门的计算机用于 DES 的解密，且需要 12 小时的运算破解才能得到结果。那时 DES 被认为是一种十分强大的加密方法，如果只用来保护一台普通服务器，那么 DES 确实是一种好的办法，因为黑客绝不会仅仅为入侵一台服务器而花费如此大的代价。

另一种著名加密算法是 RSA（Rivest-Shamirh-Adleman）。该算法是基于大数不可能被质因数分解而假设的公钥体系。简单地说，就是找两个很大的质数，一个对外公开，称为公钥；另一个不公开，称为私钥。这两个密钥是互补的，即用公钥加密的密文可以用私钥解密。

例如，假设甲用户要寄信给乙用户，他们互相知道对方的公钥。甲就用乙的公钥加密邮件寄出，乙收到后就可以用自己的私钥解密出甲的原文。由于别人不知道乙的私钥，即使是甲本人也无法解密那封信，这就解决了信件保密的问题。另一方面，由于每个人都知道乙的公钥，他们都可以给乙发信，那么乙要确定是不是甲的来信，就要用到基于加密技术的数字签名了。

甲用自己的私钥将签名内容加密，附加在邮件中，再用乙的公钥将整个邮件加密（注意这里的次序，如果先加密再签名，别人可以将签名去掉后签上自己的签名，从而篡改签名）。这样这份密文被乙收到以后，乙用自己的私钥将邮件解密，得到甲的原文和数字签名，然后用甲的公钥解密签名，这样一来就可以确保两方的安全了。

加密技术是为实现电子商务安全所采用的一种最常用也是最重要的手段之一。通过数据加密技术，可以在一定程度上提高数据传输的安全性，保证传输数据的完整性和机密性，同时还可以提供身份验证。为了保证电子商务中的数据，特别是与支付相关的一些隐私数据的保密性和真实性，实行应用服务与信息资源的管理控制以及对数据进行有效加密是常用的方法。

扩展阅读 6-2　CSDN 泄密事件及余波

2011 年 12 月 21 日，黑客在网上公开了知名程序员网站 CSDN（Chinese Software Develop Net，中国软件开发联盟。其是中国最大的开发者技术社区）的用户数据库，高达 600 多万个明文的注册邮箱账号和密码遭到曝光和外泄，这成为 2011 年中国一次重大网络安全事故。

12 月 22 日，继 CSDN 信息安全事故发生之后，网上更是传出包括人人网、开心网等多家互联网公司的用户被公开的消息，不过上述公司均对此予以否认。随后，包括 360 和金山都相继发布警告，通知相关用户尽快更新密码。此次事件的直接原因是 CSDN 采用明文存储密码，导致海量用户的账号信息包括密码直接被泄露。这次 CSDN 大规模的用户信息泄露，可能会给包括支付宝在内的类似公司带来一些困扰，因为不排除用户用同样的邮箱和密码同时注册多个网站。支付宝方面表示，“我们正在将获得的资料和支付宝用户进行核对，如果发现有相同的会及时做出相关的保护措施。”上百万的用户信息被黑客泄露，众多网友纷纷在第一时间修改了相关用户名及密码，不少网友和业内人士开始质疑相关网站所采用的安全模式问题。

一直以来，在金融领域，电子支付企业都要面对一定的安全风险。网络技术专家提醒广大消费者，包括本次网络间疯传的泄密文件在内，黑客经常将木马病毒植入到网上热传的文件之中诱骗网友下载，此类病毒通常拥有键盘记录功能，其攻击的对象很可能就是网银、第三方支付等网络金融工具，一旦中招就有财产被盗的风险。[资料来源：站长之家（http://www.chinaz.com/）]

6.2.2 数字签名技术

1. 数字摘要

数字摘要（Digital Digest）是指信息发送方对被传送的一个信息报文（如电子合同或支付通知单）根据某种数学算法计算出一个此信息报文的摘要值，并将此摘要值与原始信息报文一起通过网络传送给接收方，接收方用此摘要值来检验信息报文在网络传送过程中有没有发生改变，从而来判断信息报文的真实与否。摘要值本质上是由原始信息报文通过某一加密算法产生的一个特殊的数字信息串，比较短，与原始信息报文之间有一一对应的关系。

数字摘要（图 6-4）由单向 Hash 加密算法对一个消息作用生成。发送方将源消息和摘要一同发送，接收方收到后，利用 Hash 函数（杂凑函数）对收到的消息产生一个摘要，与收到的摘要对比，若相同，则说明收到消息是完整的，在传输过程中没有被修改，否则，就是被修改过，不是原消息。数字摘要方法解决了信息的完整性问题。

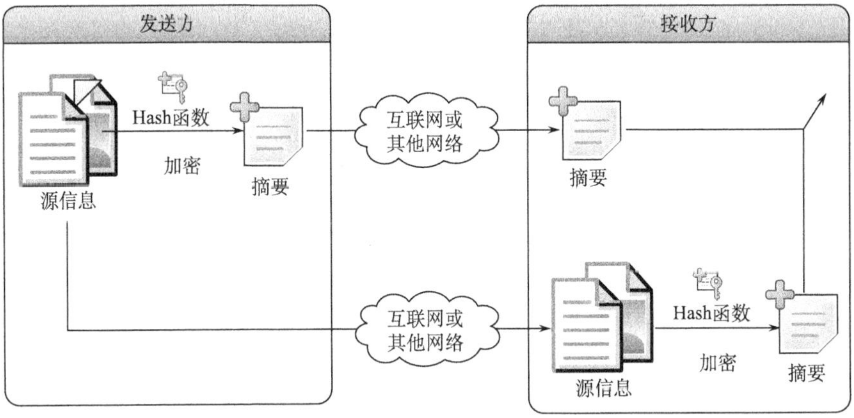

图 6-4 数字摘要

2. 数字签名

在传统的商务活动中，为了保证交易过程真实可靠，通常有一份书面合同或者文件，交易双方达成协议后，负责人或者法人代表分别在合同上签名，然后双方保存带有签名的合同，以后遇到什么问题或者争议时，双方能够根据合同的条款行事，该合同具有法律效应，引起纠纷的时候可以通过法院裁决。

电子商务的交易环境是虚拟的网络世界，网络中存在不安全的因素，为了保证交易安全可靠，通常通信双方在交易之前，也需要签订电子合同或者文件，这些电子合同或文件是以网络报文的方式传递的，因此传统的手工签名或者印章的方式是不可行的，必须寻找新的技术方案解决该问题，如采取电子签名的方式。电子签名起到与手工签名同等作用，目的是保证交易的安全性、真实性与不可抵赖性，电子签名需要以电子技术的手段来保证。

实现电子签名的技术手段有很多种，当前，在实际中普遍使用的是数字签名技术（Digital Signature），数字签名是目前电子商务中技术最成熟、应用最广泛的一种电子签名方法。数字签名是公开密钥加密技术的一种应用，是指用发送方的私有密钥加密报文摘要，然后将其与原始的信息附加在一起，合称为数字签名。通俗地讲，数字签名就是利用电子信息加密技术实现在网络传送信息报文时，附加一个特殊的、能唯一代表发送方个人身份的标记，发挥传统上手书签名或印章的作用，以表示确认、负责、经手、真实等。这个特殊的个人数据标记是对原信息报文数据加密转换而生成的，用来证明信息报文是由发送方发来的。数字签名过程如图 6-5 所示。

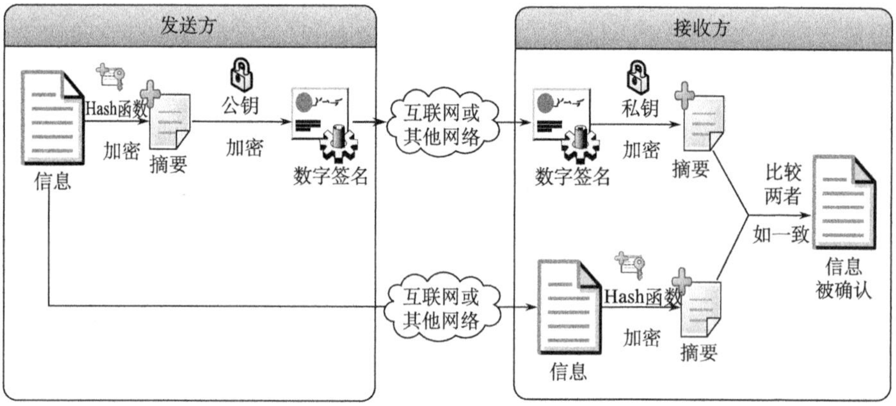

图 6-5　数字签名过程示意图

数字签名与手工签名一样，签名主要起到认证、核准和生效的作用。通过数字签名能够实现对原始报文的鉴别与验证，保证报文的完整性、权威性和发送方对所发报文的不可抵赖性。数字签名机制提供了一种鉴别方法，保证了网络数据的完整性和真实性，目前已广泛地应用于电子商务合同签订与电子政务公文传递中，具有良好的应用效果。

3. 数字时间戳

交易文件中，时间是十分重要的信息。在书面合同中，文件签署的日期和签名一样均是十分重要的防止文件被伪造和篡改的关键性内容。在电子交易中，同样需对交易文件的日期和时间信息采取安全措施，而数字时间戳服务就能提供电子文件发表时间的安全保护。

数字时间戳（Digited Time-Stamp，DTS）服务是由专门机构提供的网上安全服务项目。时间戳（Time-Stamp）是一个经加密后形成的凭证文档，它包括三个部分：①需加时间戳的文件的摘要（Digest）；②DTS收到文件的日期和时间；③DTS的数字签名。

数字时间戳服务工作流程如图6-6所示，具体说来：①用户对文件数据进行Hash摘要处理；②用户提出时间戳的请求，Hash值被传递给时间戳服务器；③时间戳服务器对Hash值和一个日期/时间记录进行签名，生成时间戳；④时间戳数据和文件信息绑定后返还，用户进行下一步电子交易操作。

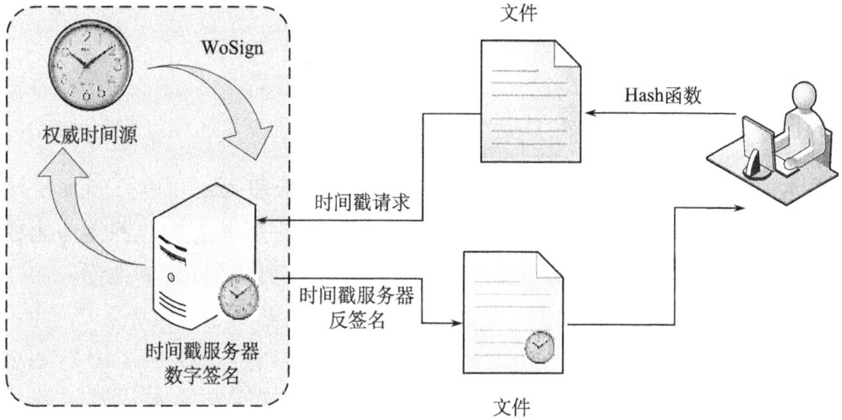

图6-6 时间工作戳示意图

扩展阅读6-3 数字签名签发存漏洞，木马病毒“买证”通关

数字签名对于验证文件的安全性非常重要。很多反病毒软件会检验文件中的数字签名，一旦发现其签名是有效的，就会对其放行。虽然数字签名的签发非常严格，但也并非没有漏洞，甚至还有伪造的数字签名鱼目混珠。

一种名为“伪签名下载器”木马（Trojan-Downloader. Win32. VB. ajfn）的恶意程序，精心构造了伪造的微软数字签名，其伪造的签名甚至可以通过验证。具体说来，在未感染过的计算机上，通过右键属性查看木马的数字签名，数字签名信息旁的图标显示为红色叉号，并且显示数字签名无法验证。当用户运行木马时，其首先会释放提前伪造的微软数字证书并安装，再次查看木马数字签名信息时就会显示数字签名正常，这使得木马程序看上去就像微软的程序一样。通过上述感染手段，木马可以躲避很多反病毒的检测，造成大规模感染。感染完成后，木马会偷偷连接远程服务器，下载其他恶意程序到用户计算机。

> 另外带有“沃通电子”数字签名的木马日前被捕获。分析发现，该木马是臭名昭著的Ghost远程控制木马变种，能够随意查看和盗取中招用户的资料，甚至自动开启用户电脑上的摄像头进行偷拍，也就是俗称的“肉鸡程序”。
>
> 这款Ghost木马变种因带有数字签名，导致国内绝大多数杀毒软件都将其视为“安全文件”。尽管“沃通电子”公开贴出声明，禁止软件开发者使用其颁发的数字签名证书为间谍软件（Spyware）、流氓软件和黑客软件等进行数字签名，但事实上该公司在提供数字签名时并未严格审查，事实上已经形成了重大危害。对此，安全专家认为，提供数字签名证书服务的机构如果不履行监管义务，实际上就是变相为木马制作者提供“军火”，等于纵容网络犯罪行为。［资料来源：中国电子商务研究中心网（http://www.100ec.cn）、牛华网（http://news.newhua.com/）］

6.2.3 公钥基础设施

1.PKI的基本原理

PKI（Public Key Infrastructure）是一种遵循标准的、利用公钥加密技术为电子商务的开展提供安全基础平台的技术和规范。它能够为所有网络应用提供加密、数字签名等密码服务及所必需的密钥和证书管理体系，简单来说，PKI就是利用公钥理论和技术建立的提供安全服务的基础设施。

PKI技术采用证书管理公钥，通过第三方的可信任机构——CA（Certificate Authority）认证中心，把用户的公钥和用户的其他标识信息捆绑在一起，在互联网上验证用户的身份，保证信息传输的机密性、真实性、完整性和不可否认性，从而保证信息的安全传输。

2.PKI的基本组成

完整的PKI系统必须具有权威认证中心（CA）、数字证书库、密钥备份及恢复系统、证书作废系统、应用接口（API）等基本构成部分。公钥证书体系的业务模型如图6-7所示。

（1）认证中心（CA）。即数字证书的申请及签发机关，CA必须具备权威性的特征。通常来说，CA是证书的签发机构，也是PKI的核心。

（2）数字证书库。用于存储已签发的数字证书及公钥，用户可由此获得所需的其他用户的证书和公钥。

（3）密钥备份及恢复系统。如果用户丢失了用于解密数据的密钥，则数据将无法被解密，这将造成合法数据的丢失。为避免这种情况，PKI提供备份与恢复密钥的机制。但要注意的是，密钥的备份与恢复必须由可信的机构来完

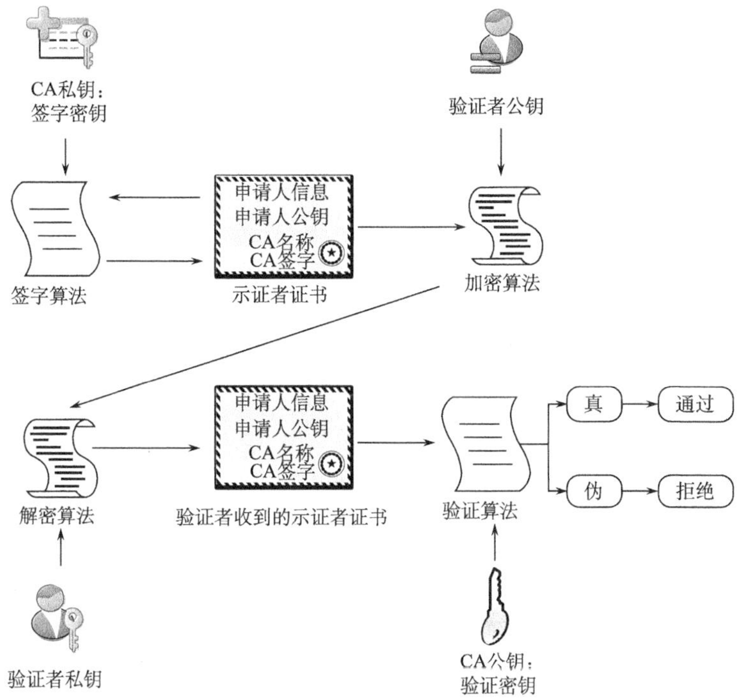

图 6-7 公钥证书体系的业务模型

成。并且，密钥备份与恢复只能针对解密密钥，签名私钥为确保其唯一性而不能够作备份。

(4) 证书作废系统。证书作废处理系统是 PKI 的一个必备组件。与日常生活中的各种身份证件一样，证书有效期以内也可能需要作废，原因可能是密钥介质丢失或用户身份变更等。为实现这一点，PKI 必须提供作废证书的一系列机制。

(5) 应用接口。PKI 的价值在于使用户能够方便地使用加密、数字签名等安全服务，因此一个完整的 PKI 必须提供良好的应用接口系统，使得各种各样的应用能够以安全、一致、可信的方式与 PKI 交互，确保安全网络环境的完整性和易用性。

3. PKI 核心产品——数字证书

1) 数字证书概念

数字证书是由权威公正的第三方机构即 CA 签发的，以数字证书为核心的加密技术可以对网络上传输的信息进行加密、数字签名和签名验证，确保网上传递信息的机密性、完整性、交易实体身份的真实性以及签名信息的不可抵赖性，从而保障网络应用的安全性。

数字证书可用于发送安全电子邮件、访问安全站点、网上证券、网上招标采购、网上签约、网上办公、网上缴费、网上税务等网上安全电子事务处理和安全电子交易活动。目前有 X.509、PGP、X9.59（也叫 AADS）及其他格式的数字证书，其中 X.509 应用最为广泛，大多 PKI 系统均采用此标准。

2）证书格式

一个标准的 X.509 数字证书包含以下一些内容（图 6-8）：

（1）版本号。用于标示证书的版本。

（2）序列号。由证书颁发者分配的本证书的唯一标识符。

（3）签名算法。签名算法标识符用于说明本证书所用的数字签名算法，如 SHA-1 和 RSA 的标识符用来说明该签名是利用 RSA 对 SHA-1 摘要值加密。

（4）颁发者。必须说明证书颁发者的可识别名。

（5）有效期。即证书有效的时间段，本字段由“Not Valid Before”和“Not Valid After”两项组成，它们分别用 UTC 时间或一般的时间表示（在 RFC 2459 中有详细的时间表示规则）。

（6）主体。即证书拥有者的可识别名，此字段必须是非空的，除非使用了其他的名字形式。

（7）主体公钥信息。主体的公钥以及算法标识符是必须说明的。

（8）颁发者唯一标识符。证书颁发者的唯一标识符，仅在版本 2 和版本 3 中要求，属于可选项。

（9）主体唯一标识符。证书拥有者的唯一标识符，仅在版本 2 和版本 3 中要求，属于可选项。

（10）扩展。可选的标准和专用扩展仅在版本 3 中使用。

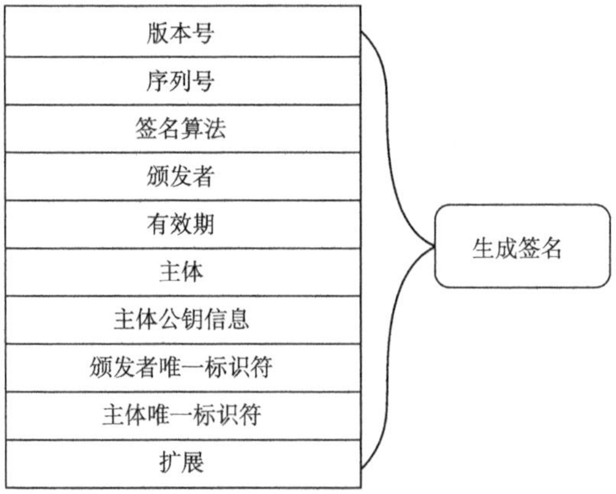

图 6-8　X.509 证书的一般格式

4. CA 的功能

CA 就是一个负责发放和管理数字证书的权威机构。对于一个大型的应用环境，CA 往往采用一种多层次的分级结构，各级的 CA 类似于各级行政机关，上级 CA 负责签发和管理下级 CA 的证书，最下一级的 CA 直接面向最终用户。CA 的主要功能有：

（1）证书颁发。CA 接收、验证用户（包括下级 CA 和最终用户）的数字证书申请，将申请的内容进行备案，并根据申请的内容决定是否受理该数字证书申请。

（2）证书更新。CA 可以定期更新所有用户的证书，或者根据用户的请求来更新用户的证书。

（3）证书查询。证书的查询可以分为两类：其一是证书申请的查询，CA 根据用户的查询请求返回当前用户证书申请的处理过程；其二是用户证书的查询，这类查询由目录服务器来完成，目录服务器根据用户的请求返回适当的证书。

（4）证书作废。当用户的私钥由于泄露等原因造成用户证书需要申请作废时，用户需要向 CA 提出证书作废的请求，CA 根据用户的请求确定是否将该证书作废。另外一种证书作废的情况是证书已经过了有效期，CA 自动将该证书作废。CA 通过维护证书作废列表（Certificate Revocation List，CRL）来完成上述功能。

（5）证书归档。证书具有一定的有效期，证书过了有效期之后就将作废，但是我们不能将作废的证书简单地丢弃，因为有时可能需要验证以前的某个交易过程中产生的数字签名，这时就需要查询作废的证书。基于此类考虑，CA 还应当具备管理作废证书和作废私钥的功能。

扩展阅读 6-4　我国主要 CA 认证中心

中国近年来电子商务发展很快，越来越多的 CA 认证中心在中国建立起来，并正在为中国电子商务与金融信息化的发展保驾护航。中国一些地方政府部门也建立了一些本地的 CA，为促进中国电子商务业务的发展提供支持。据统计，目前国内 CA 公司主要分为行业主管部门建立的 CA 中心、地方政府部门建立的 CA 中心、商业 CA 三类。

第一类是行业主管部门建立的 CA 中心，如 CFCA、电信 CA、海关 CA。

（1）中国金融认证中心（China Financial Certification Authority，CFCA），该机构由中国人民银行牵头，联合中国银行、中国商业银行、招商银行等十二家商业银行共同建设，CFCA 为全国用户提供数字证书服务，可发放 SET（安全电子交易）证书和 Non-SET PKI 证书，所发放的证书可支持网上银行、网上购物等应用。用户可以登录网站 http://www.cfca.com.cn 申请下载该证书。

(2) 中国电信CA安全认证系统 (China Telecom Certiricate Authority, CTCA), 该系统是首家在公网上运营的安全认证CA系统, CTCA有一套完善的证书发放体系和管理制度, 采用全国CA认证中心、省级RA审核中心以及地市业务受理点三级结构管理, 形成覆盖全国的CA证书申请、发放以及管理的完整体系。

第二类是地方政府部门建立的CA中心, 如上海、北京等各大城市建立的CA, 其中, 上海市电子商务安全证书管理中心有限公司 (SHECA) 经国家密码委员会批准, 1998年12月31日在上海市政府成立, 是上海市唯一从事数字证书签发和管理业务的权威性认证中心。

第三类是商业CA。例如, 北京天威诚信电子商务服务有限公司 (iTruschina) 成立于2000年9月, 是经信息产业部批准的第一家开展商业PKI/CA试点工作的企业, 相对于国内已经建立的认证机构, 天威诚信公司技术由著名的PKI公司Verisign提供技术支持, 采用了国际化的商业模式。[资料来源: 中国金融认证中心 (http://www.cfca.com.cn/zhishi/wz-017.htm)]

6.2.4 防火墙技术

1. 防火墙概述

防火墙是架设在用户内部网络和外部公共网络之间的屏障, 提供两个网络之间的单点防御, 对其中的一个网络 (通常是用户内部网络) 提供安全保护。防火墙从功能上来说, 是不同网络或网络安全域之间信息的唯一出入口, 能够根据内部网络的安全策略控制出入网络的信息流, 通过监测、限制、更改通过防火墙的数据流, 尽可能对外部屏蔽网络内部的信息、结构和运行状况, 以防止发生不可预测的、潜在的、破坏性的入侵, 以此来实现网络的安全保护 (图6-9)。

2. 防火墙的基本功能

归纳起来, 防火墙主要具有如下一些功能:

(1) 防止外部攻击。一个防火墙 (作为阻塞点、控制点) 能极大地提高一个内部网络的安全性, 并通过过滤不安全的服务而降低风险。防火墙还可以保护网络免受基于路由的攻击, 如IP选项中的源路由攻击和ICMP重定向中的重定向路径。

(2) 防止内部信息外泄。利用防火墙对内部网络的划分, 可实现内部网重点网段的隔离, 从而限制了局部重点或敏感网络安全问题对全局网络造成的影响。再者, 隐私是内部网络非常关心的问题, 一个内部网络中不引人注意的细节可能

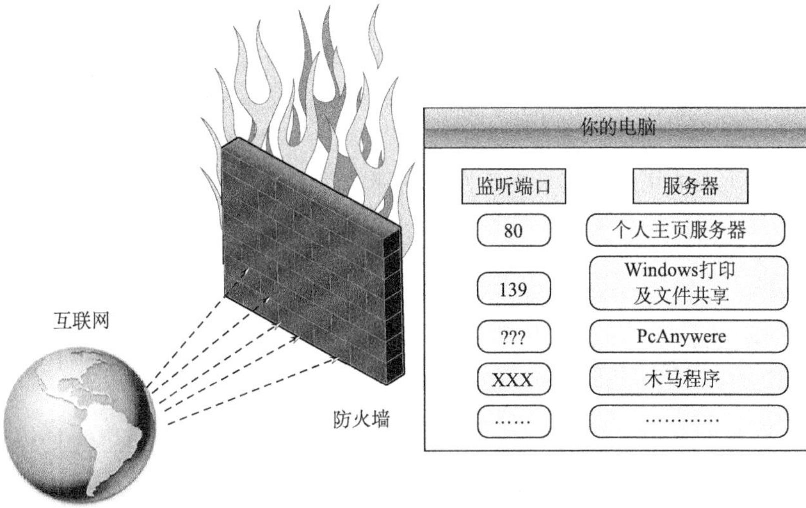

图 6-9 防火墙示意图

包含了有关安全的线索而引起外部攻击者的兴趣，甚至因此而暴露了内部网络的某些安全漏洞。使用防火墙可以禁止那些透露内部细节的服务，如 Fingcr、DNS 等。防火墙可以阻塞有关内部网络中的 DNS 信息，这样一台主机的域名和 IP 地址就不会被外界所知晓了。

（3）对网络存取和访问进行监控审计。如果所有的访问都经过防火墙，防火墙就能记录下这些访问并作为日志记录，同时也能提供网络使用情况的统计数据。当发生可疑动作时，防火墙能进行适当的报警，并提供网络是否受到入侵和攻击的详细信息。通过以防火墙为中心的安全方案配置，能将所有安全软件（如口令、加密、身份认证、审计等）配置在防火墙上。与将网络安全问题分散到各个主机上相比，防火墙的集中安全管理更经济。例如，在网络访问时，一次一密口令系统和其他的身份认证系统完全可以不必分散在各个主机上，而是集中在一个防火墙上。

（4）VPN（虚拟专用网）功能。除了安全作用，现在大部分防火墙还支持具有互联网服务特性的企业内部网络技术体系 VPN。通过 VPN，将企事业单位在地域上分布在全世界各地的 LAN 或专用子网有机地连接成一个整体，这样不仅省去了专用通信线路，而且还为信息共享提供了技术保障。

（5）防火墙自身的抗攻击能力。作为一种安全防护设备，防火墙在网络中自然是众多攻击者的攻击目标，故抗攻击能力也是防火墙的必备功能。网络攻击一般包括 IP 地址假冒攻击、病毒攻击、口令字探询攻击、网络安全性分析攻击、邮件诈骗攻击等。

值得说明的是，尽管利用防火墙可以保护内部网络免受外部黑客的攻击，但其目的只是提高网络的安全性，不可能保证网络绝对安全。事实上仍然存在着一些防火墙不能防范的安全威胁。例如，防火墙不能防范不经过防火墙的攻击。如果允许从受保护的网络内部向外拨号，一些用户就可能形成与互联网的直接连接。另外，防火墙很难防范来自于网络内部的攻击以及病毒的威胁。由于内部支持的操作系统和应用程序的不同性，采用防火墙扫描所有进入的文件、电子邮件和报文来查找病毒的方法是不现实的。

6.2.5 安全协议技术

1. SSL 协议

SSL（Secure Socket Layer，安全套接层）协议是指使用公钥和私钥技术组合的安全网络通信协议，它提供在互联网上的安全通信服务，是一种在持有数字证书的客户端浏览器和远程的 WWW 服务器之间，构造安全通信通道并且传输数据的协议，包括 SSL 记录协议和 SSL 握手协议两个子协议。其优点在于与应用层协议无关，即应用层协议能够“透明”地建立在 SSL 协议之上，结合私有密钥加密法、公开密钥加密法以及数字摘要技术等，提供机密性、完整性、认证性三种基本的安全服务。

SSL 协议是网景公司为实现网上客户机和服务器之间文件的安全传输而推出的会话层安全协议，用来保证客户端和服务器之间通信的保密性、可信性与身份认证，它提供传输双方数据加密的功能和有限的身份认证功能。SSL 协议实际上是在通常的 TCP/IP 协议上增加了一个安全层，提供数据的加密功能以实现安全的数据传输，而在进行这样的安全传输之前，需要由高层来完成密钥的交换以及身份认证等功能。SSL 协议的实现和使用都比较简单，有广泛的用户群，目前很多厂商均采用此协议。

1）SSL 体系结构

SSL 协议位于 TCP/IP 协议模型的网络层和应用层之间，使用 TCP 来提供一种可靠的、端到端的安全服务，它保证客户/服务器应用之间的通信不被攻击窃听，并且始终对服务器进行认证，还可以选择对客户进行认证。SSL 协议在应用层通信之前就已经完成加密算法、通信密钥的协商以及服务器认证工作，在此之后，应用层协议所传送的数据都被加密。

SSL 的设计目标是在 TCP 基础上提供一种可靠的端到端安全服务，其服务对象一般是 Web 应用。在 SSL 的体系结构中包含两个协议子层，其中底层是 SSL 记录协议层（SSL Protocol Layer）；高层是 SSL 握手协议层（SSL Handshake Protocol Layer)。

2) SSL 协议的运行步骤

SSL 安全协议的运行步骤如下:

(1) 接通阶段。客户通过网络向服务商发出请求,服务商回应。

(2) 密钥交换阶段。客户与服务器之间交换双方认可的密钥,一般选用 RSA 密码算法。

(3) 协商密钥阶段。客户与服务商间产生彼此交谈的会话密钥。

(4) 检验阶段。检验服务商取得的密钥。

(5) 用户认证阶段。验证客户的可信度。

(6) 结束阶段。客户与服务商之间相互交换结束的信息。

以持卡人通过 SSL 机制进行购物付款交易为例,对 SSL 安全协议的运行步骤进行说明,如图 6-10 所示。

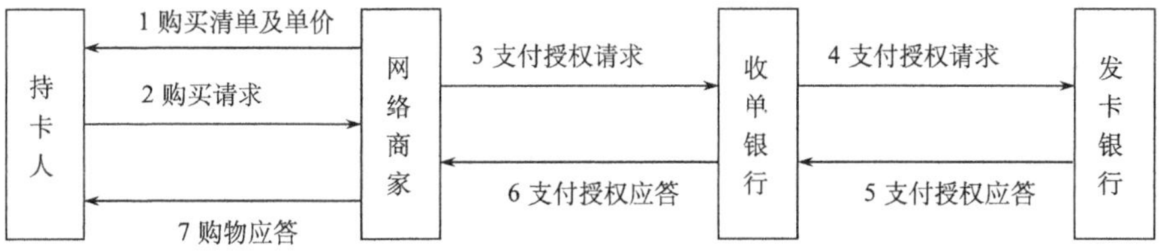

图 6-10 持卡人通过 SSL 机制进行购物付款交易的流程图

当上述动作完成之后,两者间的资料传送就会加密,接收方收到资料后,再将密文资料还原。即使盗窃者在网络上取得密文资料,如果没有原先编制的密码算法,也不能获得可读的有用资料。

SSL 协议运行的基点是商家对客户信息保密的承诺。但在上述流程中我们也可以注意到,SSL 协议有利于商家而不利于客户。客户的信息首先传到商家,商家阅读后再传至银行,这样,客户资料的安全性便受到威胁。商家认证客户是必要的,但整个过程中缺少了客户对商家的认证。在电子商务的开始阶段,由于参与电子商务的公司大都是一些大公司,信誉较高,这个问题没有引起人们的重视。随着参与电子商务厂商的迅速增加,对厂商的认证问题越来越突出,SSL 协议的缺点完全暴露出来。SSL 协议逐渐被新的电子商务协议(如 SET)所取代。

扩展阅读 6-5　东方钢铁网站使用 EVSSL 证书打造安全网络环境

中国最大的钢铁公司——宝钢集团有限公司旗下的东方钢铁电子商务网站（http://www.bsteel.com）/为了面对越来越严峻的互联网环境，也为了保证其客户的信息安全及权益，使用了 EVSSL 证书作为网站的安全措施。目前，尽管病毒、木马和挂马网站造成的威胁得到遏制，但以钓鱼网站、网络诈骗为特征的新型互联网威胁急剧增加，医药、美容、成人用品、证券咨询、网上交易等行业受此危害最为严重。由于网民很难分辨网站真假，其进行网络购物、网络支付的意愿降低。据估计，网络钓鱼给社会带来的间接损失超过 200 亿。而在 2009 年，由于用户没有专业的知识分辨官网，其直接损失就超过了 70 亿。面对如此险峻的互联网环境，有着上亿人民币日流量的东方钢铁电子商务有限公司与亚洲诚信合作，为其网站部署了带有独一无二绿色地址栏以及在地址栏右边拥有网站运营商的中文名称显示的 EVSSL 证书。EVSSL 证书是目前安全级别最高、审核最严格的证书，它通过完善的部署和顶尖的技术支持，使客户在访问网站的第一时间就能直观地知道自己在登录的网站信息，从而保障了网站本身以及客户的根本利益与权益，共同努力建设了一个安全可靠的网络环境，得到了用户的一致好评。［资料来源：亚洲诚信网（http://www.trustasia.com/）］

2. SET 协议

SET 协议（Secure Electronic Transaction，安全电子交易协议）是 Visa、Master Card 两大信用卡公司联合 IBM 等公司共同推出的。其初衷是将传统的信用卡交易模式移植到互联网上，同时又保证这种新的交易方式有足够的安全性，也就是说，SET 协议试图提供一种网络在线支付的安全手段。这对于实现和推动真正的电子商务具有非常重要的意义。SET 协议通过使用公共密钥和对称加密方式来保证通信的保密性，通过数字签名技术来确认交易各方的真实身份，通过使用 Hash 算法和数字签名来确定数据是否在传输过程中被篡改，从而保证数据的一致性和完整性，并实现整个交易的不可抵赖性。SET 协议的工作流程如图 6-11 所示。

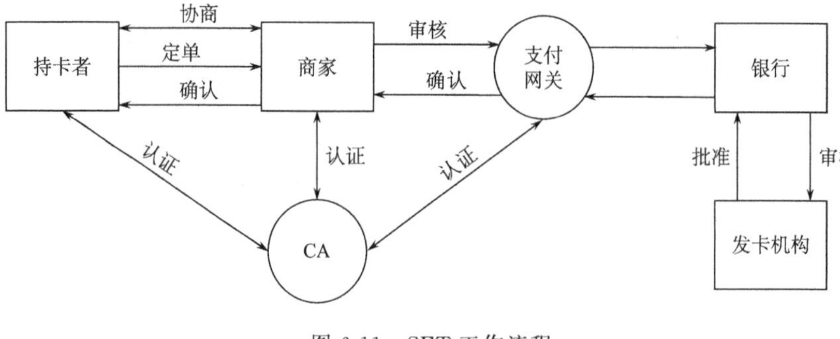

图 6-11　SET 工作流程

SET 协议是一种以信用卡为基础的、在互联网上交易的付款协议书，是授权业务信息传输安全的标准，它采用 RSA 密码算法，利用公钥体系对通信双方进行认证，用 DES 等标准加密算法对信息加密传输，并用散列函数来鉴别信息的完整性。

SET 提供了一套既安全又方便的交易模式，并采用开放式的结构以期支持各种信用卡的交易。在 SET 的交易环境中，比现实社会中多一个电子商务的安全性认证中心——电子商务的安全性 CA，在 SET 交易中认证是很关键的。

1）SET 的交易成员

（1）持卡者（消费者）。即持信用卡购买商品的人，包括个人消费者和团体消费者，按照网上商店的表单填写，通过发卡银行发行的信用卡进行付费。

（2）网上商家。在网上的符合 SET 规格的电子商店，提供商品或服务，它必须是具备相应电子货币使用的条件，从事商业交易的公司组织。

（3）收单银行。它主要通过支付网关处理持卡人和商店之间的交易付款问题事务。它接受来自商店端送来的交易付款数据，向发卡银行验证无误后，取得信用卡付款授权以供商店清算。

（4）支付网关。这是由支付者或指定的第三方完成的功能。为了实现授权或支付功能，支付网关将 SET 和现有的银行卡支付的网络系统作为接口。在互联网上，商家与支付网关交换 SET 信息，而支付网关与支付者的财务处理系统通过一定方式实现连接。

（5）发卡银行（电子货币发行公司或兼有电子货币发行的银行）。即发行信用卡给持卡人的银行机构，它在交易过程开始前，发卡银行负责查验持卡人的数据，如果查验有效，整个交易才能成立。在交易过程中，它负责处理电子货币的审核和支付工作。

（6）认证中心 CA。接受持卡人、商店、银行以及支付网关的数字认证申请书，并管理数字证书的相关事宜，如制定核发准则、发行和注销数字证书等；负责对交易双方的身份确认，对厂商的信誉和消费者的支付手段及支付能力进行认证。

2）SET 软件的组件

SET 系统的动作是通过四个软件来完成的，分别是电子钱包、商店服务器、支付网关和认证中心软件，这四个软件分别存储在持卡人、网上商店、银行以及认证中心的计算机中，相互运作来完成整个 SET 交易服务。（参见“3.1.2 电子货币”）

6.3 电子商务安全防范措施

6.3.1 电子商务交易安全的制度防范

目前，涉及电子商务交易安全的制度如下：

1）市场准入制度

电子商务交易安全对市场准入提出较高的要求，即对经营者的资格、与网络建设密切相关的服务机构（如网络连接商、信息服务提供商、数字证书认证机构、密钥管理机构等）应当实行严格的审查，确信其具有一定的资信条件、供货能力、运输能力及健全的售后服务体系等，才允许进入市场交易。

2）电子签名的安全

一项完善的电子签名一般应同时满足唯一性、不可能被伪造、容易被鉴定及不可能被拒绝的特性，即电子签名的真正使用人无法否认真实的创制使用关系。

3）电子认证安全制度

电子认证主要是指电子交易的信用安全，即保证交易人的真实可靠，这是组织制度的保证。电子认证机构所提供的服务包括交易相对人的身份、公开密钥、信用状况等情况。开展电子商务最突出的问题是要解决网上购物、交易和结算中的安全问题，其中包括建立电子商务各主体之间的信任问题（即建立安全认证体系问题）、选择安全标准（如 SET、SSL、PKI 等）问题、采用加密和解密方法及加密强度问题。其中，建立安全认证体系是关键。

4）电子支付安全制度

电子支付安全是电子交易安全中最重要的环节，目前主要采用加密保护、线上认证等方式保证电子支付的安全。无论是完全依赖于网络的银行，还是传统银行利用网络开展银行业务，安全问题都是十分重要的。中国的电子商务普及，首先要解决网络的安全问题。在金融专网和互联网之间设置支付网关，作为支付结算的安全屏障。

5）良好的网络环境

电子商务是在电信网络上发展起来的。因此，先进的计算机网络基础设施和宽松的电信政策就成为发展电子商务的前提。

6）协同作业体系

在电子商务中，所谓协同作业，是指包括工商、税务、银行、运输、商检、海关、外汇、保险、电信、认证等部门，以及商城、商户、企业、客户等单位按一定规范与程序相互配合，相互衔接，协同工作，共同完成有关电子商务活动。

6.3.2 电子商务交易安全的法律防范

当前，国际社会和世界各国为了确保电子商务交易的顺利进行和发展，都纷纷着手于立法的研究和法律的制定。目前，较为规范和完整的电子商务交易法规应当首推1996年12月联合国大会以51/162号决议通过的《电子商务示范法》，该法由联合国国际贸易法委员会制定。虽然《电子商务示范法》还不是国际公约，也不是国际惯例，不具有法的强制性，但它为各国制定电子商务法规提供了参照范本，为将来的国际公约的签订奠定了基础。除此之外，1997年欧盟发布的《欧洲电子商务动议》、美国发布的《全球电子商务政策框架》及世界贸易组织发布的《信息技术协议》都为电子商务交易的实际应用提供了一定的规范和标准。

中国目前还没有出台专门针对电子商务交易的法律法规，其主要原因是有关商品交易及计算机网络的法律制度尚不完善。我国应当在参考国际《电子商务示范法》的前提下，根据我国的国情，制定一部规范电子商务活动的法律或法规，以解决电子商务发展所面临的法律法规问题。

1）防范电子合同法律风险

合同是开展商务活动的重要手段，电子商务环境下的合同形式是电子合同。电子合同是一种新的合同形式，它以数据电文为主要的存在形式。电子合同中潜在的法律风险是开展电子商务活动的主要法律风险之一，其涉及的法律风险主要有以下两种：一是电子合同的法律效力。虽然我国的《合同法》指出，电子合同也是一种书面合同，具有法律效力，但是在经济活动中，电子合同的证明力、存在形式、订立过程和书面合同有着较大的差异，难以取得和书面合同等同的法律效力。二是点击合同等类型的电子合同效力问题。电子商务中较为常见的合同类型是点击合同等电子格式合同，因为合同一方只能对合同的条款选择接受与否，所以容易导致电子合同缺乏双方的合意而被视为无效合同。为了应对电子合同法律风险，在订立电子合同时，应当根据电子合同的特殊性进行相关的操作，要对电子合同进行必要的保存，应当借助第三方交易平台实现合同的缔结，从而解决目前电子合同缔结方面有关法律不完善的问题。与此同时，参与电子商务的企业应当加强宣传和推广，进而提高交易主体在电子商务活动中的自我保护意识。

2）防范知识产权侵犯风险

在电子商务刚刚兴起的时候，就出现了许多商标侵权、域名抢注等侵害知识产权的纠纷案件。参与开展电子商务活动的企业应当高度重视知识产权侵害的风险。随着电子商务的推广发展，一些新型的知识产权形式也随之产生，如多媒体作品、数据库、网页设计等受著作权保护的知识产权和计算机技术等受专利法保护的专利；参与电子商务的权利人拥有的权利内容也逐渐发生了变化，如《著作权法》经过修订完善后明确指出作者对其作品拥有网络信息的传播权。如果在电子商务活动中要规避潜在的知识产权侵权风险，企业就必须在开展电子商务活动时能够识别具有特殊形式的知识产权，并树立起充分尊重知识产权的意识，尽量避免不恰当使用各种技术手段而导致的知识产权侵权。此外，企业在开展电子商务活动时也必须注意维护自身拥有的知识产权。（参见“9.3 电子商务知识产权保护”）

3）防范程序法上的风险

电子商务活动的范围不受地域限制，参与电子商务的企业面临着适用法律超出预期和管辖权等风险，怎样确定合理的司法管辖权解决电子商务活动中的纠纷，成了亟待解决的课题。通常，企业可以通过合同预先约定发生纠纷时所适用的法律和管辖的法院，约定所适用的法律和管辖法院应当与合同本身有一定的联系，这种预先预定在不违反法律法规的情况下是具有法律效力的。《中华人民共和国电子签名法》确立了数据电文的证据力，充当证据的数据电文必须符合完整性、可靠性等技术要求。与此同时，参与电子商务活动的企业还面临着电子支付风险的划分、网络广告的规制、消费者权益的保护、外国法适用和外国法院管辖等相关的法律风险。总而言之，作为商事活动的电子商务活动的法律规范属于商法，企业应当积极利用商法自治性规范，积极通过合同的约定，最大程度地规避开展电子商务活动所面临的各种法律风险。

6.3.3 电子商务交易安全的管理防范

1. 电子商务信息服务的授权管理制度

《互联网信息服务管理办法》第 6 条明确规定，从事经营性互联网信息服务，除应当符合《中华人民共和国电信条例》规定的要求外，还应当具备下列条件：

（1）有业务发展计划及相关技术方案。

（2）有健全的网络与信息安全保障措施，包括网站安全保障措施、信息安全保密管理制度、用户信息安全管理制度。

（3）服务项目属于本办法第 5 条规定范围的（如从事新闻、出版、教育、医疗保健、药品和医疗器械等互联网信息服务），已取得有关主管部门同意的文件。

从事经营性互联网信息服务，应当向省、自治区、直辖市电信管理机构或者国务院工业和信息化产业主管部门申请办理互联网信息服务增值电信业务经营许可证。

2. 电子商务信用体系

要维护网络市场的秩序，规范消费者和商家的行为是必不可少的，其中掌握消费者和商家信用情况，建立消费者和商家的信用体系，对于促进网络市场的建设具有重大意义。

电子商务信用体系是随着电子商务的崛起而逐步从传统信用体系中演进而来的，是指在电子商务活动过程中，用于收集、处理、查证电子商务参与者信用状况，以及由国家、地方或行业管理部门建立的监督、管理与保障有关成员信用活动规范发展的一系列机制与行为规范的总和。

整个社会的信用意识薄弱决定了网上交易的不可靠性和风险性。除了运用法律的力量、政府的监督、行业组织的协调外，必须要有一个完善的社会信用体系。目前有一些网站已经对商家建立了信誉评价，但这些网站与商家有着利益关系，因此权威性不大。对网络购物来说，信用制度建设建议按以下方式操作：由工商管理部门对网站和商家建立信用档案，消费者、先行支付赔付金的网上银行、消协及时将网站和商家在网上交易中存在的欺诈等不诚信行为告知工商部门，工商部门据此客观公正地评定各商家和网站的信用等级。工商部门还应将这些数据及商家的违规事件定时在权威网站上发布，从而将信用缺失者的信用记录置于公众监督之下，提高其失信成本。只有建立一个统一的、覆盖面广的信用体系，网上购物才能变得更加轻松可靠。

3. 电子商务安全交易的投诉处理机制

现实生活中，消费者在权益受到侵害时可以找消费者权益保护协会出面协调。但网上交易难以受行政手段控制，因此更需社会力量的参与，消协的作用显得更为重要，而实践中消协对这方面的投诉往往显得无能为力。为此，消协应从消费者利益出发，制定切实可行的格式条款，建立专门的网站，实行在线投诉。当消费者到网站投诉，消协应将投诉资料自动转发到被投诉经销商经营所在地的分支机构，由该机构组织消费者与经销商在网上共同协商解决。这就要求消协不断研究和探讨电子商务方面的原则、规则，将法律赋予自身的职权覆盖到互联网领域，加强处理网上投诉的能力。

此外，必须确立有利于网络购物中消费者的诉讼管辖制度。中国消费者权益保护法对消费者合同纠纷没有做出特别规定，因此在管辖原则上，只能按民事诉讼法的规定，由被告住所地或合同履行地管辖，这一原则显然对发展电子商务是非常不利的。消费者在网上购买的物品往往都不太贵重，如果因质量等问题千里迢迢跑到经销商地去协商或诉讼，成本是非常高的。因此，中国对消费者合同纠纷的诉讼管辖应参照美国、中国台湾等地的立法经验，实行消费者所在地专属管辖原则。对于网络侵权纠纷（如隐私权、安全权），也应由侵权行为地或被告住所地管辖改为消费者住所地管辖（因为侵权行为是借助网络完成的，很难确认侵权行为地，其余理由同上）。只有这样，才利于消费者参加诉讼，保护其诉权实现，最大限度地减少其诉讼成本。但是，如果双方在合同的管辖上有协议，应遵循协议，协议无效时要以消费者住所地法院管辖为准。

扩展阅读 6-6　诚信网站认证服务

中国电子商务协会数字服务中心在国家工信部会议室召开的新闻发布会上隆重启动了“百万企业诚信网站认证服务工程”，在全国范围内开展中国电子商务诚信网站认证服务，这在互联网、电子商务信息化领域反响强烈。去哪儿网（Qunar. com）荣获“首批中国电子商务诚信网站示范企业”殊荣。同样获得此殊荣的还有百度、海南航空、联想、中国东方航空、海尔、华为、中国南方航空、国美电器等企业。诚信网站示范企业都是经过严格的审核、调研、认证流程的。例如，去哪儿网是首家推出担保体系的在线旅行网站，给消费者提供了标准、简化及诚信的在线预订机票流程。去哪儿网上搜索到的约 600 家机票代理商，全部都拥有中国航空运输协会（CATA）颁发的航空运输销售代理人认证资格证书。通过去哪儿网“预订助手”购买国内机票，如果出现支付后供应商不出票、支付后供应商加价出票、支付后供应商提供假机票导致不能出行三种情况，去哪儿网将全额赔付机票款，并分别再赔付最多 500 元、1000 元、1500 元。

此外，去哪儿网通过 12 道工序、80 道环节以及 211 道流程支持消费者高效、安全的在线机票预订流程。从第一道机票信息数据的收集工序开始，到最后消费者完成行程，去哪儿网将在线机票服务这条链条上的每一道环节都细化成高标准的流程，并为 211 道机票细化服务步骤每一步都加上了安全、诚信的金锁。

据悉，诚信网站认证服务是国内唯一经过中国电子商务协会组织机构授权的互联网、电子商务信息化领域的最具组织权威性的认证。诚信网站认证服务确定企业网站的诚信形象，从根本上重拳打击互联网、电子商务领域的钓鱼、仿冒、欺诈、不诚信交易等一系列现实问题。[资料来源：搜狐 IT 网（http://it. sohu. com/）]

课后题

一、复习思考

1. 电子商务交易中面临的安全威胁有哪些？

2. 电子商务安全的需求主要包括哪些内容？

3. 试分析电子商务安全服务中的身份确认、数据加密、完整性、不可否认性分别可以采用哪些技术来保证？

4. 简述公开密钥密码体制的原理。
5. 简述数字签名的原理与作用。
6. 试说明 PKI 的主要结构。
7. 防火墙的主要功能有哪些?
8. 简要列举电子商务安全防范措施有哪些?
9. 试述信息安全在电子商务中的地位和作用。

二、问题讨论

1. 试分析案例 1 中 A 公司电子商务安全机制涉及哪些主要技术措施。

案例 1：某企业电子商务的具体安全防护机制

企业电子商务安全策略是根据定义的保护资源、定义的保护风险、电子商务安全的法律法规，并结合本企业各方面的实际情况进行分析，最后规划并建立一套适合本企业电子商务发展的具体安全机制。电子商务安全机制是实现电子商务安全策略的相应方法、工具或技术的整套规则与决策。

例如，A 公司的电子商务网站，通过 Extranet（外联网）与 100 多家公司有供应链上的交易业务活动，即订货、合同签订、供货、发货、网络支付等。对 A 公司而言，关键的资源就是服务器上的相关电子商务合同或支付信息文档等。这些文档不但密切关系到本公司的重大经济利益，而且涉及其他许多公司的经济信息。如果这些信息泄漏或被修改，有可能对 A 公司造成重大损失。因此，这些关键资源的风险极大，对保证电子商务的安全非常重要。

基于这些情况，可以制定 A 公司相应的安全策略，基本规则为：

(1) 对每一次电子商务业务流程需要机密性、完整性和认证性防护。

(2) 对电子商务涉及的软、硬件系统进行有效防护与备份，能灾难恢复。

(3) 对不可否认性的资源要求严格，如支付确认、合同签收。

(4) 对不可拒绝性的资源要求一般，如价格查询。

(5) 对访问控制性的资源要求极严格，隔绝外部对有关支付结算信息文档的访问，严格控制内部人员对支付结算文档或者合同的访问，如银行内部对客户信用卡密码、网络银行密码等的访问控制。

根据 A 公司的上述安全策略，可以有针对性地建立对应的安全防护机制，简述如下：

(1) 用密钥加解密技术、数字指纹与数字签名、数字证书等安全技术（或工具）实现网上交易需要的机密性、完整性和认证性，并制定严格的密钥管理制度。

(2) 配置双机系统、磁盘阵列与防病毒软件系统。

(3) 为了实现对不可否认性的严格要求，对有关不可否认性的认证文件，必须建立严格的备份、归档制度，如电子备份与纸质备份并用等。

(4) 针对不可拒绝性的一般性要求，可以对客户的硬件设施等不提出特殊要求。

(5) 因为要求隔绝外部对电子商务保密性信息文档的访问，必须设置良好的防火墙等内部网络防护措施。

(6) 由于要求严格控制内部人员对与电子商务有关的重要文档的访问，因此一方面从技术上使用一切预防和监察手段，如网络监控与追踪软件；另一方面，制定内部人员对整体信息文档的访问权限守则和监督制度。

为协调上述措施的实施，通常在组织机构内部还需要建立保证电子商务安全的应急小组，以便统筹决策与及时处理。

2. 结合案例2分析消费者网络购物过程中存在的安全威胁，并说明如何实现网购安全。

案例2：消费者频频中招“网络钓鱼”

自2011年1月以来，钓鱼网站诈骗案件频发，仅半个月时间就已发生近10起，其中较为典型的是利用一条内容为“你的中行E令即将过期，请您尽快登录bocnk.com进行升级，带来不便请谅解，详询95566”的短信进行诈骗的案件，目前已有不少中行用户中招，几十万甚至上百万的存款就这样在一念间从自己的账户中蒸发，用户事后痛心疾首悔青肠子也无处申冤，只能怪自己一时大意，轻信了诈骗短信。

1）伪装成中国银行的“钓鱼”网站

钓鱼网站作案手法“三步走”

第一步：诈骗分子在境外申请类似中国银行官网的域名，以短信群发的方式发给中国银行网银客户。

第二步：客户登录网站打开账户进行操作时，骗子那头电脑上的木马程序就会自动窃取账户名、密码和动态口令。

第三步：骗子将账户资金全部转移至一个境内账户，再将资金分散转入数十张银行卡中，整个过程仅需2分钟。

2）为什么会有人上当？

“钓鱼”网站的网页制作得与中国银行官网极其相似。据介绍，此类的钓鱼网站包括www.boccr.com、www.eboc.tk、www.bocgm.tk、www.bocip.tk、www.bocbt.com等至少五个不同网址。短信中只是要求用户进行网上升级，没有提及资金，所以不少用户真以为是银行发来的提醒短信。

贼喊捉贼，钓鱼网站还发布了一条名为《关于防范短信等方式欺骗客户登录钓鱼网站的安全提示》的公告，称近期接到客户反映，有不法分子通过短信等方式发布欺诈信息，以我行“系统升级”或“动态口令牌过期需进行信息维护”等为由，诱骗客户登录假冒网站。

这些钓鱼网站均在境外注册，使用境外服务器，一旦诈骗成功一次便不再使用，改用另一域名继续作案。据《2011年中国反钓鱼网站联盟工作报告》显示，2011年11月之前联盟共处理钓鱼网站36 674个，较去年同期增长78%。电子商务、金融证券、即时通信依然是排名前三的钓鱼网站类型，而以微博为主要对象的新钓鱼网站呈现“井喷”。该报告称，联盟1～11月共接收钓鱼举报39 923个，处理钓鱼网站36 674个，处理率达91%，域名在境外注册的钓鱼网站占联盟处理量的80%；此外，知名网站、公司、电视节目、网络通信工具等被仿冒进行钓鱼的数量长年居高不下，网络支付交易类网站受到钓鱼攻击的数量占全部网站类型的80%。而随着微博影响力的扩大和使用率的增加，以微博抽奖、中奖为名进行网络钓鱼的案例大大增加。另外，国际反钓鱼工作组的相关数据也首度公布。数据显示，2011 年上半年，全球共计有数百万个钓鱼网址被举报，在检测到的 79 753 个钓鱼网站域名中，有 10 441 个域名以中国用户作为攻击目标。［资料来源：搜狐 IT 网（http://it.sohu.com/)］

三、实践训练

1. 在线申请数字证书，并分析数字证书的基本构成。
2. 访问不同类型的 CA 认证中心，比较其提供的不同服务。

7　电子商务网站规划与设计

本章内容要点： 企业要实现电子商务，首要任务就是建立符合自己品牌特征、能向消费者提供全面服务的电子商务网站。本章第一节概述了电子商务网站的主要类型、作用和功能；第二节介绍了电子商务网站规划的要点；第三节阐述了电子商务网站系统分析的主要内容；第四节介绍了B2C电子商务网站的设计要求；第五节介绍了电子商务网站系统开发的相关技术与开发策略；第六节介绍了电子商务网站测试、推广与评估的相关内容；第七节结合具体实例介绍了网站设计的具体内容和相应的方法。

学习引导案例

电商外包：传统企业触网新模式

中国电子商务经过多年的发展，已经成为拉动中国互联网经济发展的源动力。商务部在《“十二五”电子商务发展指导意见》中明确指出，到2015年，我国规模以上企业应用电子商务比率达80%；网络零售额相当于社会消费品零售总额的9%以上。在政策和市场的双重驱动下，传统企业纷纷触网，但多数触网的企业因为缺乏互联网基因而黯然退出，仅有少数企业选择了让电子商务外包服务企业为其提供代运营服务，从而建立了完善的网络销售渠道。电商外包成为传统企业触网的曲线战略。

罗技集团2011年4月宣布成立罗技（中国）官方商城，这是继罗技在淘宝成立官方旗舰店之后又一个重要的电商战略选择，这次并没有选择像罗技淘宝旗舰店一样的经销商运营平台，而是选择与国内知名的某电子商务服务企业签订合作协议，由其全权代理营运罗技销售平台。

根据传统企业的业务现状与经营目标，结合电子商务环境，电商外包企业为品牌商制定电子商务渠道建设规划，包括平台选择和阶段性销售目标。产品和技术团队根据既定的规划为需要建立的平台做网站策划和技术支持，保证网站良好的用户体验和安全的交易环境。通过对罗技网络业务的现状和战略目标的分析，服务商帮罗技做出了独立网络销售渠道规划，以新品首发和“一刀切”的策略来解决线上、线下渠道冲突的难题，并使用自主研发的PEC电商系统，为罗技建立起可以承受千万次访问的销售型网站，使网站与各个环节流程都能保持同步。

与全程电子商务外包服务商合作，传统企业不用再担心销售平台的安全性和技术故障，也不用再因为不熟悉网络营销规则而支出性价比低、价格高的网络广告费用，更不会因在线服务不到位而被投诉，而只需要委派一两名项目负责人与外包企业对接洽谈，便可以大大降低了运作成本和投资风险。[资料来源：艾瑞网（http://www.iresearch.cn）]

7.1 电子商务网站类型及特点

7.1.1 电子商务网站的类型

在电子商务的每一个阶段，企业的电子商务网站都发挥着重要的作用。在交易前，卖方要通过网站宣传自己的产品，买方要通过网站了解商品，比较不同商品的价格和性能等。在交易中，买方要在网站上确定所购商品，买卖双方通过网站签订购销合同。在交易后，买方可以通过网站了解整个交易进行的情况，如货款支付情况、货物运输情况等；卖方通过网站向买方提供售后服务等。电子商务网站是整个电子商务活动的信息枢纽，要成功开展电子商务活动，企业必须建立内容丰富、形式新颖的网站。

随着网络技术的迅速发展，电子商务网站如雨后春笋般涌现，各类网站的结构、功能、规模都有很大差别。简单来说，可以将电子商务网站分为以下五种类型：

（1）信息服务型。信息服务型网站的设计目的在于提供各种产品信息或信息获得方式。阿里巴巴就是典型的企业信息发布网站，通过阿里巴巴网站，企业可以发布自己的公司信息、供求信息等。

（2）广告型。广告型网站的所有技术和信息内容全部针对广告收入。对此，能否吸引消费者的注意力就成为衡量网站优劣的关键标准，广告商可以对一个网站进行评估，并为其广告定价。

（3）交易型。交易型网站的基本功能在于提供网上交易的功能，如网上商城、交易平台网站等。

（4）管理型。管理型网站是企业、公司和行政教育等机构，它们将传统业务迁移到网络的应用界面，如公司、机构的办公系统。

（5）综合型。综合型网站是把上述类型网站的功能综合集成的网站。

7.1.2 电子商务网站的功能特点

企业网站建设是让网站成为有效的网络营销工具和网上销售渠道。网站的功能主要表现在以下几个方面：品牌形象、产品/服务展示、信息发布、顾客服务、顾客关系、网上调查、网上联盟、网上销售、公司运营管理，如 DELL 官方网站（图 7-1），其功能就非常完善。

图 7-1　DELL 网站首页功能示意图

（1）品牌形象。网站的形象代表着企业的网上品牌形象，人们在网上了解一个企业的主要方式就是访问该公司的网站，网站建设的专业化程度直接影响到企业的网络品牌形象，同时也对网站的其他功能产生直接影响。

（2）产品/服务展示。顾客访问网站的主要是为了对公司的产品和服务进行深入的了解，企业网站的主要价值也就在于灵活地向用户展示产品信息，即使是一个功能简单的网站至少也相当于一本可以随时更新的产品宣传资料。

（3）信息发布。网站是一个信息载体，在法律许可的范围内，可以发布一切有利于企业形象、顾客服务以及促进销售的企业新闻、产品信息、促销信息、招标信息、合作信息、人员信息等。因此，拥有一个网站就相当于拥有一个强有力的宣传工具。

（4）顾客服务。通过网站可以为顾客提供各种在线服务和帮助信息，如常见问题解答（FAQ）、在线填写寻求帮助的表单、通过聊天实时回答顾客的咨询等。

（5）顾客关系。通过网络社区等方式吸引顾客参与，不仅可以开展顾客服务，同时也有助于增进顾客关系。

（6）网上调查。通过网站上的在线调查表，可以获得用户的反馈信息，把这些反馈信息用于产品调查、消费者行为调查、品牌形象调查等，是获得第一手市场资料的有效调查工具。

（7）网上联盟。为了获得更好的网上推广效果，企业需要与供应商、经销商、客户网站以及其他相关的企业建立合作关系，没有网站，合作就难以谈起。

（8）网上销售。建立网站、开展网络营销活动的目的之一是为了增加销售，一个功能完善的网站本身就可以完成订单确认、网上支付等电子商务功能，即网站本身就是一个销售渠道。

（9）公司运营管理。建立网站可以从供应链的角度对公司内部的运营管理进行强有力的支持，从而为公司运营和供应链的管理提供强有力的支持。

7.2 电子商务网站规划

电子商务网站开发流程大体分为五个阶段：①电子商务网站系统规划；②电子商务网站系统分析；③电子商务网站系统设计；④电子商务网站系统开发；⑤电子商务网站的发布与推广。电子商务网站系统规划阶段主要完成系统的需求分析以及网站架构的规划；系统分析阶段主要从技术、经济等方面对系统进行可行性分析；系统设计阶段则对系统的网页栏目、内容等进行详细的设计；系统开发阶段，开发人员根据设计应用各种开发技术，实现网站的各项功能；发布与推广阶段，管理人员将采用多种手段向用户宣传网站，扩大网站的知名度。

电子商务网站规划是指在网站建设前对市场进行分析，确定网站的目的和功能，并根据需求分析报告对网站开发建设所涉及的内容、功能、技术、费用、测试、维护等做出书面的、全局的清晰规划。网站规划书对网站建设起到计划和指导作用，对网站的内容和维护起到定位的作用。

电子商务网站开发规划的主要内容如下：

1）建设网站前的市场分析

（1）相关行业的市场分析，主要是针对目前市场情况的调查分析，如市场有什么样的特点和变化，目前是否能够并适合在互联网上开展公司业务，相关电子商务网站的市场是怎样的，各类产品或服务的市场有什么特点等。

（2）市场主要竞争者分析，如竞争对手上网情况及其网站规划、功能、作用。

（3）公司自身条件分析，如通过对公司概况、市场优势、知名度和品牌等进行分析，可以明确通过电子商务网站提升哪些竞争力以及建设网站的能力（费用、技术、人力等)。

2) 建设网站目的及功能定位

(1) 网站的目的说明。包括信息宣传、网络营销、品牌建设或市场拓展等;说明建立网站的原因,例如,是为了宣传产品,进行电子商务,还是建立行业性网站;是企业的需要,还是市场开拓的延伸。

(2) 网站的功能类型说明。整合公司资源,根据公司的需要和计划,确定网站功能类型,如是产品宣传型、网上营销型,还是客户服务型、网上交易型等。

(3) 网站的目标。根据网站功能类型,确定网站应达到的目标要求。

3) 网站技术解决方案

根据网站的功能确定网站技术解决方案。

(1) 采用自建服务器,还是租用虚拟主机或主机托管的方式。

(2) 选择操作系统,用UNIX、Linux,还是Windows-2000-Server/NT,是选择SQL Server数据库还是Oracle、DB2等,这需要分析投入成本、功能、开发、稳定性和安全性等。

(3) 采用系统性的解决方案(如IBM、HP等公司提供的企业电子商务解决方案),还是自行开发。

(4) 网站安全性措施,如防黑、防病毒、防泄密、防抵赖等方案。

(5) 相关程序开发,如网页程序ASP、JSP、CGI、数据库程序等。

(6) 域名申请与注册的解决方案。

(7) 与支付系统包括网络支付系统的连接方案。

(8) 与CA认证中心的服务连接,包括数字证书、数字签名等服务解决方案。(参见“6.2 电子商务安全技术”)

(9) 客户接入与客户响应服务、物流信息服务方案等。

4) 网站内容与功能要求

网站内容一般根据网站的目的和功能来规划。就网站功能而言,一般企业网站应包括公司简介、信息搜索查询、详细的商品服务信息、支付服务内容、物流服务内容、价格信息、会员注册与服务、订单处理与查询服务、个人信息保密措施、在线帮助等主要功能页面。

另外,确定网站的层次数,即可以根据实际需要绘出网站的结构图或网站地图。如果网站栏目比较多,还应周密考虑栏目内容的合理分配和相互关系。(参见“7.7.3 网站的内容与功能设计”)

5) 网站设计要求

一般包括以下四个方面:

(1) 网页的美术设计要求。网站需要整体的形象包装和设计。网页美术设计一般要与企业整体形象一致,要注意网页色彩、图片的应用和版面规划,保持网页的整体一致性，特别地，注意交易处理的便捷性。

（2）考虑具体细节。在新技术的采用上要考虑主要目标群体的分布地域、年龄层次、网络速度和上网行为习惯等。

（3）制定网页改版计划。例如，以一年时间为间隔期限进行较大规模的改版或优化设计等，以寻求更大的眼球效应。

（4）确定网站整体风格。开发网站时要根据设计原则，确定是针对目标客户群来确定网站适宜的整体风格，还要针对不同栏目设计其特有的风格，即围绕栏目中心思想，用独特的视觉语言进行艺术化的特色设计。（参见“7.7.7 网站外观设计”）

6）网站维护与评估说明

（1）服务器及相关软硬件的维护。对其可能出现的问题进行评估，制定响应时间。

（2）数据库维护。有效地利用数据、备份数据，特别是更新产品营销服务信息，是网站维护的重要内容。

（3）制定内容更新、调整的时间计划。

（4）制定相关网站维护的规定，将网站维护制度化、规范化。

7）网站测试说明

电子商务网站正式投入运行前要进行细致周密的测试，以保证正常浏览和使用。主要测试内容如下：

（1）服务器的稳定性、安全性测试。

（2）程序及数据库测试。

（3）网页兼容性测试，如浏览器显示。

（4）并行访问测试。

（5）交易处理流程与稳定性测试。

（6）所需要的其他测试。

8）网站发布与营销计划

（1）网站测试后进行发布公关，提出具体的基于网站自身的营销活动计划。

（2）在著名的搜索引擎登记。

（3）与伙伴网站页面互换链接。

（4）与传统传媒配合推广。

9）网站建设日程表

企业需提出网站开发的具体日程进度计划。

10）网站开发费用预算明细

根据网站的设计需求列出具体的经费预算，包括人员、软硬件、营销活动、配套设备、配套服务、维护服务以及文本、研讨、差旅等费用。

7.3 电子商务网站系统分析

系统分析是系统开发中十分重要的工作，系统分析是为了弄清楚新系统将要做什么。在这个阶段，需要认真分析用户的需求，用科学的方法来表达并深入分析新方案。

7.3.1 系统分析概述

1. 系统分析的定义

系统分析就是以系统的观点，对已选定的对象与开发范围进行有目的、有步骤的实际调查和科学分析。信息系统是由多个部分组成的整体。一个新信息系统的建立，并不是凭空而来的，它是现行系统（人工的或计算机的）在不能满足使用要求的前提下，建立起来的理想的新系统。所以在新系统建立前，要对现行系统进行透彻的了解，找出现行系统的问题，依据用户的需求和管理部门提出的目标，确立新系统的范围和功能。

2. 采用结构化分析的原则

结构化是一般系统工程常用方法之一。结构化分析的基本思想是以抽象和分解为手段，对系统进行自顶向下的逐层分解、逐步细分、逐步求精，从而达到易于理解的目的。分解就是把一个复杂问题分割成若干个较小、较易解决的问题，然后分别处理。因为，刚接触到一个复杂系统时，往往会感到无从下手，如果运用了分解的手段，把系统自顶向下逐层分解，就能清楚地把一个大系统分解成若干个子系统，每个子系统又可分为若干个功能模块，每个功能模块又能分成若干个部分，依次分割，直到不能再细分为止。这时整个系统的内容就非常明朗和清晰地展示在我们面前，我们就能容易地理解系统了。

7.3.2 网站客户的需求分析

在系统调研过程中，网站客户的需求分析是非常关键的一个环节，尤其是对于商务网站，确定网站的目标客户十分重要。只有清楚地确认谁是站点的客户，他们需要什么，他们的兴趣何在，企业才可能在站点上提供他们所需要的内容和信息。只有让企业的站点吸引住目标客户并用站点所提供的信息留住他们，企业的站点才可能取得成功。

网络客户需求分析服务方式主要包括：网站建设之前，依据客户要求对潜在用户进行实际调研，并提交需求分析报告；网站开通后，依据客户要求对现有和潜在用户进行实际调研，并提交需求分析报告。

7.3.3 可行性分析

可行性是指在当前组织内、外的具体条件下，信息系统开发是否已具备必要的资源及其他条件。创建网站之前的系统可行性分析工作包括：是否有能力提供和更新 Web 页面内容、人员的组织、软硬件的选择、Web 页面的维护和测试、域名的注册、ISP 的选择、信息收集、Web 连接的组织和维护、搜索引擎的注册、防火墙的设置、确定 Web 站点需要提供哪些交互式应用、数据库的选择、Web 页面发布策略等。

针对这些任务，企业应该根据自己的实际情况确定哪些需要纳入实施计划以及每项任务的时间、人员安排等。许多互联网设计工具可以协助企业制定这些计划。

网站系统的可行性分析要从以下三个方面去考虑：

1）管理可行性分析

管理可行性主要是保证系统建设中所需要的人力资源，并为系统设计开发建立一套管理制度。管理可行性分析工作中，很重要的一项工作就是进行组织结构调查与分析，确定哪些人参与网站设计，这取决于网站的本质。如果仅是公司的某个部门或小组在建网时起领导作用，那么其结果是所建网站只反映了这个部门或小组的需要而忽略了其他部门或小组的需要。很长时间以来，IT 部门负责公司网站的建设工作，这样的网站有一定的局限性，它容易忽略其他重要的部门，如市场部。因此，在网站建设中必须防止类似事件的发生。

2）技术可行性分析

技术可行性分析就是根据现有的技术条件，分析所提出的要求能否达到。技术分析包括的内容有：①分析网站的可使用性（如网站必须设计成易于使用的，而不只是信息的简单堆砌；网站要有好的导航功能，以便读者浏览；网站网页要有好的被检索设计；网页要有可读性；网站应能让用户达到其专门的使用目的）；②分析网站的交互性；③分析网站性能及可扩展性；④分析网站技术的先进性。

3）经济可行性分析

经济可行性分析主要是对开发项目的投资与效益做出预测分析，即从经济的角度分析网站系统的规划方案有无实现的可能和开发的价值；分析网站系统所带来的经济效益是否超过开发和维护网站所需要的费用。

网站系统的投资包括硬件设备、软件系统，开发费用、培训成本、运营费用及维护和更新的支出等多项内容。网络系统的效益也要从提高效率、减少库存、改善服务质量、增加订单、提高企业竞争力以及获得更多的社会效益等多个方面进行分析。简单地说，经济可行性分析主要考虑三点：①是否有足够的资金支持；②网站的投资回报；③网站成本分析。

网站初步调查与可行性分析的结果要编写成可行性分析报告，其内容包括以下五个方面：

(1) 项目概述，包括系统名称、任务由来、存在问题和重要程度等。

(2) 系统目标，经过初步调查，用户和系统研制人员共同确定的系统目标和范围。

(3) 项目投资，包括人力、资金、设备和时间。

(4) 可行性分析。从技术、经济和管理三个方面，分析在现有的资源及其他条件下，系统目标是否可以达到、是否有必要达到。

(5) 结论。根据上述分析，对提出的网站系统研制工作做出是否可行的结论。

可行性报告通过后，就成为一个正式文件，文件中确定的系统目标和范围就成为下一阶段工作的依据。

7.4 电子商务网站设计

7.4.1 电子商务网站的系统设计

根据系统分析阶段所提出的可行性方案，在网站的系统设计阶段，应充分考虑到网站信息组织、网站管理和维护、网站经营的特点和需要，使系统的成本投入尽可能低，且容易实施。同时，网站设计还要充分考虑网站的扩展及延伸，从而为企业最终的应用提供良好的环境和平台。

网站系统设计过程中，系统的处理流程和基本结构主要体现在设计流程的计划，该计划是自系统分析之后更为详细的实施指导书。一般来说，流程计划主要包括网站目标细化、确定网站要素和网站设计三部分。系统设计阶段是开发网站系统的关键环节之一，它的工作质量直接关系到新系统的质量和经济效益。因此，整个系统设计过程的各项工作都必须按照科学的方法和程序进行。

7.4.2 B2C 电子商务网站的设计要求

在迅猛发展的互联网商务时代，一个高效率的 B2C 电子商务网站绝不仅仅是基于 Web 的商店。

1）导航功能强大

站点应易于导航，链接应清晰、易于理解且实用，用户应能够在网页和屏幕之间随意移动，因为，企业不希望消费者在购买自己的产品时遇到困难，而消费者也更愿意在自己能轻松找到结账页的站点消费。

使站点易于导航并不是一件简单的事，Web 完全是以一种非线性方式工作的，用户单击链接的顺序经常无法预料。因此，应该确保无论用户目前在查哪一页，站点向用户展示的始终是完全一致的界面，并确保只需单击一个链接即可访问重要网页（如主页、购物车所在页以及用户账户信息所在页等）。当当网的购买导航给消费者选择商品带来便利，如图 7-2 所示。

图 7-2 当当网的导航系统

使站点易于使用的一种方法是确保在常见任务上使用大家熟悉的类似方法。这意味着在消费者完成购买之前，可将其选购的商品存储在购物车中。这可便于不熟悉计算机的人理解站点是如何工作的，从而开展购买活动。（参见“7.7.5 导航与交互设计”）

2）性能高效

在网站的设计当中，影响其性能的因素很多。不同的人对性能的要求各不相同不过总体看来，要符合以下几条基本要求：

（1）尽量减少响应时间。响应时间是指用户从请求了某个操作之后到能够看到结果之前需要等待的时间。在理想情况下，站点上的操作应瞬时就能得到执行，但在实际生活中，带宽的有限性、数据库的并发性和业务处理任务的繁多通常都会导致轻微的延迟。因此，设计电子商务站点时，应尽量减少那些对响应时间有负面影响的因素。

（2）尽量增强可扩展性。可扩展性是指添加资源时站点容量增加的能力。从用户角度来看，这意味着当大量用户同时访问站点时，站点仍能提供可接受的响应时间。

(3) 管理 Web 领域中的状态。状态是在两个用户请求之间必须保留的会话数据。例如，在用户继续浏览站点期间，必须一直维护该用户购物车中的物品原状，即使每个用户的请求可能是由 Web 领域中不同的服务器处理的，也必须如此。

3) 匿名购物

通常用户都不愿意仅仅为了了解站点在销售哪些商品而被迫登录到站点。因此，站点应在不需要身份验证的情况下，允许用户以匿名方式浏览商品，以及允许他们将一部分商品放入购物车中。

4) 注册和维护用户配置文件

如果用户在站点上的任何页面都能够注册，用户就不必在每次下订单时都重新输入相同的信息。用户无需注册即可浏览站点，但结账时必须注册，而且，申请电子邮件时事通信、特价通知等服务时必须注册。

5) 完善的产品多目录管理和产品搜索功能

应用程序应支持多目录，多目录产品的汇总对用户应该是透明的。

(1) 产品和类别。应用程序应允许将产品与一个或多个目录关联。

(2) 产品页。应用程序应有一个产品页，其中包括该产品项目的较大图片和该产品项目的详细说明。在此页应能够将该产品项目添加到购物车中，并且可浏览下一个项目，浏览上一个项目，或返回上一页。

(3) 产品搜索结果。搜索结果应显示一系列产品项目及其相应类别（或目录），这就要求项目按类别或目录分组。同时，每个搜索结果都应提供到相应产品页的超文本链接。(参见“7.7.4 目录结构设计”)

6) 购物车的功能齐全

(1) 向购物车中添加项目。无论在哪个产品页，用户都应能够将一个或多个项目添加到购物车中。也就是说，这些项目可来自不同的目录，每添加一个项目，购物车中的项目数也会相应地增加，并且该数目显示在购物车子图标旁边。

(2) 管理购物车。用户应能够随时管理购物车。具体地说，用户可以指定项目，如“活动的”（实际购买的标记）还是“保留的”（将来可能购买的标记）。用户也可以在查看购物车时进行以下选择：删除单个项目；更改每种项目的数量；保留任何项目，以备将来购买；删除购物车中的所有项目；将项目移入购物车或从中移出；检索保留的订单。

(3) 保留购物车或项目。用户应能够保留选定的项目或购物车中的所有物品，以备将来购买。只有已注册并登录的用户可以保留其项目。如果用户尚未登录或注册，将提示他们进行此操作。用户完成此操作之后，将返回到购物车操作（图 7-3）。

图 7-3　当当网的购物车功能

7）支付方便

结账时，网站应向用户显示所有订购的项目，并在用户对购物车中的物品进行确认后，出现“发货”屏幕。用户订购的每个项目都应与该用户的主要发货地址关联，用户可以用地址簿中的一个地址或新地址来替换该地址。如果用户添加了一个新地址，他（她）可以选择将该新地址保存在地址簿中。可见，此时，用户也应能够管理购物车。

此外，用户为每个项目指派了地址（或接受了默认的地址）之后，他（她）可以转至“发货”屏幕，选择每个地址的交货方式。默认方式由站点所有者决定。用户选择交货方式后，他（她）可以继续到“订单一览表”屏幕。该屏幕应按发货地址划分。在每个地址下，将列出项目说明、项目价格和价格合计。对该项目的价格合计进行小计，将装运费作为明细项目列出并进行小计，最后列出该地址下的税金和总金额。

8）安全性好

作为一个 B2C 网站，安全性非常重要，因为要保证网上交易的成功，用户的个人信息、信用卡信息等相关的数据都必须在完全安全可靠的环境下进行传输。安全性是一个商务网站能够生存的基本条件。

如果能确保最基本的窗体的安全性，也就确保了数据或设备能受到保护，防止未经授权的人访问或使用它。在电子商务应用程序的环境中，应该保护的信息包括敏感的用户信息、信用卡卡号、未公开的产品数据等。

7.5 电子商务网站系统开发

电子商务网站是电子商务活动双方信息交流的平台，在电子商务应用中起着极其重要的作用。电子商务网站的建设涉及计算机网络和服务器、操作系统、数据库管理系统、Web 服务器及应用软件等多方面技术。

7.5.1 数据库技术

伴随着计算机应用的发展过程，数据库早已渗透到工业生产、商业、行政、科学研究、工程技术和国防军事等各个领域。电子商务的应用需要大量的数据管理，同样离不开数据库技术，并对数据库应用提出了一些新的要求。数据库技术是电子商务的基本技术之一。

数据库技术经历了从手工管理到文件管理、数据库管理系统、再到数据仓库阶段的发展过程。20 世纪 70 年代以前，数据管理普遍使用文件系统，即把数据存放在文件中，应用程序通过文件系统提供的存取方法访问数据。由于文件系统方法存在数据的冗余、程序依赖、数据查询方式单一等诸多缺点，逐渐被数据库管理系统 DBMS 取代。

数据库管理系统采用共同的数据模型来管理应用程序的数据，数据模型不仅描述数据本身，还描述数据之间的关系。数据库管理系统提供了数据定义、数据操控、数据访问控制等多种功能，经过多年的研究与应用，其数据库管理技术已经相当成熟。

数据库技术是对大批量数据进行有效的组织管理和快速查询的强有力工具。数据库技术经过几十年的发展，其功能越来越强大。如何将 Web 技术与数据库技术相结合，发挥各自的优势，通过统一的浏览器界面，利用互联网访问位于不同地点、不同类型的数据库资源，实现数据库的资源共享、数据库的本地化及数据库的分布式合作开发，已成为当今 Web 应用的一个热点。数据库技术在电子商务中的应用主要表现在以下三个方面：

（1）存储管理各种商务数据。这是利用数据库集中管理数据的基本功能，电子商务过程中产生的客户信息、商品信息、订单信息、成交记录等大量数据需要借助数据库系统来管理。

（2）基于数据库的商务应用系统。在数据库结构设计的基础上，围绕数据库中的商业数据，可以设计许多具体的电子商务系统，如网上购物、拍卖、招标等 B2C、B2B 形式的应用系统，以及在线进、销、存等 ASP 类型的应用系统。

（3）决策支持。随着分布式数据处理、数据仓库技术的产生和发展，企业可以利用互联网更加广泛地收集客户资料和挖掘商务信息，可以科学地对数据库或数据仓库中大量的商务数据进行组织、分析和统计，从而更好地服务于企业的决策。例如，利用客户在数据库中的购物记录，建立企业的客户关系管理系统(CRM)，作为商场组织进货的依据。许多会员店就是利用CRM系统分析出不同类型的顾客的不同需求，不同的时节顾客对商品的不同需求，有针对性地调整货源，最大限度地减少库存，降低资金占用。数据库技术是电子商务的一项支撑技术，在电子商务的建设中占有重要的地位。(参见“7.7.9 数据库设计”)

7.5.2 Web应用开发技术

1. 客户端脚本技术

可以用来在客户端对表单作有效性检查，进行数字运算，收集关于用户喜爱的选项信息，根据条件进行操作等。常用的脚本语言有JavaScript和VB-SCRIFF。虽然有一部分共有的功能，但在实践中两者是不同的语言。Java是一个强类型的面向对象编程语言，代码要先编译再运行。JavaScript是一个脚本语言，不是真正的程序设计语言，不能写独立的应用程序，变量是弱类型，语句由客户端的浏览器运行。1997年，JavaScript被ECMA（European Computer Manufactures Association，欧洲计算机制造联合会）确立为国际性的Web脚本语言，叫做ECMAScript。ECMAScript得到大部分浏览器的支持。VBSCRIFF是一个同VB有一定联系但独立的脚本语言，建议使用客户端脚本进行用户所填表单的有效性验证，以减少客户与服务器之间的无效交互。

2. Cookies技术

Cookies是保存在很小的文件里的文本，这些文件放在用户的计算机上，用来记录诸如用户的习惯、订阅等一些信息，它可以用客户端或服务器端的脚本建立。例如，新的内容需要用户登录以后才能看到，每当用户访问新的内容时，可以运行一个脚本来检查是否有用户，如果有就允许访问，否则就要求用户再次登录；还可以把用户信息从上一个网页带到下一网页，如在线考试中，可以保持已经答过的题目信息。需要注意的是，用户有权拒绝Cookies，作为网页设计者，一方面要考虑用户可以使用Cookies的情况，另一方面要有另外的措施应付不能使用Cookies的情况，如把用户信息放在隐藏的表单里。

3. 多媒体插件

多媒体插件技术包括音频、视频、VRML、动画。所有多媒体技术都要求用户有足够的耐心，所以使用多媒体时要确信用户付出的时间是值得的。能用文字表达的就少用多媒体表达，使用多媒体时最好有公文纸注解，因为有的浏览器对有些多媒体技术不支持或用户因为带宽的问题会关掉一些多媒体。

尽管当前软件构件已在软件复用上呈现巨大优势，但时至今日，软件尚无确切定义。在实际应用中，只有两种被产业界普遍接受的标准，即 OMG（Object Management Group，对象管理组织）的 CORBA（Common Object Request Broker Architecture，公共对象请求代理体系结构）和 Microsoft 的 DCOM（Distributed Component Object Model，分布式组件对象模型）。这两种标准提供了相应软件构件的底层支持，它们所定义的软件构件都在应用软件层上（二进制级）。

除此底层标准外，还有构架在它们之上的应用技术体系，即以 CORBA 为基础的 OpenDoc 和以 COM/DCOM 为基础的 OLE、ActiveX。当前，CORBA 得到 OMG 组织成员和产业界的广泛支持，而 COM/DCOM 也因为 Microsoft 系列及其应用产品的普及而得到广泛应用。二者孰优孰劣，尽管世界上很多专业讨论组、软件制造商众说纷纭，也已经形成了不少可供借鉴的观点，但结论仍然是模糊的，决定权要看用户的选择。

7.5.3 电子商务网站开发策略

电子商务系统的开发可以采用由内部人员负责的自主开发和以外部人员为主的外包（委托另一家公司为项目提供外部支持）开发两种基本模式。许多公司认为将整个电子商务项目外包也能够在网上开展业务，但大多数公司持相反的看法。不论采用哪种电子商务方案，项目的成功取决于电子商务同企业业务的集成和支持程度。由内部人员负责项目的优点是能够了解企业的特殊需求，保证项目符合企业的目标和组织的文化。外部咨询人员不可能在实施项目之前非常熟悉企业的文化。大多数公司的企业规模不大或者内部专家太少，无法在没有外部帮助的情况下开展电子商务项目。电子商务成功的关键是在外包和内部支持之间取得平衡。

1） 内部团队

信息系统发展的历史表明，即使是用外包方式进行开发，内部团队也是十分重要的。因此，在确定电子商务哪部分项目需要外包时，首先要组建负责该项目的内部团队。这个团队应该包括了解互联网及其技术的人，他们知道技术的能力和限制；团队成员应该有创造性思维，他们希望公司能够超越目前的境况；他们在公司的业务非常出色，如果其他同事不把他们看作是成功者，这个项目就会缺乏公司内部的信任。

衡量内部团队的绩效非常重要，但不一定用金钱指标，可以用任何适合目标衡量的指标。顾客满意度、增加的销售量和缩短的订单处理时间都可作为评价团队绩效的衡量指标。这种衡量应该体现出电子商务项目对公司向顾客让渡价值能力的影响。许多咨询人员建议，应该拨出专款（占项目预算的5%～10%）来量化项目的价值的实现程度。

员工的企业和业务流程知识也是一种智力资本，许多公司已经逐渐意识到它的重要性。内部团队应该负责从设定目标到网站的最终实施和运营的整个过程。内部团队还要决定将项目的哪些部分外包，外包给谁，以及公司需要为项目聘请什么样的咨询顾问或伙伴。在项目早期，咨询顾问、外包商和合作伙伴非常重要，因为他们要比大多数信息系统专家更早地接触和应用新技术。

2）早期外包

在多数电子商务项目中，为了快速开展项目，往往将最初的网站设计和开发外包出去，然后由外包商培训公司的信息系统人员，并把网站的运营交给他们，这种方式称为早期外包。电子商务网站能够迅速为公司带来竞争优势，因而应该尽早让公司自己的信息系统人员参与项目并提出改进意见。

3）晚期外包

更传统的信息系统外包方式是由公司自己的信息系统人员完成最初的设计和开发工作并实施这个系统，直到它成为公司稳定的组成部分。等到公司得到了系统带来的所有竞争优势后，就可以把电子商务系统的维护工作外包，以便公司的信息系统专业人员能把注意力和精力转移到另外的能带来进一步竞争优势的新技术上，这种方式称为晚期外包。多年来，晚期外包已成为充分利用稀缺的信息系统人才的标准方式，但对于电子商务项目来说，还是应该更多进行早期外包。

4）部分外包

在早期外包和晚期外包两种方式中，项目整个设计、开发和运行的责任都是由单独的群体（公司内部或外包方）来承担的。这种典型的外包模式在很多信息系统项目中都能很好地发挥作用，但电子商务项目还可以进行部分外包。部分外包也称为局部外包，即公司将部分项目交给另一家专业公司进行设计、开发、实施和运作。

例如，许多小网站常常将电子邮件处理和回复工作外包出去。具体说来，顾客希望与自己打交道的网站能够迅速回复自己的电子邮件，许多公司会收到订单或信用卡付款后立即用电子邮件自动发出订单确认，其中，很多公司就将这种电子邮件自动回复功能外包出去了。

电子结算系统也是部分外包的一个典型例子。许多结算服务商能够提供全面的结算处理技术，当顾客准备付款时，由这些结算服务商的网站“接过”顾客，在处理完支付交易后，又把顾客送回原来的网站。

互联网连接、应用和业务服务商（包括ISP、CSP、MSP和ASP）向别的公司提供主机服务，这些公司想建电子商务网站，但又不想在网络服务器硬件和技术人员上投资，服务商可提供这些公司所需的多种服务。小公司可在服务商的服务器上租用空间，大公司可购买服务器硬件，放在服务商处，由服务商负责安装和维护，提供电子商务网站每天 24 小时、每周 7 天（不间断运作）所需的人员和专业技术。大多数服务商能提供多种服务，甚至包括个人网络拉入。有些服务商则专门为公司提供服务，满足它们开办电子商务网站的需要，这些服务商能比小服务商提供更宽的带宽和更可靠的不间断服务。

许多服务商和其他公司为开展电子商务的企业提供网络接入之外的服务。这些服务多数都是前面讲过的适合部分外包的业务，如电子邮件的自动回复、交易处理、结算处理、安全顾客服务和支持、订单履行以及产品分销等。

7.6　电子商务网站测试与评估

7.6.1　电子商务网站测试

结合网站硬件、系统软件与应用软件，按照“网站开发规划书”与“网站设计说明书”的要求，对照“网站使用说明书”，安装系统，输入测试数据，进行联机运行，测试网站各项功能的完成情况，包括网站布局与风格、网站访问速度、信息发布与交互、线性与并行交易处理、安全防护等。由于电子商务网站的网上交易还涉及与外部的银行系统、认证系统的信息交互，测试时要进行大量的联机测试，找出不足或不符要求的地方，结合项目方的一些新的需求，书写成规范、详细的“修改意见书”，提交给开发团队，进行修改，这样不断循环，直至项目方满意为止。

在测试运行通过后，可以形成正式的“网站使用说明书”，分发给项目方的员工，进行培训后，系统投入正式运行。企业在电子商务网站运行的同时，通常传统商务系统也在进行，因此在运行管理方法上要注意电子商务与传统商务的协调、配合与互相支持，避免互相牵制。在电子商务系统投入正式运行后，需要制定可行的日常维护计划，配置相应人力、物力，进行网站的日常维护。对网站运行中出现的问题进行记录与分类，根据问题的性质进行应急维护、中期维护或远期维护，还可结合问题的技术性，选择进行系统性维护、数据维护或代码维护。当实际运行中出现较多致命性问题时，就可能需要进行系统性维护，重新进行需求分析，调整网站的规划。

7.6.2 电子商务网站的评价

1. 电子商务网站的评价方式

网站的评价和测试本身就是一项系统工程，需要专业的知识和技术的支持。很多专业的咨询公司提供不同内容的评测服务，使得企业在选择评价方法时增加了灵活性。企业可以根据自己人力和资金的情况选择适合的方法，请第三方咨询公司来作评测，这是目前比较流行的方法，特别适合规模较大的公司网站的评价。

1）委托国内外一些专业的网站评估公司评估

例如，BizRate（www.bizrate.com）是一个专门从事评测网上商店的网站。他们用40项条件来评测网上商店，包括订货的便捷性、价格、网页设计、隐私政策和及时送货等，并以星级来表明每项条件所达到的水平，是目前互联网上评价电子商务网站较为客观和权威的标准。

2）权威机构网站评比活动

国内的一些权威网站管理机构，如中国互联网络信息中心（CNNIC）等，会定期或不定期地进行网站经营状况的统计和评比。企业网站参加这样的评比，实际也是对自己的一种评测和宣传。

3）自我评测

由网站管理人员或企业内部独立于网站管理的监测人员，对从网站搜集到的各种数据，如访问次数、购物品种数量、顾客信息等进行分析统计。自我评测也可参照专业评估网站或权威网站的标准和方法进行。

4）顾客评价

企业网站向顾客发送包括所需评价项目的网上调查表，让顾客填写。然后由网站管理人员自己对获得的反馈信息进行统计分析。

5）借助ISP或专业网络市场研究公司的网站进行调研

这对于那些市场名气不大、网站不太引人注意的中小企业不失为一种有效的选择。企业制定调研方案，然后将调研方案放入选定的网站，就可以实时地在委托商的网站获取调研数据及进展信息，而不仅仅是获得最终调研报告，这与传统委托市场调研方式截然不同。

这些站点上网者众多，扩大了调查面，借助专业市场研究公司所具备的市场调研能力也将提高调研效果。这种方法的弊端是，这些网站内容繁多，企业市场调研对上网者的吸引力可能会降低，同时，上网者如果想与企业交流，必须重新链接进入企业网站，从而增加了操作，这可能是上网者不太愿意的。

6）由专业的网上调查、咨询公司调查

国外著名的Forrester Research、Jupipter Communication公司和国内的零点市场调查公司等都是专门从事网上咨询和调查服务业务的公司。最典型的网上调查方式有电子邮件调查、网上焦点座谈和主动浏览访问等。与传统调查手段相比，网上调查具有明显的优势，如高效、保密、低成本和与调查对象有更密切的接触效果等。

2. 网站评估指标体系

1）网站硬性指标

网站是否能够让客户很轻松、方便地登录和记住，包括域名种类分布、域名品牌一致、网站语言版本、域名解析时间、请求响应时间、主机连接时间、下载时间、HTML综合质量、图片综合质量、首页布局质量、首页信息类型等。

2）网站推广指标

网站推广是否能吸引更多客户，包括搜索引擎排名、网站知名度、推广方案设计、网络广告设计等。

3）网站服务指标

客户对网站服务的满意度，包括回应时间、目标客户、客户区、联系层次、联系细分、FAQ、帮助导航、网站地图、服务流程、帮助是否全面、产品分类、产品描述、产品图片、价格建议等。

4）网站互动指标

与客户的互动效果如何，包括客户回应、解决时间、认真程度、产品了解、准确程度、客户社区、客户鉴别、客户忠诚度、深化服务、兴趣调查、需求调查等。

3. 评价数据的采集

为了定量地对网站的经营做出较为准确的评价，首先就要利用多种方法采集相关的数据。这些数据是网站评价的基础，也是企业制定发展战略的基础依据之一。电子商务的信息化、互动性等特点为数据的采集提供了方便的手段。在网站设计时就要规划好数据的采集、存储及处理方式。其中，访问量的采集和统计是评估网站经营状况的最基本的原始数据。

网站评价数据的采集可通过以下一些途径：

（1）在主页中设置访问计数器。在主页中设置访问计数器是最简单的访客数量统计方法，它可随时得到访问人数的绝对数量和变化趋势，但这个数据比较粗略，只能用作参考。

（2）发布在线统计表单。经常在网上（或通过其他媒体）发布统计表单，针对网民进行企业或网站的某方面问题的调查、统计，并分别统计客户的数量、群体分布等。

(3) 在线统计购物的品种、数量。将顾客每次购物的品种、数量信息存入数据库，及时进行统计分析，并对未来市场需求趋势做出预测。

(4) 统计电子邮件刊物的预订数量。如果网站发行电子邮件刊物，可统计电子邮件刊物的预订数量及索要资料的请求数量，并分类归纳顾客关心的商品、服务或相关的技术问题。

(5) 统计咨询类电子邮件的数量。随时统计咨询类电子邮件的数量，并对咨询者提出的问题、咨询者个人信息进行归纳和分类统计，及时统计 BBS、聊天室、网上社区等的参与状况并做出分析。

(6) 定期监测网上合作网站情况。因为每个网站随时都可能更新，所以需要定期监测网上合作网站的合作情况及变化。

4. 电子商务网站分析工具和测试网站

首先，网站分析能使决策者了解客户的身份、背景及需求，从而使企业的电子商务走向成功之路；其次，从网站中获得各种信息，改善网络营销的方法和策略，使企业获得更多的商机；最后，网站分析提供的信息可以帮助网站管理人员了解网站运行的效果，从而改进网站设计，提高网站效能，充分发挥网站的作用。

网站分析是一项非常复杂的工作，需要一些工具的支持，另外有些专门从事网上调查的网络公司可以帮助网站进行分析工作。

WebSphere Site Analyzer 是 IBM 电子商务套件 WebSphere 的一部分。它是一套全方位的网站分析解决方案，能提供信息采集、分析、报告及存储。WebSphere Site Analyzer 采集分析所需的相关信息，并制作报告，向网站管理员及营销和决策部门提供决策所需的信息。WebSphere Cite Analyzer 还包含了报告向导，使网站管理者不需要学习 SQL 就可以制作分析报告。IBM WebSphere Site Analyzer 版本 3.5 提供了分析功能及可定制的报告选项，它除了能帮助用户更好地了解访问者如何访问企业的站点（使用分析）外，还可以帮助网站改善 Web 站点的内容和性能（内容分析）。用户可以用 Site Analyzer 方便而快捷地报告各项内容，如聚合页面大小和中断链接到站点访问路径及出错情况等。同时，网站维护人员可以通过使用一组预先定义的报告元素来定制如何查看分析的数据，也可以构建用于收集某一站点特定信息的客户报告。Site Analyzer 会将信息存储在 DB2 数据库中，并提供一种灵活的机制，供网站管理者创建有针对性的报告，以显示该 Web 站点的内容和使用发展趋势，从而及时调整发展策略。

7.7 电子商务网站设计实例

本节将结合具体实例分别说明网站设计的具体内容以及相应的方法。

7.7.1 网站设计方法

进行网站设计，首先要决定采用什么样的方法来进行网站开发设计。与一般软件系统设计的方法类似，网站开发设计也有自顶向下、自底向上等设计方法。

这里介绍的网站设计方法是采用“自上而下”的开发模式与结构化方法。所谓自上向下，就是从整个网页的主页，即常说的 Homepage 开始设计，向下一层一层地展开。采用这种设计方法，在开始设计网页时可以先用一些空的网页构筑起整个网站的框架，分模块开发相关的应用程序，然后再一步一步地向框架中增加内容，逐步细化，直至最后完成整个网站的制作。

采用这种设计方法的优点是能在总体上统一整个网站的界面风格，使网页的组织结构比较合理。采用这种网站设计方法，通常一开始就需要做出一个所谓的“模板”，作为以后页面设计的基础，这样就能使整个网站系统界面的版面风格和功能设置保持一致性。

7.7.2 网站标题设计

电子商务网站标题包括网站名称和标志（Logo）。每一个电子商务网站都寻求有一个响亮的名字和独具风格的 Logo，以留给浏览者较深刻的印象。好的网站名称能简单明了地体现出这个网站的主题，对客户有很大的吸引力。网站的 Logo 也同样要设计得简单且独具特色，它如同商标一样，是网站特色和内涵的集中体现，要让大家看见 Logo 就联想起该网站。Logo 图标可以是中文，也可以是英文；可以是符号、图案，也可以是动物或者人物等，图 7-4 列举了部分热门电子商务网站的 Logo。

7.7.3 网站的内容与功能设计

网站的内容与功能都体现在各个网页上，所以下面重点说明几个主要页面的设计。为使浏览者尽快找到相应的功能页面，可以借助“网站地图”来进行导航定位。

图 7-4 电子商务网站 Logo 图标

1. 首页

首页必须具有简单、鲜明的特点，这样才能吸引浏览者的目光，指引用户到主页，首页直接影响网站的应用便捷性。例如，“XX 网上商店”网站的首页可以这样设计，网站标题包括一个美术化的网站文字名称和专门设计的图片形式的 Logo、一个给浏览者以强烈视觉冲击的品牌宣传图片、一个进入主页的链接按钮。当然，也可以把首页和下面的主页设计合为一体。

2. 主页

电子商务网站的主页要尽可能地将本站所有内容和功能栏目展现出来，要尽可能地将主页做成整个网站的缩略图，使得用户只要浏览过主页，就能对网站有一个比较清晰的印象。主页还要提供通向各个主要栏目模块的链接和会员、管理员登录的入口，特别是要在主页上清晰表明有关客户比较关注的支付与物流配送服务的说明。

在主页的风格设计中，色彩的使用也非常重要。在选择色彩的时候，既不能太过鲜艳，让人觉得刺目难受，也不能过于沉闷，让人提不起精神。当然这也要结合具体的产品性质以及客户群体的性质进行关联设计。

在主页的结构设计中，可将主页划分成几个部分分别设计。例如，可将主页分为上、中、下三部分，再把中间部分分为两块来设计。

主页的上部是网站标题、网站标语图片或主要广告，网站的多数栏目模块的链接也会放在上部，使用户可以很方便地在网页上部就能进入所需要的页面中。

网页的中间部分一般是网站各个功能页面的简化版本的组合，例如，介绍几条最新、最有吸引力的新闻，放上几个最新产品图片与文字介绍，或放置简单的分类浏览等。一般中间部分占页面的比例较大，也可以分为左右两部分，左边为小标题，右边为小标题连接的内容。

网页的下部给出联系方式、版权信息、相关网站的链接以及其他内容。例如，在尚品网，网站的主页设计（图 7-5）简洁时尚，色彩具有冲击感。其上部设计为网站广告；中部右上方设计为一个进入功能模块“会员注册和登录”的入口；左下方设计为数据库提供的滚动的商品销售信息（动态内容）；中部中心部位设计为动态的图片，旨在营造一个动感时尚的氛围以及相关最新促销信息等；主页下部可设计为联系方式、版权信息和其他链接内容，为静态内容。

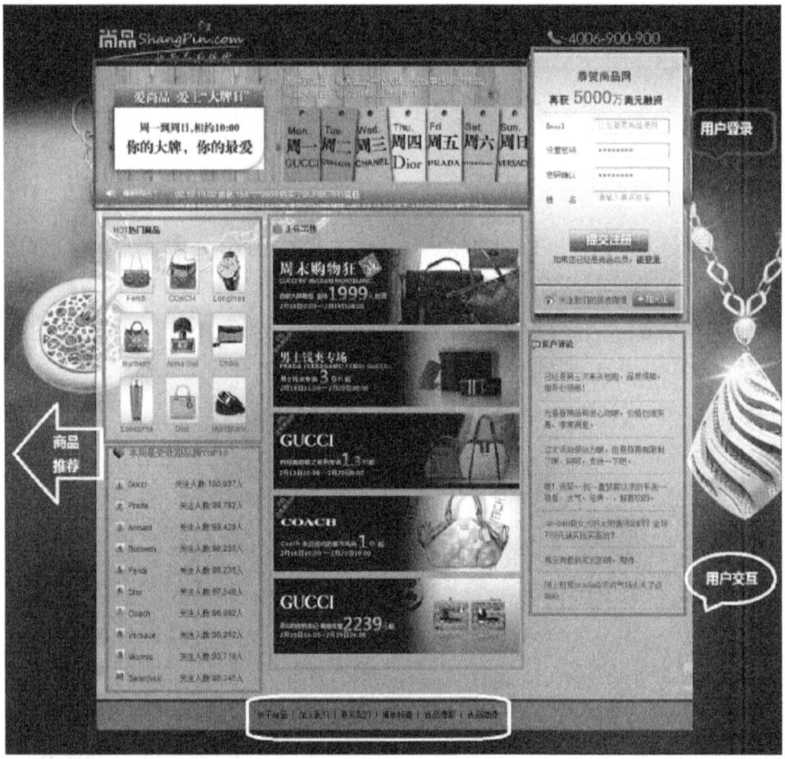

图 7-5　尚品网网站的主页设计

3. 网站主要栏目设计

网站主要栏目设计包括各个栏目的主页和二级功能页面的设计。栏目主页要包括该栏目的主要内容介绍以及到各个二级功能页面的接口（链接）。要使浏览者一进入该页面，就能知道本栏目提供哪些服务、可以浏览哪些内容。二级功能页面是根据内容和功能需要使用的页面，可在制作时具体确定，只要注意提供返回栏目主页面和网站主页的链接即可（图 7-6）。

图 7-6 尚品网的栏目设计

7.7.4 目录结构设计

目录结构设计又称为网站物理结构设计，物理结构是指网站文件的物理存储结构，即网站文件在服务器上的存储方式。良好的目录结构设计将为应用系统的调试、维护升级以及备份等提供方便。

由于设计一个网站会涉及许多文件和目录，同时在设计的过程中也会生成许多文件，包括页面文件、程序代码等，合理地放置这些文件和目录是顺利进行开发工作的重要一环，特别是在网站的开发初期就合理地规划好目录结构，对于设计网页是很有好处的。如果网站规模很小，网页文件也不多，最简单的方法就是给整个网站建立一个目录，将所有的文件和图片文件都放在该目录下面。复杂的网站可以按网站的内容分成不同的部分，每个部分从结构上来说是相对独立的。

7.7.5 导航与交互设计

1. 导航设计

导航设计要解决的问题是页面位置、去向、路径、返回方法，以方便客户的信息寻找与使用。导航设计有以下类型：

（1）超文本链接。非顺序的内容通过超文本链接起来，可使用户按使用的顺序和意愿浏览信息。

（2）导航栏。放置在固定位置的多个标题的超链接，可以是文字或图片。一般有大型导航条、小型导航条、导航目录。

（3）网站地图。以图形或文本超链接的方式显示站点中所有的页面、栏目部分和内容分类列表等。网站地图显示的是网站的逻辑结构，逻辑结构是网站在运行时抽象出来的拓扑结构，它建立在物理结构之上。网站地图一般专门提供一个链接的页面。

2. 交互设计

在电子商务网站中涉及大量的买卖双方的网上信息交互。交互设计要解决互相作用、互相交流的方式问题，以及信息传递和选择性问题。人机交互设计要注意交互的简易性与友好性，还要注意交互的灵活性、明确性、一致性、容错性、反馈性与图形化。

人机交互的常用方式有问答式、菜单式、功能键、图符、查询语言界面、自然语言界面。需要注意的是，菜单层数（菜单交互功能深度）不能太多，菜单宽度（同层中菜单项总数）不要过大。图 7-7 所示的是尚品网的交互设计。

7.7.6 网页版面布局设计

网页版面布局设计应该统一网站所有页面的布局，在设计定型之后，一般很少修改。有时候将网页版面布局设计称为模板设计，以后各页面的详细设计和实现都是基于这个模板展开的。

网页版面布局设计要求在限定的面积范围内，合理安排布置图片、图像和文字的位置。版面布局样式主要有“口”字型、“三”字型、“川”字型和自由型，不同的企业开展电子商务时可以根据业务规模、产品性质以及客户群特点等进行适当选择。

除了中部的工作区各个页面不相同外，顶部和底部的工作区所有页面基本相同。具体来说，页面的顶部包含了网站的标题（各个主要栏目页面可显示不同标题名称），网站导航栏（所有页面都相同）。通过导航栏可以进入到网站的任何一个部分。底部区包括的内容比较简单，如返回首页链接和一些版权信息等。对于页面的中部显示区，不同的页面差别很大，例如，有的网站首页显示的内容比较全面，几乎包含了本网站所有内容的缩小版本，而其他功能页面可能显示的是查询结果、产品介绍或业务处理页面等。

图 7-7　尚品网的交互设计

7.7.7　网站外观设计

电子商务网站具有强大的网络营销功能，包括产品的宣传与推广，这方面可以与报纸杂志、电视等传统媒体相媲美。网站外观设计包括网页色彩设计、CI（Corporate Identity，企业识别）设计、版面设计、风格与创意设计等。一个优秀的电子商务网站和一个实际存在的公司一样，需要整体的形象包装和设计，如使用统一的网站 Logo 等。

1. 网页色彩设计

网页色彩设计非常重要，打开一个网页，给用户留下第一印象的既不是网站丰富的内容和完善的功能，也不是网站的版面布局，而是网页的色彩。色彩对人的视觉效果非常明显，一个网站设计成功与否，在某种程度上取决于设计者对色彩的运用和搭配。网页设计属于一种平面效果设计，除立体图形、动画效果之外，在平面图上，色彩的冲击力是最强的，它很容易给用户留下深刻的印象。因此，在设计网页时，必须高度重视色彩的搭配。

特别需要注意的是，合理地选取页面的背景色，而且一旦选定了网站的主背景色，所有其他色彩的使用都要围绕它展开，要选择那些能很好地融入到主背景色中的颜色，决不要使用与之相对立的颜色。

一个电子商务网站不可能单一地运用一种颜色，让人感觉单调、乏味，但是也不可能将所有的颜色都运用到网站中，让人感觉轻浮、花俏。例如，在尚品网网站中，主要色调应用了黄、黑色调，具有强烈的时尚色彩，与网站营销奢侈品的风格比较吻合。

2. 网站的 CI 设计

网站的 CI 设计包括以下内容：

（1）网站标志（参见“7.7.2 网站标题设计”）。

（2）网站主题色彩。主题色彩是指能体现网站形象和延伸内涵的色彩。主题色彩要用于网站的标志、标题、主菜单和主色块，给人以整体统一的感觉。至于其他色彩也可以使用，但只是作为点缀和衬托，绝不能喧宾夺主，如 IBM 网站的深蓝色、肯德基网站的红色条型、Windows 视窗标志上的红、蓝、黄、绿色块，都使人觉得很贴切、很和谐。

（3）网站标准字体。与主题色彩一样，标准字体是指用于标志、标题、主菜单的特有字体。一般网页默认的字体是宋体。为了体现站点的与众不同和特有风格，可以根据需要选择一些特别字体。

（4）网站宣传标语。网站的宣传标语可以说是网站的精神、网站的目标，用一句话甚至一个词来高度概括，类似广告句。Logo、色彩、字体、标语是一个网站树立 CI 形象的关键，设计并完成这几项任务，网站整体形象会大大提高。色彩与字体的设计可以专门使用 Style 样式文件来保存，以利于制作各个页面时使用。

3. 版面设计

所谓版面设计，就是在电子商务系统网页版面上将有限的视觉元素进行有机地排列组合，将理性思维个性化地表现出来，是一种具有个人风格和艺术特色的视觉传达方式。它在传达信息的同时，也产生了感官上的美感。无论是进行电视广告、报纸广告，还是杂志、包装、网页等设计，都需要版面设计。版面设计是现代设计艺术的重要组成部分，是视觉传达的重要手段。图 7-8 所示的尚品网网站的版面设计。

图7-8 尚品网网站的版面设计

网页的版面设计要主次分明、中心突出。在一个网页上，必然要考虑视觉的中心，这个中心一般在页面的中央，或在中间偏上的部位。因此，一些重要的文字和图片一般可以安排在这个部位，在视觉中心以外的地方就可以安排那些稍微次要的内容，这样在页面上就突出了重点，做到了主次有别。

在网页中，主题要成为视觉中心，吸引人的视线。主题不鲜明突出，会扰乱浏览者的视觉习惯，使网页版面显得散乱，破坏其和谐。一幅主题不鲜明、不突出的网页，就好比一堆零乱的垃圾，无法让浏览者享受到美。版面设计的最终目的是使网页产生清晰的条理性，用悦目的内容更好地突出主题，达到最佳的表达效果。

网页的版面设计要注意文字、图片、动画甚至音频等的布局。网页作为一种版面，既有文字，又有图片。文字有大有小，有标题与正文之分；图片也有大小，有横竖之别。图片和文字都需要同时展示给观众，不能简单地罗列在一个页面上，这样往往会显得杂乱无章。必须根据内容的需要，将这些图片、动画和文字按照一定的次序进行合理编排和布局，使它们组成一个有机的整体。文字、图片、动画还具有一种相互补充的视觉关系，如果一个网页页面上文字太多，就显得沉闷，缺乏生气；图片太多，缺少文字，就会减少页面的信息容量；动画太多，就显得过于晃眼。因此，理想的效果是文字、图片、动画甚至音频的密切配合，互为衬托，既能活跃页面，又使网页有丰富的内容。

网页的版面设计要注意大小搭配、相互呼应。较长的文章或标题不要编排在一起，要有一定的距离；同样，较短的文章也不能编排在一起。对图片的安排也是这样，要互相错开，大小适当，避免重心的偏离。

4. 网站的整体风格和创意设计

风格是抽象的。具体来说，电子商务网站的风格包括站点的CI（标志，色彩，字体，标语）、版面布局、浏览方式、交互性、文字、语气、内容价值、存在意义、站点荣誉等诸多页面因素，以及产品类型、服务方式、营销方式等。

风格是独特的，是站点不同于其他网站的地方。或色彩，或技术，或交互方式，或产品，或服务，能让浏览者明确分辨出这是此网站独有的。

风格还可以是有人情味的，通过网站的外表、内容、文字的交流可以概括出一个站点的个性、情绪。风格是建立在有价值的内容之上的，例如，专业的电子商务网站应该有创意、适合的产品、企业的形象与品牌宣示，信息容易查找，并且交易方便、值得信赖。其中，对电子商务网站，特别是小型企业或新企业电子商务网站来说，创意是网站生存与发展的关键之一。实质上，创意是传达信息、产品与服务的一种特别方式，目的在于更好地营销网站与企业的产品。

7.7.8 页面内容设计

对于网站页面的内容，要注意和前面的需求分析说明相结合来进行详细设计。设计内容主要包括：①该页面的作用；②该页面要反映的具体内容；③该页面要使用的图片、动画、声音文件的内容及格式等要求；④确定静态和动态内容，以及动态功能模块使用哪种 Web 开发技术工具进行开发；⑤该页面的关联链接。

每个电子商务网站都有很多的页面，注意结合每个页面的功能要求、网站的整体风格与布局来进行详细设计，特别要注意首页、主页以及栏目主页的设计，做到应用方便。由于客户浏览电子商务网站的主要目的是交易，电子商务网站的页面设计对重要的或容易引起歧义的商务信息如产品价格信息、支付信息、商品配送信息等要在网页的醒目位置予以清晰的描述，并且在交易流程中设计许多买卖双方计算机的信息交互，注意提示信息的及时与醒目。在交易流程中，为了提高交易速度，注意少用一些动态的页面设计。图 7-9 所示的是尚品网网站的页面内容设计。

电子商务网站的页面信息比较讲究时效性，需要时时更新，因此在设计与前台页面对应的后台处理页面时要注意可用性与易维护性，基于页面处理的相应数据库维护要简单、可靠。

图 7-9　尚品网网站的页面内容设计

7.7.9　数据库设计

电子商务主要体现为网上的各类信息流的交互过程，因此电子商务网站需要许多类型数据库的支持。Microsoft 的 SQL Server 比较适合小型电子商务网站的需求，而 Oracle 数据库以及 IBM 的 DB2 数据库等则比较适合规模较大的电子商务网站需求。这些数据库中包括企业信息、产品信息、价格信息、销售信息、客户信息等内容，对这些数据要完成保存、查询或加密工作，注意各类客户的分权限应用与维护。

建设网站的时候，建立多少个数据库，每个数据库中有多少张表，开发人员要根据所建网站的实际情况来决定。需要考虑的因素比较多，如数据量大小、数据更新频率和数量、数据库查询操作的频繁程度、管理层次等。实际操作之前必须经过慎重的设计工作。

需要注意的是，在数据库系统保存客户自身信息及客户的消费信息，对这些信息进行统计分析，是企业了解客户个性的主要渠道，是企业的宝贵资源。

数据库的设计不仅要顾及数据的方便存取功能，还要注意数据库的安全性、条理性以及可维护性。

1. 数据库设计规范化

数据库设计的关键是数据表中的数据项（字段）设计要符合数据结构的规范化要求，即满足以下要求：①在表（二维表）中任意一列上，数据项应具有同一属性，即不允许有重复数据项；②在表中所有行都是不相同的，不允许有重复的行；③在表中，行的顺序无关紧要；④在表中，列的顺序无关紧要，但不能有重复的列；⑤每个数据表必须有一个或多个数据项组合构成的主关键字，其他数据项元素要由主关键字来确定；⑥非主关键字的数据项元素之间相互独立，没有函数传递依赖关系。

2. 数据库设计实例

数据库系统可以支持诸多子系统的运行，包括会员信息子系统、新闻存取子系统、市场调查子系统、留言簿子系统、商品信息子系统、用户登录子系统等。一个子系统可以建立一个数据库，例如，名为 client 的数据库是会员信息子系统的数据库，其中包含会员基本信息表（Register）、会员用户密码表（Userpwd）、会员信用表（Credit）等。

在网站开发的过程中，由于需求的变化，有可能需要对数据库一些表的结构进行一些修改与调整。目前数据库技术发展很快，数据库系统功能日益强大，有的还支持流媒体信息如音频、视频信息，这为电子商务网站的多媒体实现提供了强大支持。(参见“7.5.1 数据库技术”)

7.7.10 交易与服务流程设计

根据前面的需求说明与功能规划，进行相应的交易与服务流程设计，这涉及与认证、物流、支付等服务部门的协调。交易与服务流程设计需要仔细调研与分析传统的商务交易与服务流程，结合网上业务处理的特点，进行业务流程的优化或重新设计，以保证网上交易或服务的前后台协调、可靠处理。

课后题

一、复习思考

1. 简答电子商务网站的作用。
2. 简述企业网站设计应包含的功能。
3. 电子商务网站系统分析有哪些注意事项？
4. 电子商务网站规划书包括哪些要点？
5. 简述电子商务网站设计应遵循的基本原则。
6. 简述电子商务网站功能方面的评价标准。

二、问题讨论

结合下面案例和你自身网络购物的经验，讨论我国中小型企业的网站建设应该从哪几个方面更好地实现网络营销。

案例：

近几年来，中小企业网站已经成为我国当前电子商务建设的主流，但具有营销功能的网站却只有少部分。有些企业建立网站之后很少去维护和更新，然而，在营销型网站建设实现的步骤中，网站更新是必不可少的，只有经常更新网站才能说明网站处于活跃状态。还有一个方面就是通过搜索引擎营销，尽可能达到好的排名效果。大部分中小型企业网站建设都缺乏市场营销能力，除了选择低成本的网站建设外，还有企业对网站不重视，不对自己网站进行后期维护和推广，这些都会让企业网站缺乏网络营销能力。

（1）企业选择低成本的网站建设套餐，网站整体美工效果不佳。低成本制作的网站页面粗制滥造，美工效果非常不好，这样的网站建设起来后会大大影响企业的整体形象，与实际的企业形象不相符，对企业网络营销能力存在不好的影响。

（2）购买便宜的虚拟主机，网站无法打开或打开速度慢。若企业网站时常出现打不开或打开速度慢的现象，客户访问量就会大大减少，而减少访问量的同时也就意味着减少了转化率，从而，企业型网络营销能力也会减弱。影响网站运行速度的原因主要包括：①购买的是国内虚拟主机；②网站程序设计问题；③网站线路、域名解析等问题。

（3）企业不重视网站推广。一个网站能够充分实现它价值的前提就是要对网站进行推广，让更多的客户能看到这个网站。网站做得功能再好，页面再精美，但若没有做企业网站推广和网站优化，那么网站也起不到什么作用，达不到网络营销的效果。[资料来源：中国电子商务研究中心（http://www.100ec.cn/）]

三、实践训练

1. 网站设计是一个较长的过程，一般过程如下：①确定网站设计总体思想，即如何实现网站规划中提出的目标；②确定网站的风格和特点，网页的外观及使用方面的特点；③确定网站提供的内容,对网站的内容进行分类；④编写网站设计的计划书，明确人员分配、协调及进度；⑤制作网页的模板；⑥测试网页，试用网站，并提出反馈意见；⑦正式推出网站。

请按照以上步骤，为一家鲜花礼品网站写出规划设计报告。该公司背景如下：可以提供 24 小时网上订购鲜花礼品服务；配送范围覆盖全国 900 多个城市，全国多数县级以上城市均建立了分支加盟连锁机构，最快 3 小时左右送货上门。

2. 登录 3～5 家 B2C 电子商务网站，比较各网站在网页设计、栏目设计、内容设计、商品信息搜索等方面的差异。

8 移动电子商务

本章内容要点：随着无线通信技术的不断发展，移动电子商务作为一种新型的电子商务方式，是对传统电子商务的有益补充。本章第一节介绍了移动电子商务的含义及特点，并对移动通信技术及移动电子商务的发展作了简单介绍。第二节介绍了几项移动电子商务的相关技术，如无线应用协议技术、蓝牙技术、移动IP技术等。第三节介绍了移动电子商务价值链，包括移动电子商务价值链的概念、主要成员、构建方式等。第四节主要介绍了移动电子商务营销的特点及应注意的问题。第五节介绍了移动电子商务的行业应用，如移动信息服务、移动金融、移动购物、移动娱乐等。第六节阐述了移动电子商务的现存问题，并简单介绍了其发展前景。

学习引导案例

移动电子商务发展迅速

中国移动互联网市场规模的快速增长，代表着移动正在引领新的消费方式的变革，移动电子商务正逐渐成为用户的重要消费方式。未来移动互联网具有7大发展趋势，其中就包括了移动电子商务。移动电子商务以其低成本、高效率、开放性、便捷性等优势迅速占领市场。目前，许多电子商务企业都将主要精力投入到企业级的移动客户端开发和企业级移动应用上来。

在国外，移动互联网已经成为eBay超越竞争对手的杀手锏。随着网络B2C零售市场的快速增长，eBay在电子商务市场的光芒逐渐被亚马逊遮盖，但在新兴的移动购物市场，eBay重新以领先者的姿态出现。自2008年推出iPhone版应用以来，eBay已成为美国最大的手机购物零售商，开发了15个不同定位的移动购物应用，活跃用户超过2000万。据eBay预计，2012年，来自移动电子商务的零售总额将达到80亿美元，而PayPal将处理70亿美元的移动支付。

淘宝是中国最大的电子商务企业，手机淘宝自去年上半年上线以来便一举成为移动电子商务的佼佼者。据近日淘宝无线发布的《2011年度淘宝无线电子商务数据报告》显示，2011年，手机淘宝全年累计成交金额达到了118.8亿元，对比2010年的18亿，同比增长了6倍。2011年，移动淘宝客户端成交额迎来爆发式增长。预计 2012 年累计成交金额还将保持逾 4 倍的增幅，将占据淘宝无线总成交额 50%以上。

据易观国际《2011 年度中国移动互联网市场年度综合报告》预测，2012～2013 年，移动互联网用户及营收将获快速发展，2013 年移动互联网用户数将突破 7 亿，营收将突破 6000 亿。[资料来源：比特网（http://www.chinabyte.com/）]

8.1 何为移动电子商务

2009 年以来，中国移动互联网进入了快速的发展时期，通信技术的演进、网络资费的下调、终端硬件性能的提升和应用服务的改善，为用户通过移动终端上网提供了良好的先决条件。3G 牌照的发放理顺了三大电信运营商的业务领域划分，大规模的 3G 网络基础设施建设运动随即拉开，这使得构架于电信运营商基础网络之上的各项应用服务提供商，得以充分利用网络带宽扩展和数据传输提速而提供内容更加丰富和互动性更强的服务，而移动电子商务就是其中最重要的应用服务之一。

8.1.1 移动电子商务的定义

目前，我国的移动互联网用户的规模正在快速增长，CNNIC 的统计数据显示，截至 2010 年 12 月，我国的网民用户规模达到了 4.57 亿，较 2009 年底增加 7330 万人。在 2011 年 6 月底，我国的手机网民达到 3.18 亿，较 2010 年增加 1495 万，手机网民在总体网民中的比例达到了 65.5%。移动互联网正逐渐渗透到人们生活、工作的各个领域，手机游戏、社交网络、微博、手机支付、位置服务等丰富多彩的移动互联网应用正在不断地涌现，这深刻改变了信息时代的社会生活。移动互联网应用的快速发展，为移动电子商务的发展奠定了坚实的基础。

移动电子商务是指利用手机、掌上电脑等移动通信设备与互联网有机结合进行 B2B、B2C 或 C2C 的电子商务活动。它将互联网、移动通信技术、短距离通信技术及其他信息处理技术完美结合，使人们可以在任何时间、任何地点进行各种商贸活动，实现随时随地线上线下的购物与交易、在线电子支付，各种交易活动、商务活动、金融活动以及相关的综合服务活动等。其借助于无线的技术优势，已成为传统电子商务的有益补充，而互联网的用户群数量可观，这无疑表明了无线商务有着无可比拟的巨大潜在商机，将引领移动电子商务和无线金融的发展。移动电子商务的应用主要包括信息服务、移动金融、移动购物、移动教育、移动娱乐、移动医疗等。

8.1.2 移动电子商务的特点

与传统的电子商务相比，移动电子商务是移动信息服务和电子商务融合的产物，具有用户规模大，用户可随时随地进行商务活动，移动支付方便快捷、成本低，服务个性化等优势。一方面，无线系统允许用户访问移动网络覆盖范围内的任何地方的服务，通过对话交谈和文本文件直接进行及时的沟通。另一方面，由于移动电话的广泛使用，小的手持设备将比个人计算机具有更广泛的用户基础。具体说来，与传统的电子商务相比，移动电子商务的特点主要体现在：

(1) 移动性。移动性包括终端移动性和个人移动性两种类型。终端移动性是指无论在什么地方，用户拨打和接听电话的能力。终端移动性要求网络验证和确认的是终端而不是个人（用户）。个人移动性指用户拨打和接听电话的能力，而不是呼叫的位置和呼叫所用的终端设备类型。个人移动性支持特定终端设备和地点的独立性，它需要移动电子商务提供服务的人一般都处于移动之中。

(2) 及时性。通过移动电子商务，用户可随时随地获取所需的服务、应用、信息和娱乐，选择和购买商品、服务，即时完成采购，实施商业决策。与传统的电子商务系统相比，用户终端更加具有专用性。从运营商的角度看，用户终端本身就可以作为用户身份的代表。商务信息可以直接发送给用户终端，这进一步增强了移动用户获取信息的及时性。

(3) 广泛性。移动电子商务具有很高的冗余度，能够应付数百万个用户和成千上万笔的同步交易。根据中国三大移动运营商公布的数据显示，截至 2011 年 8 月底，中国手机用户总数已达 9.272 6 亿户。其中，中国最大的移动运营商中国移动的用户已经累计达 6.276 3 亿（包括 4032 万的 3G 手机用户）；中国联通用户累计达 1.861 亿（包括 2787 万的 3G 手机用户）；中国电信用户累计达 1.135 3亿（包括 2561 万的 3G 手机用户）。从某种程度上说，以移动电话为载体的移动电子商务，不论在用户规模上，还是在消费能力上，都优于传统电子商务。

(4) 个性化。与传统的电子商务相比，移动电子商务能更好地实现移动用户的个性化服务。移动计算环境能提供更多移动用户的动态信息（如各类位置信息、手机信息），这为个性化服务的提供创造了更好的条件。移动用户能更加灵活地根据自己的需求和喜好来定制服务与信息的提供。例如，用户可以将自己所处的城市结合进去，调整商品递送的时间，实现自己的个性化服务。此外，个性化与人性化移动电子商务还能提供一种全新的促销渠道，用户可以根据他们的个人需要，在电子商务活动中，灵活地选择访问和支付方法，并且可以根据用户的爱好设置个性化的信息格式。

（5）灵活性。同传统的电子商务相比，移动电子商务的一个最大优势就是移动用户可随时随地获取所需的服务、应用、信息和娱乐。由于移动终端，尤其是手机按键的限制，移动商务的服务要求操作简便，响应时间短，用户可以在自己方便的时候，使用智能电话或 PDA 查找、选择和购买商品和服务。

8.1.3 移动电子商务的发展

Internet 技术移动通信技术和其他技术的完美结合创造了移动电子商务，移动电子商务以其灵活、简单、方便的特点开始受到消费者的欢迎。通过移动电子商务，用户可随时随地获取所需的服务、应用、信息和娱乐。服务付费可通过多种方式进行，可直接转入银行、用户电话账单或者实时在专用预付账户上借记，以满足不同需求。

在未来的全球数字经济中，移动电子商务将可以随时随地为消费者提供安全的电子商务服务，这必将带来电子商务领域的一场革命。

1. 移动通信技术的发展

移动通信系统的发展已经历了三代。

1）第一代（1G）移动通信技术

第一代移动通信系统是以美国的 AMPS（IS-54）、英国的 TACS 和北欧的 NMT450/900 为代表的模拟移动通信技术，在 20 世纪 70 年代末 80 年代初发展起来并已大量投入商用。它对移动通信的最大贡献是采用了蜂窝结构，实现了移动环境下不间断通信。第一代移动通信系统最重要的特点体现在移动性上，这是其他任何通信方式和系统不可替代的。但模拟移动通信也有很多不足之处，如通信容量有限、通话质量一般、保密性差、不能提供非话数据业务等，已经逐渐被各国所淘汰。

2）第二代（2G）移动通信技术

第二代移动通信系统主要采用数字技术，多址方式由 FDMA 转向 TDMA、CDMA 等时分多址技术，实现了移动通信的数字化。它对移动通信发展的重大贡献是使用 SIM 卡，实现了轻小手机和大量用户的网络支撑能力。使用 SIM 卡作为移动通信用户个人身份和通信记录的载体，为移动通信管理、运营和服务带来极大便利。第二代移动通信系统语音质量、保密性能得到了很大提高，并可进行省内、省际自动漫游。但由于各国第二代数字移动通信标准不统一，无法进行全球漫游，且第二代数字移动通信系统带宽有限，限制了数据业务的应用，也无法实现移动的多媒体业务。

3）第三代（3G）移动通信技术的研究和发展

1999年3月，ITU-R TG8/1第十六次会议在巴西召开，此次会议确定了第三代移动通信技术的大格局。第三代移动通信系统采用智能信号处理技术，实现了基于话音业务为主的多媒体数据通信。与前两代的移动通信技术相比，具有更强的多媒体业务服务能力和更大的通信容量，使任意时间、任意地点、任何人之间的交流成为可能，为人们的通信方式带来了巨大的转变，成为覆盖全球的多媒体移动通信。第三代移动通信系统正在逐渐成为为世界各国广泛使用的系统。（参见“8.2.6 第三代移动通信系统”）

4）对第四代（4G）移动通信系统的展望

第四代移动通信的概念可称为广带（Broadband）接入和分布网络，具有非对称的超过2Mb/s的数据传输能力。它包括广带无线固定接入、广带无线局域网、移动广带系统和互操作的广播网络（基于地面和卫星系统）。另外，第四代移动通信技术使得人们可以通过宽带在任何地方接入互联网。而且卫星通信能提供信息通信之外的定时定位、数据采集、远程控制等综合功能集成的宽带移动通信系统。

2. 移动电子商务的发展

随着移动通信技术和计算机的发展，移动电子商务的发展已经历了三代。

1）第一代移动电子商务

第一代移动电子商务系统是以短信为基础的访问技术，这种技术存在许多严重的缺陷，其中最严重的问题是实时性较差，查询请求不会立即得到回答。此外，短信信息长度的限制也使得一些查询无法得到一个完整的答案。这些令用户无法忍受的严重问题最终导致了一些早期使用基于短信的移动电子商务系统的部门纷纷要求升级和改造现有的系统。

2）第二代移动电子商务

第二代移动商务系统采用基于WAP技术的方式，手机主要通过浏览器的方式来访问WAP网页，以实现信息的查询，这部分解决了第一代移动访问技术的问题。第二代移动访问技术的缺陷主要表现在，WAP网页访问的交互能力极差，极大地限制了移动电子商务系统的灵活性和方便性。此外，WAP网页访问的安全问题，对于安全性要求极为严格的政务系统来说也是一个严重的问题。这些问题使得第二代技术难以满足用户的要求。

3）第三代移动电子商务

第三代的移动电子商务系统采用了基于SOA架构的Web Service、智能移动终端和移动VPN技术相结合的第三代移动访问和处理技术，使得系统的安全性和交互能力有了极大的提高。第三代移动商务系统同时融合了3G移动技术、智能移动终端、VPN、数据库同步、身份认证及 Web Service 等多种移动通信、信息处理和计算机网络的最新前沿技术，以专网和无线通信技术为依托，为电子商务人员提供了一种安全、快速的现代化移动商务办公机制。

随着第四代移动通信技术的研究与发展，又将迎来新一代的移动电子商务，在数据传输速度、信息覆盖率、通信质量、影像清晰度等方面都将有所突破。

8.2 移动电子商务技术

移动电子商务技术在商务活动中发挥着重要的作用。例如，移动电子商务技术使得公司内联网与外出的员工之间传送数据成为可能；移动办公的员工可以帮助公司与供应商接触，大大减少了公司的服务响应时间；无线设备为股票交易、银行业务等开辟了新的捷径等。

8.2.1 无线应用通信协议（WAP）技术

WAP 是开展移动电子商务的核心技术之一。WAP 的提供和发展是基于在移动中接入互联网的需要，目标是通过 WAP 技术，将互联网上的大量信息及各种各样的业务引入到移动电话等无线终端之中。通过 WAP，手机可以随时随地、方便快捷地接入互联网，真正实现不受时间和地域约束的移动电子商务。在基于 WAP 的移动电子商务中，移动终端的作用仅仅限于充当 WAP 浏览器，而真正的内容与业务全是在服务器端实现。正是由于业务的实现与客户端的关系并不大，这种结构独立于厂商与网络标准，并且相当开放。由于这种解决方案与基于 Web 的解决方案很类似，与基于 Web 的系统一样，它总是从服务器上下载 WML 网页。在这种方式下，用户所接受的服务总是最新版本。基于 WAP 的移动电子商务结构如图 8-1 所示。

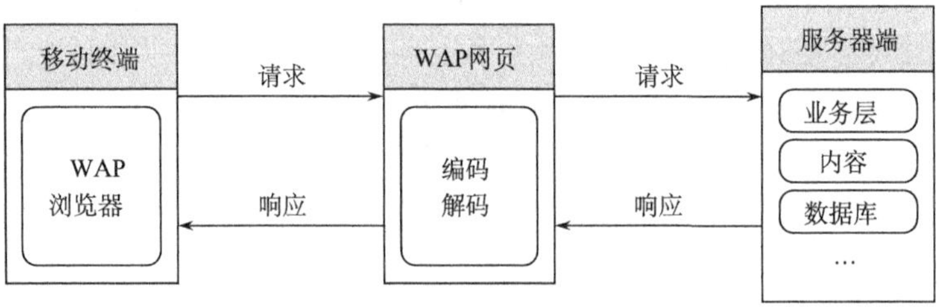

图 8-1 基于 WAP 的移动电子商务结构

因为基于 WAP 的服务是随时更新的，能保证获得的服务肯定是最新的，所以它的实时性更强一些，很适合实时传送日常的生活和工作信息。同时，WAP 也能很好地提供 PUSH 服务（推送服务），这也决定了其能提供比较好的移动广告及促销服务。

8.2.2 蓝牙技术

蓝牙是由爱立信、IBM、诺基亚、英特尔和东芝共同推出的一项短程无线电技术标准，旨在取消有线连接，实现数字设备间的无线互联，以便确保大多数常见的计算机和通信设备之间可方便地进行通信。蓝牙技术是一种无线数据与语音通信的开放性全球规范，它以低成本、近距离无线连接为基础，为固定与移动设备通信环境建立一个特别连接。

蓝牙可以支持设备短距离（一般 10m 内）的无线电通信。作为一种低成本、低功率、小范围的无线通信技术，蓝牙能在包括移动电话、个人电脑、个人数字助理、便携式电脑、打印机、无线耳机等众多设备之间进行无线信息交换，如图 8-2 所示。“蓝牙技术”能够有效地简化移动通信终端设备之间的通信，也能够成功地简化设备与互联网之间的通信，从而使数据传输变得更加迅速高效，为无线通信拓宽道路。

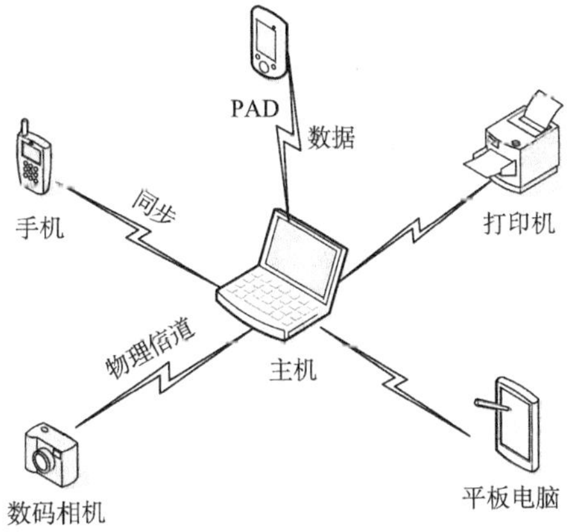

图 8-2 蓝牙技术的应用示意图

8.2.3 移动 IP 技术

移动 IP 技术通过在网络层改变 IP 协议，实现移动计算机互联网中的无缝漫游。移动IP技术使节点在从一条链路切换到另一条链路上时无需改变它的IP地址，也不必中断正在进行的通信。移动IP技术在一定程度上能够很好地支持移动电子商务的应用，但是目前它也面临一些问题，如移动IP的三角路由问题、移动主机移动时外地代理间的平滑切换问题、移动主机的安全性和功耗问题等。

移动IP技术不是移动通信技术和Internet技术的简单叠加，也不是无线话音和无线数据的简单叠加，它是移动通信和IP的深层融合，也是对现有移动通信方式的深刻变革，它将真正实现话音和数据的业务融合，它的目标是将无线话音和无线数据综合到一个技术平台上传输，这一平台就是IP协议。

8.2.4 通用分组无线服务（GPRS）技术

GPRS是一种新的GSM数据业务，它采用分组交换技术，能够实现公众陆地移动网（PLMN）上的分组模式的传输，并能实现与外部网络的互通，可以给移动用户提供无线分组数据接入业务。GPRS突破了GSM网只能提供电路交换的思维定式，将分组交换模式引入到GSM网络中。它通过仅仅增加相应的功能实体和对现有的基站系统进行部分改造来实现分组交换，从而提高了资源利用率。GPRS能快速建立连接，适用于频繁传送小数据量业务或非频繁传送大数据量业务。由于GPRS是基于分组交换的，用户可以保持永远在线。

8.2.5 移动定位系统（MPS）

移动电子商务的主要应用领域之一就是基于位置的业务。例如，它能够向旅游者和外出办公的公司员工提供当地新闻、旅游、天气及旅馆等信息。MPS将会为本地旅游业、商店和餐饮业的发展带来巨大的商机。

MPS是一个集GPS导航、GPS定位、个人安全及追踪于一体的全方位位置服务系统。它由一个多功能AGPS手机和多个AGPS便携式定位终端组成，为家庭、公安、交通、物流等用户提供了一个方便、快捷、经济、灵活和贴身的位置服务系统。相比GPRS卫星定位系统，MPS具有成本低廉、覆盖好、响应时间快、定位业务双向可执行（既可由手机终端上报位置信息，也可主动查询手机终端位置）的优势。（参见“4.3.3 全球卫星定位系统”）

移动定位技术是基于目前较为普及的GSM/GPRS无线网络覆盖，对手机终端进行实时位置捕捉的新型技术。无线移动网络是以小区（蜂窝）作为最小位置单位的，所以当手机处在不同的小区或在小区之间进行移动切换时，不同的小区号便确认了手机的实际位置。由于移动网络的小区号是全球唯一的，其所对应的实际地理位置也是全球唯一的。因此，只要手机开机又能收得到网络信号，那么用户所处的位置便随时能被掌握。(参见“9.4.2 消费者隐私权保护”)

在电子地图的显示下或在地理信息数据库的支持下，可以实时显示、跟踪、处理单个、多个、群组的人、车或物的功能，这使得此种技术具有广泛的应用领域：如周边信息查找的信息服务（如就近银行、餐馆、加油站等），本地黄页服务，小范围内的天气预报，就近交通信息发布，定向广告和基于位置的电子赠券，与动态位置相关的会员俱乐部服务，位置格斗游戏，就近交友聊天业务，公众信息服务，紧急呼叫（如 110、119、120、122 等）。（参见“4.3.4 地理信息系统”）

扩展阅读 8-1 爱立信帮助 AIRCEL 在印度搭建移动定位系统

2011 年 5 月，印度领先电信运营商 Aircel 选择爱立信为其 2G 和 3G 用户提供 MPS。Aircel 的用户将在路途上享受到实时追踪、导航和信息服务。而且，从 2011 年 7 月开始，Aircel 的用户将能够通过该服务寻找附近的餐馆或健身房，找到回家最近的路线，或是利用跟踪服务了解孩子或老人的行踪。此外，各类企业也可以使用 MPS 进行有效的资源管理。

这是爱立信印度公司签署的首个在多厂商核心网环境下管理基于位置的服务（LBS）平台的合同。爱立信 MPS 将向 Aircel 的用户提供先进的 LBS，支持若干 GSM 和 WCDMA 定位方法——从基于网络定位终端所在小区，到更为准确的利用 GPS 定位终端。[资料来源：搜狐 IT 网（http://it.sohu.com.cn/）]

8.2.6 第三代移动通信系统（3G）

移动电子商务是传统电子商务的延伸，摆脱了商务活动依托于 PC 机等有线设备的局限，仅仅使用便携式设备（如笔记本电脑、手机、PDA 等移动终端）就可以进行无限的沟通及商务活动，实现真正意义上的不受时空局限的即时服务。就其基于 2G 网络技术水平下的应用来看，移动电子商务可以实现购物、支付、银行业务、娱乐、订票、证券业务、无线服务等功能。随着 3G 技术的正式商用，移动电子商务的发展将受到极大的推动。

3G 技术能够处理图像、音乐、视频流等多种媒体形式，提供包括网页浏览、电话会议、电子商务等多种信息服务。为提供这种服务，无线网络必须能支持不同的数据传输速度，即在室内、室外和行车的环境中能够分别支持至少 2Mbps（兆字节/每秒）、384kbps（千字节/每秒）和 144kpbs 的传输速度。

8.2.7 无线保真技术（Wi-Fi）

大多数无线局域网（Wireless Local Area Networks，WLAN）是按照众所周知的IEEE802.11或通常称为Wi-Fi的远程通信标准进行工作的。

Wi-Fi在无线局域网的范畴是指“无线相容认证”，其正式名称是“IEEE802.11b”，与蓝牙一样，同属于在办公室和家庭中使用的短距离无线技术。Wi-Fi是由一个名为“无线以太网相容联盟”的组织所发布的业界术语。作为一种短程无线传输技术，它能够在数百英尺范围内支持互联网接入的无线电信号。随着技术的发展、IEEE 802.11a和IEEE 802.11g等标准的出现，现在IEEE 802.11标准已被统称作Wi-Fi。从应用层面来说，要使用Wi-Fi技术，用户首先要有Wi-Fi兼容的用户端装置。

Wi-Fi技术正在成为行业标准，使硬件厂家能够生产互相通信的无线设备。Wi-Fi通过无线电波来发送网页或电话，不需要借助费用高昂的电缆或高速互联网连接，同时，它是一种帮助用户访问电子邮件、Web和流式媒体的互联网技术，能为用户提供无线的宽带互联网访问。此外，它也是在家里、办公室或在旅途中上网的快速、便捷的途径。我们把能够访问Wi-Fi网络的地方称为热点。

Wi-Fi技术为商业用户提供了便利，使其工作环境更加移动化，例如，商务旅行者在机场或机场酒廊等待航班时也可以收发电子邮件。由于Wi-Fi的频段在世界范围内是无需任何电信运营执照的，WLAN无线设备提供了一个世界范围内可以使用的，费用极其低廉且数据带宽极高的无线空中接口，用户可以在Wi-Fi覆盖区域内快速浏览网页，随时随地接听拨打电话。

尽管取得了进展，但Wi-Fi的安全问题仍是一大隐忧。黑客可以轻松破解大多数无线硬件中的软件，并可以很容易地窃听到无线网络中传输的私人数据。当然，新的无线设备加强了安全方面的保护，但用户仍须谨慎采取某些步骤，以确保重要数据的安全、隐私和完整性。

知识链接 8-1　802.11 标准

802.11标准有四种形式：

（1）802.11b是运用最为广泛的标准。使用这种标准的无线局域网的通信速度是11Mbps，范围在室内能够达到100米，在开阔地区或室外能够达到275米。802.11b标准在2.4GHz的范围内运行，微波炉、无线电话以及其他使用相同频率范围的设备会对它产生干扰。

（2）802.11a是与802.11b是同时发布的，它能够提供更快的传输速率（54Mpbs），但是信号的传输范围较小（最长到30米）。

（3）802.11g是一种较新的标准，它试图把其他标准的优点结合起来。802.11g提供的传输速率与802.11a一样快（54Mbps），信号范围与802.11b一样宽，并且与802.11b向后兼容。然而，使用较高传输速率的移动设备很少，并且802.11g也更为昂贵。

（4）802.11n是目前正在开发的一个标准，它能够提供比现在的标准快10～20倍的带宽传输速率。因为它超出了大多数家庭和企业所用的宽带连接的界限，所以现在使用802.11n不是很现实。但随着互联网连接从线缆或DSL到光纤的转变，大众对这种高速Wi-Fi连接的需求将会增加。

其中，802.11g将被越来越多地运用到成本不是主要考虑因素的商业环境中。在大多数公共区域和家庭中，802.11b依然是Wi-Fi标准的廉价选择。［资料来源：Turban E，King D，Mckay J，Marshall P. 2010. 电子商务：管理视角（第五版）. 北京：机械工业出版社］

8.3 移动电子商务价值链

价值链指一群互相合作以满足市场需求的公司集合。价值链一般包含一个或几个基本的价值（产品或服务）供应商，还有很多其他为产品和服务增值的供应商，使得最终呈现给购买者的产品具备所有的价值。价值链是一种对企业业务活动进行组织的方法，企业实施这些活动对其销售的产品或服务进行设计、生产、促销、销售、运输和售后服务。信息技术的发展逐渐打破了企业、行业发展的界限，使不同行业融合发展，共同参与某一商务交易活动。

8.3.1 移动电子商务价值链的概念

1. 移动电子商务价值链内涵

移动电子商务的价值链就是指运用移动技术，通过移动运营服务的扩展和延伸，基于移动平台进行产品或服务的创造、提供、传递和维持，以及从中获得利润的过程中形成的动态的、完整的或虚拟的价值链式结构。在移动电子商务交易活动中，所有的价值链参与者都基于移动电子商务平台参与交易活动。

移动电子商务的价值链不仅具有一般电子商务价值链构建中的高技术性和高智能性特征，而且具有商务主体在商务活动过程中的移动性特征，因此，其构成的外延更加宽泛，构成形式更加灵活，构成模式更加多样，从而更加易于相关组织和单位的共同参与、相互衔接、整合资源、协同动作，发挥各自的分散优势，形成一个完整的服务链，通过满足社会需求的活动或行为，共同创造增值价值。移动电子商务活动中，企业的价值增长不再单纯取决于企业自身或某一方，而是需要处于价值链不同环节的企业或个人协调、努力，实现多方共赢。

2. 移动电子商务价值链的发展

自 20 世纪 80 年代中期移动技术出现以来，移动技术主要经历了三次重要的变革——模拟技术、数字技术和无线网络高速数据传输技术。相应地，移动电子商务的价值链也就经历了三个主要的阶段，即第一代、第二代和第三代价值链，如表 8-1 所示。

表 8-1 移动电子商务价值链的发展

移动电子商务价值链	产生背景	组成部分
第一代	20 世纪 80 年代中期，移动技术出现。模拟技术是主流技术，能够提供的移动服务也比较单一，以语音服务为主	无线服务提供商、终端设备制造商、中间服务提供商和最终用户
第二代	20 世纪 90 年代初期和中期，在模拟技术存在诸多缺陷且难进行普及时，数字技术的出现为移动电子商务的发展提供了新的机遇和挑战	内容服务提供商、无线服务提供商、基础设备服务提供商、终端平台和应用程序提供商以及用户
第三代	20 世纪末期，无线高速数据传输技术即第三代无线网络技术（3G）出现。由此，通过无线网络可以提供基于多媒体数据的各种服务	内容和应用服务提供商、门户和接入服务提供商、无线网络运营商、支持性服务提供商、终端平台和应用程序提供商以及用户

与第一代价值链相比，第二代移动电子商务价值链主要从提供服务的类型、参与者构成、参与者的活动以及参与者之间的价值分配等几方面发生了新的变化。数字技术的出现使数字语音和简单的数据服务得以实现，促使原移动电子商务价值链中参与者的组合分化，并有新的参与者介入，开始改变或重新构建参与者之间价值分配关系。而到了 20 世纪末期，无线通信技术又有了新的突破。多媒体数据服务的出现引起了移动电子商务价值链的又一次变革，形成了第三代移动电子商务价值链。移动电子商务价值链的发展丰富和完善了价值链理论，逐渐形成了完整的移动电子商务理论建设框架。

8.3.2 移动电子商务价值链的要素

移动电子商务价值链的要素包括用户、内容和应用提供商、门户和接入服务提供商、无线网络运营商、支持性服务提供商、终端平台和应用程序提供商，如图 8-3 所示。

(1) 内容和应用提供商。其直接地或通过移动门户网站间接地向客户提供各种各样的内容和服务，如从简单的天气预报到复杂的移动销售支持等。

(2) 门户和接入服务提供商。其为内容提供商和无线网络运营商之间搭建了一个互通的桥梁，为内容提供商提供了内容接入无线网络的接口，从而保证其顺利进入无线网络传输系统，最终到达移动用户。

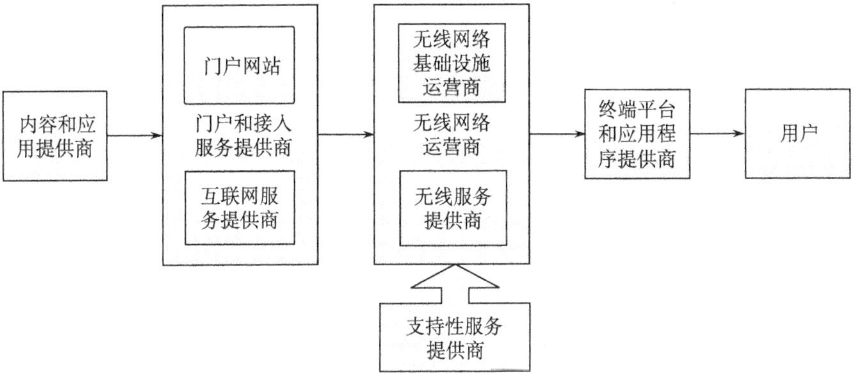

图 8-3 第三代移动电子商务价值链

(3) 无线网络运营商。其介于内容和应用提供商与用户之间，为他们提供信息传输服务，一般包括无线网络基础设施运营商和无线服务提供商两部分。无线网络基础设施运营商为无线信号提供传递通道，而无线服务提供商为信号传递过程提供相关的个性化服务。作为移动价值链的枢纽，无线网络运营商还要确保参与者的交易信息安全。

(4) 支持性服务提供商。其职能是为无线网络运营商提供各种支持性服务，如基础设施制造、应用程序开发、付费支持、安全支付等。它是保证无线网络运营商提供高效可靠信息和传递服务的不可缺少的部分。

(5) 终端平台和应用程序提供商。其作用是为用户提供功能更加完备、内容更加丰富、使用更加方便的终端设备。例如，提供操作系统、微型浏览器的有微软、塞班公司；提供移动终端设备的有诺基亚、摩托罗拉公司等。

8.3.3 移动电子商务价值链的构建方式

价值链构建即有极强的理论性，又有很强的实践性。经过多年的实践和探索，我国在价值链构建理论的建设上已经开始具有了自己的特点，特别是近年来已经探索和形成了一些比较成熟的经验和做法。这里，重点介绍五种驱动力不同的构建方式。

1）基于服务的移动电子商务价值链构建方式

服务创收是现代营销理念的新进展和新发展。基于服务的移动电子商务价值链的构建方式主要包括两种，即服务平台型和服务跟进型。实践证明，基于服务平台的移动价值链，具有吸纳海量用户、提供优良通信服务等特点，提供了多种用户体验，对整合资源、促成商务交易具有重要作用。它很可能成为下一代我国电子商务的一种创新探索。围绕一种服务平台，或一种主要产品会有众多的跟进服务、延伸服务、扩展服务搭建的价值链，一般称为服务跟进的价值链。这种服务跟进的价值链，很多以区域扩展的形式展开，就会出现许多区域代理。这些区域代理实际上是一种服务价值链跟进的区域性扩展和延伸。

扩展阅读 8-2　e 动商网的价值链模式

e 动商网模式就是一个以服务平台切入的价值链构建新方式，从商务模式上讲，既不是 B2C，也不是 C2C，而是一种新商务模式的探索。消费者只要扣除掉手机中的相应话费，或者用电子折扣卷兑换，便能从超市里拿走需要的食品、图书或者其他商品，也可以通过这个平台为理发、购票等付费。

该网自 2006 年正式上线运营以来，有两大效应极为明显。首先，e 动模式丰富了手机钱包和小额支付的线下业务，推动了移动支付的应用。其次，每年价值 2 亿的用户积分需要通过相关渠道兑换。而 e 动商网的优势恰恰提供了一个供用户挑选商品和兑换的平台。商户用普通的手机即可通过 e 动商网实现交互，进行网上购物。［资料来源：搜狐网(http://www.sohu.com.cn/)］

2）基于技术的移动电子商务价值链构建方式

技术的前瞻性导致移动电子商务价值链具有技术引导性的特征。移动技术的发展主导着移动商务价值的产生。从移动技术产生的初始，就可以看到这种通过新技术的应用、扩展和延伸，为产业链很多的相关企业带来全新的商业机遇和商业价值的情况。

基于技术的价值链的特点在于，价值链的主要承建者必须是市场资源的控制者，或关键技术的控制者。他们会利用电信技术、网络技术、移动技术或通过中间件整合的创新技术去召集、吸引并协调价值链各方，组成以核心技术和高新技术为支撑的相关方互相配合共同发挥和展示新技术优势的价值链，以便提升客户的运行效率或劳动效率。

3）基于应用的移动价值链构建方式

应用是驱动技术发展的动力。一项新技术以及围绕该技术建立起来的各种商务模式、服务架构都在进行应用领域的创新实践，并在这种创新实践中进行行业扩展或者区域扩展。但是，促成和实现这种扩展的根本动力是应用。因此，应用便成为了构建移动价值链的一种动力。当相关行业有了扩展的需求，这种新增需求会促使原有的价值链进行新的扩展和延伸，形成基于应用的价值链。

4）基于资源的移动商务价值链构建方式

在价值链构建中，很多掌控资源的人都想成为统治者，他们会利用掌握的资源去进行扩散，吸引合作者。但是，他们又会随时对资源的使用情况和实用价值进行调控，并引导合作者一同进行资源开发、价值开发。即在价值链构建中，他们在积极培育和创造一种“资源独占型”的价值链。这种价值链构建方式就是基于资源的价值链构建方式。

这种商业价值链模型具有的价值体现了非独立性，而其价值实现模式又具有独占性，这二者必然成为尖锐的矛盾，进行博弈和斗争。需要指出的是，随着内容和应用提供商的崛起，内容和应用提供商们将会成为移动价值链中的强势竞争者，资源垄断的局面终将会被打破。

5）基于市场的移动商务价值链构建方式

基于市场的价值链可分为两大类：一种是基于购买者的拉动，另一种是基于生产者或强势经营者的拉动。基于购买者拉动的价值链，技术一般比较简单、实用、方便，有明显的创收点，通常情况下便于向上下游扩展和延伸。基于生产者或强势经营者拉动的价值链，其构成有广告主、移动营销公司、媒体所有者、网络运营商、技术提供商和广告提供商以及网上消费者、浏览者。其中，广告提供商成为拉动移动价值链的主导力量，广告制作商凭借其技术上的优势为移动价值链的网络推广提供能量。此外，不断创新的技术不仅会成为整个价值链的粘合剂，而且会成为广告主创造投入效果、获取明显投入价值的驱动力。

8.4 移动电子商务营销

8.4.1 移动营销的特点

目前全球的移动连接数已突破 40 亿大关，我国的手机用户也已超过 7 亿，居世界第一，并仍在持续增长。移动营销就是在强大的数据库支持下，利用手机等无线设备通过无线广告把信息精确、有效、即时地传递给消费者，以实现增大品牌知名度、丰富客户资料数据库、增大客户参加活动或者拜访店面的机会、改进客户信任度和增加企业收入等互动营销的目的。

移动营销既具备计算机网络营销的基本特点，同时也有着自己独特的优势。移动营销相比于传统媒体营销，其主要特点有：

(1) 精确性。移动营销可以实现精确的个性化传播——每个无线设备对应着一个特定用户，因此延伸了大量的移动营销应用。不过，移动服务必须满足个人在使用无线设备时对所追求目标的认知需求，因此，建立用户数据库是很必要的，发送移动广告也应该经过用户的同意。（参见“9.4.2 消费者隐私权保护”）

(2) 交互性。移动媒体在交互性方面有着传统媒体无法比拟的优势。无线设备与电视、广播、报纸、杂志等媒体最大的不同在于，它是一个随身携带的，可以随时使用的、高效便捷的、互动的、个性化的媒体。无线设备是人机互动，这样双方就产生了沟通，有沟通就会有认知，认知度越高，购买或合作的倾向就越强烈。

(3) 灵活性。移动技术可随时、随地、随身使用。在营销过程中，企业与消费者的互动相对来说较灵活，这使得企业能随时随地掌握市场动态，了解消费着的需求。同时，消费者也可以及时地掌握企业的资讯，购买到所需商品。（参见“5.3.1 搜索引擎营销”）

(4) 即时性。移动营销具备便捷、互动的功能，因此会产生即时的效果。移动营销是一种真正个人化、交流导向的即时营销，即人们可以在信息出现的同时就获得信息，并回复信息，起到立竿见影的双向功效。

知识链接 8-2　移动营销的 4I 模型

中国营销协会专家朱海松提出可以更好地应用在移动营销上的 4I 模型，4I 分别代表识别（Identification）、即时（Instant）、互动（Interactive）和个性化（Individuation）。

(1) 识别。移动营销的“一对一”沟通使目标个体是可识别的。这种识别包括不同消费者之间的个性需求识别，以及同一消费者在不同地点、不同时间段的特定需求，即可对目标消费的个体进行量化管理。

(2) 即时。即时性体现出了移动营销的随时性和定时性。移动终端的便利性使得移动营销可以及时地与目标消费者进行沟通，提高了市场反应速度。移动营销的动态反馈和互动跟踪为该营销策略提供可能。

(3) 互动。“一对一”的无线互动营销使得企业与消费者形成一种互动、互求、互需关系。在移动营销活动中，必须对不同顾客（从一次性顾客到终生顾客之间的每一种顾客类型）的关系营销的深度、层次加以甄别，才能使企业的营销资源有的放矢。

(4) 个性化。无线设备的特性为个性化、私人化、功能复合化及时尚化的实现提供了得天独厚的优势。这使得利用手机进行的移动营销活动具有强烈的个性化色彩，所传递的信息也要具有个性化。[资料来源：杨兴丽，刘冰，李保升，等. 2010. 移动商务理论与应用. 北京：北京邮电大学出版社]

8.4.2 移动营销应注意的问题

围绕以服务客户为中心的宗旨，结合目前移动电子商务发展的现状、特点以及未来发展的趋势，移动电子商务的营销应注意以下几个方面的问题。

1）增强超前服务意识

对于移动电子商务这个新的商业领域的开拓，最重要的是在充分了解用户当前需求的基础上，挖掘用户的潜在需求。对于移动电子商务的用户来说，即时信息是用户使用移动通信设备的主要目的，但同时也有许多亟待开发的潜在需求。

从信息流向角度，移动电子商务提供的业务可分为三种：①信息提供者驱动的业务可称为“推式”业务，主要用于公共信息发布，应用领域包括时事新闻、天气预报、股票行情、彩票中奖公布、交通路况信息、招聘信息和广告等；②用户需求驱动的业务可成为“拉式”业务，主要用于信息的个人定制接收，应用领域包括服务账单、电话号码、旅游信息、航班信息、影院节目安排、列车时刻表、行业产品信息等；③信息提供方与用户之间交互活动驱动的业务可称为“交互式”业务，包括电子购物、博彩、游戏、证券交易、在线竞拍等。

超前服务是移动电子商务的新领域，指服务提供者在搜集用户当前和未来的潜在需求的基础上，预先发出主动服务的信息。这是一种化被动为主动的营销策略。

另外，以简单的网上信息发布为特征的第一代电子商务模式正在走向终结，在信息交流的基础上，为用户提供智能的情报检索分析和推送技术，成为移动电子商务营销策略的发展重点。例如，利用“拉式”策略，服务商可以根据用户所订阅的服务内容，为他们提供商业情报专家顾问、产品营销策略咨询、渠道梳理、物流协同、信用认证、移动商务、电子商务解决方案等一揽子整体解决方案，为用户提供决策支持服务。

2）拓宽移动服务领域

移动性是移动电子商务服务的本质特征。无线移动网络及手持设备的使用，使得移动电子商务具备许多传统电子商务所不具备的“移动”优势。这种优势导致很多与位置相关、带有流动性质的服务成为迅速发展的业务。

在敏捷物流中，移动技术与条码相结合。在仓储过程中，保管员可以利用无线手持终端接受业务中心的盘点或备货指令，并利用终端扫描条码完成盘点或备货工作。同时，物流配送中，通过对货物、服务甚至人的位置跟踪，帮助决策者决定货物的送达时间和地点，从而直接将货物送达客户手中，缩短了送货时间，减少了库存，降低了运送成本。另外，移动电子商务服务在车辆定位、货物保险等相关业务中充当了重要的角色，极大地促进了行业的发展。另外，在移动金融中，移动金融使得移动设备演变成为一种业务工具，代替了银行借记卡和信用卡，成为一种强有力的金融媒介。

据目前的统计显示，对于移动电子商务的开发，绝大部分移动通信运营商正在实施应用，但其他流动性较强的企业（如旅游、交通、运输、保险等）则涉足较少。

3）推广移动网络广告

结合网络营销中的广告营销策略，推广移动网络广告。从理论上说，移动广告除了具有一般网络广告类似的特点外，还具有很好的交互作用及可测量、可跟踪、可评估和可反馈等特性。同时，移动广告还可以提供特定地理区域的直接的、个性化的广告定向发布，强调了信息的及时性和个性化，从而能够不断提高用户的满意度，具有较高的商业价值。因此，移动广告是新的网络直销方式和创收方式。

移动广告相对于传统网络广告最大的特点就是强制性，这样就给广告商提供了吸引顾客眼球的方法。同时，通过移动广告可以收集大量的商务信息，如用户的位置信息、用户的消费信息、用户正在进行的活动等。因此，对于移动网络运营商来说，移动网络广告拓宽了一般网络广告的传播途径，是实现客户资源管理的重要手段。

中国拥有 4 亿左右的移动用户，移动网络运营商对于客户资源的竞争将是空前激烈的。目前，移动广告领域还没有健全的理论和方法体系，也缺乏足够的实践经验支持。国内企业还在不断探索各种方案，国外的经验也不一定适合我国的国情。但是，既然移动网络广告是传统网络广告的延伸，一些网络广告的策略仍然可以在移动广告中发挥作用，而这些策略都需要在具体的应用中逐步探索和积累经验，以便找到适合移动网络广告的策略。（参见“5.2.3 网络广告”）

4）调整网站信息内容服务和网页结构

移动电子商务网站只有提供快速地查找产品与服务、方便地浏览产品与服务信息、简化的交易等功能，才有可能使用户在移动设备上使用传统的电脑平台进行在线交易。因此，必须在信息结构上进行优化：①精简信息。移动用户具有很明确的目的性，移动电子商务网站要在合适的地方提供给用户最需要的、最简单的信息以避免用户因浏览大数据量页面而等待较长时间。②整合栏目。在精简信息的基础上，移动电子商务网站应以帮助用户完成特定目标为出发点，将关联度较高的栏目按照“任务”的形式进行整合。③采用向下钻取的方式组织复杂内容，使用页面链接的方式对信息进行扩展，方便用户进一步深入了解其感兴趣的内容。④提供有限的选择。即提供最有价值、最常用的信息和功能给用户，其他特殊功能暂时不予考虑。⑤提供强大的搜索功能。尽管能通过精简信息和栏目的方式帮助用户快速找到最需要的信息，但还应该在网站的首要位置（如页首）提供模糊搜索功能。同时，尽量做到在网站任何地方都能让用户方便地使用搜索功能。

此外，良好的页面设计可以事半功倍。在进行移动电子商务网站页面设计时，时刻要考虑用户是在什么地方以何种方式访问网站并使用其功能；在充分理解用户需求的基础上使网站功能和交易过程更加人性化，并与用户的期望始终保持一致。在设计网站页面时应注意：①使用 XHTML 代替 WAP。采用 WAP 技术制作的网站交互能力较差，这将极大地限制移动电子商务系统的灵活性和方便性，使用 XHTML 能很好地解决这个问题。②适应不同大小的屏幕。采用流体布局，使网页适应不同宽度的屏幕；同时，方便用户通过向上或向下功能按键浏览网页。③采用样式表美化网页。这样不但能使网页更美观、风格更统一，而且能通过字体和颜色的变化减轻网站对图片的依赖。④尽可能减少用户输入。使用若干选项或者辅助程序能有效地减少用户输入，例如，让用户选择所在城市，或者通过获取用户位置信息确定运费。⑤优化页面跳转流程。让用户随时都了解当前他在网站的位置，并提供便捷的导航让用户去任何他想去的地方。（参见“7.7.3 网站的内容与功能设计”和“7.7.7 网站外观设计”）

随着用户隐私权保护意识的不断增强、法制监管的日趋严格，在企业实施移动电子商务营销时必须注意法制和道德的界限问题。另外，数据库是实现可识别、个性化、即时性和互动性的基础。没有数据库的支撑就没有个性化营销的方向指南，最终依旧只能完成传统的大众化营销。因此，对于移动商务运营商和营销企业而言，营销数据库的建设是今后较长一段时间内亟需解决的问题。

8.5 移动电子商务的行业应用

8.5.1 移动信息服务

所谓信息服务业，是指从事信息资源的获取、存储、处理、传递，并以信息产品向社会提供服务的各种行业，包括以印刷文本为载体的传统信息服务业和新兴的以计算机应用、网络服务为主的现代电子信息服务业。

信息服务业已成为当今世界信息产业中发展最快、技术最活跃、增值效益最大的一个产业。艾瑞（iResearch）咨询、整理了 Google 和 MMA 发布的最新调研数据，从中发现，全球智能手机用户热衷于使用本地信息服务。该数据还表明，全球搜寻本地信息的智能手机用户比例超过八成，其中，日本、美国搜寻本地信息的用户比例均高达 90%。在搜寻本地信息的智能手机用户中，约有八成的用户会根据搜索到的本地信息采取相应的行动。

移动电子商务提供的信息服务可以为企业和单个的消费者带来不少的便利，同时，支撑这些信息服务的技术和设施的发展也促进了整个社会的进步。政府机关能有效地互相连接、通信，提高工作效率，节省通信费用，降低政府成本；企

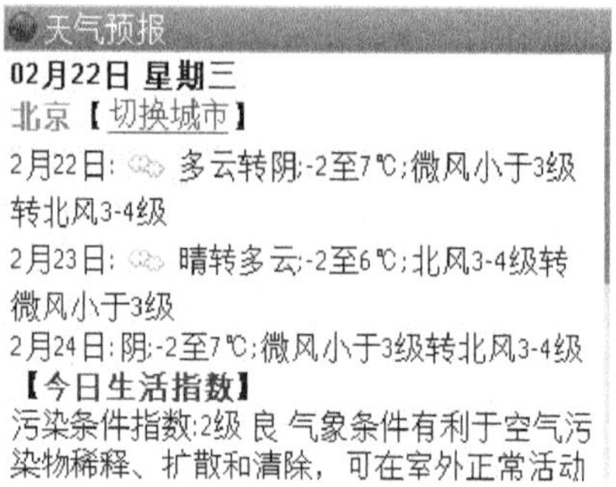

图 8-4　手机天气预报服务

业也由此提高劳动生产率，并依托无线宽带基础设施拓展了电子商务；公众也能方便快捷地实现宽带接入，获取社会公共服务、电子商务服务以及基于位置的服务，图 8-4 所示的是手机天气预报服务；城市访客和旅游者也能在逗留期间享受服务；无线宽带支持的视频监控系统能随时随地灵活配置，显著增强公共安全等。

互联网的迅速普及，让人们遨游在信息的海洋，使人类的生活发生了革命性的变化。而移动终端的灵活性、便捷性已经使人们随时随地享受互联网的丰富信息成为现实。

8.5.2　移动金融服务

无线通信技术的飞速发展使用户能够以更低的价格获得更大的宽带。无线通信技术正在快速进入实用阶段，并且深入到社会各个领域，给整个社会带来巨大的变革，使社会经济生活的运作模式和发展模式发生很大变化。其中，金融业作为应用新技术的先锋，与移动电子商务技术相结合，实现了“移动金融”的典型应用。

在家庭银行、企业银行大发展的时代，人们要求不受时间、地点的限制，交互式地进行金融活动，移动金融应用的产生无疑为满足此类要求提供了契机。数字化电子货币的使用与发展为人们进行跨地域的商务金融活动提供了便利条件，目前金融业最有影响和发展潜力的应用就是移动支付，同时在移动支付的基础上将会发展出更多的移动金融应用。移动金融应用主要包括移动支付、移动银行、移动证券、移动保险等多种典型的业务。

1. 移动支付

移动支付是移动电子商务主体使用手机、PDA、笔记本电脑等移动终端，通过移动支付平台在动态中完成的一种支付行为，或在对网上支付行为进行手机确认后，再实现在线支付的一种新型的支付活动。移动支付既包括无线支付行为，也包括无线和有线整合支付行为。移动支付属于移动电子商务的范畴，它是移动运营商和金融机构共同推出的实现远程移动支付的一项移动增值业务，是移动通信技术创新与金融机构服务延伸的产物，是使手机由通信工具变成具有信用功能支付工具的一种功能的扩展，更是在移动商务过程中实现的一种价值体现。（参见“3.4 移动支付”）

2. 移动银行

移动银行可以使客户在远程对“自己的银行业务”实现简单操作，即方便省时、降低成本，又安全可靠、机动灵活。移动银行业务主要包括银行账户操作、支付账单、信用卡账户操作、股票买卖、联机外汇、信息通知、移动商务和第三方身份验证等。

移动银行可首先从银行的现有电话银行和网上银行业务入手，即把原有的有线电子银行服务业务转换到智能电话和手机上。同时随着智能电话、手机和各种掌上设备的迅速发展，移动用户可以利用这些设备进行日常金融活动，如查阅债券、转账和支付账单，为处于运动或静止之中的客户提供及时、准确、方便和个性化的服务。

扩展阅读 8-3　中国工商银行正式推出“工银移动银行”

2011 年 11 月 22 日，中国工商银行在全国范围内正式推出了“工银移动银行”服务（图 8-5），成为国内首家全面整合并整体推出移动金融服务的商业银行。

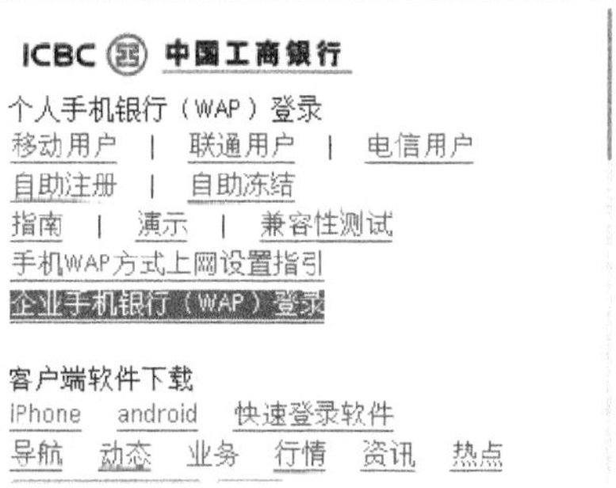

图 8-5　中国工商银行的手机银行

据介绍，“工银移动银行”涵盖了工商银行的短信手机银行、WAP 手机银行、iPhone 手机银行、Android 手机银行、iPad 个人网银等一系列移动金融产品，可以为客户提供包括账户查询、转账汇款、支付缴费、贵金属买卖、理财产品和结售汇等在内的全面金融服务。至此，工商银行的电子银行业务在“金融@家”品牌的统领下，已经形成了“工银 95588”和“工银移动银行”两大子品牌。

截至 2011 年 10 月末，工商银行的手机银行客户已突破 4000 万户，其中 iPhone 版手机银行一经推出就曾位列苹果应用商店亚太区财务软件下载排行榜首位。工商银行个人网上银行客户突破 1.1 亿户，企业网上银行客户达到 279 万户，电子银行业务量占工商银行总业务量的比重超过 67.5%。[资料来源：新浪网（http://www.sina.com.cn/）]

3. 移动证券

证券业务的迅速发展为移动电子商务在证券上的应用提供了广阔的发展空间和市场。移动证券是近几年迅速发展起来且应用最广泛的移动电子商务之一。目前，按照接入方式的不同，移动证券可分为 SMS 证券业务、WAP 证券业务、Java 证券业务。

基于 Java 和 GPRS 网络的移动证券让手机成为投资者的新型移动商务平台，并且具有快捷、方便、安全等优点。首先，移动证券用户在开市时间可以随时随地交易，不受空间限制，克服了传统网上交易受空间限制的缺点。其次，可视化的操作界面使得用户在实际操作中不易出错，且发生错误时也可及时更正。最后，与传统的电话委托、网上交易等方式相比，移动证券更具安全性，其信号及携带的信息不易被窃取。

4. 移动保险

移动信息工具在保险行业的应用为保险产业带来了直接的效益，因此移动应用在保险行业中已经得到了广泛应用。借助先进的移动通信技术，移动保险业务可以覆盖客服信息发布、核保、投保、保险理赔等保险业务的全过程。一套使用方便、终端携带方便、获取信息及时、实现现场办公和全面客户相关性分析的移动保险业务解决方案，不仅极大地提高了工作效率，而且可以及时获取根据专家意见定制的客户分析结果，有针对性地展开保险业务和客户服务。

此外，保险业的解决方案还可使客户在第一时间了解保险公司政策和产品的动向，采用摄像头、照片、短信等方式记录事故现场的各项信息并通过手机上传到公司等成为可能，大大提高了保险公司的办公效率，改善了客户体验，从而提高了客户忠诚度。

扩展阅读 8-4　保险企业打造“移动保险管家”

泰康人寿在 2011 年 11 月推出了 3G 电子化理赔服务，成为寿险业第一家在投保、保全、理赔环节全程开展电子化创新尝试的保险企业。以普通的住院出险客户理赔流程为例，从理赔申请、调查病历到受理结案，传统理赔流程通常需要半个月左右的时间，而通过 3G 电子化理赔平均只需要 15 分钟。在泰康人寿青岛分公司完成的一例 3G 电子化理赔案中，从理赔人员现场受理到最后结案仅用了 10 分钟。

早在 2009 年，泰康人寿就在行业内率先实现网上理赔报案。2010 年 7 月，泰康人寿创新推出“理赔进度网上查询”，提高了理赔透明度。目前，泰康人寿客户可以通过手机、计算机等电子终端登录其官网“e 站到家”板块，或拨打 95522 服务热线使用电子化保全功能。传统保全模式下需要半个小时的业务，通过“e 站到家”最快 1 分钟就可以完成。截至 2010 年 9 月底，“e 站到家”已为客户提供近 400 万次自助服务。[资料来源：金融时报网（http://www.financialnews.com.cn/）]

8.5.3 移动购物

移动购物是移动商务的一部分。在移动电子商务中，购物主要是指通过移动电话完成电子商务，即通过移动电话完成电子商场（即虚拟商场）的订单、支付、购买物理商品和服务等业务。另一个可能的购物业务是在真正的商场里对商品的支付进行确认，如在商场里用户直接与收银员或销售机交互操作。

移动购物将允许消费者在线从传统的商店订购商品并要求送货，也可在线从虚拟商店购买数据以及信息（包括消息、票务、音乐、视频和游戏）并接收。同时这项业务可以使用户对将要购买的物品有一个多媒体式（音频，视频，图片）的认识。用户还可以将移动电话作为支付终端在零售商或者公共接入点即时购买。例如，Donatos Pizzeria 从 2002 年开始向顾客提供无线设备，使顾客在任何时候、任何地点都能进行订餐或交付，从而成为使用这一系统的首家餐馆连锁店。

扩展阅读 8-5　AT&T 结盟亚马逊

AT&T 无线公司成为美国第一个提供无线高速接入服务的电信运营后，AT&T 无线公司宣布与亚马逊公司结成联盟，共同向移动电话用户提供手机购物服务。

该项全新的服务目的是把亚马逊公司广受欢迎的购物功能搬到手机里，后者几乎可以提供与前者一模一样的服务，如一站式订购、产品介绍和产品推荐等。此外，在线零售商亚马逊公司开设了移动拍卖业务，将其业务领域扩展到了移动商务空间。亚马逊移动拍卖服务是一种无线服务业务，它可向移动电话用户提供投标与提示服务。

“Amazon Anywhere”将使持有无线互联电话的用户具有搜索新拍卖项目的能力，并可以使用户利用电话听筒直接加入竞标、监听投标过程和了解销售情况。亚马逊公司表示，顾客们可以自行将自己的用户提示设置至移动电话或传呼机上，从而可以随时了解他们自己参与的网上拍卖情况。[资料来源：C114 中国通信网（http://www.c114.net/）]

8.5.4 移动教育

移动教育就是在移动的学习场所或利用移动的学习工具所实施的教育，是指依托目前比较成熟的无线移动网络、国际互联网以及多媒体技术，学生和教师使用移动设备（如手机等）通过移动教学服务器实现交互式教学活动。一个实用的移动教育系统必须同时兼顾学生、教师和教育资源这三个方面，将他们通过该系统有机地结合起来。

扩展阅读 8-6 中国移动“无线城市”为教育搭起沟通桥梁

中国移动广东公司充分利用移动互联网的优势，将校讯通升级为家校互动沟通的 SNS 平台，为家长、教师提供短信历史查询、家长交流社区、成绩及作业发布、同步课堂学习等服务，进一步提升教师及家长的互动性。经过两个多月的改造，校讯通互动社区在中小学生开学前正式推出。自 2011 年 9 月 1 日开学到 2011 年 9 月 30 日，“无线城市”校讯通互动社区累计访问量 96.4 万人次，累计访问人数 6.3 万人，年底客户渗透率达到 8%。

如今得到信息化手段的帮助，迎新工作也走上了信息化的“轨道”。“无线城市”的建设配合高校迎新打造了“我的大学”栏目，使高校新生未入校门就能享受到包含学校简介、报到指南、校园活动、兼职就业、周边商家、电影订票、BBS、飞信群等信息化应用。截至 2011 年 12 月 31 日，广州等 19 个地市已完成“我的大学”栏目上线，接入高校 412 所，登记学生 97 万名。“无线城市”正逐步成为高校学生市场深度运营的重要武器。[资料来源：南方日报网（http://epaper.nfdaily.cn/）]

8.5.5 移动娱乐

移动娱乐业务的种类分为移动游戏、移动电视、移动音乐、移动博彩等。以移动游戏为代表的移动娱乐业务能够为运营商、服务提供商和内容提供商带来附加业务收入。移动娱乐有机会成为移动产业最大的收入来源，同时是鼓励移动用户消耗剩余预付费通话的移动增值业务，也是防止客户流失的有力武器。

1）*移动游戏*

移动游戏主要是指能与移动通信终端相结合的游戏服务。尽管与台式终端相比，移动终端在性能、游戏体验上均有很大的差距，但移动游戏也凭借其特有的优势吸引着众多玩家的青睐，如携带方便、操作简单等。

扩展阅读 8-7 手机页游成为未来网络游戏市场一个新的增长点

手机网游早在 2004 年就已经出现，不过发展到今天仍然处于市场导入期，并未形成真正的规模效应。随着新一轮的网络调整，无论是家庭网络还是手机网络速度都将进入实质性提速阶段，网络游戏市场将迎来新一轮增长，而手机页游将成为这一轮增长的实质领跑者。手机游戏市场的潜力毋庸置疑，可以说只要有好的产品，在手机游戏市场中盈利就不会有太大的问题。而手机页游所具备无需要下载的便捷性，与手机客户端游戏相比，是一个无可比拟的优势，玩家在寻找游戏的过程中就可以进入游戏试玩，手机客户端游戏往往需要一段时间的下载或者由电脑转存到手机上，这个过程已经消磨了玩家对一款游戏的兴趣。手机页游的潜在用户完全可以与手机浏览器用户相对等，达到 3 亿的规模。就目前的市场环境来说，硬件已经不再成为问题，网络越来越好，手机页游的确迎来了一个发展的良好时期，会成为网络游戏市场的一个新增长点。[资料来源：腾讯网（http://www.qq.com.cn/）]

2）移动电视

手机电视成为一项抢手的业务。2004 年 4 月，中国联通在全国范围内率先推出基于 CDMAX 网络的“视讯新干线”手机电视业务。目前，它已和 12 个电视频道达成了协议，包括央视新闻频道、央视 4 套、央视 9 套、凤凰资讯台、BBC 等。

3）移动音乐

移动音乐包括手机铃声、彩铃、手机音乐点播、音乐下载和在线收听等音乐服务。移动音乐市场是一个迅速发展的具有巨大潜力和商业价值的市场。移动音乐不仅具备了传统音乐娱乐性和分享性的特点，还具备了快速传播、可选择、创作主体多元、内容丰富、形式多样、直接面向用户等优势。

8.5.6 无线医疗

3G 时代的到来使得医生有了更多的技术手段实现对病人的实时监测和诊治。“望闻问切”越来越无线化，无线医疗开始从梦想照进现实。

越来越多的医疗终端被应用在人们的生活之中，医疗人员能够利用这些终端完成以病人为中心的各种医疗项目，如无线指示病人用药，对家居病人的健康状况进行远程监控等。无线医疗就像一位随身医生，让健康监测与诊断无处不在，它能提供准确的健康监测和分析，并为其主人带来医疗救助，而相应的医疗成本并不会显著增加。

中国无线医疗技术也在快速推进，无线医疗产业面临着前所未有的机遇。例如，南方医院和中国联通广东公司联合打造的远程医学中心，为广东省内的 140 余家基层医院提供专家与病人、专家与医务人员之间的异地“面对面”会诊，南方医院的急救医疗队还可通过安装有联通的 WCDMA 模块的救护车，将病人的心电图等数据传输到医院，让医院里的医生能够第一时间设计抢救方案。

8.6 移动电子商务现存问题与发展前景

8.6.1 移动电子商务现存问题

移动电子商务虽然被许多专家学者看好，在实际应用中也体现出了其优势。但是移动电子商务在其不断发展的构成中，仍然有需要面对及解决的问题。这些问题主要包括安全问题、技术问题、支付问题和信任问题等。

1. 移动电子商务安全问题

对于移动电子商务来说，安全问题是最关键的问题。能否提供安全环境，关系到移动电子商务的发展。目前，常见的移动电子商务的安全问题主要涉及安全标准、移动设备的物理安全和无线通信的安全等。

用户身份认证、安全及隐私保护这些敏感问题目前并没有完全标准化、法律化，移动商务需要特殊的安全标准。例如，为了防止移动设备被盗，用户可以配置一个“无线系链”，在设备遗落或被带走时能发出报警声。Wi-Fi 网络有自己内置的安全系统，即有线等效隐私（WEP），与有线网络中使用的加密协议类似。同样，WAP 网络有赖于无线传输层安全性（WTLS），手机可以受到基于 SIM 的认证保护。移动设备的物理安全性是制约移动电子商务发展的因素之一，即由于尺寸小，移动设备很容易丢失或被盗，被盗的设备为盗贼提供了有价值的数据和数字证件，这些会对移动商务网络造成危害。

无线通信网络作为一个开放性的信道，它给无线用户带来通信自由和灵活性的同时，也带来了诸多不安全因素。信号在空中传播中对商务活动的安全性也产生了新的威胁，如通信内容容易被窃听的威胁、网络漫游的威胁、针对无线通信标准的攻击、窃取用户的合法身份的威胁、对数据完整性的威胁、通信双方的身份容易被冒充以及通信内容被篡改的威胁等。（参见“6.3.1 移动电子商务安全防范”）

2. 移动电子商务技术问题

没有任何技术或系统是没有限制的。许多 Web 网站并不是为移动设备的访问而设计的，因此对移动设备来说是不可见或不友好的。由于大多无线终端存储能力和信息存取速度有限，这些设备在下载大型文件时经常发生困难或根本就不可用。

为了满足访问者方便、快速、准确地获取他们要寻找的东西，导航系统的速度必须要快，并且要专门为移动设备而设计。同样，信息的内容也需要满足用户的需求。例如，许多 WAP 屏幕是基于文本，且仅有简单的黑白图。这意味着移动用户不方便浏览在线基于图片的目录，这使得移动购物变得困难。随着设备能力的提高以及 3G 带宽的增加，这种情形将会改善。

除了无线终端设备、无线通信系统以外，移动商务活动的顺利进行还与移动计算技术息息相关。移动计算的技术限制如表 8-2 所示。

表 8-2 移动计算的技术限制

限制	描述
带宽不足	足够的带宽是移动计算广泛应用所必需的，而且又必须是廉价的。Wi-Fi 解决了短距离连续中的一些问题。3G 和 WiMAx 还需要几年才能在许多地方使用
安全标准	通用标准仍在开发中。具有足够的、相合适的标准还需要三年甚至更长的时间
功率消耗量	移动计算需要寿命期长的电池。彩色屏幕和 Wi-Fi 消耗更多的电力供应，新型芯片和新兴电池技术正在解决一些电能消耗方面的问题
传输干扰	天气和地形，包括高耸的建筑物，都会限制接收。微波炉、无绳电话以及其他一些在免费但拥挤的 2.4GHz 的范围内的设备都会与蓝牙和 Wi-Fi 802.11b 传输发生冲突
GPS 精确性	GPS 在拥有高耸建筑物的城市中可能是不精确的，限制了基于定位的移动商务应用
WAP 局限性	许多手机用户发现 WAP 的价格昂贵而且难以访问
潜在的健康危险	至今还不知道蜂窝式无线电话频率的放射对健康造成的潜在危险。已知的健康危害包括手机上瘾拇指过度使用综合征以及人们由于驾驶时使用手机造成的事故
人—机界面	屏幕和键盘太小，对许多人来说，使用移动设备既不舒服又困难
复杂性	有太多的可选附件（如蓄电池充电器、外部键盘、耳机、麦克风、支架）。保存和使用这些附件也是一个问题

资料来源：Turban E，King D，Mckay J，et al. 2010. 电子商务管理视角 . 北京：机械工业出版社

3. 移动电子商务支付问题

国内移动电子商务的支付手段主要有两种，即物流公司代收和充值点卡代收。前者基本货到付款，物流企业代收。这种模式中，物流企业与商家的结算风险较大，且结算周期相对较长。而充值点卡代收方式相对比较保险，但也仅限于小额支付，一般在 30 元内。二者都不尽如人意。就移动支付产业链而言，移动电子商务的核心成员包括金融机构、电信运营商、第三方支付平台。三种角色之间有竞争也有合作。此外，移动支付市场中存在众多细分市场，包括帮助商家处理移动支付业务、提供安全性解决方案、提供针对不同行业的手机支付解决方案等。（参见“3.4.3 我国移动支付的发展瓶颈”）

4. 移动电子商务信任问题

移动电子商务独有的特征使其想获得大众的信任成为艰巨任务。移动设备对无线购物来说是非常理想的工具，但是它们的小屏幕、低分辨率的显示器，很小的键盘、受限制的计算能力以及电池电力的供应，都是很大的限制。此外，带宽限制、连接稳定性、功能可预测性也都是需要考虑的问题。为提高对移动商务的

信任，安全性必须设计到整个移动系统当中。加密、数字认证、专门的私钥和公钥也要考虑在内，以便能够满足将来移动环境对于安全性能的要求。

8.6.2 移动电子商务发展前景

随着移动通信技术的快速发展以及移动商务市场的不断成熟，移动商务的发展遇到了前所未有的良机。移动商务的未来发展有如下几大趋势：

1）技术限制问题将得到改善

手机狭小的显示屏和繁琐的数据输入方法依然是限制移动商务易用性和功能性的主要障碍，所以未来移动商务终端的屏幕将拓宽，并且加入语音网络导航。例如，屏幕输出可以用语音输出作为辅助，键盘输入可以用语音输入进行补充，其他更新的沟通模式也是有可能的，如视频模式。

此外，手机二维码及 RFID 技术将大范围地应用。手机二维码通过手机拍照功能对二维条码进行扫描，快速获取到条码中存储的信息。二维条码目前主要应用于电子票务与物流领域，随着移动商务的快速发展，手机二维码将被应用到更多的行业及领域中，如手机广告、手机阅读等。RFID 技术具有防水、防磁、耐高温、使用寿命长、读取距离大、标签上数据可加密、存储数据容量大、存储数据更加自如等优点。随着移动商务的快速发展，还有更多的产业应用了 RFID 技术。例如，射频自动识别不停车收费系统（ETC）是目前世界上最先进的路桥收费方式。（参见“4.3.2 射频识别技术”）

2）移动支付将更快捷、安全

在移动电子商务中，二维码、RFID 及空中圈存技术的引入，使支付流程更加简化。用户通过一张手机用户识别卡既可以实现通信服务，又可以实现其他支付业务（银行卡、公交卡）的功能，并且能够通过移动网络提供的特有手段（UTK、OTA 功能）来随时使用移动电子商务应用所提供的功能。在未来的移动电子商务应用中，用户仅凭移动终端既可快捷安全地完成小额支付，也可以实现像银行卡一样的大额转账及消费。为用户及商户提供快捷、安全、方便的移动支付将成为未来移动电子商务应用不可或缺的特征。

3）服务将更注重个性化与互动性

移动电子商务中基于用户信息提供的个性化服务将受到更多的关注。用户信息可包括用户的身份、用户的位置、用户访问的时间，甚至用户的爱好等。例如，一个到异地旅游的游客，想找一家附近的餐馆就餐，基于位置的服务可以判断其所处的位置，进而推荐附近的餐厅；基于用户爱好的服务则可以筛选出用户可能较为感兴趣的餐厅并加以推荐。总之，有了身份、位置、时间等场景信息之后，就可以根据用户的需求和环境等信息为用户配置个性化的服务内容。

Web2.0与移动电子商务的结合刚好突出了便利性的特点。基于Web2.0的移动电子商务最大限度地突破了时间及空间的限制来进行电子商务活动，使得企业用户能够即时无线洽谈业务达成协议；个人用户随时访问交谈，浏览交易信息完成交易。

课后题

一、复习思考

1. 试举例说明移动电子商务的特点。
2. 简述移动电子商务的发展。
3. 什么是移动电子商务价值链？其主要成员包括哪些？
4. 简述移动营销的概念及特点。
5. 举例说明移动电子商务在行业中的应用。
6. 举例说明与传统购物方式相比，移动购物的优势和不足各有哪些？
7. 目前移动电子商务主要存在哪些问题？
8. 收集相关资料，谈一谈移动电了商务的发展前景。

二、问题讨论

结合下面案例，分析该案例体现了移动电子商务的哪些特点？试分析宝洁公司通过移动电子商务成功开拓市场的原因。与传统的营销方式相比，移动营销的优势主要体现在哪些方面？

案例：

早在1998年，在中国尚未有“移动商务”这个概念之时，宝洁就率先试水。据说当时与宝洁首批实验移动电子商务的还有可口可乐等少数跨国外资巨头。宝洁能通过应用移动电子商务将销售数据采集时间从2周缩短到1天。而这1天如果应用在需要一对一营销或季节性较强的产品领域里，将在供应链方面抛下竞争对手而遥遥领先。

众所周知，宝洁公司在北京、上海等大城市的一级市场，已建立了强大的销售网络，而中小城镇及农村等二级市场，则一直是宝洁的软肋。为了攻克向来被国内众多日用消费品牌所把持的二级市场，宝洁当时启动了它的货车销售模式。销售人员开着货车大街小巷地穿行在宝洁没有固定覆盖网络的二级城市和乡村，配备了PDA（掌上电脑）的销售人员坐在载满宝洁产品的汽车上，每到一家店，就与店主谈，当时就地送货。宝洁要求销售人员把PDA派上用场，把去了哪个城市、哪个商店的具体路线记录下来，把进到每间商店的具体时间、与哪个店主达成了哪些交易、具体是哪些品种、哪些规格，全部记录在PDA中，每天传回宝洁总部的中央处理器。这样，宝洁就把销售信息与网络，通过PDA延伸到了一些更加偏远的二级城市和农村地区。

宝洁在推出玉兰油之后，想实行专柜销售模式，专柜销售人员由宝洁公司招聘、培训、考核和发放工资，并给柜台配备 PDA。由于专柜面积小，不可能使用 PC 机、POS 机这样成本高达 1 万～1.5 万元的终端设备，加上在商场一般不愿为柜台拉专门的电源线、电话线等，所以选中了成本小、无需专门电源电话线的 PDA。专柜人员在为消费者服务过程中，通过 PDA 把客户的详细资料记录下来，看看这种模式的投入、产出和效益。把固定消费者相关数据，如会员的资料记录下来，并把会员购买过哪些产品，还有哪些购买潜力，以及专柜每天销售具体的规格、品种，统统记录在案。通过 PDA 完成这些数据的远端采集后，销售人员每天传送到宝洁总部的中央处理系统，对这些数据进行统计和分析。[资料来源：网易财经频道网（http://money.163.com)]

三、实践训练

1. 3～4 人为一小组，每个小组登录一个移动电子商务网站，向大家介绍一下其主要提供的服务类型。与传统电子商务相比，其优势主要体现在哪些方面？在营销策略、网站设计等各方面还存在哪些不足？

2. 假设你是某家电公司维修部的职员，公司现希望在移动电子商务领域有所发展，请你为该家电公司设计一项有关维修服务的新业务，尽可能地发挥移动电子商务的优势并且有所创新。

9 电子商务法律

本章内容要点：电子商务的迅猛发展使得与电子商务相关的法律纠纷问题层出不穷。本章第一节分析了电子商务法律问题的根源与电子商务立法的必要性，并介绍了国内外电子商务法律的状况。第二节详细分析了电子商务交易各环节中出现的法律问题。第三节介绍了电子商务知识产权（域名、版权、网页设计等）保护。第四节阐述了电子商务消费者权益保护，包括消费者信息权利和隐私权的保护。第五节介绍了电子商务中的税收问题。第六节分析了电子商务法律的管辖权问题。

学习引导案例

浙江省知识产权局联手阿里巴巴和淘宝

2011 年 10 月 17 日，浙江省知识产权局联手阿里巴巴和淘宝网在杭州对外宣布，正式入驻阿里巴巴和淘宝网，建立网络专利侵权处理联动机制，开通网络纠纷处理绿色通道，完善和升级网络维权体系。此举必将更好地保护电子商务健康快速地发展。

在三方共同召开的新闻发布会上，浙江省知识产权局分别与阿里巴巴、淘宝签署了合作备忘录，三方就建立网络知识产权保护机制达成共识。合作备忘录表明，浙江省知识产权局将在国家相关专利法律法规和条例的基础上，指导阿里巴巴、淘宝的专利侵权投诉处理工作，定期进行专利侵权纠纷投诉处理的专业培训。阿里巴巴和淘宝在接到专利侵权投诉，特别是重大、群体性案件时，将及时向浙江省知识产权局通报，根据知识产权相关法律、法规处理专利侵权投诉纠纷。今后，三方还将建立日常的联系机制，分别设立指定的联系人，每季度举行一次工作汇总交流会议，建立特殊案件紧急预案联动机制，以确保互联网专利保护的合法、有效和可持续。

据 2011 上半年统计显示，阿里巴巴共处理涉及知识产权纠纷投诉 13 万多起，处罚 1.4 万多名会员，主动删除各类侵权信息 344 万条，并将投诉纠纷平均处理周期缩短至 3.5 天以内。淘宝网自 2003 年成立以来就积极采取各种措施保护知识产权，促进网购市场的良性发展，今年上半年淘宝网删除侵权相关信息达

4700 万条。阿里巴巴和淘宝同浙江省知识产权局的合作，将使阿里巴巴和淘宝打击侵犯知识产权的和制售假冒伪劣商品的行动更加深入。此次合作将有助于知识产权管理部门和互联网运营商把握网络交易平台中知识产权纠纷发展的特点和规律，提出有针对性的应对措施，妥善化解知识产权纠纷，推动建立、完善处理电子商务领域知识产权侵权行为的长效机制。[资料来源：浙江都市网(http://www.zj.com/)]

9.1 电子商务法律概述

电子商务的基本特征是其法律问题的根源，这使得传统法律无法切实有效解决电子商务法律问题。因此，国际相关组织以及世界各国都纷纷制定电子商务法律法规，完善电子商务法律环境，以保证电子商务的可持续发展。

9.1.1 电子商务法律问题的根源

电子商务的跨越式发展给现行国际法律体系带来了新的挑战。由于电子商务的交易过程涉及商家、金融、电信、公证、互联网服务提供商和消费者等许多方面，其中任何一个环节出现问题，都可能引发纠纷，这就需要有相关的立法来规范。然而，与电子商务的迅猛发展相比，与之相关的法律法规则显得滞后。电子商务的特征决定了它为全球经济发展营造了良好氛围。然而，这些优势同时对相关法律法规提出许多新的要求和挑战，是其法律问题的真正根源。电子商务易导致法律问题的主要特征包括以下几个方面：(参见“1.2.3 电子商务的优势和劣势”)

1) 商务运作环境和交易主体的虚拟化

电子商务主体具有明显的虚拟化特性，该特性加大了交易风险。传统商务活动中，交易双方的面对面协商使得双方在相互了解的基础上达成交易。电子商务中，交易主体之间是通过电子行为缔结和履行交易合同的，主体的虚拟性使得其不再是一个具体的物理性存在，很难通过网络表现而判断其有无资质和履约能力，甚至交易主体可以通过预先设定的自动信息系统，缔结合同并做出实际履行，整个交易过程双方也许都不知情。

主体的虚拟化使得主体身份的确认、交易意图表示的归属以及合同履行的确认等一系列交易安全环节都容易出现问题。电子商务立法必须通过电子签名和电子认证制度等技术对主体的身份做出辨认，对交易意图表示和履行的归属进行确认。

2) 交易对象和交易过程的数字化特征显著

传统的民商法是以信息传递的纸面化为社会生活基础来制定规则的。一般而言，传统的社会生活中，我们大多用纸张传递信息，进而缔结交易合同。在网络时代，我们的生活环境已经改变，由纸张传递信息的社会基础已经发生动摇，大量的信息传递不是通过纸张，而是通过电子方式进行的。电子商务双方的谈判记录、使用的资金甚至交易对象本身都是数字化的。从这一点看，我们应该为以电子方式传递的信息制定新的规则，而不能简单适用传统的、适用于纸面方式传递信息的规则。法律是否承认通过电子通信形式传播的数字化信息的效力也是电子商务立法必须解决的核心问题。数字化信息的法律地位主要涉及电子交易的书面形式、电子签名及认证等几个方面。

3）电子商务的跨地域性

互联网在信息生成、处理和传递方面的巨大功能，从根本上改变了经济活动的各个环节。网络不仅是一个技术概念，更是一个社会概念，侧重的是网络中各种事物之间的关系，它形成的是一个独立于现实世界又具有实在性的数字化社会空间。在网络空间中，地理上的国界已经消失，电子商务交易主体的网络电子行为是全球性的。电子商务主体只要登录互联网，其敲击键盘或点击鼠标的行为随时可使自己跨越领域疆界。

网络跨越地域的特性决定了电子商务的无国界性。然而浓重的涉外色彩又给电子商务活动的法律适用带来了重大影响。电子商务涉外法律问题很难利用传统国际法律问题涉及的国籍、住所、物之所在地、行为地等与一定地理位置有关的因素来作为适用法律选择的依据。很多国家直接在电子商务法律中规定，当事人的营业地和惯常居住地为网络行为的发送地。电子商务的跨地域性要求电子商务立法的国际一致，而这又面临着各国社会制度、政治状况、经济发展程度、现行法律法规、文化传统等千差万别的实际情况，因此协调难度很大。

4）电子商务技术发展迅速

电子商务赖以生存的各类技术突飞猛进、日新月异，其速度已经大大超过了一个国家适时地调整其法律框架的能力。而且技术的发展过程中，会不断出现各种新的、意想不到的法律问题，这使得法律调整不得不面对数字化环境带来的巨大挑战。另外，电子商务技术还未完全成熟，尚不足以控制网上的一切交易行为。除技术外，电子商务在体系、组织、模式、法律、管理等方面都处于不断发展变化中。这都给电子商务立法造成了不小的困难。

正是这些电子商务特征的存在，电子商务商品与交易等方面的知识产权侵犯案件频发，极大影响了人们的创新积极性；在虚拟空间中，作为虚拟主体的商家与消费者信誉很难有效评估，交易欺诈事件层出不穷，信用问题成为电子商务交易中不可忽视的问题；信息不对称现象尤为严重，消费者个人隐私受到挑战，无法保障权益；各国政府因电子商务税收问题、法律管辖权问题损失巨大；网络黑客、木马猖獗等各种安全问题也威胁到电子商务未来的发展等。因此，尽快在全球范围内营造良好的电子商务法律环境，已成为国际社会的共识。

9.1.2 电子商务立法的必要性

面对层出不穷的电子商务法律问题，通过电子商务立法将能够协调电子商务交易参与各方的利益，保证电子商务的可持续发展和全球化发展。而法律和规则的缺乏会影响电子商务的秩序，进而制约电子商务的发展。

1）电子商务利益协调的需要

发达国家和发展中国家在发展电子商务方面必然存在着利益冲突，围绕如何制定规则和应当遵守什么样的规则等原则问题也必然会进行力量和智慧的较量。全球电子商务带来的变革必然会引发各方既得利益的重新分配，为此需要通过立法加以协调。电子商务立法既要考虑国内的环境，又要与全球电子商务的法制建设同步，尽量避免有关使用现代信息技术的法规与国际规范有较大差异，进而限制我国企业积极参与国际竞争。因此，我国也必须积极融入国际规则的制定当中，结合本国国情不断完善我国电子商务发展的法律环境，推动电子商务的发展，以求谋得未来全球竞争的主动权。

2）电子商务可持续发展的需要

法律是一定社会生活条件的反映，当社会基本的经济形态发生新的变化时，与之相适应的法律规范也会随之发生变化。当然，法律与经济的发展并不总是同步的，法律规范对现实调整的滞后却是法律发展的常态。作为调整社会关系的重要工具，法律受到电子商务的巨大冲击。例如，网络交易是否还适用传统的税收法律：如不进行实物交易是否要征税、如何征税、是否需要另立新税种；电子合同的书面、签字、原件和数据的证据效力是否等同于传统的合同。此外，网上交易的无形化在信用建立方面提出的电子签名、电子交易认证急需通过立法加以保障。

电子商务带给世界的是全新的商务规则和方式，在其发展过程中层出不穷的新问题使得经济、社会、文化、法律等各方面经历着巨大的变革，尤其是缺乏预见性的成文法越发显示出其僵硬与滞后的一面。电子商务立法的目的在于消除阻碍电子商务发展的障碍，消除现有法律适用上的不确定性，建立一个清晰的法律框架。

电子商务法律问题势必要靠法律手段解决，而电子商务技术和信用问题则靠技术发展和市场完善来解决。但是，在技术环境和市场环境短期内还不能达到要求的情况下，必然需要通过制定相关的法律加以规范与保障电子商务秩序。因此，电子商务立法保障无论从短期还是长远考虑都是非常必要的。

3）电子商务全球化发展的需要

电子商务环境下，更多的是弹性解释法律，在不违背法的基本精神的前提下加强法律解释的创造性，从而赋予旧法新的活力，发挥法律的规范功能。许多国家纷纷出台推动本国电子商务发展的法律规范，旨在抓住信息技术的机遇，争取新的竞争优势，提高国际竞争力，尽快在全球范围内营造良好的电子商务法律环境已成为国际社会的共识。

然而，各国在电子商务立法上存在差异性，且对原有立法进行调整时存在局部性和临时性的特点，只是起到参考的作用。在电子商务实践中，仍多以当事人之间协议的方式来弥补法律规范的不足，具有很大的局限性。电子商务中法律问题的解决最终将取决于各国立法的彻底调整以及有关国际统一规则的最终确立。这样才能减少各国在立法上的冲突，为电子商务在全球范围内的发展扫平障碍。

扩展阅读 9-1 “淘宝事件”疾呼电子商务立法

2011 年 10 月 10 日，淘宝商城发布新规，即 2012 年向商家收取的年费将从现行的每年 6000 元调整到 3 万元和 6 万元两档，大部分商家作为服务信誉押金的消费者保证金将从现行的 1 万元调整到 1 万～15 万元不等。此次淘宝商城管理体系升级建立了“商家违约责任保证金”制度，即商家进驻该商城将根据所经营或者代理的品牌缴纳违约保证金，商家一旦达到一定程度的违约行为，将扣除至少 1 万元的保证金，保证金直接进入消费者保障基金。然而，此举立即遭到部分中小卖家的反对。2011 年 10 月 11 日晚间，淘宝商城受到数千自称“中小卖家”的网民的集体“攻击”。出于对淘宝商城大幅提高服务费和保证金的不满，韩都衣舍、优衣库、七格格等多家商城大卖家成为此次攻击的目标。之后，事态逐步升级。2011 年 10 月 15 日，商务部正式介入。两天后，淘宝商城宣布对引发该事件的新规进行调整。

遭到网友攻击的淘宝商城大卖家在淘宝商城的平台上完成了资本的原始积累，取得了较高的诚信度，得到淘宝商城的尊重和网购者的认可。然而，诚信守法的群体因为某种原因受到如此攻击时，就需要法律来保护他们诚信守法经营而来的财产和名誉。如何规范这个庞大的虚拟社会、如何调整电子商务里各方利益等一系列问题都提到了议事日程上来。淘宝事件反映出，我国只有加快电子商务立法，制定和颁布电子商务法等系列法律法规，才能有效地规范网络交易市场，保护合法的电子商务行为，保障经营者、消费者的合法权利。[资料来源：证券时报网（http://epaper.stcn.com/）]

9.1.3 国内外电子商务立法

20 世纪 90 年代初随着网络的商业化应用，以互联网为基础的电子商务出现了前所未有的迅速发展，这使得传统法律在面对电子商务引发的各种纠纷和法律问题时，显得有点力不从心。为了规范电子商务，解决电子商务交易中的法律问题，世界各国纷纷开始制定适合电子商务发展的法律规范来适应电子商务的运作环境。

1. 国际组织的电子商务立法

很多国际组织都先后制定电子商务相关法律法规，起到了电子商务立法的借鉴与指导作用。这些国际组织包括联合国国际贸易法委员会（UNCITRAL）、国际经济合作与发展组织（OECD）、世界贸易组织（WTO）、国际商会（ICC）等。

1）UNCITRAL 的电子商务立法

UNCITRAL 在 EDI 规则研究与发展的基础上，1996 年 6 月通过了《电子商务示范法》。其最重要的贡献是从法律上全面承认数据电文的法律效力、有效性和可执行性。《电子商务示范法》的颁布，标志着电子商务法在全球范围内的成立，这对于推动各国电子商务立法具有重要的借鉴意义。

1998 年，UNCITRAL 正式启动了《数字签名统一规则》的起草工作。2001 年，通过了电子商务工作组起草的《统一规则》，并正式定名为《电子签名示范法》。2006 年 1 月，《联合国国际合同使用电子通信公约》（United Nations Convention on the Use of Electronic Communications in International Contracts, UECIC）开放签署，它是 UNCITRAL 根据其早先通过的《电子商务示范法》和《电子签名示范法》的基本原则而制定的，是迄今为止在联合国框架内所制定的第一个电子商务领域的全球性国际公约。

2）OECD 的电子商务立法

OECD 是由北美、欧洲和亚太地区的 29 个国家组成的国际性组织。1997 年 11 月，由 OECD 发起召开了以“为全球电子商务扫清障碍”为主题的国际会议，发表了题为《克服全球电子商务障碍》的文件，并通过了《加密政策指南》。该指南规定了指导各成员国制定加密技术立法与政策的原则。另外，OECD 制定了《关于隐私保护与个人资料跨国流通的指针的建议》，而且 OECD 的消费者政策委员会制定了电子商务中保护消费者权益的国际法则。

1998 年 10 月，OECD 在加拿大渥太华召开了第一次以电子商务为主题的部长级会议，公布了《OECD 电子商务部长级会议结论》、《全球电子商务行动报告》、《OECD 国际电子商务行动计划》和《有关国际组织和地区组织的报告：电子商务的活动和计划》，它们成为 OECD 发展电子商务的指导性文件。

3）WTO 的电子商务立法

WTO 于 1997 年 2 月 15 日达成《全球基础电信协议》，主要内容是要求各成员方向外国公司开放其电信市场并结束垄断行为；1997 年 3 月 26 日达成《信息技术协议》，要求所有参加方自 1997 年 7 月 1 日起至 2000 年 1 月 1 日将主要信息技术产品的关税降为 0；1997 年 12 月 31 日达成《开放全球金融服务市场协议》，要求成员方对外开放银行、保险、证券和金融信息市场。这三项协议为电子商务和信息技术的稳步有序发展确立了新的法律基础。

4）国际商会（ICC）的电子商务立法

ICC 代表着全球 83 个国家商会。ICC 一直积极推动 EDI 规则统一进程，参与国际电子商务的政策制定和立法工作。1987 年 9 月，ICC 执行委员会通过了《电传交换贸易数据统一行动规则》，为电子商务用户制定了一套国际公认的行为准则。1997 年 11 月，ICC 通过了《国际数据保证商务通则（GUIDEC）》，试图平衡不同法律体系的原则。ICC 还制定了《电子贸易和结算规则》等交易规则。

除此之外，国际海事委员会（CMI）于 1990 年通过了《电子提单规则》，提出了“私钥”概念。1996 年 12 月 20 日，世界知识产权组织通过《世界知识产权组织版权条约》和《世界知识产权组织表演与录音制品条约》。1997 年 2 月 4 日国际特别委员会（IAHC）发起签署《因特网域名系统通用顶级域谅解备忘录》。2000 年 7 月，八国集团在日本冲绳召开会议并发表了《全球信息社会冲绳宪章》。

2. 国外电子商务立法

美国是全球互联网的发源地之一，早在 20 世纪 90 年代中期就开始对有关电子商务的立法进行酝酿。一直以来，美国的法律在促进国际上电子商务立法方面也发挥了积极作用。

1995 年，犹他州率先出台了世界上第一部《数字签名法》。1997 年 7 月 1 日，美国政府正式颁布了《全球电子商务政策框架》，从此形成了美国政府系统化的电子商务发展政策。1996 年，美国提出《全球电子商务政策框架》，目的在于确保美国商品与服务在国际贸易上的竞争力。1999 年，美国出台了《统一电子交易法》，旨在通过赋予电子记录和电子签名以法律效力，从而消除电子商务发展的障碍。美国统一州法委员会和美国法学会针对《统一商法典》有关签名规定，于 1999 年 7 月公布《统一计算机信息交易法》，该法与《统一电子交易法》一样，属于示范法，没有直接的法律效力。2000 年 6 月国会通过《国际与国内商务电子签名法》，这是在全美生效的联邦正式法律，从而在电子商务立法上实现了全国制度的统一。

俄罗斯是世界上最早进行电子商务立法的国家。1994 年，俄开始建设俄联邦政府网；1995 年，俄国家杜马审议通过了《俄罗斯信息、信息化和信息保护法》；1996 年，通过了《国际信息交流法》；2001 年，通过了《电子数字签名法》草案，规定了国家机构、法人和自然人在正式文件上用电子密码进行签名的条件、电子签名的确认、效力、保存期限和管理办法等。此外，还有德国1997年的《信息与通用服务法》、意大利1997年的《数字签名法》、法国2000年的《信息技术法》等。

新加坡于1998年制定颁布了《电子交易法》。由于这部法律颁布时间比欧盟和美国的相关法律要早，而且在内容和体例上具有独到之处，所以不仅在亚太地区，而且在世界范围内都产生了较大影响。日本在电子商务立法方面略显迟缓。日本政府于2000年6月发表了《数字化日本之启动—行动纲领》，提出了实现“数字化日本”的目标。2000年，日本颁布了《电子签名与认证服务法》，其宗旨是明确电子签名和认证服务的规范，促进采用电子手段的信息传播和处理，从而有利于人民生活质量的提高和国民经济的健康发展。

3. 我国的电子商务立法

我国电子商务起步较晚，但是我国政府高度重视电子商务的立法工作。我国关于电子商务的立法主要针对互联网的管理、安全和经营，为电子商务的发展营造了法律环境。

2000年12月28日全国人民代表大会常务委员会通过了保护个人、法人和其他组织合法权益的《维护互联网安全的决定》。1999年，《合同法》在合同形式条款中加进了“数据电文”这一新的电子交易形式，承认了数据电子书面效力。《专利法实施条例》规定可以通过电子通信方式提出专利申请。2004年8月28日，十届全国人大常委会第十一次会议表决通过了《电子签名法》，标志着我国首部真正意义上的信息化法律正式诞生。其他还有《中华人民共和国计算机信息网络国际联网管理暂行规定》、《中华人民共和国计算机信息网络国际联网管理暂行规定实施办法》、《中华人民共和国电信条例》、《互联网信息服务管理办法》、《中华人民共和国计算机信息系统安全保护条例》等。

之后，我国各部门逐步发布各类电子商务相关的司法解释、部门规章等。我国涉及电子商务的司法解释包括《最高人民法院关于审理涉及计算机网络著作权纠纷案件适用法律若干问题的解释》、《最高人民法院关于审理涉及计算机网络域名民事纠纷案件适用法律若干问题的解释》、《最高人民法院关于审理扰乱电信市场管理秩序案件具体应用法律若干问题的解释》等。电子商务相关部门规章主要集中在新闻传播、教育、医疗卫生、药品、证券、通信等方面。另外，中国互联网络信息中心（CNNIC）还制定出有关电子商务的若干规定，包括《网络信息中心域名注册服务机构认证办法》、《中国互联网络信息中心域名争议解决办法》、《网络信息中心域名争议解决办法程序规则》、《网络信息中心域名注册实施细则》、《关于CN二级域名注册实施方案的通告》等。

电子商务立法旨在为电子商务提供一个稳定的、有效的行为规则，给在线经营者提供一个和谐、统一、完善的法律环境，以保证交易安全、维护公平竞争、保护交易双方各项权益为目的。

9.2 电子商务主要法律问题

电子商务中存在各种类型的法律纠纷，包括数据电文证据效力、电子货币发行主体、第三方支付资金安全、网络广告的不正当竞争等多方面的法律纠纷问题。

9.2.1 电子商务交易中的法律问题

网络交易的安全性、准确性和及时性无疑是人们最为关心的问题。然而，无论是由于人为原因还是技术原因，电子商务交易风险无处不在，这就带来了风险责任承担的问题，要求商务活动的要件必须齐全，且必须具备交易主体的合法性、认证主体的合法性、电子交易的不可抵赖性等。而电子交易的过程短暂、快捷，其所需的环境和实现的过程更加抽象、复杂，在交易过程中普通网络用户不具备审查相关程序、保存相关电子记录的能力，发生争议时也不具备提出诉讼证据的能力。因此，需要明确数据电文、电子签名、电子认证等的法律效力问题。

1. 数据电文

数据电文也称之为数据电讯。联合国在《电子商务示范法》规定："数据电文，是指以电子手段、光学手段或类似手段生成、发送、接受或存储的信息，这些手段包括但不限于电子数据交换、电子邮件、电报、电传或传真。"并且联合国《电子商务示范法颁布指南》对数据电文做出更为详细的解释：①"数据电文"的概念并不仅限于通信方面，还应包括计算机产生的并非用于通信的记录。"电文"这一概念应包括"记录"这一概念。②所谓类似手段，并不仅指现有的通信技术，而且包括未来可预料的各种技术。"数据电文"定义的目的是要包括所有以无纸形式生成、储存或传输的各类电文。因此，所有信息的通信与储存方式，只要可用于实现与定义所列举的方式的相同功能，都应当包括在类似手段中。③"数据电文"的定义还包括其废除或修改的情况。

1）数据电文的证据效力

在传统的民商法律中，合同的签订与履行以及交易中的文件、单据等无不涉及书面形式要求。但是，电子交易中的文件是通过数据电文的发送、交换、传输、储存来形成的，不存在书面载体。如果从传统法律的角度，电子文件显然不能满足书面形式的要求，这必将限制电子商务的发展。

数据电文在法律程序中，具有作为证据的可接受性及其证据价值。在一般的法律程序里，不能仅仅以证据是电子形式为由而否定证据的可接受性。在如何评估一项数据电文的证据效力方面，可以通过证据是否以可靠的方式生成、存储或者传输等进行评估。

联合国《电子商务示范法》规定："如法律要求信息须采用书面形式，则假若一项数据电文所含信息可以调取以备日后查用，则满足了该项要求。"美国《统一电子交易法》规定："当事人各方约定采用电子手段进行交易，而法律规定一方当事人应以书面形式向另一方当事人提供、发送信息，则如果该信息系以在接收时可被接收方予以保留的电子记录形式提供、发送或传递，视为符合法律要求。"

借鉴联合国《电子商务示范法》，我国《电子签名法》规定："能够有形地表现所载内容，并可以随时调取查用的数据电文，视为符合法律、法规要求的书面形式。"我国《电子签名法》还明确规定："数据电文不得仅因为其是以电子、光学、磁或者类似手段生成、发送、接收或者储存的而被拒绝作为证据使用。"不过，要将数据电文直接作为认定事实的证据，还应有其他书面证据相佐证。

扩展阅读 9-2　民诉法修正草案新增电子证据

2011 年 11 月，十一届全国人大常委会第二十三次会议初次审议了《中华人民共和国民事诉讼法修正案（草案）》。新修正的草案规定，在第 63 条证据种类中，除原有的书证、物证、视听资料、证人证言、当事人的陈述、鉴定结论以及勘验笔录等 7 项外，新增"电子数据"一条。这也意味着，日常生活中常见的电子化信息，如电子邮件、QQ 聊天记录、MSN 聊天记录、微博私信等内容，都将可能成为呈堂证供。随着科技的飞速发展，电子数据作为证据，在司法实践中已经有所运用。不过，从提出证据到被法院采纳，电子邮件还要经过两道关口——公证和鉴定，证明它是从当事人的电脑里采集出来的。邮件采集好以后，要送到法院认可的鉴定机构，通过专业的技术鉴定来确认它没有被篡改过。此外，电子邮件的内容还要与所证明的事实有关联性。这样，这份电子邮件才可能被法院当作证据采纳。

淘宝主张消费者购物时使用阿里旺旺作为聊天工具，它的聊天记录可以作为交易纠纷的判断依据。目前，阿里旺旺 2009 年以后的版本都支持聊天记录举证功能，举证时间为最近 75 天，举证的有效期是 15 天，且电子数据由专业的团队进行技术鉴定。如果有会员要用阿里旺旺的聊天记录作为法律诉讼的证据，按照正常的流程，淘宝网会先配合国家司法机关对证据样本进行采样和校验，并根据相关函件对证据给予书面答复。［资料来源：艾瑞网（http://www.iresearch.com/）］

2）数据电文的原件效力

传统法律中，要求交易文件必须以原件提交或保存，如产地证明、检验报告、授权证书、检验报告、保险证书等。“原件”是指信息内容首次以书写、印刷等形式固定于其上的纸质或其他有形的媒介物。然而，传统书面形式的文书才会有原件和副本的区别。数据电文通过电子形式输入、生成、传输和储存，以有形形式表现出来的总是“副本”，不存在原件和副本之分。任何数据电文的收件人，都只能接收其副本。如果在电子商务交易过程中，数据电文在“原件性”上缺失，则交易双方将失去信任基础，甚至迫使数据电文的签发人在每次交易过程中使用纸面文件。这将抹杀电子商务的优势，并阻碍电子商务的发展。

因此，在网络环境中，只要数据电文的内容保持完整和未经更改，对数据电文的必要添加，不影响其“原件性”。当电子证书附加于数据电文的“原件”，以检测其原件性时，或当计算机系统自动在电文的开头与结尾加注，以便发送时，这些“原件”的附加物就如同发送一张纸面“原件”的信封与邮戳一样，并不构成对原件的破坏。在电子商务法律条文中，原件指的是电子商务中的数据电文应具有不可更改性和完整性。我国《电子签名法》规定，符合法律、法规规定的原件形式要求数据电文应具备下列条件：①能够有效地表现所载内容并可供随时调取查用；②能够可靠地保证自最终形成时起，内容保护完整、未被更改。但是，在数据电文上增加背书以及数据交换、储存和显示过程中发生的形式变化不影响数据电文的完整性。

2. 电子签名

电子签名是数据电文中以电子形式所含、所附用于识别签名人身份并表明签名人认可其中内容的数据。电子签名是一种技术手段上的、工具性的保障，主要用于数据电文本身的安全，使之不被否认或篡改。符合签名基本功能的电子签名具有法律效力。民事活动中的合同、其他文件等文书，当事人一旦约定使用电子签名，数据电文的文书不得仅因为其采用电子签名、数据电文的形式而否定其法律效力。

《电子签名法》第 13 条规定，可靠的电子签名需要满足下列条件：“①电子签名制作数据用于电子签名时，属于电子签名人专有；②签署时电子签名制作数据仅由电子签名人控制；③签署后对电子签名的任何改动能够被发现；④签署后对数据电文内容和形式的任何改动能够被发现。当事人也可以选择使用符合其约定的可靠条件的电子签名。可靠的电子签名与手写签名或者盖章具有同等的法律效力。”

由此可见，一方面，电子签名可以作为判断签署方身份的依据，意味着签署方愿意接受所签署文件的约束；另一方面，可以利用电子签名判断所签署文件内容的完整性，以及是否改动过。而且，电子签名为签署方所独有，不易被伪造或者破解。如果电子合同引发法律纠纷，电子签名可以作为确定以上目的的证据。

然而，由于可靠电子签名都是通过技术手段实现的，虽然可以解决电子文件内容没有经过更改的问题，但不能解决确认对方的签名和身份一致的问题。

3. 电子认证

电子认证则是由一个可靠的第三方负责将电子签名与特定用户联系起来，保证交易人的真实和可靠。它不仅需要一定标准，而且还需要有一定的社会组织结构与之配套。电子认证服务提供者的义务主要有审慎查验义务、颁发证书义务、暂停或终止证书义务等。因此，应强调认证机构的中立性，允许其收取服务费，但必须独立于交易各方且单独行使认证职能，在争议出现时为交易相关方提供可靠真实电子记录证据。认证机构需要承担认证失误、管理失误的责任，承担系统安全缺陷带给客户的风险等。

电子签名和电子认证是不同的。电子签名的目的是保护数据电文的安全，不使其被仿冒、篡改或被否认。而电子认证则主要是确认交易者的身份，使之与实际上的数据电文的收发人相一致。从应用范围上看，在交易当事人事先有协议的封闭交易网络里（如 EDI），交易双方或多方，只需以电子签名相互认证即可，不需要第三方认证机构的参与。而在开放网络中，电子签名和可信赖第三方的认证，都是不可缺少的保障机制。在支付方应用支付工具发出支付命令的过程中，电子签名和电子认证一般都会得以应用，都至少存在三方当事人：签名人、电子认证服务提供者和签名依赖方，但在支付流程、电子签名和电子认证的具体应用等方面不同。

从技术实现的角度看，有些电子签名（如密码、口令、生物识别技术等）不需要第三方的认证就可以完成的。但有些电子签名（如数字签名等）的验证一定是要通过第三方才能完成的，这应由依法设立的电子认证服务提供者提供认证服务。

9.2.2 电子商务支付中的法律问题

1. 电子货币应用的法律问题

随着电子支付的发展，基于网络发行的电子货币将来肯定是网上支付一个很重要的工具。其种类也在不断多样化，应用范围也在不断扩大。然而，在当前网络环境下，电子货币还存在监管、规范等方面的缺失，因此经常会引发相应的法律问题。（参见“3.1.2 电子货币”）

首先，是电子货币的发行主体资格问题。如今电子货币的发行人除银行之外，还有一些非金融机构。非金融机构进入电子货币领域引起的问题就是原来规制银行的各种法律法规（包括存款准备金、反洗钱等）是否适用于发行电子货币的非金融机构。从另外一个角度看，发行电子货币是否构成银行业务、是否属于特许经营活动也值得研究。

商业银行的核心业务是吸收公众存款，这项业务只能由商业银行经营。用户在网络支付服务提供服务商处注册账户后，在账户里沉淀的资金能否被视做存款就是一个问题。现在很多企业只不过提出提供代理服务的看法，然而，这种代理服务在《商业银行法》也只能是银行的业务，属于特许业务。发行电子货币是否属于经营存款业务，很大程度上取决于政府的立场。例如，美国从鼓励电子货币的角度出发，倾向于发行电子货币不是经营存款业务的观点；欧盟从消费者权益保护的角度出发，认定发行电子货币只能由银行经营。

其次，是电子货币使用风险问题。电子货币具有匿名性和不可追踪性，丢失电子货币即等于丢失了现金。另外，对支付服务提供服务商来说，当用户往自己账户里充值的时候就意味着电子货币发行行为的产生。对电子货币持有人来说是一种负债，那么债务的赎回、赎回风险的承担、电子货币的账户安全负责等都是需要进一步解决的问题。

2. 第三方支付中的法律问题

第三方支付平台的出现给人们带来的是电子商务交易过程中一个保障资金安全、预防交易欺诈案件发生的平台。但是，第三方支付平台也带来了一些新的法律问题，有待解决。(参见“3.3 第三方支付”)

1) 用户资金安全问题

支付平台账户中的资金是第三方支付平台安全运作的隐患，存在丢失风险，从而损害支付平台用户的利益。第三方网上支付平台在提供支付中介和信用中介服务的过程中，会在自身账户中滞留两类资金：结算在途资金和虚拟账户资金。第三方支付平台保持虚拟账户的目的是为了方便将来的资金划转，减少对银行账户的依赖。

然而，在很多第三方支付平台中，在途资金只是被虚拟地同其他资金分开，实际上还是在一个账户中；而且对于在途冻结资金，其最终所有权是电子商务交易的卖方，而不是第三方支付平台。那么，一旦发生账户资金被盗，损失应该由谁承担就是一个很难解决的问题。

因此，为了保护客户利益，这笔资金需要与支付平台的其他自由资金区分，同时还依赖于支付平台的自我约束，即支付平台需要将账户独立条款订入服务合同以及自觉履行此项义务。不过，要真正实现资金的安全性还是需要法律的特别保护。

扩展阅读 9-3　支付宝账户"被捐款"事件

2011 年 10 月，部分网民意外发现自己的支付宝账户向公益基金打了款，多为几角钱到几十元钱不等的捐赠，这类"捐赠"疑因木马、钓鱼等原因泄露账户密码所致，从而引发社会对第三方支付安全性的担忧。通过第三方支付平台跳转到网银页面的中间步骤进行木马钓鱼作案，是盗用者惯用的手段。因此，第三方支付平台需要不断提升技术措施和服务保障，用户也应当加强账户的安全防护，积极使用已有的安全技术工具，共同加强在线支付安全。

事后，支付宝公司经过与公益机构沟通决定，将全额退还此类非出自本人意愿的打款。同时建议用户采用各种安全措施，包括使用安全产品；加强密码防护，支付宝的登录密码和支付密码务必设置成不同的密码，形成"双保险"；绑定手机，使用手机动态口令；不点击不明链接、安装不明文件，谨防木马、钓鱼袭击账户；另外，用户可使用支付宝快捷支付，享受全额赔付保障，以提高支付交易安全性。[资料来源：京华时报电子报（http://epaper.jinghua.cn/）]

2）第三方支付平台的信用卡套现问题

在第三方支付平台的支付流程中，买方可以使用信用卡完成支付，这是一个合法的交易过程。但是不法分子会利用第三方支付平台实现套现，也就是说，买卖双方之间没有真实的交易关系，而是制造一笔虚假交易，买方只是利用交易来实现从信用卡中套现的目的，即"卖方"收到并提取款项后把钱交给"买方"。

信用卡提现本身有一套控制制度，如通过交易成本提升限制提现的使用。通过第三方支付平台的套现行为违反了银行与客户之间的信用卡使用合同，但网上交易却能避开这种限制，不易被发现，以至于这种行为曾在网络上肆虐，带来了极大的危害。

有些支付平台在服务条款中约定，如果发现用户涉嫌利用支付平台虚拟账户从银行信用卡中套取现金，则有权拒绝客户的银行账户转账的请求，而且根据客户指示将涉嫌套现的款项退返到相关的交易信用卡中，且有权将这一行为告知相关发卡行。这种行为取决于第三方支付平台与银行之间的协议。

3）第三方支付平台的洗钱问题

由于第三方支付平台很难查证买卖双方之间真正的交易目的，以及是否存在真实交易，第三方支付平台很容易成为犯罪分子洗钱的工具。

根据《反洗钱法》规定，金融机构负有反洗钱的义务，包括建立客户身份识别制度和反洗钱内控制度，还有向反洗钱信息中心报告大额交易和可疑交易的义务。其中第 17 条规定："金融机构通过第三方识别客户身份的，应当确保第三方已经采取符合本法要求的客户身份识别措施；第三方未采取符合本法要求的客户身份识别措施的，由该金融机构承担未履行客户身份识别义务的责任。”即第三方支付平台不因未履行反洗钱义务而承担相应责任，只会根据其与金融机构的合作协议向金融机构承担违约责任。因此，对利用第三方支付平台进行的洗钱行为实现有效监管，既需要明确支付平台的性质，还需要监管部门出台相应的规定。

扩展阅读 9-4　央行明确第三方支付反洗钱任务

2012 年 4 月，中国人民银行公布了《支付机构反洗钱和反恐怖融资管理办法》，对拿到第三方支付牌照的支付企业从各个细节上明确了反洗钱和反恐怖融资的义务并进行监管。管理办法从客户身份识别、客户身份资料和交易记录保存、可疑交易报告分析、反洗钱和反恐怖融资调查、监督和管理等环节详细规定了支付机构的责任。

管理办法指出，中国人民银行将设立中国反洗钱监测分析中心，负责支付机构可疑交易报告的接收、分析。支付机构总部应当依法建立健全统一的反洗钱和反恐怖融资内部控制制度，并报总部所在地的中国人民银行分支机构备案。支付机构应当为保障履行反洗钱和反恐怖融资职责提供必要的条件，设立专门机构或者指定内设机构负责反洗钱和反恐怖融资工作，并设立专门的反洗钱岗位。从技术层面上来讲，各家支付企业都是可以做到的。大型的支付企业有一套严密的监控体系，通过各种不同的指标对异常交易进行记录，并报备给相关监测部门。央行要求支付机构应当妥善保存客户身份资料和交易记录，保证能够完整准确重现每笔交易。通过银行结算账户进行支付的，支付机构还应当记载相应的银行账号。(资料来源：新浪网［http://www.sina.com.cn/)］

9.2.3　电子商务不正当竞争的法律问题

电子商务竞争的激烈程度、广泛程度是传统经济形态下所不能比拟的。同时，必然会存在大量的不正当竞争行为。因此，反不正当竞争是保证电子商务健康、可持续发展的必要保障。

所谓不正当竞争，是指经营者损害其他经营者的合法权益，扰乱社会经济秩序的违法行为。网络空间自身的虚拟特性和信息传输的特点，极易使一些不法人员做出利用欺骗性标志从事交易、进行虚假宣传、侵犯商业秘密，以及诋毁他人商誉等不正当竞争行为。对此，可以在运用我国《反不正当竞争法》的同时，援引《商标法》、《广告法》等法律法规采取针对性措施。

利用网络广告，同样也可以进行不正当竞争。例如，网络广告业中利用超链接技术进行的不正当竞争。一些人在潜在利益的驱动下，企图以小投入赚取巨额广告收益，利用超链接技术借他人网站的知名度吸引访问者，这无疑是一种广告侵权行为。因此，加强对网络广告的全方位管理，已经迫在眉睫。网络广告中的法律问题还包括：

1）网络广告的监管问题

网络广告是一个新生事物，在很多方面都还缺乏规定。根据《广告法》的规定，对广告业的管理是通过对广告主、广告经营者和广告发布者的管理来完成的。然而，网络已打破了这些规定与限制，网络环境中三者界限已日益模糊，任何人都可以从事广告的发布活动，可以通过广告进行经营活动，可以自行发布自己的广告等。广告活动还必须进行适当的登记和审查工作，而网络广告数量庞大、来源复杂、瞬时即变等特点使满足这种要求显得非常困难。

2）网络广告的法律管辖问题

目前的广告法是不能管理国外的广告的。由于互联网没有国界的限制，任何一个广告都可以对全世界发布，但是诸如互联网服务提供商（Internet Service Provider，ISP）一类的机构则是分别受其国内的法律限制的。由此一来，通过国外的 ISP 来发布广告就很难受到国内法律的限制，但在客观上跟在国内发布广告并无太大区别。另一方面，国内的个人和机构也可以利用国外的服务器设置域名和网页，通过这些方法来进行广告活动也是很难受到《广告法》约束的。

3）虚假广告的责任问题

我国现行的《广告法》、《反不正当竞争法》、《消费者权益保护法》等法律都对虚假广告及其责任问题有明确的规定，网络广告也不例外。传统广告的经营者和发布者对虚假广告需要承担一定的连带责任，由此可对虚假广告起到一定的遏制作用，同时可向因虚假广告而遭受损害的消费者提供法律救济手段，但这并不完全适用于网络广告。因为 ISP 之类的机构是否属于广告经营者或广告发布者的范畴就是一个问题。有些国家和地区都倾向于将 ISP 纳入“媒体经营者”或“广告媒体经营者”，强调 ISP 作为网络广告的经营者或发布者必须对网络广告的内容承担连带责任。但这种做法对处于起步阶段的 ISP 似乎要求过高、责任过重，并不一定有利于网络广告业的发展。因此，只有在 ISP 明知或积极参与虚假广告制作与发布或从中直接盈利时，才应该承担连带责任。这就需要建立网络交易制度、完善网络管理法律规范、规范网络监管机构、强调政府管理与 ISP 自律相结合。另一方面，需要加强国际协作，实现网络广告的国际保护，同时增强消费者的鉴别能力，提高其自身的防御能力，减少受骗的机会。（参见“5.2.3 网络广告”）

扩展阅读 9-5　我国整治网络虚假广告

如今，从网上店铺到视频网站和网络论坛，各种虚假广告不一而足。2010 年，国家工商行政管理总局等 12 个国家部委联合出台了《2010 年虚假违法广告专项整治工作实施意见》，将医疗、药品、保健食品广告以及低俗不良广告等确定为整治的重点，进行了严厉查处。在国家工商总局 2010 年的一次专项治理中，查处了大批为非法性医药品广告提供链接服务的导航网站，如 2345 网址导航、265 导航等。

对报纸杂志、广播、电视3大传统媒体，《广告法》明确了广告主、广告经营者、广告发布者的职责和权限。然而，网络广告的形式超出了《广告法》立法时所能设想的范围，目前，在互联网上发布网络信息的资格条件极低，没有对网上信息发布作全面的资格审查和许可的机构；网站没有对广告主的产品质量审查的权力；对网络广告进行从制作到发布的全过程跟踪和监控机制尚未完善，因而，假冒伪劣产品广告泛滥，一旦消费者买到假货，自身权益很难得到维护。

因此，要防止虚假广告的侵害，必须建立健全网络交易制度。作为网络运作管理重要环节的ISP，应遵守相关法规，抵制违法广告，如故意提供虚假信息，或对其疏于管理，一旦虚假广告给消费者造成损失，ISP也应承担相应的法律责任。[资料来源：艾瑞网(http://www.iresearch.cn/)]

9.3 电子商务知识产权保护

知识产权（Intellectual Property）是指人们对于自己的智力活动创造的成果和经营管理活动中的标记、信誉依法享有的权利，是与财产所有权、债权、人身权相并列的一类民事权利。知识产权具有专有性、排他性、地域性、时间性等特点。

知识产权的保护对象是特殊的，是人的创造性智力成果以及用于工商业的识别性标记，统称为知识产品。知识产品可以是一种特定类型计算机的设计、运行在上面的操作系统或者组成操作系统的一段特定代码，也可以是一件艺术品、一段乐曲或者一部著作等。知识产品是一种无形资产，是人类智力活动、思想、情感的外在表现形式。知识产权可无限再生，可由任意数量的用户同时消费使用。

由于电子商务所依赖的通信手段以及交易方式具有很大的特殊性，电子商务这种全新的交易形式必然涉及许多知识产权保护的新问题。

9.3.1 域名纠纷的法律问题

域名是一个企业、组织在互联网上的一个标记，通过域名可以表示出便于人们记忆的主机地址。域名具有标识性、唯一性、排他性等特征。不同的网站通过唯一的域名来相互区别。域名的申请注册遵循“先申请先注册”的原则。域名注册人一旦获得注册权，就排除了其他人再以同一域名注册的可能。

一个企业或组织的域名相当于其在互联网虚拟空间中的“门牌”，它和企业、产品的关系越来越密切，成为企业适应现代国际商业市场竞争的重要工具，成为一种类似商标的无形资产。因此，域名也可称为“企业的网上商标”，具有很高的商业价值。随着域名价值的提高，相关的法律冲突也时有发生。

1）*域名侵权*

域名在电子商务中的价值蕴藏在其知名度当中，为了提高网站声誉而将知名组织的名称和知名人士的姓名等作为自己的域名申请注册，由此引发的法律纠纷屡见不鲜。国际奥委会曾将美国 1800 多个网站告上法庭，理由是这些网站注册了奥林匹克（Olympic）、奥林匹亚德（Olympiad）或其他与奥林匹克相关的域名。

域名注册侵犯他人厂商名称权和商标权的纠纷也时有发生。在处理此类纠纷时，域名和关于厂商名称和商标的传统法律法规之间存在诸多冲突，这给司法机关处理此类法律纠纷提出了新的挑战，同时也客观地需要专门的法律条款来解决电子商务中的域名纠纷问题。

2）*域名的法律保护*

域名作为无形财产或智力成果理所当然地应该受到《民法》的保护。域名只要是合法取得且未侵犯他人的在先权利（在先权利，是指在某一个域名注册生效日前已对该域名中间的识别部分享有法定权利），即受法律保护。具体地说，域名是一种专有权，域名所有权人对其拥有的域名可依法进行持有、建立并经营相关网站或网页、放弃、闲置、捐赠、转让、许可、合作等活动。任何非法干预都应承担相应的民事责任，权利人有权获得行政、司法救济。

域名作为一类新兴的知识产权，适用《知识产权法》一般原则。域名权在法定期限内发生效力。它以注册而产生，以续展（按期办理继续注册的手续，并缴纳相关费用）而延续，以不续展而消灭（任何其他个人或组织均可依“先到先有”原则享有）。然而，域名又不具有一般知识产权的严格地域性，其具有全球性。

域名交易的主要形式有转让、许可、合作等。域名交易主要受《合同法》的调整，尽管《合同法》分则部分未具体规定域名交易，但其总则部分的内容仍适用。同时，还可参照《商标法》中有关商标转让和使用许可的内容。

鉴于域名的注册可能使他人的名称权和姓名权遭到损害，国际社会纷纷通过各种立法来切实解决这一问题。国际上相关立法包括互联网名称与数字地址分配机构（The Internet Corporation for Assigned Names and Numbers，ICANN）1999 年通过的《统一域名争议解决政策》，以及美国的《反域名抢注消费者保护法》。我国现行的域名规范性文件主要是国务院信息化工作领导小组办公室颁布的《中国互联网络域名注册暂行管理办法》。2008 年 9 月 25 日，中国域名注册管理机构 CNNIC（中国互联网络信息中心）发布了《域名注册实施细则》、《域名争议解决办法》、《域名注册服务机构认证办法》等文件。中国国际经济贸易仲裁委员会和中国香港国际仲裁中心是首批获得 CNNIC 认证的域名争议解决机构，受理 CN 域名和中文域名的争议投诉。

扩展阅读 9-6 新蛋网域名侵权案

新蛋公司是中国知名电子商务网站新蛋网（www. newegg. com. cn）的创办者，早在 2000 年就注册了域名“newegg. com. cn”，并于 2003 年取得了“新蛋（new egg）”的商标专有权。最近新蛋公司发现域名“newegg. cn”被食用菌技术公司于 2003 年抢注，且该域名指向一家经营性玩具的网站“九九玩具网”，这极大地损害了新蛋公司的合法权益。新蛋公司以此向北京市第一中级人民法院提起诉讼。

经广泛调查取证，法院认为：第一，新蛋公司对“newegg. com. cn”域名拥有合法权益；第二，虽然“newegg. com. cn”与“newegg. cn”分别为三级和二级域名，但两者的主要识别部分完全相同，已经足以造成相关公众的误认；第三，食用菌技术公司在其答辩状中所述其注册“newegg. cn”域名的理由显然过于牵强，故食用菌技术公司对“newegg”不享有权益，也无注册、使用该域名的正当理由；第四，食用菌技术公司注册“newegg. cn”域名后，该域名指向九九成人用品玩具网。显然，作为域名的所有者，从技术角度看，食用菌技术公司对域名的使用具有控制权。此外，食用菌技术公司未提交证明在“newegg. cn”域名注册后至新蛋公司起诉前，其实际使用该域名的证据。同时，由于“newegg. cn”域名指向九九成人用品玩具网，客观上致使网络用户无法准确地对新蛋公司提供的网络服务范围进行判断，容易给网络用户造成误导，损害新蛋公司的商业信誉。因此，认定食用菌技术公司注册“newegg. cn”域名以及设置域名指向的行为侵犯了新蛋公司的合法权益，构成不正当竞争，其应当承担相应的民事法律责任。[资料来源：110 法律咨询网（http://www. 110. com/）]

9. 3. 2 电子商务的版权问题

所谓版权，是基于特定作品精神权利以及全面支持该作品并享有其利益的经济权利的合称。在电子商务领域，由于新的复制和传播技术的发展与应用，版权保护的主体、客体以及主要权利的保障都有了不同程度的变化。电子商务版权保护也成了新的法律热点。

1) 电子商务信息服务与版权

信息服务在电子商务中处于非常重要的地位。在电子商务发展的初期，各网站为了吸引访问者，都利用网络的开放性提供诸如音乐、电影、图书、电视转播等免费的信息服务，这一度使网络具有了超出其他媒体的独特吸引力。然而，众多电影公司、唱片公司，甚至作家协会认为这种形式侵犯了他们的版权，纷纷诉诸法院，要求赔偿。面对网络这一新的媒体，传统的《版权法》已经显得力不从心，由此引发了一系列很难解决的法律纠纷。

2）数字化作品和网络作品的著作权保护

根据《著作权法实施条例》第2条的规定："作品是指文学、艺术和科学领域内，具有独创性并能以某种有形式复制的智力创作成果"。因此，只要具备"独创性"和"可复制性"这两个实质就可成为著作权法保护的客体，就应保护其发表权、署名权、修改权、保护作品完整权、使用权和获得报酬权等各项权利不受侵犯。

数字化作品与传统作品的区别仅在于作品存在形式和载体的不同，作品的表现形式不会因数字化而有丝毫改变，也不会因数字化而丧失"独创性"和"可复制性"。因此，以数字化形式存在于磁盘等介质上的网络信息，只要具备作品实质，就应当构成受《著作权法》保护的作品。原作品被直接数字化后，改变的只是作品的存在形式，数字化过程本身并不具有独创性，不产生新的作品。因此，该数字化作品的著作权仍由原作品的著作权人享有。《著作权法》第3条列举的具体形式的作品，既包括已有的被数字化后的作品，也包括直接以数字化形式创作的作品。对于直接以数字化形式创作的作品的著作权归属，也同传统作品一样，应当受到《著作权法》的保护。

扩展阅读 9-7　有关谷歌数字图书馆计划的著作权侵权事件

2009年8月30日，谷歌宣布将在原有的谷歌数字图书馆基础上，构建全球最大的在线图书馆，全球用户均可免费搜索、在线浏览图书内容。然而，《著作权法》规定，只有得到著作权所有者许可，才可以复制并传播书籍。谷歌的这一数字图书馆计划，让其频频遭到全球出版界的抗议和诉讼。

谷歌的数字图书馆计划开始于2004年。2005年，美国作家协会与美国出版商协会就谷歌未经授权即对图书进行数字化一事提起集体诉讼。2008年10月，谷歌公布其与美国作家协会、美国出版商协会达成的和解协议。谷歌将其通过合法途径获得的图书进行数字化制作，建立数字图书馆，进行多功能开发利用，包括团体订阅、个人用户购买、公众免费查阅以及对有关数据进行技术研究和开发等使用方式。

此后，谷歌的和解方案一再做出调整，例如，根据最新的和解协议，谷歌对于在版的、仍在版权期限的图书，除非获得著作权人的事前同意，不再展示图书的内容。谷歌专门设立"谷歌图书和解"网站，帮助使用各种语言、各个国家的作者、出版者"认领"自己的作品。2011年3月，谷歌与美国作家协会、美国出版商协会达成的和解协议被否决，法院否决此项和解协议的一个重要原因是，除了考虑到《反垄断法》和其他国家的著作权所有人利益外，还要保护"孤儿作品"（仍在版权保护期内，但著作权人不详或无从联系的作品）的版权。　［资料来源：新华网（http://www.xinhuanet.com/）和中国经营网（http://www.cb.com.cn/）］

9.3.3 电子商务网站设计的法律保护

一个电子商务网站由许多部分组成，如网页、数据库、交易系统等。很多网站建设法律纠纷都认定窃取或重用其他网站代码、内容或者 Web 页面的“外观”是对知识产权的侵犯。

电子商务网站最引人注目的部分是用户看到的图片、影像、文本和页面版式等。电子商务网站的外观设计往往与品牌紧密地联系在一起。构成电子商务网站外观设计的元素（版式、色彩、图像、导航工具、字体等）在法律文书中常常被称为“商业包装”。外观设计是电子商务公司知识产权的一部分，电子商务网站的页面创建者拥有该页面的知识产权。（参见“7.1.3 电子商务网站的功能特点”）

Web 页面的正常工作主要依靠网页设计代码。代码如果是由他人创建的，在使用的过程中必须保证其合法性。因此，电子商务网站的设计与创建不仅要保证自己的知识产权不会被他人侵犯，还要确保合法地使用或重用文本、图像、代码以及工具等。

对网页的法律保护主要分为著作权保护与反不正当竞争保护。然而，《著作权法》对网页保护是有局限性的。那么，在对网页无法获得著作权保护的情况下，可采用反不正当竞争实现对网页的保护。只要有与网页所有者的网页构成相似，并容易造成混淆、误导公众，最终损害其经济利益的，网页所有者就可以依据《反不正当竞争法》提起诉讼，保护对网页的合法权利。但是，在判断一个电子商务网站是否构成对另一家商务网站网页抄袭时，仅因两个网页相似不能完全认定为抄袭，这可能是二者采用了相同开放资源造成的。

当某商务网站网页的版式设计虽然并不具备创新的成分，但是这种版式设计却具有选择和编排上的独创性，那么这类网页可以看成汇编作品，也应该受到著作权的保护。

扩展阅读 9-8　“瑞得在线”主页侵权案

1999 年，北京市海淀区人民法院处理了中国第一起网页侵权案——“瑞得在线”主页案。原告瑞得公司诉称，被告东方信息公司的主页在整体版式、色彩、图案、栏目设置、栏目标题、文案、下拉菜单的运用等方面都几乎是照搬瑞得公司的“瑞得在线”网站主页，侵犯了瑞得公司的著作权和商业信誉。

北京市海淀区人民法院认为：一、瑞得公司主页所用的颜色、文字、图标以数字化的方式加以特定的组合，应是一种独特构思的体现，具备独创性，故该主页应视为受著作权保护的作品。二、东方信息公司的主页虽在内容上与瑞得公司的主页并不完全一致，但在部分图标、文字、颜色的组合搭配上已构成实质上的相同。东方信息公司并未举证证明这部分内容由其独立创作完成或已处于公有领域，故应视为取自瑞得公司主页。三、东方信息公司出于商业目的使用瑞得公司主页部分内容设计出新主页，并将其上载到互联网上，未经瑞得公司的许可或向其付酬，故被告侵犯了原告的保护作品完整权、作品使用权和获得报酬权，应依法承担相应的责任。[资料来源：中国知识产权律师网（http://www.ciplawyer.cn/）]

9.4 电子商务消费者权益保护

电子商务的兴起拓宽了消费市场，使市场透明度增加，消费信息量剧增，这些给消费者带来了极大便利，但又不可避免地增加了消费者权益受到损害的机会。消费者权益即消费者依法享有的权利，以及该权利受到保护时而给消费者带来的应得利益。因此，电子商务的发展势必给消费者权益保护带来新的挑战，而消费者权利保护是否到位决定了电子商务未来的生存与发展。在电子商务环境下，消费者权益保护主要包括消费者信息权保护和消费者隐私权保护等。

9.4.1 消费者信息权保护

个人信息的类别是指所涉及的信息主体的不同领域，如职业、相貌、家庭情况、学历、专业、就业情况、财政情况及身体状况等。个人信息权，即自然人依法对其个人信息进行控制和支配并排除他人干涉的权利。作为电子商务消费者，其个人信息的范围包括时间上及内容上的范围。时间上的范围指被收集、利用的个人信息的时间跨度；内容范围是指个人信息涉及的个人及其活动领域与界限。例如，2005～2011年的个人某网络商城商品浏览和购买历史，2005～2011年是时间范围，某网络商城商品浏览和购买的历史信息是内容范围。消费者信息权主要包括消费者信息的知情权、信息决定权、信息处置权、信息保密权等。

1）信息知情权

传统商务交易过程中，消费者可以利用看货、了解情况、试用、讨价还价、进行交易、送货等一系列的环节了解商品的各种情况信息。但在虚拟的电子商务中，除送货外，其他环节都已虚拟化，消费者只能通过网络宣传了解商品信息，完成通过网络远距离订货，通过电子银行结算，再由配送机构送货上门。这种情况下，企业与消费者之间的“信息不对称”问题更为严重。如果商家在交易过程中，不尽如实告知商品信息的义务，或是采取隐瞒、欺骗等方式，则侵犯了消费者的信息知情权。

2）信息决定权

信息决定权是指信息主体享有决定其个人信息是否被收集、处理与利用以及以何种方式目的、范围进行收集、处理与利用的权利。消费者有权决定个人信息是否被收集、处理与利用，或者说有权决定个人信息在什么领域、以何种方式以及以何种目的被收集、处理和利用。在电子商务营销过程中，消费者的信息（大多数是通信地址、电话、Email、购物喜好等）很多时候是在没有获得允许的情况下，被多家电子商务企业共享的。消费者很少有机会选择自己的个人信息是否被共享、信息决定权是否受到侵害。

3）信息处置权

信息处置权包括信息主体对信息拥有查询、更正、删除等权利。消费者对自己商品交易过程中所留下的相关信息具有处置权利，随时根据自身需要掌握个人信息内容，对错误和不完整信息进行更正、补充，对无用或非法储存的信息进行及时删除。如今很多消费者对自己在电子商务网站交易过程中留下的很多信息（如购买历史、浏览历史等信息）是完全无法接触的，更不用说对其进行处置了。

4）信息保密权

信息保密权是指信息主体请求信息管理者保持其个人信息隐秘性的权利。电子商务企业自收集消费者个人信息之时就对其负有保密义务。消费者有权请求对其个人信息采取合理制度、技术等措施保密，禁止泄露信息，保证个人信息不会为达到某一目的而继续被处理与利用。

9.4.2 消费者隐私权保护

消费者隐私可以说是消费者对个人信息的掌控能力，即消费者能自由决定是否发布自己的信息、将信息发布给谁、通过何种方式来发布以及发布的信息有多详细。如果消费者的信息在不想发布的情况下，被他人得知；或者消费者只想将自己的信息告诉商家 A，但该信息也被商家 B 得知；或者消费者本只想公布关于自己的大致情况，但是别人却了解到种种细节信息等，此时说明消费者的个人隐私受到了侵害。

1）消费者隐私权

隐私权是指公民享有的私人生活安宁与私人信息依法受到保护，不被他人非法侵犯、知悉、搜集、利用和公开的一种人格权。一般认为，隐私权的主体只能是自然人，其内容具有真实性和隐秘性，主要包括个人生活宁静权、私人信息保密权、个人通信秘密权及个人隐私利用权等。电子商务中的隐私权可以按权利形态和权利内容来分类（图 9-1）。

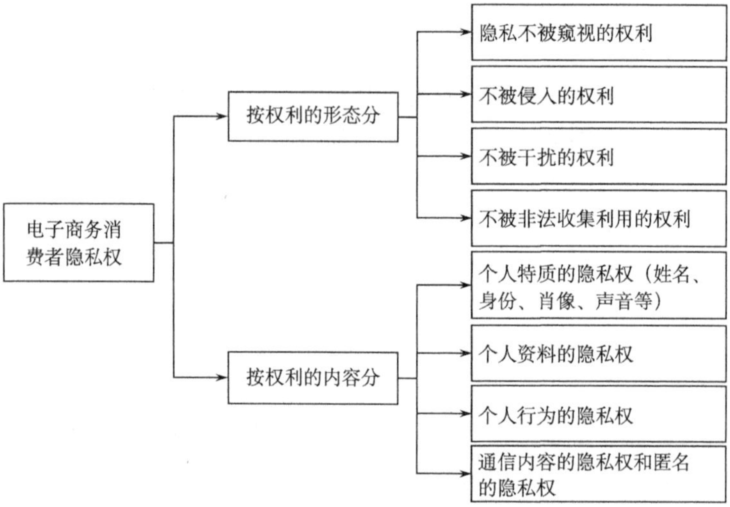

图 9-1 电子商务中的消费者隐私权分类

目前网上消费者隐私权保护主要存在三方面的问题：消费者数据过度收集、消费者数据二次开发利用、消费者数据交易。关于网络消费者隐私权的三个方面是相互联系的，它们共同对网络消费者隐私权的保护造成威胁。但由于具体情况不同，不应该采取武断的处理方法，而需要在商家与消费者之间找到一个平衡点，既保证个人信息的正常流动，使得商家可以提供有针对性的服务，同时又要注意保护网上隐私，使网上消费者不受非法干扰。（参见“5.4.3 网上消费者行为信息的收集”）

扩展阅读 9-9 网店实名制后出卖顾客信息将受处罚

2010 年 7 月 1 日，工商总局实施《网络商品交易及有关服务行为管理暂行办法》，网店实名制正式启动。该办法规定，网店经营者侵犯消费者个人信息，最高罚 3 万元；通过网络从事商品交易及有关服务行为的既可以是法人、其他经济组织，也可以是自然人。其中，通过网络从事商品交易及有关服务行为的自然人，应当向提供网络交易平台服务的经营者提出申请，提交其姓名和地址等真实身份信息。具备登记注册条件的，依法办理工商登记注册。该办法加大了对侵犯消费者个人信息的处罚力度。“网络商品经营者和网络服务经营者对收集的消费者信息，负有安全保管、合理使用、限期持有和妥善销毁义务；不得搜集与提供商品和服务无关的信息，不得不正当使用、公开、出租、出售。对于侵犯消费者个人信息的，最高处以 1 万元以上 3 万元以下的罚款。”［资料来源：和讯网（http://www.hexun.com/）］

2）位置信息与个人隐私

还有一种隐私信息很少被人们所重视，那就是个人位置信息。随着定位技术的发展，人们可以更加快速、精确地获知自己的位置。基于位置的服务应运而生。利用用户的位置信息，服务提供商可以提供一系列便捷的服务。随着位置信息的精度变得越来越高，位置信息的使用变得越来越频繁，用户位置隐私受到侵害的隐忧也越来越受到人们的关注。

位置信息泄露的主要危害在于其间接造成个人其他隐私信息的泄露。位置信息并非单纯的空间信息，它同时还包括了用户的身份以及用户处于该位置的时间。根据位置信息，有时候可以推知用户进行的活动。除了所从事的活动，用户的健康状况、宗教信仰、政治面目、生活习惯、兴趣爱好等个人隐私信息，都可以从位置信息中推断出来。随着位置信息的精度不断提高，其包含的信息量也越来越大，攻击者通过截获位置信息可以窃取的个人隐私也变得越来越多。位置隐私面临的威胁主要包括：①用户和服务提供商之间的通信线路遭到了攻击者的窃听；②服务提供商对存储用户的位置信息数据库保护不力，被攻击者窃取；③服务提供商出于利益驱动，出卖用户位置信息等。

扩展阅读 9-10　用户位置信息记录存储涉及隐私权

据英国《卫报》报道，英国两名工程师皮特·沃顿和阿拉斯代尔·艾伦于 2011 年 4 月 20 日称，苹果 iPhone 手机和带 3G 功能的平板电脑 iPad 会在用户不知情情况下，记录并存储用户所在位置信息。4 月 22 日，《华尔街日报》报道称，其安全分析师发现苹果 iPhone 手机和使用谷歌安卓操作系统的智能手机会自动收集用户位置信息，并将这些私人信息返回给两家公司。

针对移动智能终端可能收集保存用户位置信息的情况，中国消费者协会 2011 年 6 月发表声明，强烈呼吁有关厂商在开展经营活动和提供技术服务时，严格遵守我国有关法律法规，尊重消费者隐私权、安全权、知情权和选择权。厂商如需收集用户位置等个人信息，应当事先明确告知消费者，并说明所收集的具体信息、用途以及可能带来的风险。在用户知悉并同意的情况下，有关厂商方可收集相关信息，但收集的范围仅限于与其服务直接相关的内容。同时，应采取有效措施妥善保管获取的用户信息，不得非法出售、泄露或者滥用。如果用户不同意提供相关信息，厂商无正当理由不能因此拒绝、拖延、中止用户正常使用相关设备或者降低服务质量。消费者在购买、使用移动智能终端产品和接受相关服务时，应仔细查看相关说明和厂商声明，充分了解选购产品和服务的各项功能，注意和防范用户信息的泄漏风险，审慎考虑厂商收集、保存和使用用户信息的要求。［资料来源：人民网（http://www.people.com.cn/）］

9.5 电子商务与税收

以互联网为基础的全球化电子商务在改变传统贸易框架的同时，必然在某种程度上给传统税收制度及管理手段提出新的要求和挑战。传统税收制度是建立在税务登记、查账征收和定额征收基础之上的。虽然网络时代的到来推进了税收征管现代化，提高了征税质量，但是电子商务的虚拟化、无形化、随意化、隐匿化给税收征管带来前所未有的困难。(参见“1.3.1 电子商务宏观环境”)

电子商务税收的最基本问题是如何将现存的国际税收原则恰当地适用于电子商务，且保证能同时得到不同利益征税主体的一致赞同，这并不容易做到。传统税法主要是针对有形产品制定的，并以属地原则为基础进行管辖，通过常设机构、居住地等概念把纳税义务同纳税人的活动联系起来。而电子商务是高科技发展下的网上贸易，它具有无国界性、超领土化以及数字化等特点，这使得现行税法已远远落后于交易方式快速演进的步伐。伴随企业通过网络贸易避税现象的逐渐增多，税法本身应具有的公平、效率等原则正一步一步地受到威胁。

1）纳税人身份不易判定

在传统的交易模式中，纳税人及交易活动是以实际物理存在为基础的。但在互联网电子商务环境下，纳税人的身份很难确定。首先，网上交易处在一个虚拟市场中，网上的任何一种产品都是触摸不到的。传统概念中的商场、店面、销售人员，就连涉及商品交易的手续，包括合同、单证，甚至于资金等，都以虚拟方式出现，且整个交易突破了地域限制。其次，网络电子商务打乱了商品和服务的分类标准，增加了划分纳税义务的难度。传统商务中购销书籍、音像制品、软件都是作为销售产品来征税的，但是在网络中载体和介质无形化，真正的价值体现在其所载内容上，如果通过网络传输一定信息内容，这种交易的征税对象似乎更接近提供劳务而不是销售产品。另外，互联网的使用者具有隐匿性、流动性，通过互联网进行交易的双方可以隐匿姓名和居住地；企业可以轻而易举地改变经营地点，从一个高税率国家移至低税率国家，因而对使用者交易活动的地点也难以确定。

2）征税依据难以采集

传统征税有发票、账簿作依据，纳税人纳多少税通过发票、账簿来计算。而电子商务交易过程中，订购、支付，甚至数字化产品的交付都可以通过网上进行，使得无纸化程度越来越高。订单、买卖双方的合同、作为销售凭证的各种票据和账簿等都以电子形式存在，而这些电子凭证又可以轻易地修改，不会留下任何痕迹、线索。

此外，电子商务的发展促进了电子支付系统的完善。电子银行与电子货币的出现，可以使供求双方的交易无需经过众多的中介环节，而是直接通过网络进行转账结算，各种付款业务在税务部门毫无知觉的情况下完成，加大了税务部门通过银行的支付交易来进行监控的难度。电子货币的存在使征税过程复杂化，使原本只需向少数代理人征税转变为向广大消费者征税，加大了税务部门的工作量，提高了税收成本。

另外，数据信息加密技术在维护电子商务交易安全的同时，也成为企业偷税漏税行为的天然屏障，纳税人可以使用加密、授权等多种保护方式掩藏交易信息，同时又很难区分这些信息哪些是用来交易的，哪些是用于单纯的企业内部管理目的的，这使税务部门搜集信息更加困难。

3）国际电子商务中税收管辖权确定困难

所谓税收管辖权是指一国政府对一定的人或对象征税的权力。税收管辖权确定困难在国际电子商务中已经显现出来。世界上不同的国家之间确定税收管辖权的标准主要有两个：属人原则和属地原则。属人原则也称居民或公民原则，是指一国依人员范围作为其征税权力所遵循的指导思想原则；属地原则也称行为地发生原则，是指一国依地域范围作为其征税权力所遵循的指导思想原则。但与这两原则相联系的常设机构与商品供应地标志性因素，在网络空间中已难以确定。

常设机构是指一个企业进行全部或部分营业活动的固定场所。在传统的税收中，交换的形式、固定商业的位置、企业机构所在地、管理中心、合同缔结地等概念都有着重要意义。电子商务将使这些概念受到新的挑战。电子商务是完全建立在一个虚拟的市场上，大多数产品或服务提供并不需要企业实际出现，而仅需一个网站和能够从事相关交易的软件，而且互联网上的网址、E-mail 地址、身份等与产品、劳务的提供者无必然的联系，仅从这些信息无法判断其机构所在地。这就需要统一法人的常设机构所在地的确定方法，例如，一个进行交易的网络地址或服务器，或者交易涉及的管理系统和销售系统被分别设置在不同的国家，该如何进行常设机构确定。

4）电子商务国际避税问题

电子商务的高流动性和隐匿性使得征税依据难以取得。美国财政部有关电子商务的白皮书提出了电子商务中几个影响征税的特点，如消费者匿名、制造商隐匿其住所、税务部门无法掌握电子交易情况、电子商务交易本身隐匿等。另外，企业可在国际互联网上轻易变换其站点，选择低税率和免税国家设立站点，达到避税的目的。电子商务的发展还促进了跨国公司集团内部功能的完善化和一体化，使得跨国公司操纵转让定价从事国际税收筹划更加容易。同时，由于电子商务信息加密系统、匿名式电子支付方式、无纸化操作及流动性等特点，税务机关难以掌握交易双方具体的交易事实，很难确定合理的关联交易价格以做出税务调整。

扩展阅读 9-11　电子发票成为电子商务税收征管有力手段

2012 年 2 月，国家发展改革委办公厅、财政部办公厅、商务部办公厅、中国人民银行办公厅、国家税务总局办公厅等八个部门联合下发《关于促进电子商务健康快速发展有关工作的通知》，规定将开展网络（电子）发票应用试点。文件要求税务总局、财政部负责组织相关部门及各示范城市，研究完善电子商务税收征管制度，制定网络（电子）发票管理暂行办法及标准规范，研究安全网络（电子）发票系统及网络（电子）发票管理与服务平台的建设思路，形成试点工程方案，并在相关示范城市组织开展试点，推动基于电子商务交易、在线支付、物流信息的网络（电子）发票应用。规范电子商务纳税管理，促进网络（电子）发票与电子商务税收管理的衔接。

电子发票是指纸质发票的电子映像和电子记录。纳税人可以在线领购、在线开具、在线传递发票，并可实现在线申报。电子发票的特点包括：瞬间即成，虚假真伪即时核实，操作简便易行，容易普及推广；实时地存入税务管理信息系统数据库，信息采集及时可靠，准确无误；数据量小，可以节约带宽和存储空间，节省报、核税时间及网络通信费用；实现纳税结算完全网络化、电子化、无纸化和自动化操作，简化税收工作的环节，免去了大量的印票、售票、验证、取证、认证、交叉稽核及追索等一系列工作，可以为国家节约大量的人力、物力、财力，降低税务管理成本。[资料来源：中工网（http://www.workercn.cn/）]

9.6　电子商务纠纷的管辖权

网络上的法律问题一般都具有同样特征，即双方当事人、网络服务器往往不在同一地区，甚至身处不同的国家。在这个高度网络化的世界中，将各方联系在一起的，就是贯通全球、不受国界束缚的网络空间。正是由于网络的这种虚拟性、跨区域性，一旦发生法律问题，就不可避免地产生管辖权的问题，即究竟哪一个国家哪一个地区的法院有权审理该争议，如果有两个以上的法院主张有管辖权，就需要确定权力优先。可以说，电子商务案件的管辖已成为全球司法实践中一个颇具挑战性的难题。网络交易的管辖权问题的特殊性总是与网络自身的特点紧密相连。

传统法院管辖权的基础是当事人的住所、国籍、财产、行为、协议等，而当事人的住所又是这些管辖基础中的基础。在传统各国法律中，法院的管辖区域是确定的，有着明确的地理边界，或称物理边界。然而，电子商务交易空间的全球性使司法管辖区域的界线变得模糊。网络空间本身的无边界性，使其无法像物理空间那样分割成许多领域。因此，判断网上活动发生的具体地点和确切范围是很难的，将其对应到某一特定的司法管辖区域就更难。

此外，在传统法律关系中，由于当事人之间有“必须现实联系”的局限性，当事人的数量一般都是两方。但在互联网上，由于访问网址的随意性，网络活动的社会化程度高，在网络上一个法律纠纷往往涉及众多的当事人，甚至可以达到成千上万，其接触是随机的、不确定的。

虽然传统的司法管辖基础受到诸多挑战，但各国法院仍旧对网络空间发生的种种纠纷继续实施管辖。在新的司法实践中，需要依靠对旧规则的灵活创新，对新规律的发现来解决现实问题。

1）电子商务侵权纠纷的管辖权确定

网络空间中的侵权行为与具体的物理场所之间的联系极具偶然性，因为互联网的空间虚拟性决定了在网络空间中并没有某个实际的地点，以及某种物理位移变化。因此，网络上的侵权地点或范围有时很难确定。

在网上侵权案件中，可把原告所在地看做网络侵权行为地（结果发生地），这样有利于保障权利人的利益，同时在涉外案件中便于国内原告的诉讼，维护国家的主权。由于网络的可交互性，被告可以比传统的侵权行为更方便地指向原告所在地，被告的商业行为试图进入原告所在地，侵害原告权利，可以表明其愿意接受原告所在地法院的管辖。但这种做法麻烦也不少，特别在开放性的网络上侵犯为数众多的原告时，管辖权的确立则困难很大，同时过度扩大涉外管辖权所遇阻力不小。

因此，对于此问题的解决，也有人提出网络侵权行为的管辖权问题应当摒弃侵权行为地主义，而采用最密切联系主义，即一旦发生网络侵权纠纷，与网络侵权有最密切联系地的法院对该案享有管辖权。这种解决方法似乎更能准确地反映网络侵权行为的特征。

2）电子商务合同纠纷的管辖权确定

传统法律中，因合同纠纷提起的诉讼，由被告住所地或者合同履行地法院管辖，或者合同双方当事人也可以在书面合同中协议选择被告住所地、合同履行地、合同签订地、原告住所地、标的物所在地法院管辖。在涉外民事诉讼中，因合同纠纷对我国领域内没有住所的被告提起的诉讼，如果合同在我国领域内签订或者履行，可以由合同签订地、合同履行地法院管辖。然而，网络交易电子合同的签订地的确定却十分困难。当事人往往也不确定或根本不知道交易对方的住所地或交易商品所在地。网络交易中的数字化商品交付（以下载复制的方式完成的，如软件、数字音乐、电子书等）进行合同履行地的确定更为困难。

目前，电子商务纠纷当事人普遍采用的方法就是在电子合同中明确规定管辖权的归属。如果当事人双方并未在电子合同中就管辖权的问题做出规定，可以将网络交易割裂为若干部分确定网络交易的管辖。例如，把网络看做一个传递信息的工具，可将软件传送到的地点视为合同的履行地，该地法院就可取得网络的管辖权。

3）网址与ISP在管辖权确定中的地位

网址在网络空间中位置是可以确定的，其地位类似于居所在物理空间中的地位。它的变更要通过服务提供商来进行，需要一定的程序，所以在特定的时间段内，它是可以确定的。网址拥有人及其住处和网址之间的关系具有相对稳定性，可以查明。网址与物理空间的关联，一方面受制于网址的ISP所在的管辖区域；另一方面受到网址活动（可以是静态的消极活动，也可以是动态的积极活动）涉及其他网络参加者所在管辖区域的影响。在各国针对网络空间的管辖权制度达成新的国际公约之前，任何利用网址单方面进行的管辖扩张只会导致司法实践的混乱。

网络空间与传统的物理地域相比有许多自身的特殊性，因此，网络法律纠纷的管辖权问题应当摆脱传统地域管辖的观念。这可以通过加强国际交流与合作，制定出统一的国际公约，使公民一旦进入网络世界便受制于统一的国际网络公约的约束，以此来解决网络法律冲突的管辖权问题。

目前，美国等国家的法院都将其对网络纠纷的管辖范围扩至域外。我国世界范围网络贸易也发展迅速，我国企业有必要在网上交易时采取防范措施以降低其在他国被诉的风险。例如：①在电子合同中约定解决争议的法院和法律，以避免外国法院主张管辖权的风险；②在网上交易中要考虑对方的所处地区，有可能被置于对方法院管辖的范围内；③考虑在进行网上广告时，避免网络以外的广告促销活动，这可能会成为美国法院对其境外网站主张管辖权的理由；④要提高防范意识，在广告中尽量标明免责事由，规避被其他地域公民起诉的风险。

扩展阅读9-12 卓越“硬盘门”事件引法院管辖权之争

2010年1月，石家庄市李先生以118元的价格，在卓越亚马逊网站购买了两个原价559元的移动硬盘并成功付款，两天后订单被网站单方面取消。李先生向石市裕华区法院提起诉讼，要求卓越亚马逊履行合同并承担违约责任。北京市卓越信息技术有限公司（以下简称卓越公司）向裕华区法院提出管辖权异议申请，请求确认裕华区法院对本案无管辖权。卓越亚马逊网站首页的“使用条件”中，对用户与网站之间的争议有明确约定：任何形式的争议，应提交在北京市有管辖权的法院诉讼解决。因此，卓越公司请求依法裁定驳回李先生诉讼，或将本案移送有管辖权的法院，即该公司所在地北京市的朝阳区法院。

然而，《合同法》规定，作为格式条款的“使用条件”，提供格式条款的一方应当遵循公平原则确定当事人之间的权利和义务，并采取合理的方式提请对方注意免除或者限制其责任的条款，按照对方的要求，对该条款予以说明。但是卓越网从未将“使用条件”条款的内容告知消费者。因此，该条款无效。根据相关法规，因合同纠纷提起的诉讼，可由合同履行地人民法院管辖。依照李先生提供的订单，他在卓越亚马逊购买移动硬盘，采取由卓越网送货的方式，并未明确约定合同履行地。在这种情况下，当事人在合同中未明确约定履行地的，依法应以约定的交货地点为合同履行地。约定的送货地址为石家庄市裕华区，裕华区法院对本案具有管辖权。[资料来源：中国电子商务研究中心（http://www.100ec.cn/）]

课后题

一、复习思考

1. 电子商务的哪些特征容易导致法律纠纷？
2. 简述电子商务法律纠纷中，QQ 聊天记录、电子邮件等是否能作为证据？
3. 电子签名和电子认证都是确认数据电文真实可靠的一种手段，分析二者的不同之处。
4. 第三方支付中容易出现哪些法律问题？
5. 分析如何遏制利用第三方支付进行信用卡套现、洗钱等违法行为的发生？
6. 网络广告涉及的法律问题主要有哪些？
7. 电子商务知识产权纠纷中，主要包括哪些方面的侵权问题？
8. 域名纠纷事件层出不穷，结合实例分析其原因。
9. 作品数字化并上传到互联网后，其原创者是否对其拥有著作权？分析原因。
10. 电子商务交易中，消费者权益主要涉及哪些方面内容？
11. 电子商务企业如何在保护消费者隐私权的前提下，合理采集用户位置信息。
12. 面对网络环境，电子商务征税问题为何不易解决？

二、问题讨论

1. 通过互联网搜索电子商务市场问题投诉、诚信状况，以及针对诚信问题采取的解决方案等相关数据和资料，结合下面案例，分析交易双方诚信互动在电子商务发展中的重要地位。为了维护电子商务信用，除了从技术、道德等方面采取措施之外，探讨如何从法律的角度对导致信用缺失的因素实施遏制。

案例：

近年来，电子商务在全球贸易市场上异军突起，并已经深入到经济社会中的各个角落。电子商务在发展过程中，不可避免地出现了一些问题，如虚假交易、假冒行为、合同诈骗、网上拍卖哄抬标的、侵犯消费者合法权益等各种违法违规行为屡屡发生。这些现象在很大程度上制约了我国电子商务的快速、健康发展，随着电子商务在全球范围内的兴起，我们如不尽快改变这种传统的交易方式，将会失去更多的市场份额和竞争优势。特别地，通过各种手段从根本上解决在电子商务中的诚信缺失问题，建立我国电子商务信用管理体系，为电子商务的发展营造一个较为宽松的信用环境。

由于消费者同电子商务企业通过网页交流，双方很难有面对面直接沟通的机会。对于彼此的信任一般都是通过感受和体验等比较初级的手段，并没有成熟的体制或者适合的载体来支持开放性的真实信息的传递。于是，消费者无法准确地知道经营者的信用状况，只能凭借着自己的经验和判断进行消费；经营者无法完全地了解消费者的真实程度，只能遵循着对方的需要和要求实现销售。

信用体系中的信息安全技术相当重要。随着 B2B、B2C 和 C2C 等商务交易模式的深入发展，网络信用安全已成为制约网络经济发展的瓶颈。通过建立信用信息安全管理规范，严格规定信息管理、发布、交换、查询的管理权限、审批流程、传递方式、密码管理、保密规则，保证企业及个人信息的安全、可靠、有效。建立完善的信用体系必须不断加强网上安全认证技术的开发和应用，如数据挖掘技术的开发、信息安全技术的开发、信用系统数据平台建设、数据仓库的整合与数据采集（建立基于统一格式和智能化的数据仓库系统）以及制定政府信用相关数据和信息的采集、交换和存储标准、电子签章、CA认证等服务体系。

斐贝国际菲玛特商城B2C2C模式解决了传统网店店主要自己进货、推广、物流等一系列繁琐的瓶颈问题，该模式的创新并不仅仅是让消费者省钱那么简单的“精明消费”，而是让消费者“既是消费者，又是店老板，还是广告商”，商家的产品销售更多地依赖于消费者的口碑宣传，这就为消费者的网购行为带来保障。从这个意义上说，菲玛特商城搭建了一个网购的信用桥梁，构建了一个更透明、更安全、更和谐的网购环境。[资料来源：千龙网（http://www.qianlong.com/）]

2. 许多医疗机构都将患者的个人信息与医疗记录数字化，并在某一区域内实现互联网共享。分析应该采取何种措施来保护患者的隐私权？另外，如何在隐私权充分保护与技术成本、信息存取速度和便利等方面之间取得均衡？

3. 近几年，我国电子商务诉讼数量逐年增多，这与电子商务交易数量迅速增加和消费者法律意识提高相关。根据本章讨论电子商务法律问题，寻找4～5个不同主题的典型案件，分析这些案件的结果与影响。

三、实践训练

1. 通过互联网收集与我国电子商务法律问题相关的信息，总结电子商务交易中典型的欺诈类型，并给出合理的防范措施。

2. 选择2～3家知名电子商务网站，比较分析各商务网站用户协议的异同。在互联网上搜索各网站涉及的各种法律纠纷、解决措施、策略制定、整治手段等信息，总结这些电子商务网站面对各种法律问题的经验和教训。

10　电子商务行业应用案例分析

本章内容要点：随着电子商务的飞速发展，我国各行业也竞相发展本领域的电子商务，以求在低成本的基础上实现差异化营销，更好满足消费者日益多样化的需求。本章结合相应案例分别对珠宝、食品、家电、物流、旅游、钢铁、医药、化妆品等行业的电子商务进行分析。

学习引导案例

中国行业电子商务发展

随着我国互联网的深入发展和各行业信息化建设的推进，电子商务今年继续保持着高速增长。传统的中国制造模式暴露出产品同质化、恶性价格战和低附加值等问题，而价格优势其实只是电子商务的小优势，电子商务更大的独特价值在于低成本实现差异化，进一步在提价竞争中为消费者带来更高需求的满足。

目前，按照中国电子商务研究中心的划分，我国传统工业B2B商业模式主要有两大类，行业资讯服务和在线大宗交易服务，通过大型央企和第三方大宗商品交易服务平台，联系上、下产业链，形成产业集群。行业资讯服务类模式的典型企业主要有我的钢铁网、中国化工网、中国制造网等。行业电子商务网站资讯侧重商情和价格动态，并为客户量身定做提供个性化服务的专业权威资讯，还有以在线大宗交易服务为主的行业电子商务模式。行业电子商务网站都将收取交易佣金作为自己的核心业务收入。目前国内绝大多数行业电子商务网站主要作用是搭建起买卖双方的洽谈桥梁，发展方向是实现为贸易双方提供交易中介服务，包括网上采购与拍卖、贸易撮合、资金结算及物流仓单等，并利用网络特点促进买卖双方的交易达成。传统工业领域，我国B2B电子商务发展迅速。数据显示，我国B2B电子商务服务企业上半年达10 200家，同比增长24%；B2B电子商务交易额达到2.6万亿，同比增长26.8%。

我国各行业整体呈现出纵深化发展趋势，所涉及领域包括医药、保险航空、汽车、生活服务消费、房地产、金融、物流、教育等众多社会经济领域。另外，在外贸领域，小额批发市场仍保持着高速的发展，是最大的亮点。电子商务之前带来的行业产业链的高效整合正逐渐走向各行业之间的价值链整合，通过互联网，传统工业和金融业及服务业等开始交叉融合、互相推动。［资料来源：新浪科技（http://tech. sina. com. cn/）］

随着信息技术的发展，电子商务应用突飞猛进，成了各行业企业发展自己的有力工具。《国务院办公厅关于加快电子商务发展的若干意见》（国办发［2005］2号）明确表示，电子商务是国民经济和社会信息化的重要组成部分。中共中央办公厅、国务院办公厅印发的《2006～2020年国家信息化发展战略》把电子商务行动计划纳入我国信息化发展的战略行动，要求大力推进电子商务。

10.1　电子商务助力石头记塑造企业文化

1. 公司基本情况

石头记孕育于20世纪70年代，当时，台湾的经济慢慢起飞，尤其是繁荣的玉器加工业，一度占据了世界80%的市场份额。1983年，苏木卿揣着台湾成功大学工商管理学士学位到兄长的作坊“打工”，1986年，成立仅仅三年的台湾园艺珠宝有限公司，资产达到台币2400万元。20世纪80年代末，台湾经济泡沫破裂，园艺珠宝有限公司20年的积累几乎被耗尽，苏木卿选择了到内地发展，成为最早到内地投资的台商之一。

1990年，苏木卿在广东东莞以100万元创办了广州园艺有限公司，并在三年时间内完成了资本原始积累。1998年起石头记联销专卖店风起云涌，如雨后春笋遍布全国，截至2011年，在统一的服务规章下已拥有超过1200家的专卖店，分布在全国30多个省市的重要地点，拥有高水平的专业服务人员10 000多人，构成了一个强大的服务网络。2003年起，石头记启动长程投资方案，投入巨资创办“石头记工业园”，目前园区已实现计算机化管理，成功导入ERP及电子商务系统，成为中国宝玉石界率先导入智能化网络管理的企业。

2. 网站功能框架

网站功能框架包括：

（1）首页：网站的入口，发布每日最新、最重要的信息（图10-1）。

（2）产品信息：按类陈列展示石头记的各种产品信息，支持产品搜索功能。

（3）企业文化：让消费者深入了解各种石头的详细信息。

（4）服务支持：在线答疑、常见问题解答、维修说明，从而为消费者提供了良好的服务。

（5）加盟专区：专卖店之窗、加盟政策、标准店面系统，为行业间提供交流平台，洽谈业务。

（6）石头记矿物园：了解企业的发展历程、企业文化以及相关的各类信息。

（7）网上商城：如 QQ 商城、淘宝商城等。

图 10-1　石头记网站首页

3. 石头记电子商务模式

石头记的电子商务平台和TIPTOP（ERP）系统的良好整合构建了石头记企业信息化的重要部分。系统间的无缝整合保证了企业内部数据和外部数据的永久一致性。不仅如此，石头记的电子商务平台通过面向服务的体系结构（SOA），使用Web Service集成技术实现了与SAP、易飞等ERP系统的成功集成，使得企业成功实现B2B。

石头记采用的是易桥电子商务平台，其成功上线是企业信息化的重要步骤，它不仅实现了电子化管理、物流信息管理、产品价格信息共享，同时也提升了公司在业内的知名度。在全球信息化的浪潮中，电子商务技术迅速发展，其强大的供应链管控功能使企业能够有效地掌握自己在供应链中的位置，挖掘企业在供应链中的潜在价值，从而促进了企业科学有效地发展。

石头记作为B2B网站，它的很多做法都开创了宝玉石界的先河。真正的电子商务实质是企业经营各个环节的信息化过程，代表了企业信息化的最高阶段。这样不仅缩短了时间与空间的距离，实现了上下游之间的信息共享，还将企业内外部关系转化为创造价值和开发市场机会。因此，无论从整合内部资源、提高管理水平，还是从建立客户服务网络系统、开展市场营销来看，它都可以称得上是一有力工具。

随着我国网民的大幅增长以及网民、企业对于电子商务态度的转变，网站和电子商务正成为越来越现实的盈利途径。由此可以预见我国电子商务行业蓬勃的发展前景。[资料来源：石头记官网（http://www.famoustone.com/）]

问题讨论

随着电子商务时代的到来，如何在企业经营和管理中成功应用电子商务，对众多企业家而言迫在眉睫。请结合案例分析：

（1）B2B电子商务平台一般提供哪些功能？

（2）企业怎样能够做到将电子商务与企业信息化更好地整合，并写出一份1000字的简要报告。

10.2 电子商务土壤催生休闲食品黑马“黄飞红”

山东欣和企业开发出的休闲食品“黄飞红麻辣花生”，是一款很简单的产品，由主料花生以及辣椒、花椒等配料加油烹制而成，但它却成为中国休闲食品行业最强劲的黑马之一，2011年的销售额达到了2亿。自2008年上市以来，黄飞红每年的销售额都是以翻倍的速度在增长着。黄飞红麻辣花生在销售额快速增长的同时，纯利润也保持在10%左右。它还引来了众多的模仿者，大到传统休闲食品公司推出雷同产品，小到手工作坊产品，开辟了一个全新的麻辣花生的市场空间。

欣和企业创始人兼董事长孙德善在几年前可能也想不到，一个做调味品起家的公司竟然能在竞争异常激烈的休闲食品领域建立自己的地位。早在约10年前，孙德善就有利用山东的花生资源来开发产品的想法，黄飞红的名字也在那时诞生，但是这个品牌在往后几年里一直没有取得大的突破。川菜近几年在全国的流行启发了黄飞红的策划团队。"我们看到麻辣口味被全国大多数人所接受。"欣和企业事业部总监姜文博说，"恰好麻辣花生这个品类之前在市场上没有出现过，是一个很好的市场空隙。"经过多次口味调试，麻辣花生的味道确定下来。欣和投入了约4000万元为黄飞红麻辣花生研发出了一套专用设备来实现标准化工厂生产。这套设备的独特之处是其浸渍工艺和脱油工艺。

姜文博认为，在众多休闲食品中取胜的关键往往在于细节的完善，这同样体现在原材料的选取上。黄飞红麻辣花生选择的花生原料精确到每盎司28～32颗，即大小均匀的每颗花生重量约为一克。欣和在包装上也颇费心思，推出了70克、110克、210克三种规格的包装来让用户根据食用场景选择，70克为单人设计的包装；110克为两三个好友分享装；210克则适用于家庭或者办公室场合集体食用。同时，在2008年的物价基础上，保证了210克包装的价格控制在大多数消费者不会认为昂贵的10元以内。基于休闲食品分享的性质，210克和110克包装的销售更为火爆，例如，卓越亚马逊2011年年中快速消费品销售10强榜单中，210克和110克包装的黄飞红麻辣花生同时入围，分别排在第三和第六。图10-2所示的是黄飞红麻辣花生系列产品。

另一个有利的外部条件是电子商务的兴起。黄飞红麻辣花生从推出到热销的时间段恰好与电子商务飞速发展的时期吻合。电商平台为黄飞红提供了更快速接触消费者和更低成本的渠道。"以1号店为例，2008年我们的产品在1号店销售，代价仅仅是送几十箱货。"姜文博说，"彼时双方都在初创阶段，属于互相提升价值的共赢关系，因此不需要高价买进广告位。"随着1号店知名度提升，黄飞红也成为畅销产品，按照销量1号店平台也会自动推送黄飞红的图片和链接到首页。

由于早期经费的控制，欣和几乎没有为黄飞红做过广告，其做法是放权经销商，由他们在最低定价的基础上去做促销等活动。现在，黄飞红在全国主要的城市都有至少一个经销商，在北京、上海这样的一线大城市还有多个经销商，全国经销商总数超过200个。经销商们将黄飞红的产品分销向各大电子商务平台、淘宝的无数个店铺、传统超市渠道和遍布于街头巷尾的夫妻店。在电子商务平台的率先热销也吸引了传统超市渠道的采购方。现在，黄飞红已经成为家乐福等超市

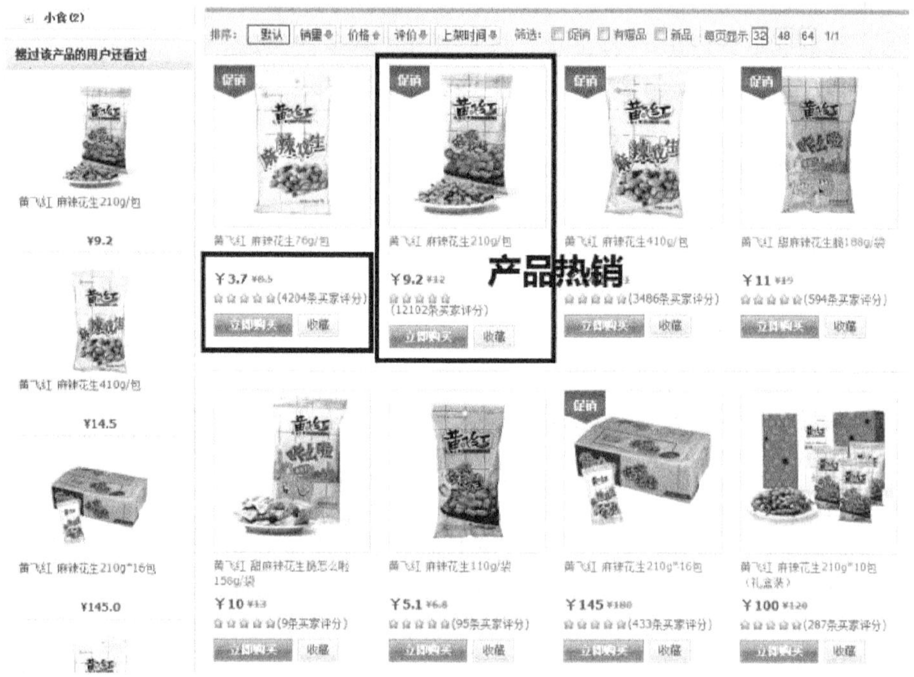

图 10-2　黄飞红麻辣花生系列产品

的“敏感价格商品”——大卖场往往会对销量大的商品保持密切关注，一旦竞争对手降价，就要相应做出应对措施。[资料来源：中国电子商务研究中心(http://www.100ec.cn)]

问题讨论

开展网络营销是现代企业的必修课，尤其对产品定位的分析上，更是决定营销成败的关键，一般都要经过各方的调查和长时间的观察、研究，确立产品的研发动向，最后才能做好一种符合市场需求的产品。网络时代，人类对于产品的要求也是千变万化，求同存异是人们永远的心理，鉴于市场的这种情况，应该迅速准确地找到顾客。请结合案例分析：

(1) 如何准备定位电子商务产品。

(2) 电子商务环境下的定价策略和传统渠道有什么不同？

(3) “黄飞红”是如何利用网络渠道推广自己产品的？

10.3 小熊电器：线上授权创造新市场

竞争激烈的小家电行业，要想立身扬名并不是一件容易的事情。在传统渠道发展并不如意、品牌打造屡险困境的时候，小熊电器选择了一个新的市场——电子商务市场图 10-3。

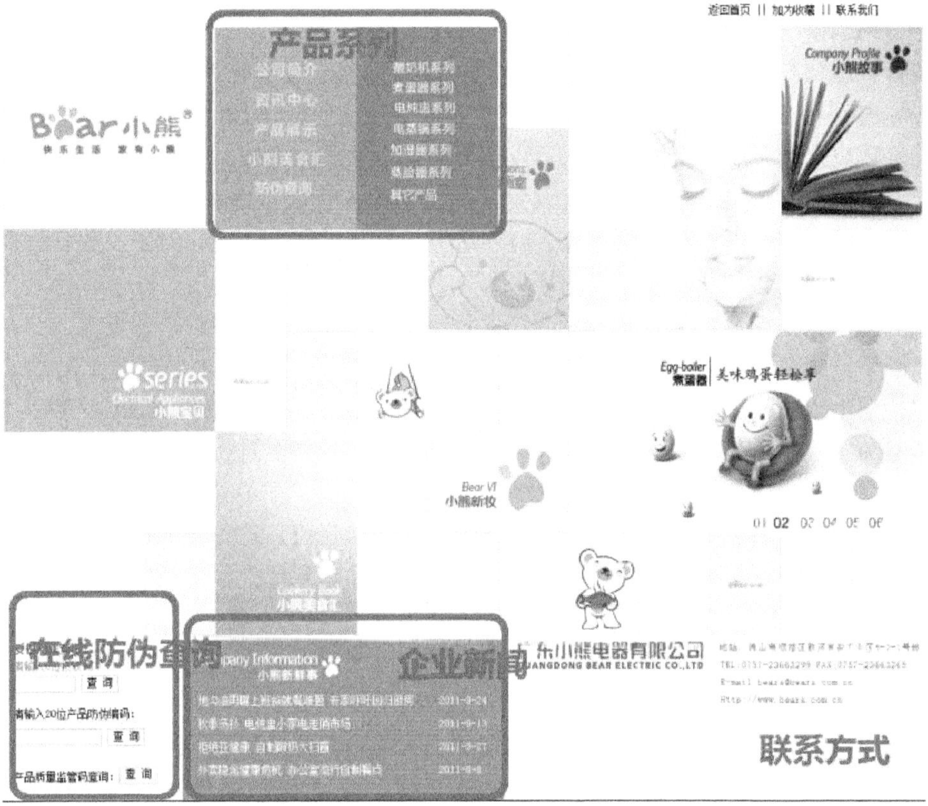

图 10-3 小熊电器企业网站首页

2005 年，李一峰离开工作多年的公司，在身边朋友的鼓励和建议下，开始自主创业。终于，经历近两个月的设计和研发，新产品“酸奶机”研制成功，同时获得了两项专利。也就在那一年，李一峰创办了小熊电器。由于线下渠道推广成本太高，产品的投放一度受阻。屡屡碰壁的他最终发现这种具有创意时尚元素的酸奶机系列产品在传统销售渠道是走不通的。就在对产品销售迷茫之时，友人的指点让他茅塞顿开——网络营销，他开始转战新兴的电子商务市场，用阿里巴巴诚信通和淘宝作为电子商务平台进行推广和销售，成本低、收益高。果不其然，由于产品极具个性、时尚又有新意，一经推广，受到了网购一族的热捧，极大激发了李一峰“将电子商务进行到底”的雄心壮志。

2006年，小熊电器全年的销售额达到600万元。此后短短的三年时间里，小熊电器员工人数从最初的3人一跃升至300人，不断创新产品和经营理念，基于电子商务平台，小熊电器可谓发展惊人，销售量保持每年100%以上的增长速度。2009年，小熊品牌在淘宝网上的交易额达到1亿元人民币。

生意做得越红火，就越会出现一大批“攀亲带故”的不良商家和企业，纷纷以不正当手法抢夺这块“诱人的蛋糕”。2008年左右，小熊电器开始主动承担起经营管理任务，包括在包装的区分上进行双重防伪、条码管理，打击假货市场。2009年，小熊电器入驻淘宝商城，当时的产品在淘宝上的销售参差不齐，乱货乱价现象严重。鉴于此，小熊电器以官方名义入驻淘宝商城，利用创新手法整合线上渠道。小熊电器在其官网上设置正品防伪码查询，从源头上杜绝假货市场。在淘宝网上，小熊电器是第一家进行网络分销授权的家电厂商，对于小熊官方制定的经销商提供“线上授权防伪证书”。

如今，小熊电器的正式网络分销商已经达到200多个。签约小熊电器成为正式网络分销商的卖家，其级别要求是3钻以上，每月最低订单量的要求是3万元。网上很多淘宝卖家依靠代理分销小熊产品，且很多产品热销（图10-4）。为了避免与线上分销商发生直接冲突，官方旗舰店在价格上进行了合理的调整，零售价大约比分销商高20%（注：旗舰店的商品售价包含快递费用）。“导入广告、新品展示、了解客户”是李一峰对于旗舰店的功能定位。这种线上授权模式一改往日传统企业进军电子商务后大规模“山寨”产品出现扰乱市场秩序的不规范现象，也为其他进军电子商务市场的传统企业提供借鉴和参考。

电子商务比传统生意更敏捷，可以在很短时间内完成很多调整。电子商务要求小熊做到比传统营销更快的反应机制。小熊电器开始系统规划自己的电子商务步伐。目前，小熊电器的旗舰店月均营业额在40万元左右，运营和客服人员约10人，规模虽然不是很大，但是却为小熊电器提供了一个与最终消费者直接沟通的宝贵渠道。但是在李一峰看来，电子商务给企业创造的是一个新的市场，但这并不意味着放弃传统市场，这不是转战，不是替换。[资料来源：小熊电器官网（http://www.bears.com.cn/），人民网（http://it.people.com.cn/）]

问题讨论

电子商务的兴起使得企业所处的商业环境发生了根本变化，企业只有主动进行战略变革才能继续在新的商业环境中生存和不断发展。然而，互联网环境下组织内外各种因素综合影响的不可预知性和难以控制性都增加了电子商务与组织融合的

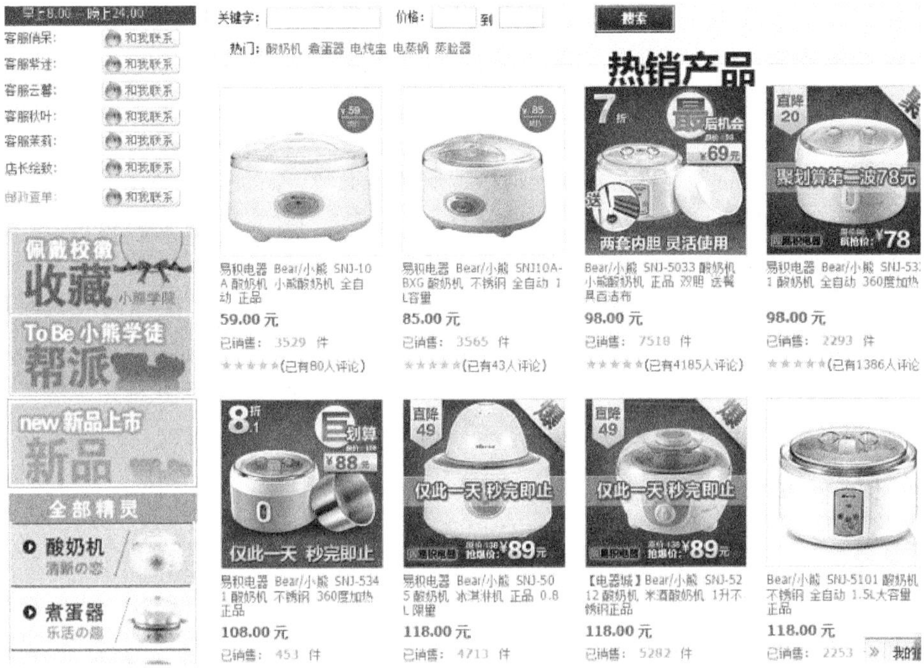

图 10-4 小熊电器淘宝商城热销产品

难度，80%的企业投入大量资金进行电子商务建设却收效甚微。请结合案例分析：

（1）小熊电器为什么选择网络营销？与传统营销相比，具有哪些优势？

（2）电子商务网站设计应注意哪些问题？

（3）分析小熊电器电子商务的战略规划和定位，并写出一份 1000 字的简要报告。

10.4 中铁快运电子商务案例分析

1. 企业简介

中铁快运股份有限公司（简称“中铁快运”）是铁道部直属大型国有专业运输企业，在国家工商行政管理总局注册，注册资金 26.93 亿元。公司在全国设有 18 个分公司、8 个子公司，在全国 683 个城市（含县、区）设有 2004 个营业机构，门到门配送服务网络覆盖 896 个城市（含县、区）。

中铁快运承担全国铁路行李包裹运输工作，通过铁路客车行李车、快运货物专列、汽车等运输方式和遍及全国的经营网络，为客户提供全国铁路行李包裹运输服务，全国 1000 个主要城市门到门快运服务以及包装、仓储、配送等全程物流服务。公司拥有全国铁路行包运输资源，负责全国铁路行李车和行邮、行包快运专列经营管理。

公司与很多国际知名物流企业建立了业务合作的关系，国际业务网络覆盖世界200多个国家和地区。公司确定包裹快递、快捷货运、合约物流、国际业务四项核心业务产品，建立了集运送时限、服务标准和产品价格为一体、分梯次的服务产品；为客户提供货物信息跟踪与查询、包装、仓储、加工、运费到付、物流方案设计与咨询等增值服务。公司具有铁路行包快递运输网、快捷货运网、公路运输网、航空运输网、配送网、经营网、信息网、仓储网、国际网“九网集成”网络资源优势，形成了以铁路运输为主、公路和航空运输为辅的综合运输服务网络体系，以及具有安全、准时、快捷、经济、全天候特点与独特竞争优势的物流和快递服务网络。

2. 中铁快运实现电子商务

电子时代，商务四海，物流八方。电子商务的飞速普及给传统的物流行业带来了巨大的冲击，如果不顺应时代的要求就只能被淘汰。为了使物流能更好地为顾客服务，物流必须配备先进的物流技术，实现网络化发展，否则就只能退出市场，中铁快运作为中国物流百强企业很自然地实现了物流的电子商务发展。

进入中铁快运的主页，你可以随时查询货物所处的位置及到达目的地的确切时间，同时你还可以看到公司的特色产品与服务，包裹快运、货物信息跟踪、快捷货运、运输解决方案、合约物流、货物运输方案、国际业务、安全保障服务及VIP客户服务、电子商务等业务，顾客不满意的还可以进行网上投诉(图10-5)。

3. 中铁实现电子商务后主要解决的问题

(1) 对货物的跟踪控制。在电子商务环境下，可以知道货物现在所处的位置以及到达时间。

(2) 客户关系管理的改善。通过网络，客户可以随时跟中铁的客户服务中心联系，还可提出自己的意见。对企业来说，不仅提高了与客户的关系，还可知道顾客心中的想法。

(3) 降低了运作成本。利用网络，可以降低仓储、运输成本，节省物流费用。

(4) 时效性增强。通过网络及现代化的物流配送技术可以大大减少配送时间，减少顾客等待时间，提高顾客满意度。

(5) 个性化、供需双方建立长期的战略合作伙伴关系、以现代信息技术为基础、业务规模化等。[资料来源：中铁快运（http://www.95572.com/)]

图 10-5 中铁快运网站首页

问题讨论

理论上电子商务可以串联起世界各地的买卖双方，缩短交易时间和空间，而物流则必须实实在在地完成货物的转移。随着电子商务被越来越多的消费者接受并成为习惯，对物流也提出了更高的要求，从某种角度来看，物流常常决定消费者的体验，决定了有没有下一单生意。因此，很多行业网站选择与物流企业建立战略联盟的方式互相捆绑，以此来提高物流服务质量，有的大型电子商务企业甚至试图建立自己的物流体系。未来行业网站要将物流供应链网络作为整体电子商务解决方案的一部分，将物流渠道、商流渠道及信息流渠道进行捆绑，实现真正的融合，渗透到电子商务企业的各个环节。请结合案例分析：

（1）物流行业和电子商务行业是如何相互影响的？

（2）中铁快运进军电子商务的经营理念和目标市场是如何确定的？

10.5 旅游电子商务整合 Web 2.0 营销：同程网分析

1. 企业背景

同程网（苏州同程旅游网络科技有限公司）创立于 2004 年，总部设在中国苏州，目前员工 1500 余人。经过数年在旅游在线市场的成功运作，同职网已成为国内最大的旅游电子商务平台，也是目前中国唯一拥有 B2B 旅游企业间平台和 B2C 大众旅游平台的旅游电子商务网站。

1）同程网（www.17u.cn）

中国最好的一站式旅游预订平台之一，网站拥有国内最全的旅游产品线（图 10-6），提供国内 20 000 余家及海外 100000 余家酒店预订，覆盖全国所有航线的机票预订、5000 余家景区门票预订、全球热门演出门票预订、200 多个城市租车预订、境内外品质旅游度假预订。提供互联网预订、手机无线预订和电话预订，网站秉持“有保障的低价”原则，在行业内首创“先行赔付”和“点评返奖金”等特色增值服务，成为目前中国增长速度最快的旅游预订平台。

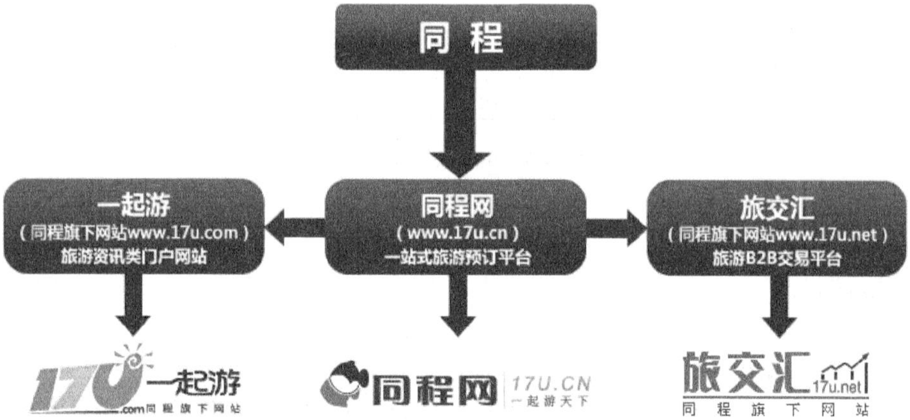

图 10-6 同程网产品线

2）一起游（www.17u.com）

中国最大的旅游资讯类门户网站，为超过 1000 万会员提供真实可信的出行指南和旅游资讯。网站形成了以旅游攻略、点评、问答、博客为特色的旅游社区，为旅游者提供全球上千个热门目的地官方旅游攻略。100 万篇驴友原创游记攻略，超过 300 万条以上高质量旅游点评与问答，正在成为国内旅游者安排旅游行程及分享游后体验的首选网站。

3）旅交汇（www.17u.net）

中国最大的旅游B2B交易平台，为包括旅行社、酒店、景区、交通、票务代理等在内的旅游企业提供专业的交易、交流和信息化管理服务，目前拥有注册旅游企业会员14万余家，其中VIP会员10 000余家，被誉为永不落幕的旅游交易会。目前基于SaaS平台的旅行社、酒店、航空软件用户遍布全国，市场占有率超过70%，正在成为国内旅游信息化的标准软件。

2. 目标市场

“国内最大的旅游电子商务平台之一，也是目前中国唯一拥有双平台的旅游电子商务平台。”两个平台的运营目标客户不同，战术方法不同，自然战略定位也不同。同程网的目标定位在B2B和B2C，也就是同程网所说的行业商务和社会商务。

（1）同程网的行业商务。同程网是中国最大的旅游交易平台，其搭建了包括旅行社、酒店、景区、交通、票务在内的近10万余家旅游企业间的信息、交易平台，在全球中文旅游网站中排名前三，旅游B2B交易网站排名第一。

（2）同程网的社会商务。同程网在2005年正式启动大众旅游市场，向超过300余万注册会员提供包括在线酒店机票预订、景区门票折扣与预订、旅游线路比价搜索、特惠餐馆、旅游资讯及博客服务在内的全方位旅行及旅游相关服务，并成功打造成为以旅游点评、旅游问答、旅游询价、旅游博客为特色的Web 2.0时代的新旅游旗帜网站。

3. Web 2.0模式助力旅游电子商务

2007年同程旅游网完成了一次彻底的改版。改版之后的同程网将实际的旅游产品，如线路、酒店机票、门票等，与时下正流行的Web2.0模式成功结合，创造性地建立了一种新型的旅游门户网站。致力于为出行者提供最贴心服务的同程旅游网，不同于传统的旅游资讯网站，不同于时尚的旅友出行社区，也不同于纯粹的在线预订网站，而是三者合理的结合与发展。

在资讯方面，同程旅游网摒弃了原始的资料添加和堆积，更多地利用了网友的自主分享，极大地实现了互动式的资讯和信息传递。在网友体验上，同程旅游网则专注于旅游博客的建设，目前已经成为中国最好的旅游博客服务商，为网友记录旅游经历、分享行走感悟、帮助更多人出行提供了非常好的平台支持，尤其是旅游博客大赛的成功开展，更是大大推动了旅游信息的分享和传播，让网友获得最大的满足。在产品预订上，同程旅游网更是充分发挥了其在旅游B2B电子商务上的领先优势，尽力展示推广数千个旅游企业的实际产品，这一突破为同程旅游网建立了一个非常好的行业壁垒，使得其他同类网站的模仿拷贝永远无法落实到最终的服务上（图 10-7)。[资料来源:同程网（http://www.17u.cn)，阿里余杭（http://www.aliyh.com/)]

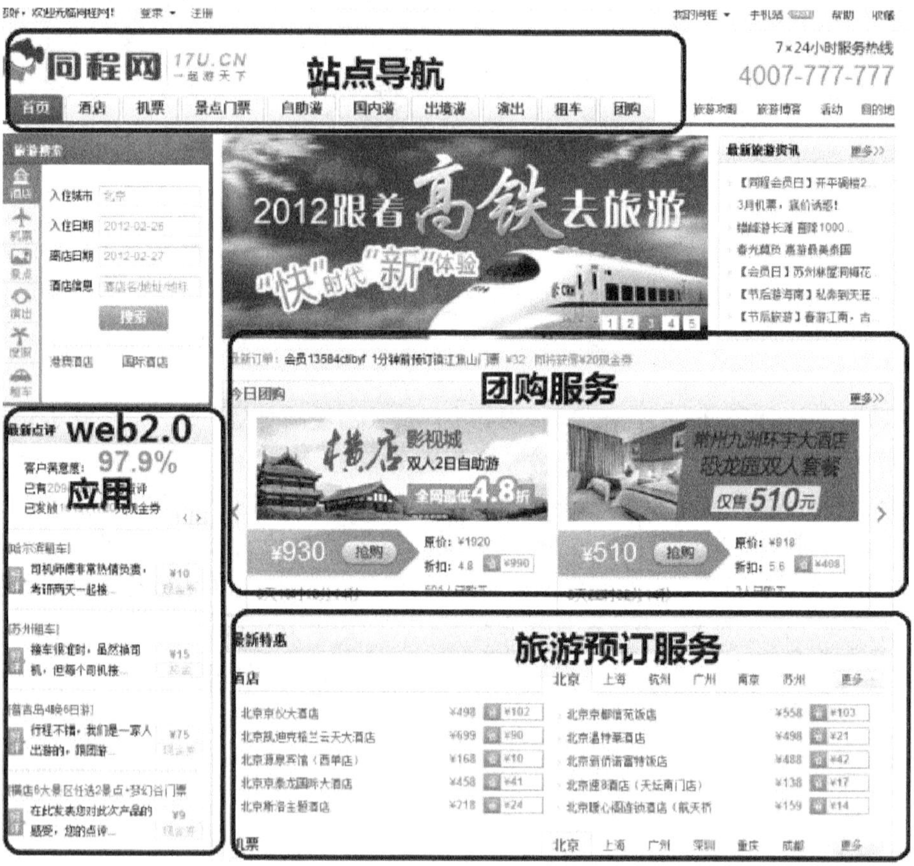

图 10-7 同程网网站首页

问题讨论

随着技术创新和应用水平的提高以及其他相关技术的发展，电子商务网站应用将向纵深挺进，新一代的电子商务将浮出水面，取代目前简单地依托“网站+电子邮件”的方式。电子商务网站将从网上商店和门户的初级形态，过渡到将企业的核心业务流程、客户关系管理等都延伸到互联网上，使产品和服务更贴近用户需求。请结合案例分析：

(1) 试阐述 Web 2.0 的主要特点及相关技术。
(2) 如何将 Web 2.0 技术与电子商务网站相结合？
(3) Web 2.0时代的电子商务模式具有哪些优势？

10.6 B2B钢铁交易平台网站分析：你的钢网

1. 企业简介

作为中国最大的钢铁商圈，广州钢铁交易中心是广东省重点扶持的现代流通业和电子商务龙头企业，位于广州开发区科学城，规划占地 500 亩（一亩＝666.67 平方米），配套有华南地区最大的钢铁加工物流中心，是广州最大、最专业的钢铁交易市场，将电子商务和传统钢铁行业有机地结合在一起，形成钢铁营销新业态。

“你的钢网”是广州钢铁交易中心旗下大型钢铁现货交易平台，致力于为全国钢铁行业提供全方位现货在线交易、钢铁产品资源发布、企业品牌宣传推广、求购信息汇总展示、企业商务服务、钢材价格行情走势、国内国际钢材资讯及钢铁远期电子交易，并配套有大型仓储、剪切加工、运输配送、金融质押等一站式服务。

“你的钢网”钢材超市是广州钢铁交易中心与联盟仓库、银行系统合作，共同搭建的一个拥有真实库存数据的钢材在线交易平台，所有的货物信息都来自于仓库进销存系统，无需手工录入，买卖双方交易资金通过银行在线结算完成，买方无需担心货物的真实性，可放心便捷地买到所需钢材，从而使企业降低了采购成本，提高了采购效率，有效地解决了钢材贸易商在现货贸易中遇到的付款先后、违约、交货品质保证等常见问题。

2. 网站架构

“你的钢网”作为目前国内唯一一家以交易为根本业务模式的电子商务平台，不仅模式领先，而且正在真实地实现交易。目前，其日均 5000 吨的交易量和300 万吨的日均挂货量，已经足以彰显其中国最大钢铁现货交易平台的称谓。这便是“你的钢网”存在的最根本意义。同时，交易也是其根本价值的体现（图10-8）。

“你的钢网”拥有四大行业领先的核心业务：一是钢材超市，海量真实的现货资源，更有大型钢厂入驻；二是钢付通，即成熟的钢铁大宗交易第三方支付平台；三是钢铁金融，为商户提供在线托盘与在线代理订货等相关钢铁金融服务，目前与数十家银行达成战略合作；四是仓储联盟，整合全国钢铁供应链体系，挖掘供应链价值，使货物实现真实在线销售，从而实现交易与物流的完美结合，为用户带来更多的客户，创造更高的附加值。

图 10-8 “你的钢网”网站首页（部分）

3. 核心优势

纵观整个产业链，上至钢厂，下至钢贸商与终端用户，他们之间最核心的利益纽带是“真实交易”。事实上，企业谋求升级和转型，寻找出路，这对钢铁行业来说是一个老生常谈的话题。早在 2001 年，中国钢铁工业协会就联合宝钢、鞍钢、武钢等 12 家特大型钢铁企业组建了电子商务公司，搭建了电子商务网站，并逐渐开展了网上采购、网上招标、网上议价、交易信息服务等业务。然而，钢铁行业电子商务走了近 10 年，真正能够促进交易或实现真实交易的，则少之又少，几乎找不出一家典型的代表。

目前，“你的钢网”与包钢、马钢、湘钢、唐钢等近 30 家大型钢厂联手，打造钢厂大卖场，提供海量现货供应资源。而“拍拍钢”钢材实时在线竞拍业务，更是创造了全国唯一的、实时在线的钢材竞拍销售模式。据悉，钢材竞拍举行了 50 多期，已经吸引了 500 多家钢贸商与终端用户长期参与每一期的钢材竞拍活动。

“你的钢网”能够实现在线的真实交易，得益于全产业链的整合。2011 年，“你的钢网”推出的“钢付通”正式上线，解决了 10 多年来制约钢铁电子商务发展的大额支付与税票问题，标志着中国钢铁电子商务又向前迈出了一大步。通过钢材超市、仓储联盟、钢铁第三方支付平台、钢铁金融等核心业务，“你的钢网”已经成功实现了完全在线的现货交易流程，但这种模式为我们整个钢铁行业的发展带来强大的新的推动力量。

另外，在整个钢铁行业产业链中，钢铁贸易商是最具活力的，推动着整个市场向前发展，是实现行业流通的核心角色。只是随着融资环境恶化、利润受到严重挤压等多重影响，钢铁贸易商正在积极谋求变革与转型。在买方市场的现实背景下，钢厂同样需要谋求更多主动的销售渠道。基于此背景，以促进交易为核心目的而经营发展的“你的钢网”将会顺应行业市场变革的需求，为钢铁行业的健康发展，多方共赢做出更大的贡献。[资料来源：你的钢网（http://www.usteel.com/），中国电子商务研究中心（http://www.100ec.cn/）]

问题讨论

行业电子商务网站（简称行业网站）是面向国民经济中某一个或多个行业，以互联网为主要平台，为企业提供电子商务服务的经营性网站。2010 年末，我国 B2B 电子商务成交额达 3.8 万亿元，其中中小企业占比最大，达到 3.28 万亿元；行业电子商务服务企业达 9200 家，显示出行业电子商务发展的勃勃生机。如果说综合网站覆盖面广，那么行业网站就是专和深，它集中全部力量打造专业性信息平台，创造了许多独具特色的服务内容和盈利模式，这能为企业提供更多的增值服务。行业网站是电子商务服务业的重要组成部分，也是普及深化电子商务应用的主力军。

伴随着我国电子商务竞争的日益激烈，用户需求日渐多样化，市场日渐行业细分化，这就要求行业网站不断提升服务质量、增强用户体验，并通过差异化战略来实现对用户的吸引，从而提升网站的市场竞争力。请结合案例分析：

（1）“你的钢网”利用电子商务平台提供了哪些特色服务？

（2）“你的钢网”如何提升网站竞争力。

10.7 “中华粮网”电子商务案例分析

1. 公司背景

郑州华粮科技股份有限公司［中华粮网（http://www.cngrain.com/）］是由中国储备粮管理总公司控股，集粮食 B2B 交易服务、信息服务、价格发布、企业上网服务等功能于一体的粮食行业综合性专业门户网站。中华粮网初办当年在全国主要粮食产销区设立了 50 多个二级网站和信息工作站，免费向用户提供信息服务，是全国粮食行业最早、最具规模的专业网站之一。其定位是：为深化粮食流通体制改革服务、为粮食企业生产经营服务、为粮食流通市场化国际化服务。

中华粮网创建以来，以为粮食行业广大用户提供全面、真实、及时、准确的信息服务为重要目标，通过准确的定位、稳健的运作、优质的服务在业内树立了良好的形象。中华粮网拥有一支遍及全国主要粮食产销区的资深撰稿人和报价员队伍，设立有各类信息栏目 200 余个，每天及时发布海量的国内外粮油市场、政策、价格、供求等相关信息约 1000 余条，约 20 万字；每周为各地粮食贸易和加工企业发布供需意向信息 500 余条；中华粮网全年发布的粮食市场周报、月报、季报、年报等分析性报告超过 100 期（份）；为满足全国数万家粮食行业用户的需求，中华粮网还推出如短信、《粮网资讯》、专家论坛及个性化咨询报告等多种服务手段，设立了众多特色精品栏目，为粮油企事业单位掌握市场变化提供了全方位的信息支持。中华粮网凭借粮食行业信息的权威性、多样性和实用性，累计发展各类注册用户已超过 8.5 万家。

“中华粮网”与其他涉农类网站相比，有着其独特的优势。首先具有区位优势，河南是全国重要的粮食主产区、商品粮基地，从事粮食业务的机构众多，对粮食信息及相关服务需求旺盛。其次具有政策优势，中华粮网依托中国储备粮管理系统及各地粮食批发市场体系，获得了广泛的客户资源和业务支持。最后，中华粮网拥有一支以留学归国人员为主体的人才队伍，长期专注于粮食行业的信息化、网络化建设，积累了在粮食行业发展应用信息网络技术的丰富经验，已开发的适应粮食行业特点和需要的“电子商务网络建设整体解决方案”和“粮食竞价交易管理系统”等均被广泛应用，获得了大量忠实用户，对市场的影响力不断增强。

2. 功能框架

中华粮网是中国粮食流通行业最大的 B2B 电子商务交易平台，是专注于粮食企业的信息流服务的网络经纪模式。它的网站功能架构分为以下几个方面（图 10-9）。

（1）国内信息：包括粮油政策、粮食生产、粮油市场，财政金融等。

（2）国际信息：包括国际粮油，机构报告、进出口动态、海外期货收市报告等。

（3）价格中心：包括价格查询、产销区报告、美国和南美现货离岸价、全国城市粮油价格行情等。

（4）交易中心：包括意向交易、网上竞价交易，协商交易、场内竞价交易、合同转让等。

（5）粮网社区：包括企业建站、商务洽谈、免费邮箱、帮助中心等。

图 10-9 “中华粮网”网站首页（部分）

（6）粮油期货：包括期市新闻、收盘报告、即时行情、期市论坛等。

（7）资料馆：包括政策法律、统计数据、粮油品种、粮经研究、大事年表、农业科技、馆长推荐、交易常识等。

（8）粮网学苑：包括规则法规、教育快讯、电子商务、科技动态、远程教育、计算机知识、粮油人才等。

（9）其他信息：包括气象与农情、粮企动态、粮种推荐、粮机专栏、会展信息等。

3. 中华粮网的商业模式

作为一个提供咨询的粮食行业专业网站，它为中国的粮食供应商和粮食需求商提供了一个网上贸易平台。在它发展的早期，它是一个纯粹的第三方的 B2B 贸易平台，但从 2001 年开始，中华粮网股份制改造成功以后，它开始涉足部分的 B2C 服务。目前，中华粮网已发展成为我国粮食行业规模最大、业务构建最完善、集信息服务及交易服务于一体的行业性电子商务门户网络系统。注册用户7000多家，网站日点击率平均达30余万人次，最高达40多万人次；每月通过中华粮网发布供求信息、寻求交易伙伴的意向达到数千项。中华粮网联结了国内主要的粮食批发市场、粮食集团、大型粮库，以及粮食行政管理单位、大专院校、研究机构，为网民和粮食企业提供全方位的信息、咨询和交易服务。

1）信息服务

中华粮网依托中国储备粮管理总公司在粮油行业内的独特地位和巨大影响力，以及遍及全国粮食主产区和主销区的特约撰稿人及价格报送员队伍，建立完善的信息渠道，汇集全面详实的粮油信息，提供最及时、最权威、最全面的信息服务，使用户能迅速掌握行业动态、了解最新的粮油信息。

2）交易服务

面向广大粮油企业，秉承诚信原则，采用先进的互联网技术对海量交易信息进行收集、加工及处理，建立面向全行业的会员制粮食网上B2B电子商务平台。平台具有完善的交易机制和健全的安全、信用体系，具有多模式、开放性、多用户体系的特征，可以满足不同粮食交易组织主体和交易主体的现实需求。

3）技术服务

中华粮网一直专注于粮食行业信息化建设，具有强大的技术实力和长远的行业发展洞察力，具备不断创新的精神，一直努力发掘行业信息技术更高的业务价值，为客户提供更实效、更稳定的软件系统和完善的售后服务及技术支持体系。目前，中华粮网已先后为国内多个全国性的大型粮食批发市场设计和研发了具有自主知识产权的综合性大型信息化系统，参与了多项国家大型农产品批发市场的集成与实施工作，主持设计了国家发改委主导的粮食行业信息化建设方案。另外，中华粮网还提供个性化咨询、企业宣传及信息化解决方案等服务。

4. 中华粮网的技术模式

中华粮网电子商务系统由以下各子系统构成：中华粮网交易系统、中华粮网信息发布系统、中华粮网价格查询系统、中华粮网社区企业网站自助生成系统以及中华粮网网络资讯服务平台。

1）中华粮网交易系统

中华粮网自2000年起，与国内数家重点粮食批发市场开始联合开发建设粮食电子商务系统平台。依照互联互通、资源共享的原则，以交易组织方（如批发市场、粮食企业和管理部门）为服务主体，采用设立交易场或交易厅的方式，提供运行高效、安全可靠的网上交易平台。交易的组织、管理与交易模式选择由被服务主体决定和监管，交易的系统运行保障和数据安全机制由中华粮网提供最专业的支持。会员在网上进行交易，可以提高交易效率，节约交易成本，增加交易机会，强化履约手段。交易中心提供规范、安全的交易保证，为粮油企业获得稳定的经济效益提供了良好的市场条件。

2）中华粮网信息发布系统

通过中华粮网强大的信息网络，会员和用户可以了解到粮油政策、国内外粮油生产状况、粮油市场动态、粮油销售、库存、进出口数据，了解国内外农产品期货市场价格，为生产、经营决策提供参考依据。同时会员和用户还可以在网上发布企业广告、供求信息，通过信息中心进行业务交流。

3）中华粮网价格查询系统

通过报价点报送的全国各地粮油批发价格，会员和用户可以了解某一市场、某一品种的最新价格和历史价格，及时准确地把握全国粮油批发市场批发价格的总体水平和发展趋势，极大地提高了价格信息的时效性和实用性。

4）中华粮网社区企业网站自助生成系统

中华粮网推出免费的网站自动生成系统，所有加入粮网社区的成员均可根据自身需要，进入不同的栏目，分别建立自己的独立网站，展示企业岁月，发布供求信息，交流经营之道及在线洽谈商务等。

5）中华粮网网络资讯服务平台

中华粮网利用最先进的技术建造了业内领先的计算机网络资讯服务平台，同时建立起一支遍及全国主要粮食产销区的资深撰稿人和报价员队伍，通过200余个信息栏目，每天及时发布海量的国内外粮油市场、政策、价格、供求等相关信息；推出了如短信、市场分析性报告、《粮网资讯》、专家论坛等多种服务手段，为粮油企事业单位掌握市场变化提供了全方位的信息支持。中华粮网凭借粮食行业信息的权威性、多样性和实用性，累计发展各类注册用户已超过5万家。目前拥有多项有自主知识产权的多种模式的交易平台和软件产品。[资料来源：中华粮网（http://www.cngrain.com/），一大把网站（http://promote.yidaba.com/）]

问题讨论

电子商务能够缩短生产和消费的距离，既发挥迂回经济专业化分工的效率，又缩短迂回经济条件下的生产和消费的距离，被称为“直接经济”、“零距离经济”。电子商务的优点主要表现在降低交易成本、减少库存、缩短生产周期、增加商业机会、减轻对实物基础设施依赖的24小时无间隔的商业运作等，因此能够有效地克服农业产业化经营中的不利因素，对我国农业产业化进程具有极大的促进作用。请结合案例分析：

（1）中华粮网的盈利模式和经营特色有哪些？

（2）中华粮网是如何进行网站建设和维护的？

10.8　鼠标＋货车叩启发展之门：商康医药网电子商务案例分析

湖南商康医药电子商务有限公司旗下的商康医药网作为一家从事 B2B 互联网药品交易服务的企业，自 2011 年 5 月 8 日上线以来，一路稳扎稳打，朝着打造医药行业“阿里巴巴”的目标奋力开拓，逐渐成为湖南省发展医药电子商务、推动医药流通行业转型的领跑者。

在公司总裁周求华看来，商康医药网的发展、壮大离不开对医药电子商务的发展趋势以及自身对商康医药网实力的准确把握（图 10-10）。

图 10-10　“商康医药网”网站首页（部分）

随着电子商务的迅速发展，医药行业成为世界公认的容易发展电子商务的行业，政府也积极推进医药行业从传统模式向电子商务转型，它将是信息时代医药行业发展的未来之路，其发展潜力与市场空间都是巨大的。

医药电子商务的许可准入门槛较高，必须拿到国家食品药品监督管理局颁发的 B2B“互联网药品交易服务牌照”。商康医药网经过一年的努力拿到了资格证，也是湖南省第一家拿到这个资格证的企业。

除了拥有交易资格这张发展“王牌”外，商康医药网自身的优势也是推动医药电子商务发展不容忽略的重要支撑。

1） 物流配送优势

商康医药网的药品存储、拣货、配送等环节主要是依托全洲集团的现代医药物流。医药电子商务的发展壮大，对医药现代物流提出了更高的要求：既要保证药品的安全性，又要缩短物流配送时间，这就需要我们投入更多的资金与精力去整合现有的医药物流资源，减少流通环节，降低流通成本。

据介绍，商康网物流基地引进日本现代物流先进设施，采用德国全自动化操作，配备层高 24 米、12 个巷道、共 14 568 个托盘的自动高架立体仓库；采用积层式货架、驶过式货架、传送带、全自动拣货系统、红外线遥感温控系统等先进的物流设备，仓储规模及技术水平稳居全国前列；为客户提供产品下线后的运输、验货、储存、分拣、配送及信息处理为一体的全程服务；实现了供应商管理库存、零库存的先进模式和高端服务。这种点对点的一站式服务，极大地降低了物流经营成本，提高了物流效率。

同时，针对药店、门诊、社区医院等下游客户的网络订购模式，商康医药网将订单系统直接与仓储 WMS 管理系统对接，并在操作仓储间配备了电子标签拣货系统，运用感应条形码、数字显示提货等现代化、高科技物流技术进行系统作业。

商康医药网主要针对中小药店、门诊、乡镇卫生院，因此客户的订单面临品种多、量少、采购频次高等情况，通过采用自动化、信息化、智能化的操作系统，整合了医药物流资源和电子商务的有机对接，大大节省了处理订单、挑选核对药品的时间，提高了订单处理能力，降低了货物分拣差错率。缩短库存及配送时间、减少流通成本、提高服务水平，才是现代医药物流与医药电子商务的共同发展途径。

2） 商康医药网创新供应链资金模式

与中国工商银行合作发行的第二代医药电子商务结算工具——商康牡丹卡，为零售药店和诊所提供无需抵押的流动资金约 5 亿元，并赋予每个用户 56 天的免息授信，切实解决了中小企业资金短期周转困难等问题。

此外，商康医药网还拥有中南地区最大的医药行业多媒体呼叫中心。拥有标准坐席 300 多个，使用全球领先且最具灵活性及易操控性的 AVAYA 呼叫技术。

虽然现在商康医药网取得了一定的成果，但是“酒香也怕巷子深”，为了让大家知道并接受医药电子商务，包含500多人的优秀专业销售推广团队深入县市、城镇、乡村等地进行推广。同时，还在湖南省各市州陆续开展了20场以上“在线药品订购体验”巡回推广会活动，让商康医药网真正成为“省钱、省时、省力”的惠民平台。

商康医药网将在2012年全面发力、整合升级，将陆续推出团购网、保健品网、基本药物频道、医疗器械网等平台，与平价药批网共同组成大商康医药电子商务平台，为广大消费者打造一个省时、省钱、放心、多元的医药业“阿里巴巴”。同时，公司将整合、升级配套系统，跟上医药电子商务快速发展的步伐，细化仓储空间，使之得到最大化使用，并对物流配送时效提出更高的强制要求：长沙市三县六区24小时内到货，省内各地级市县48小时内送货上门。[资料来源：中国电子商务研究中心（http://b2b.toocle.com/）]

问题讨论

医药行业是国家重要行业之一，直接关系到人们的身体健康和生命安全，同时也是我国四大重点（计算机、汽车、医药、微电子）技术创新产业之一，是一个技术密集程度高、投入多、效益好、周期长、风险大的国际性产业。由于我国药品流通的环节太多，导致渠道过于混乱、信息不透明、回扣盛行等诸多问题，以至价格虚高严重，不但损害了消费者的利益，更重要的是影响了我国医药产业的健康发展。为了解决我国药品流通的弊端，单单从法令法规方面规范市场行为是不够的，必须从根本上去改变目前这种状态，通过先进的手段，也就是现代化的电子商务手段，增强医药市场透明度和管理监控的力度，大力加强行业的信息化建设，将政府、市场、消费者联系在一起，最终实现医药流通市场的健康发展，使医药行业的整体素质得到提高，使消费者利益得到保护。请结合案例分析：

（1）电子商务给医药行业带来哪些商机？

（2）医药行业电子商务如何满足客户的个性化需求？

（3）谈谈医药电子商务网站的竞争优势。

10.9　NALA：借助淘宝平台精细化打造韩妆第一品牌

网络技术不断成熟，消费者购物观念不断提升，电子商务已经由幕后走向台前，电子商务从业者要面对比以往更复杂的资讯环境，而消费者网购意识的逐渐成熟，也使得消费者在进行网络购物时考虑的因素越来越多。面对海量的消费者和竞争者，如何脱颖而出，打造自己的品牌形象，成为每个电子商务商家必须面对的重要议题。

借助淘宝平台，成功的商家不计其数，成功的秘诀各有千秋，但通过不断的调研、梳理和提炼，在一些主要环节中其成功经验是有章可循的。淘宝创想将这种能使商家脱颖而出的成功竞争力定义为“创想力”：一是在别人习以为常、认为没有机会的地方，发现新的机会，将生产资源与消费需求进行创意性的匹配，成功造就新市场的能力；更为重要的则是“聚合”能力，将品牌、营销、运营、分销等电子商务各环节通过合理运作聚合到一起，形成一股聚拢的合力，带来持续的品牌竞争优势。

NALA，是易卜生经典剧作《玩偶之家》女主人公的名字，是关于女性由觉醒走向独立的代名词。在今天，女性可以自主选择独立的生活态度和个性化的生活方式。随处可见爱生活、注重细节、追求完美的新时代女性，珍爱自己的肌肤，让美丽的容颜与化妆品一起演绎光彩焕发的时刻，为自己是一位优雅、知性的女性而骄傲，NALA 因此而来，并为此而不断努力着。

作为中国首个专业化妆品 B2C 垂直销售电子商务品牌，从 2009 年进入化妆品网络销售市场，NALA 创造了 1 年五皇冠、18 个月金冠的淘宝奇迹。到 2011 年，NALA 成为目前国内排名第一的韩国化妆品电子商务零售品牌。

NALA 的成功在于它通过精细化的运作，驱动淘品牌向企业化运作发展，借助品牌力对消费者需求和体验，提升价值，通过开展“NALA 美容大学”等品牌活动，借助手机淘宝、淘满意等多种渠道快速传递品牌价值，塑造品牌形象(图 10-11)。

传统的线下仓储是整进整出，库存和配送管理都很简单。而电子商务则大为不同，通常是一车进去，数万个小包裹出来，及时准确配货、增加访问深度和用户黏着度、做好线上用户体验设计、提高员工工作流程效率等都是电子商务商家进行精细化管理时必须解决的问题。

安全是网购化妆品一个最核心的需求。对于化妆品品牌旗舰店，消费者不用担心真假问题，但现在有很多商品在网上旗舰店是买不到的。因此在网络上，消费者对于安全、正品的需求，是化妆品零售电子商务品牌要着力关注的一个环节。

信任可以细分为许多子要素，这些子要素，一方面是商家提供的一些证明、厂家的授权文件等，通过页面图片等方式呈现给消费者。信任信息的另一个重要来源是 NALA 的信誉值，如 NALA 的三颗金冠、用户对 NALA 产品的评价、以往的销售记录、QQ 群的讨论记录和 NALA 的品牌曝光形象等，这些因素结合在一起，无形之中让消费者形成一种 NALA 是否值得信赖的评价。如果消费者信任你，他们就不会因为别的商家采用低价策略而流失。

为了对产品进行精确描述，NALA 有一个标准叫“1.5 米工程”：用户通过

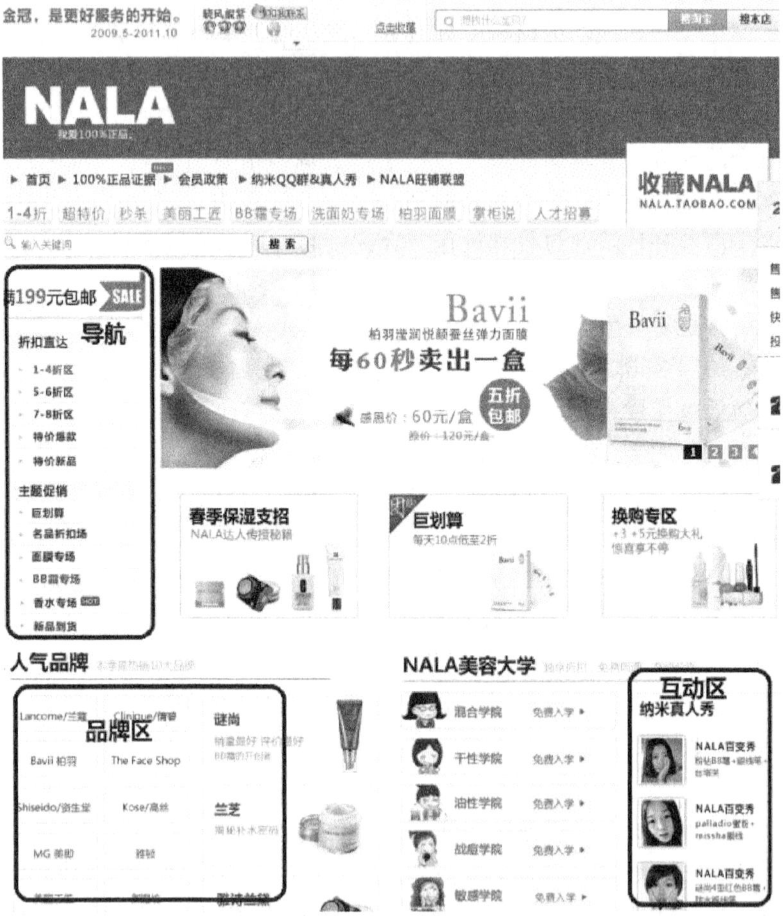

图 10-11　NALA 淘宝店铺首页（部分）

鼠标可以将产品拖动到 1.5 米长，观察、了解产品的细节，细致到通过图片就能看出羊皮堂的鞋子是否是真皮。顾客很希望知道别人用什么及别人使用彩妆的效果，于是 NALA 做了真人秀。顾客想和其他消费者互动沟通，交流经验或分享心得，于是 NALA 做了帮派和 QQ 群，每天都有几千条互动信息。当别人谈论数据泛滥的时候，NALA 将数据分析结果用于支持消费决策。在细节上总是比别人做得更用心，因此 NALA 更懂消费者，更能把握消费者细腻的喜好。

企业不一定要有长板，但一定不能有短板。企业在成长初期要尽可能地发挥长板优势，小步快跑，发展到一定阶段后要适度地停一停，把短板补上去，不可急功近利，流量提升和流量优化要保持同步，内外兼修，控制好发展节奏，围绕电子商务、产品设计、资金、财务、客户服务、仓储物流、推广、供应等持续改

善工作流程，保持螺旋上升的健康成长态势。［资料来源：金融界(http://finance.jrj.com.cn/)］

问题讨论

随着越来越多的企业认识到网络对于企业生产经营的重要性，电子商务已经成为一种新型的交易方式。众多企业改变传统的经营模式，将电子商务这种新的交易模式作为今后获取竞争优势的主要渠道。通过采用网络化的生产和销售来整合传统的营销模式和方式，提高企业的核心竞争力和企业形象，扩大企业的美誉度和影响力。另外，随着居民收入和购买力的快速提升，人们的消费观念、消费偏好发生了巨大变化，从原有的大众消费向差别消费转变，消费偏好从初级阶段向高级阶段转化，从原有的共性消费向个性消费转化。所以，个性化市场需求改变了传统的大批量生产方式。因此，网络化的电子商务给传统营销策略和市场理念带来了巨大冲击和挑战，正深刻影响着企业的商贸业务和操作实务。请结合案例分析：

（1）NALA是如何解决用户的信任问题的？

（2）总结诚信在电子商务交易中的作用。

（3）分析电子商务企业如何把握消费者？

课后题

1. 请结合本章案例，试总结行业电子商务面临的主要挑战与解决方案。

2. 一般中小企业对电子商务的应用，从上网宣传发展到建立企业内部网、加盟中小企业行业网站及综合性网站，最后是将电子数据交换系统和公司内部系统接上，随时向买家提供最新生产情况，在网上进行交易。对于传统中小企业而言，从电商平台来看，未来的趋势是向行业垂直纵深和专业化发展。试选择某一特定行业的中小企业，分析其行业特点，提出可行的电子商务发展建议。

参考文献

安葳鹏，刘沛骞. 2010. 网络信息安全. 北京：清华大学出版社

白丽飞，冯丹. 2009. 基于虚拟企业的电子商务环境下物流配送联盟的构建. 统计与决策，(5)：167-170

包春静. 2008. 电子支付的兴起与商业银行服务边界的改变. 上海金融，(9)：86-89

曹红辉. 2008. 中国电子支付发展研究. 北京：经济管理出版社

曹亚克. 2009. 第三方物流与第四方物流发展的比较分析. 中国流通经济，(10)：24-26

常莉君. 2011. 电子商务的优势与劣势. 科技情报开发与经济，21 (24)：153-155

陈诚. 2011. 汽车零部件生产企业电子商务案例分析——以十堰市郧齿汽车零部件、湖北兴升科技发展有限公司为例. 湖北经济学院学报（人文社会科学版），(9)：71-72

陈德人. 2008. 中国电子商务案例精选. 北京：高等教育出版社

陈芳，秦连清，肖霞. 2009. 黑客攻防入门与提高. 北京：人民邮电出版社

陈进，崔金红. 2010. 电子金融服务. 杭州：浙江大学出版社

陈肖金. 2011. 房地产业电子商务应用与发展——基于华润置地（武汉）有限公司电子商务案例分析. 行政事业资产与财务，(7)：57-58，62

陈雪芬. 2009. 电子商务与物流发展的若干问题研究. 特区经济，(2)：229-231

陈雅萍，朱国俊，刘娜. 2008. 第三方物流. 北京：清华大学出版社

陈瑶. 2007. 基于 Web 2.0 的电子商务创新模式研究. 情报科学，25 (10)：1559-1562

陈轶，隋丹. 2004. 电子商务商业模式的分类与比较. 上海管理科学，(3)：59-61

陈月波. 2008. 我国网上银行与第三方支付关系研究. 浙江金融，(6)：34-35

陈月波. 2009. 3G 时代的移动电子支付浙江金融，(7)：54，61

成倞媛，曹云，周蓓副. 2008. 网络营销. 成都：西南财经大学出版社

笪静. 2009. 电子信息产品行业发展电子商务的现状与问题研究. 现代商业，(3)：98-99

戴定一. 2010. 互联网与智能物流. 中国物流与采购，(8)：34-36

邓顺国. 2004. 网上银行与网上金融服务. 北京：清华大学出版社

电子商务课题组（中国社会科学院财贸经济研究所）. 2000. B2C 模式电子商务发展的现状与前景分析. 财贸经济，(12)：48-53

董绍斌. 2011. 物流管理与电子商务的关系分析. 人民论坛，(35)：136-137

杜莉. 2011. 第三方网上支付监管的法律问题研究. 中国商贸，(35)：129-130，170

杜文才，顾剑，周晓谊. 2009. B2C 商业模式比较研究. 电子商务视角，(1)：55-59

杜文才，顾剑，周晓谊. 2009. 解决电子商务中大众支付的安全问题关键方案. 电子科技大学学报，(S1)：34-36，44

范泽剑. 2011. 电子商务. 北京：中国民航出版社

冯新民，王建冬，孙慧明. 2010. 美国数字内容产品知识产权保护研究. 图书情报工作，(23)：6-10

冯智杰. 2005. 中国 B2C 行业的主要经营模式及发展趋势分析. 经济管理·新管理，(10)：71-75

高峰. 2010. 旅游网络营销组合策略初探. 特区经济，(6)：142-143

高富平. 2008. 电子商务法学. 北京：北京大学出版社

高欢，佟欢，陈晔桦. 2010. 浅谈电子商务与第三方物流的结合及其发展前景. 中国商贸，(25)：169-170

高怡新. 2005. 电子商务网站建设. 北京：人民邮电出版社

葛秀慧，田浩，金素梅. 2008. 计算机网络安全管理. 第 2 版. 北京：清华大学出版社

龚雅云. 2010. 第三方物流的优劣势分析. 中国商贸，(6)：111-113

管有庆，王晓军，董小燕. 2005. 电子商务安全技术. 北京：北京邮电大学出版社
郭德香. 2011. 电子商务管辖权论析. 广东社会科学，(5)：247-251
郭滕达，欧朝敏. 2010. 中美第三方物流企业市场竞争力比较研究. 工业工程与管理，15 (6)：38-44
韩颂. 2009. 我国医药行业实施电子商务现状及对策研究. 长春理工大学学报（社会科学版），(6)：921-922
韩学平，孔令秋. 2008. 电子商务法. 大连：东北财经大学出版社
何玉香，金中义. 2010. 农产品供销信息网站的研究与设计. 安徽农业科学，(4)：2187-2188
贺平. 2010. 网络管理与维护. 第2版. 北京：高等教育出版社
胡海清，许垒. 2011. 电子商务模式对消费者线上购买行为的影响研究. 软科学，(10)：135-140
黄立群. 2005. 电子商务网站建设与管理. 大连：东北财经大学出版社
黄奇玮. 2010. 以虎扑体育为例：看体育网络的社区营销. 新闻界，(2)：170，193-194
黄志平. 2005. 电子商务管理案例分析. 武汉：武汉理工大学出版社
霍红. 2007. 第三方物流企业经营与管理. 第2版. 北京：中国物资出版社
贾槿如，郭敏. 2011. 我国电子商务国际税收对策的探讨. 中国商贸，(18)：104-105
姜锦虎，王刊良. 2008. 电子商务概论. 西安：西安交通大学出版社
蒋蔚. 2008. 电子商务交易模式的创新. 中国商贸，3 (3)：39-42
焦玥，傅翠晓，黄丽华. 2011. 企业向平台型B2B电子商务模式的转型——基于上海爱姆意公司的案例研究. 科学学与科学技术管理，(9)：123-130
阚凯力，张楚. 2000. 外国电子商务法. 北京：北京邮电大学出版社
柯新生. 2004. 网络支付与结算. 北京：电子工业出版社
柯新生. 2007. 电子商务：运作与实例. 北京：清华大学出版社
黎阳，钱旭朝. 2006. C2C型拍卖网站模式及发展策略. 武汉理工大学学报信息与管理工程版，28 (2)：52-54
李安渝，杨兴寿，李彦，等. 电子商务信用基础理论. 北京：中国标准出版社
李国峰. 2009. 第三方物流. 哈尔滨：哈尔滨工业大学出版社
李海刚，樊博. 2006. 电子商务. 北京：高等教育出版社
李洪心. 2006. 电子商务案例. 北京：机械工业出版社
李洪心. 2008. 电子商务概论. 大连：东北财经大学出版社
李建华. 2010. 网络安全协议的形式化分析与验证. 北京：机械工业出版社
李林，陈吉慧. 2010. 我国移动支付商业模式发展趋势研究. 商业时代，(30)：39-40
李鲁新. 2007，电子货币与电子支付工具的应用创新金融理论与实践，(3)：49-50
李琪. 2010. 电子商务导论. 北京：电子工业出版社
李全喜，马晓苗. 2005. 电子商务模式及其发展趋势研究. 情报科学，23 (8)：1138-1142
李艳，杨拥，涂伟. 2011. 移动电子商务面临的安全问题及其防范. 商业时代，(20)：49-50
李叶宏. 2009. 我国电子签名法修改新探. 江苏商论，(1)：58-60
梁爽. 2011. 网上银行的法律风险防范问题. 金融理论与实践，(4)：116-117
廖咸真. 2004. 电子商务网站建设. 重庆：重庆大学出版社
廖燕，鲁耀斌. 2009. 基于RFID技术的供应链信任研究. 武汉大学学报（哲学社会科学版），62 (4)：477-481
刘丹，房宪鹏. 2009. 移动支付国内外研究述评. 商业时代，(25)：102，106-107
刘红军. 2007. 电子商务技术. 北京：机械工业出版社

刘洪波. 2009. 网上银行与第三方支付平台的竞合关系. 商业时代，(34)：97-99
刘建昌. 2009. 网络营销：理论 方法 应用. 北京：清华大学出版社
刘克强. 2007. 电子商务平台建设. 北京：人民邮电出版社
刘利香. 2011. 电子商务网站数据库安全技术问题探析. 山西财经大学学报，(S4)：229
刘树发，柴跃廷，刘义. 2010. 电子合同监管与公共服务平台的设计. 清华大学学报（自然科学版），(5)：724-728，734
刘涛，高健. 2010. 微博营销：网络时代的图书营销新体验. 出版发行研究，(5)：35-37
刘廷民. 2011. 电子商务交易过程中消费者隐私权的保护. 企业经济，(11)：187-189
刘学林，高成慧. 2010. 我国制造业企业网络营销中存在的主要问题研究. 改革与战略，(6)：78-80，133
刘艳彬，袁平. 2010. 网络时代营销理论的新发展：互动导向. 税务与经济，(4)：15-19
刘云浩. 2010. 物联网导论. 北京：科学出版社
罗汉洋. 2004. B2B电子商务模式分析与思考. 商业研究，(15)：150-153
罗汉洋. 2004. B2C电子商务模式分析与策略建议. 情报技术，(2)：10-12
孟祥瑞. 2005. 网上支付与电子银行. 上海：华东理工大学出版社
孟晓明. 2010. 电子商务中公民信息隐私权的维权措施研究. 图书情报工作，54 (4)：135-139
孟月，谢一冰，连慧，等. 2011. 我国家居行业电子商务应用研究. 电子商务，(5)：29-30
欧阳强国，程肖冰，等. 2010. 我国第三方物流的发展及方向的思考. 中国社会科学院研究生院学报，(1)：86-90
裴剑平. 2011. 企业网站设计：用“体验”激发消费者的购买欲望. 中国商贸，(32)：56-57
彭在位. 2006. 国外发展电子商务的政策及对我国的启示. 郑州经济管理干部学院学报，21 (3)：31-33
秦成德，王汝林. 2010. 电子商务法高级教程. 北京：对外经济贸易大学出版社
戎姝霖. 2011. 网络视觉营销下的消费者购买行为分析. 人民论坛，(20)：156-157
上海伟雅. 2009. 网店赢家的110个技巧. 北京：人民邮电出版社
邵兵家，杨霖华. 2008. 不同群体网上银行使用意向影响因素的比较研究. 管理工程学报，22 (1)：86-92
时颖. 2011. 网络营销中的消费心理分析. 山东社会科学，(S1)：89-90
舒昌俊，桂学文，李娜. 2009. 混合型B2B电子商务模式——湖北玉立砂带集团电子商务案例. 管理案例研究与评论，(1)：20-26
司林胜. 2007. 电子商务案例分析. 重庆：重庆大学出版社
司林胜. 2010. 电子商务案例分析教程. 北京：电子工业出版社
宋连友. 2011. 电子商务安全与发展的研究. 中国商贸，(8)：108-109
宋文官. 2007. 电子商务概论. 北京：清华大学出版社
孙燕军. 2008. 电子商务教程. 北京：高等教育出版社
索依娜，于复兴，武树东. 2007. 移动电子商务及其安全. 商场现代化，(19)：103
覃征. 2007. 电子商务案例分析. 第2版. 西安：西安交通大学出版社
覃征，李环，卢江，等. 2007. 电子商务案例分析. 西安：西安交通大学出版社
汤运筹. 2011. 手机银行业务发展中的问题及对策研究. 浙江金融，(11)：72-76
唐春林，张建军. 2003. 电子商务基础. 第2版. 北京：科学出版社
唐晓东. 2006. 电子商务中的信息安全. 北京：清华大学出版社，北京交通大学出版社
滕广青，毕强. 2009. 电子商务网站导航设计新理念——经营目标导向的以用户为核心的电子商务网站导航设计研究. 图书情报工作，(20)：122-126

田迎华，杨敬松，周敏．2010．3G时代移动电子商务安全问题研究．情报科学，(10)：1487-1490
万津津，刘泽华，康国定．2009．饭店电子商务网站开发与营销探析．经济问题探索，(11)：173-177
汪泓，汪明艳．2010．电子商务：理论与实践．北京：清华大学出版社
汪军．2010．电子商务网络安全体系的设计．实验室研究与探索，(9)：179-182
汪涛，周玲，杨立华．2010．网络化营销：基于价值网络化的营销范式初探．外国经济与管理，(1)：34-40，57
汪永华．2010．基于电子商务视角的企业网站优化．中国商贸，(20)：116-118
汪志敏，刘晓冬．电子商务时代网上支付安全的分析与解决．中国商贸，2009 (11)：83-84
王步芳．2010．电子商务新模式：B2B2C——五洲在线案例分析．企业管理，(11)：103-105
王菲菲．2011．营销3.0时代：社会化网络助力企业营销．企业管理，(7)：100-102
王丽芳．2010．电子商务安全．北京：电子工业出版社
王汝林．2007．网络营销与策划．北京：科学出版社
王汝林．2007．移动商务理论与实务．北京：清华大学出版社
王世胜．2011．基于企业营销战略的网络营销价值研究．江苏商论，(3)：57-64
王蜀黔．2005．电子支付法律问题研究．武汉：武汉大学出版社
王璇，刘占忠．2011．移动电子商务中采用RFID技术．山西财经大学学报，33 (4)：27
王学东，周涛．2002．电子商务信息流、物流、资金流互动分析．科技进步与对策，(4)：136-138
王永莲，孙菲．2010．网络营销．北京：北京理工大学出版社
魏修建．2008．电子商务物流理论与实务．北京：北京大学出版社
文涛．2010．电子商务安全支付系统的研究与分析．江苏商论，(2)：38-40
文晓庆．2010．网络时代混合营销渠道冲突及管理．生产力研究，(6)：236-237
吴国峰．2011．中小企业网络营销现状及对策．人民论坛，(2)：148-149
吴勉勉．2008．B2C与C2C两种模式的融合和发展趋势．韶关学院学报·社会科学，29 (10)：95-99
吴炜，刘琼，易娜，等．2010．网上银行业务顾客满意度及忠诚度问题研究．金融论坛，(1)：72-78
吴喜雁．2010．我国网上银行发展分析改革与战略，26 (2)：75-78
肖德琴．2003．电子商务安全保密技术与应用．广州：华南理工大学出版社
肖德琴，周权，冯健昭，等．2009．电子商务安全．北京：高等教育出版社
肖红玉，杨林．2010．电子商务中的身份认证技术和安全支付问题．中国商贸，(17)：87-88
肖遥．2010．大中型网络入侵要案直击与防御．北京：电子工业出版社
谢鹏飞．2011．市场营销中的网络广告的透视研究．中国报业，(14)：79-80
辛树森．2007．电子银行．北京：中国金融出版社
徐敬宏．2009．欧盟网络隐私权的法律法规保护及其启示．情报理论与实践，32 (5)：117-120
薛万欣．2010．电子商务概论．化学工业出版社
燕春蓉．2010．电子商务与物流．上海：上海财经大学出版社
闫强，胡桃，吕延杰．2007．电子商务安全管理．北京：机械工业出版社
杨坚争，张瑞霞，汪尧明，等．2012．中国不同行业企业电子商务应用状况调查分析．电子商务，(1)：10-11
杨立新，袁雪石．2005．电子商务侵权法．北京：知识产权出版社
杨路明．2007．电子商务物流管理．北京：机械工业出版社
杨木，张润彤，杨海楼．2009．C2C电子商务交易流程优缺点分析及改进．商业时代，(4)：76-78
杨青，刘懰，钱新华．2011．各类网上支付模式及消费者感知风险研究．上海金融，(4)：32-37

杨向英，杨慧. 2009. 电子商务的税收问题研究. 江苏商论，(01)：39-40
杨兴丽，刘冰，李保升，等. 2010. 移动商务理论与应用. 北京：北京邮电大学出版社
杨云，陈春光，张小锋. 2009. 3G时代的移动电子商务发展研究. 中国商贸，(17)：84-85
姚国章. 2002. 电子商务与企业管理. 北京：北京大学出版社
尹华川，张翼，但斌. 2009. 消费者使用电子支付平台外部影响因素及平台营销策略研究. 软科学，(9)：43-53
余昕. 2009. 电子商务与第三方物流关系的探讨. 对外经贸实务，(8)：82-84
岳意定，吴庆田，李明清. 2010. 网络金融. 南京：东南大学出版社
岳云康. 2008. 中国电子商务环境下的移动支付问题研究. 中国流通经济，(1)：40-43
张波，刘鹤. 2009. 电子商务安全（第2版）. 上海：华东理工大学出版社
张金城，卢锐. 2004. 网上拍卖研究综述. 管理世界，(12)：142-143
张琳. 2009. 基于PKI的电子商务安全研究. 电子科技大学学报，(S1)：101-103，108
张衢. 2007. 商业银行电子银行业务. 北京：中国金融出版社
张润彤. 2005. 电子商务. 北京：科学出版社
张润彤. 2009. 电子商务概论. 北京：电子工业出版社
张润彤，石声波. 2009. 电子商务管理. 北京：首都经济贸易大学出版社
张润彤，朱晓敏. 2008. 移动商务概论. 北京：北京大学出版社
张新彦，李建军. 2010. 网络营销. 哈尔滨：哈尔滨工业大学出版社
张玉红，于冠华. 2010. B2C电子商务企业自建物流的原因及利弊分析. 商业时代，(17)：7，29-30
赵春燕，师韶光. 2007. 中国现阶段的电子商务状况研究. 国家林业局管理干部学院学报，(1)：42-48
赵尔丹. 2011. 网络广告营销的新模式探析. 中国经贸导刊，(21)：85
赵静，陈旭东. 2010. 电子商务原理与应用. 北京：北京大学出版社
赵苹，骆毅. 2011. 发展农产品电子商务的案例分析与启示——以“菜管家”和Freshdirect为例. 商业经济与管理，(7)：19-23
赵卫东，黄丽华. 2011. 电子商务模式. 上海：复旦大学出版社
中国人民银行支付结算司. 2011. 中国支付体系发展报告2010. 北京：中国金融出版社
周化祥. 2004. 网络及电子商务安全. 北京：中国电力出版社
周莉. 2011. 我国中小企业网络营销策略分析. 生产力研究，(9)：190-192
周伟，牟援朝. 2007. 电子商务——理论与实践. 北京：化学工业出版社
周颖，李攀诚，蒋科蔚. 2009. 关于电子商务域名纠纷的法律思考. 商业时代，(29)：64-65
周云倩. 2010. 整合营销：打造电视栏目的网络受众流. 中国电视，(6)：50-53
Awad E M. 2009. 电子商务：从愿景到实现. 干红华，蔡晓平译. 北京：人民邮电出版社
Kienan B. 2010. 电子商务. 北京：北京大学出版社
Lee K，Seda C. 2010. 搜索引擎广告：网络营销的成功之路. 第2版. 朱彤译. 北京：电子工业出版社
Turban E，King D，Mckay J，et al. 2010. 电子商务：管理视角. 严建援译. 北京：机械工业出版社
Weinberg T. 2010. 正在爆发的营销革命——社会化网络营销指南. 赵莉等译. 北京：机械工业出版社